Kontoführung in der Insolvenz

Schriftenreihe des Centrum
für Deutsches & Europäisches
Insolvenzrecht

Herausgegeben von Stefan Smid, Silke Wehdeking
und Mark Zeuner

Band 15

PL ACADEMIC RESEARCH

Thomas Kamm

Kontoführung in der Insolvenz

Schuldner- und Treuhandkonto im Vergleich

PL ACADEMIC RESEARCH

Bibliografische Information der Deutschen Nationalbibliothek
Die Deutsche Nationalbibliothek verzeichnet diese Publikation in der Deutschen Nationalbibliografie; detaillierte bibliografische Daten sind im Internet über http://dnb.d-nb.de abrufbar.

Zugl.: Kiel, Univ., Diss., 2016

D 8
ISSN 2194-4881
ISBN 978-3-631-72506-1 (Print)
E-ISBN 978-3-631-72507-8 (E-PDF)
E-ISBN 978-3-631-72508-5 (EPUB)
E-ISBN 978-3-631-72509-2 (MOBI)
DOI 10.3726/b11247

PL Academic Research ist ein Imprint der Peter Lang GmbH.

Peter Lang – Frankfurt am Main · Bern · Bruxelles · New York · Oxford · Warszawa · Wien

Diese Publikation wurde begutachtet.

www.peterlang.com

Für meine verstorbenen Großeltern. Für meine Eltern.

Danksagung

Mein besonderer Dank gilt meinem Doktorvater, Herrn. Prof. Dr. Stefan Smid, der mich zu dieser Dissertation erst ermutigt hat. Nur durch seine Unterstützung und sein Vertrauen wurde diese Arbeit möglich.

Daneben danke ich meinen Kolleginnen und Kollegen, die mir zur Seite standen und mich in meinem Vorhaben unterstützt haben, sowie meiner Frau für ihre liebevolle Geduld und Unterstützung.

Inhaltsverzeichnis

Einleitung

Gegenstand dieser Untersuchung ist die wissenschaftliche Aufarbeitung des aktuellen Sach- und Meinungsstands zur Kontoführung im Insolvenzverfahren, insbesondere durch den (vorläufigen) Insolvenzverwalter[1] bzw. Sachwalter. Unter Berücksichtigung der verschiedenen Stadien des Insolvenzverfahrens sowie der besonderen Implikationen des Gesetzes zur weiteren Erleichterung der Sanierung von Unternehmen (ESUG)[2] werden die Unterschiede zwischen dem in der Insolvenzpraxis weit verbreiteten Treuhandkonto, häufig in der Spezialform des Anderkontos[3], und eines sog. Sonderkontos, mithin eines Kontos auf Namen und für Rechnung des Insolvenzschuldners[4] – daher vielfach und auch im Folgenden als Schuldnerkonto bezeichnet –, dargestellt.

Zu diesem Zweck werden die rechtlichen Grundlagen der Kontoführung in der Insolvenz, die an der Schnittstelle von Bank- und Insolvenzrecht zu suchen sind, näher beleuchtet. Entsprechend setzt sich diese Untersuchung zunächst mit der Rechtsnatur des Schuldner- sowie insbesondere der verschiedenen Erscheinungsformen des Treuhandkontos auseinander und geht sodann auf die Frage ein, ob und unter welchen Voraussetzungen der (vorläufige) Insolvenzverwalter bzw. Sachwalter berechtigt ist, solche Konten als Verfahrenskonten zu nutzen, sie mithin zu eröffnen, zu schließen und insbesondere über sie zu verfügen.

Da es für die Beantwortung dieser Fragen auch auf die Rechtsstellung des (vorläufigen) Insolvenzverwalters bzw. Sachwalters im jeweiligen Verfahrensstadium ankommt, liegt ein besonderes Augenmerk dieser Arbeit auf der Erforderlichkeit zusätzlicher Anordnungen des Insolvenzgerichts sowie deren möglicher

---

1 Hier und im Folgenden verwendete maskuline Formen bezeichnen ohne Unterschied oder Wertung stets sowohl weibliche als auch männliche Angehörige der jeweiligen Personengruppe.

2 Verkündet im Bundesgesetzblatt am 13.12.2011, BGBl. I 2011, 2582 ff. und vorbehaltlich der Artt. 4 und 5 sowie 7 und 8 (diese sind erst am 01.01.2013 in Kraft getreten) am 01.03.2012 in Kraft getreten.

3 Sofern im Nachfolgenden nicht ausdrücklich anders gekennzeichnet, ist mit dem Begriff Anderkonto stets das Rechtsanwalts-Anderkonto gemeint; Entsprechendes gilt für die Anderkontobedingungen.

4 Der Begriff des Sonderkontos wird in Rechtsprechung und Literatur uneinheitlich gebraucht. In den meisten Fällen wird darunter ein Schuldnerkonto, also ein Konto auf Namen und Rechnung des Insolvenzschuldners, verstanden. Eingehend zum Begriff des Sonderkontos vgl. Kap. D.V.

Ausgestaltung. In diesem Zusammenhang stellt sich auch die Frage nach der Rechtsnatur des Innenverhältnisses zwischen (vorläufigem) Insolvenzverwalter bzw. Sachwalter und der (späteren) Insolvenzmasse bzw. dem eigenverwaltenden Schuldner sowie den damit einhergehenden Rechtspflichten.

Anschließend setzt sich diese Untersuchung – stets beide Kontoformen vergleichend – mit den verschiedenen rechtlichen Besonderheiten der Kontoführung in der Insolvenz auseinander. Hierzu zählen die – mitunter haftungsträchtigen – Folgen von Fehlüberweisungen auf Verfahrenskonten, wie sie auch den viel diskutierten Urteilen des neunten Senats des Bundesgerichtshofs vom 20.09.2007, vom 18.12.2008 und nunmehr auch vom 26.03.2015 zugrunde lagen[5], ebenso wie die rechtlichen Auswirkungen eines Wechsels in der Person des (vorläufigen) Insolvenzverwalters bzw. Sachwalters, insbesondere auf die Verfügungsberechtigung. Auch dort kommt es entscheidend auf die rechtliche Einordnung des jeweiligen Kontos und damit die Unterscheidung von Schuldner- und Treuhandkonto an.

Weiter befasst sich diese Untersuchung mit der Frage, ob und unter welchen Voraussetzungen eine Pfändung des jeweiligen Kontos, genauer der Guthabenforderung gegen die kontoführende Bank[6], rechtlich möglich ist und wie die einzelnen Beteiligten hierauf pflichtgemäß reagieren können. Daneben wird auch auf die Folgen einer Insolvenz des (vorläufigen) Insolvenzverwalters bzw. Sachwalters persönlich sowie auf verschiedene weitere Aspekte der Kontoführung in der Insolvenz eingegangen. Hierzu zählen beispielshalber auch die haftungs- und strafrechtlichen Folgen schwerwiegender Pflichtverletzungen, insbesondere des (vorläufigen) Insolvenzverwalters bzw. Sachwalters, aber auch der übrigen Beteiligten.

Diese Abhandlung dient dabei nicht nur der wissenschaftlichen Aufarbeitung der angesprochenen Themenkomplexe, sondern soll auch für die tägliche Arbeit des Rechtsanwenders in der Insolvenz- und Bankpraxis Hilfestellung und Anregung sein.

---

5 Vgl. hierzu Kap. D.II.2.1-3.

6 Der Begriff Bank bezeichnet, soweit nachfolgend nicht anders gekennzeichnet, alle privaten und öffentlichen Kreditinstitute i.S.d. § 1 Abs. 1 KWG, gleich in welcher Rechtsform diese organisiert sind.

A. Treuhand- und Schuldnerkonto im Vergleich

I. Begriff des Kontos

(i) Allem voran steht die Frage, was unter dem Begriff Konto zu verstehen ist. Bankrechtlich – denn es gibt beispielshalber auch eine bilanzrechtliche, § 266 HGB, Bedeutung des Begriffs Konto – wird hierunter letztlich die buchungsmäßige Erfassung von Geschäftsvorfällen aus der bankmäßigen[7] Geschäftsbeziehung zwischen einer Bank und ihrem Kunden verstanden. Das Konto „verkörpert" dabei gewissermaßen den Forderungsbestand, der aus der solchermaßen erfassten Geschäftsbeziehung resultiert.[8]

Für die Zwecke dieser Untersuchung wird stets von einem Konto in laufender Rechnung, mithin einem Kontokorrent[9] i.S.d. §§ 355–357 HGB ausgegangen, bei welchem zur Vereinfachung des Zahlungs- und Abrechnungsverkehrs die beiderseitigen Forderungen zunächst als unselbständige Rechnungsposten verbucht und periodisch im Rahmen eines sog. Rechnungsabschlusses saldiert, mithin verrechnet, und sodann in einer Soll- oder Habenforderung festgestellt werden.[10] Die Führung des Verfahrenskontos durch den (vorläufigen) Insolvenzverwalter bzw. Sachwalter als Kontokorrentkonto – entsprechend der früheren Diktion des Gesetzgebers im Fall eines Zahlungsverkehrskontos auch Girokonto genannt – entspricht der gängigen Praxis.

Tages-, Fest- und Kündigungsgeldkonten, insbesondere Sparkonten, stellen – je nach Verfahrensgröße – eher die Ausnahme dar, da nur in besonders massereichen

---

7 Diese Klarstellung soll verdeutlichen, dass nicht auch solche Forderungen, die ihren Rechtsgrund außerhalb der bankvertraglichen Verbindung zwischen Bank und Kunde haben – etwa deliktische Ansprüche oder solche aus einer sonstigen Vertragsbeziehung, etwa einem Dienst- oder Werkvertrag – gemeint sind.

8 Zum Begriff des Kontos vgl. etwa Peterek in Kümpel/Wittig, Bank- und KapMarktR, Rn. 6.591 ff.; Schwintowski, BankR, § 6, Rn. 1 ff. sowie Fischbeck in Krepold/Fischbeck, BankR, S. 1 ff.

9 Der Begriff entstammt dem Italienischen: *conto corrente*, laufendes Konto.

10 Vgl. hierzu detailliert etwa Peterek in Kümpel/Wittig, Bank- und KapMarktR, Rn. 6.600 ff.; Schwintowski, BankR, § 6, Rn. 55 ff.; Müller-Christmann und Servatius in Langenbucher/Bliesener/Spindler, BankRKom, 1. Kap., Rn. 186 ff. und 35. Kap., Rn. 168 ff. sowie auch Kap. A.II.7.1.2.

Verfahren, etwa infolge erfolgreicher Insolvenzanfechtung, größere Geldmittel zur vorübergehenden Anlage zur Verfügung stehen.[11] Zudem besteht die Möglichkeit – ggfs. auch die Verpflichtung –, entsprechende Abschlagszahlungen an die Gläubiger vorzunehmen. Diese Anlageformen sind daher nicht Gegenstand dieser Untersuchung.

Rechtlich handelt es sich sowohl bei Tages- als auch bei Fest- und Kündigungsgeldern um einen Darlehensvertrag i.S.d. §§ 488 ff. BGB, da der Kunde der Bank den jeweiligen Geldbetrag für einen bestimmten Zeitraum zur Verfügung stellt und die Bank dem Kunden für die Einräumung dieses Kapitalnutzungsrechts ein Entgelt in Form von (Darlehens-)Zinsen zahlt. Der Auszahlungsanspruch des Kunden ist rechtlich ein Darlehensrückzahlungsanspruch gegen die Bank.

Bei Festgeldkonten ist eine feste Laufzeit vereinbart, bei einem Kündigungsgeld dagegen erfolgt die Kapitalüberlassung unbefristet und das Darlehensverhältnis muss unter Einhaltung einer bestimmten Kündigungsfrist gekündigt werden bevor der Kunde von der Bank Auszahlung des entsprechenden Betrages verlangen kann. Bei Tagesgeldern gibt es keine solche Kündigungsfrist und der Kunde kann grundsätzlich bankarbeitstäglich über seine Einlage verfügen. Die konkrete zivilrechtliche Ausgestaltung unterliegt – trotz strenger aufsichtsrechtlicher Vorgaben – der Privatautonomie.

Der Darlehensvertrag ist rechtlich selbständig, jedoch ist er regelmäßig in einen Zahlungsdiensterahmenvertrag gem. §§ 675c ff. BGB eingebunden, wenn auch das jeweilige Konto selbst regelmäßig nicht als Zahlungsverkehrskonto genutzt werden kann.[12] Da das entsprechende Konto, über welches das Darlehensverhältnis und damit die Forderung des Kunden gegen die Bank abgebildet wird, in aller Regel auf Namen und Rechnung des Insolvenzschuldners eröffnet wird, lassen sich eine Vielzahl der im Rahmen dieser Untersuchung zum Schuldnerkonto gefundenen Ergebnisse auch auf Tages-, Festgeld- und Kündigungsgeldkonten übertragen. Dasselbe gilt für den (unüblichen) Fall, dass diese als Treuhandkonten ausgestaltet sind.

(ii) Spätestens mit Eröffnung eines Kontokorrentkontos wird zwischen der kontoführenden Bank und dem Kontoinhaber regelmäßig ein sog. Zahlungsdiensterahmenvertrag i.S.d. §§ 675c ff. BGB geschlossen, der als entgeltlicher Geschäftsbesorgungsvertrag die beiderseitigen Rechte und Pflichten grundlegend umschreibt.[13] Der Zahlungsdiensterahmenvertrag ist dabei, ebenso

11 Zur Verpflichtung, Geldmittel der (späteren) Insolvenzmasse zinsgünstig anzulegen, vgl. Kap. B.II.6. und C.II.4.

12 Vgl. zum Ganzen etwa Peterek in Kümpel/Wittig, Bank- und KapMarktR, Rn. 8.36 ff. sowie Servatius in Langenbucher/Bliesener/Spindler, BankRKom, 35. Kap., Rn. 209 ff.

13 Der Begriff des Girovertrages, der in § 676f BGB a.F. seit 1999 seine gesetzliche Verankerung hatte, ist vom Gesetzgeber bei Umsetzung des zivilrechtlichen Teils

wie der bisherige Girovertrag[14], Rahmenvertrag, Geschäftsbesorgungsvertrag und Dauerschuldverhältnis zugleich. Die konkrete Leistungspflicht der Bank ergibt sich sodann aus dem jeweiligen Geschäftsvorfall bzw. der entsprechenden Weisung des Kunden.

Wesentliche Inhalte des Zahlungsdiensterahmenvertrages sind die Berechtigung und die Verpflichtung der Bank als Zahlungsdienstleister, § 675c Abs. 3 BGB i.V.m. § 1 ZAG[15], für den Kunden als Zahlungsdienstenutzer, § 675f Abs. 1 BGB, ein Zahlungsverkehrskonto einzurichten, darauf für den Kunden eingehende Zahlungen in Empfang zu nehmen, gutzuschreiben und autorisierte Zahlungen zulasten des Kontos auszuführen.[16]

(iii) Hinzu treten – neben der Kontokorrentabrede, auf die an geeigneter Stelle näher einzugehen sein wird[17] – die besonderen gesetzlichen sowie vertraglichen Bestimmungen für die Inanspruchnahme des jeweiligen Zahlungsdienstes, etwa die Bedingungen für den Überweisungsverkehr.

Da sich diese Untersuchung unter anderem mit den rechtlichen Folgen von Fehlüberweisungen auf ein Verfahrenskonto befasst – bei deren Beurteilung es maßgeblich auf die rechtliche Qualifikation des betreffenden Kontos als Schuldner- oder offenes Treuhandkonto sowie ggfs. das jeweilige Verfahrensstadium ankommt –, wird in Kapitel E.I.1.2. und E.I.2.2. auch ein Überblick über die Auswirkungen der Anordnung eines (vorläufigen) Insolvenzverfahrens über das Vermögen des Zahlers sowie des Zahlungsempfängers auf den Überweisungsverkehr gegeben.

---

der Zahlungsdiensterichtlinie (Richtlinie 2007/64/EG des Europäischen Parlaments und des Rates vom 13. November 2007) mit Inkrafttreten des neuen Zahlungsverkehrsrechts zum 31.10.2009, Gesetz zur Umsetzung der Verbraucherkreditrichtlinie, des zivilrechtlichen Teils der Zahlungsdiensterichtlinie etc., BGBl. I 2009, 2355 ff., 2364, nicht mehr in den Gesetzestext übernommen worden. Der Gesetzgeber spricht nunmehr vom Zahlungsdiensterahmenvertrag, der jedoch nahezu vollständig dem bisherigen Girovertrag entspricht, vgl. auch Peterek in Kümpel/Wittig, Bank- und KapMarktR, Rn. 6.597 f.

14 Bestehende Giroverträge sind als Zahlungsdiensterahmenverträge zu behandeln, so dass für diese ebenfalls die §§ 675c ff. BGB gelten, vgl. auch Peterek in Kümpel/Wittig, Bank- und KapMarktR, Rn. 6.598 m.w.N.

15 Gesetz über die Beaufsichtigung von Zahlungsdiensten (Zahlungsdiensteaufsichtsgesetz – ZAG) vom 25.06.2009, BGBl. I 2009, 1506 ff., in Kraft getreten am 31.10.2009.

16 Vgl. etwa Peterek in Kümpel/Wittig, Bank- und KapMarktR, Rn. 6.598 sowie Kalomiris in Langenbucher/Bliesener/Spindler, BankRKom, 9. Kap., Rn. 1.

17 Vgl. hierzu Kap. A.II.7.1.2. sowie allgemein zum Kontokorrentverhältnis etwa Peterek in Kümpel/Wittig, Bank- und KapMarktR, Rn. 6.600 ff. sowie Schwintowski, BankR, § 6, Rn. 55 ff.

Auf eine Darstellung der Auswirkungen eines (vorläufigen) Insolvenzverfahrens auf den gesamten Zahlungsverkehr wird dagegen vor dem Hintergrund der Zielsetzung dieser Arbeit verzichtet. Gleichwohl werden vereinzelt auch Aspekte des Lastschriftverkehrs[18] oder anderer Zahlungsdienste angesprochen.

(iv) Der Begriff des Kontos, für die Zwecke dieser Untersuchung des Kontokorrentkontos, beschreibt also die Abbildung des wechselseitigen Forderungsbestands (während laufender Rechnungsperiode als unselbständige Rechnungsposten) zwischen Bank und Kunde, insbesondere aus dem über das Konto abgewickelten Zahlungsverkehr. Rechtliche Grundlage ist der Zahlungsdiensterahmenvertrag gem. §§ 675c ff. BGB, aufgrund dessen die Bank zu Errichtung und Führung eines Zahlungsverkehrskontos für den Kunden verpflichtet ist.

Der in der Praxis häufig anzutreffende Begriff Kontovertrag ist insofern missverständlich, da er nur einen Teil des Zahlungsdiensterahmenvertrags, nämlich die Kontoerrichtung und -führung, beschreibt.

II. Rechtsnatur des Treuhandkontos

1. Ausgangslage

Bei einem Treuhandkonto handelt es sich um ein Konto in fremder Rechnung. D.h., Kontoinhaber und sog. wirtschaftlich Berechtigter[19] stimmen nicht überein und die dem Kontoguthaben, mithin der Forderung gegen die kontoführende Bank, zugrunde liegenden Mittel stammen aus dem Vermögen eines Dritten.[20] Der Dritte ist Treugeber, der Kontoinhaber Treuhänder.

Weiß die kontoführende Bank, dass auf einem Konto ausschließlich Fremdgelder verwaltet werden (sog. offenes Treuhandkonto), erklärt sie regelmäßig –

---

18 Weiterführend zum Lastschriftverkehr in der Insolvenz vgl. etwa Obermüller, InsR i.d. Bankpraxis, Rn. 3.650 ff. sowie Kalomiris in Langenbucher/Bliesener/Spindler, BankRKom, 9. Kap., Rn. 23 ff.

19 Der Begriff des wirtschaftlich Berechtigten ist in diesem Kontext weitgehend synonym mit dem Begriff des Treugebers zu verstehen und soll verdeutlichen, dass zwischen dem Treugeber und der kontoführenden Bank keine Vertragsbeziehung besteht und der Treugeber daher hinsichtlich einer etwaigen Guthabenforderung auf dem Konto nur wirtschaftlich, nicht aber auch rechtlich berechtigt ist, vgl. sogleich Kap. A.II.2.1.1. Zur geld-wäscherechtlichen Definition des Begriffes vgl. etwa Fischbeck in Hellner/Steuer, BuB, Abschnitt F, Rn. 2/245 f.

20 Auch beim Forderungseinzug auf ein Treuhandkonto, vgl. Kap. A.II.3.2.2. sowie auch Kap. D.IV.

zumindest konkludent – einen Verzicht auf ihr Vertragspfandrecht nach Nummer 14 AGB-Banken bzw. Nummer 21 AGB-Sparkassen. Zugleich besteht aufgrund der treuhänderischen Bindung der auf einem Treuhandkonto verwalteten Geldmittel in der Insolvenz des Treuhänders nach allgemeiner Meinung ein Aussonderungsrecht des Treugebers, § 47 InsO, an einer etwaigen Guthabenforderung gegen die kontoführende Bank. Im Falle einer Kontopfändung[21] kommt ggfs. eine Drittwiderspruchsklage nach § 771 ZPO bzw. ein Antrag auf einstweilige Einstellung der Zwangsvollstreckung, §§ 771 Abs. 3, 769 ZPO, in Betracht.

Dabei stellen sich verschiedene Fragen, etwa welche Folgen sich an ein Vermischen des Treuguts mit Geldmitteln Dritter, insbesondere solchen des Treuhänders selbst, knüpfen oder in welchen Fällen die Offenlegung des Treuhandverhältnisses gegenüber der kontoführenden Bank für die Beurteilung der verschiedenen Rechtsfragen erheblich ist.

Die an dieser Stelle zunächst nur angedeuteten Probleme sind Gegenstand dieses Kapitels.

2. Begriff des Treuhandkontos

Um das Treuhandkonto begrifflich einordnen zu können, sind zunächst die beiden wesentlichen Grundformen der Treuhänderschaft, die fiduziarische Vollrechtsinhaberschaft, auch Vollrechtstreuhand genannt, und die Ermächtigungstreuhand voneinander abzugrenzen. Daneben gilt es zwischen dem sog. offenen und dem sog. verdeckten Treuhandkonto zu unterscheiden.

2.1. Fiduziarische Vollrechtsinhaberschaft und Ermächtigungstreuhand

Rechtsdogmatisch gibt es verschiedene Ansätze zur Unterscheidung von Treuhandverhältnissen, die auch auf das Treuhandkonto angewandt werden können.[22] Das maßgebliche Unterscheidungskriterium ist dabei die Rechtsstellung des Treuhänders bzw. spiegelbildlich die damit einhergehende Beschneidung der Rechtsmacht des Treugebers.

21 Es handelt sich um einen Fall der Forderungspfändung, da nicht das Konto, sondern vielmehr eine etwaige Guthabenforderung gegen die kontoführende Bank, zusammen mit den korrespondierenden Rechten des Kontoinhabers, gepfändet wird, vgl. statt vieler Stöber, Forderungspfändung, Rn. 154 ff. sowie Kap. A.II.7.1.

22 Fischbeck in Hellner/Steuer, BuB, Abschnitt F, Rn. 2/243. Vgl. zur Rechtsnatur des Treuhandverhältnisses sowie zu dessen verschiedenen Ausprägungen etwa Ganter, ZInsO 2004, 1217 ff., 1217, 1220 ff.

2.1.1. *Fiduziarische Vollrechtsinhaberschaft*

Im Fall der fiduziarischen Vollrechtsinhaberschaft wird der Treuhänder infolge eines entsprechenden Übertragungsakts, regelmäßig einer Forderungsabtretung oder Übereignung, alleiniger Rechtsinhaber hinsichtlich des Treuguts und rückt insoweit in die Rechtsstellung des Treugebers als bisheriger Forderungsinhaber bzw. Eigentümer ein. Der Treugeber begibt sich seines Rechts und ist nur noch wirtschaftlich, nicht mehr aber auch rechtlich Berechtigter. Er ist auf die ihm aus dem Treuhandverhältnis zustehenden Rechte beschränkt und kann vom Treuhänder allein nach dessen Maßgabe beispielshalber die (Rück-)Übertragung des Treuguts auf sich oder einen Dritten verlangen.

Da der Rechtsübergang mit absoluter Wirkung und nicht lediglich relativ, also nicht nur im Verhältnis zwischen Treugeber und Treuhänder, erfolgt, kann der Treuhänder – ungeachtet etwaiger Beschränkungen im Innenverhältnis, die sich regelmäßig aus der Treuhandabrede ergeben – frei über das Treugut verfügen. Aufgrund der Vollrechtsinhaberschaft kommt ihm im Außenverhältnis mithin eine überschießende Rechtsmacht zu, die jedoch in Ansehung von § 137 S. 1 BGB Dritten gegenüber nicht beschränkt werden kann.[23] Das rechtliche Können geht mithin über das rechtliche Dürfen – denn im Innenverhältnis ist der Treuhänder durch die Treuhandabrede gebunden – hinaus.

2.1.2. *Ermächtigungstreuhand*

Anders liegt es im Fall der Ermächtigungstreuhand: dort fehlt es an einem entsprechenden Übertragungsakt und damit an einem Rechtsübergang vom Treugeber auf den Treuhänder. Dieser wird lediglich ermächtigt, als Nichtberechtigter über das Wirtschaftsgut zu verfügen während der Treugeber Rechtsinhaber bleibt. Es liegt daher ein Fall des § 185 Abs. 1 BGB vor. Der Treuhänder handelt nicht im Namen des Treugebers, sondern in eigenem Namen. Im Rahmen der Einwilligung des Rechtsinhabers kann er im Außenverhältnis gleichwohl wirksam über das jeweilige Wirtschaftsgut verfügen.[24] Der Umfang der Ermächtigung ergibt

---

23 BGH, Urteil vom 10.02.2011, IX ZR 49/10, WM 2011, 798 ff. (eingehend besprochen in Kap. A.II.3.1.1.); Hadding/Häuser in Schimansky/Bunte/Lwowski, BankRHdB, § 37, Rn. 32 m.w.N.; Vgl. zum Ganzen etwa Fischbeck in Hellner/Steuer, BuB, Abschnitt F, Rn. 2/243a, 244 sowie Servatius in Langenbucher/Bliesener/ Spindler, BankRKom, 35. Kap., Rn. 47; Allg. Palandt-Ellenberger, BGB, Überbl. v. § 104, Rn. 25; Zu den (strafrechtlichen) Folgen einer Überschreitung der Befugnisse der Treuhänders, s. Kap. A II.4.1.2.

24 Hadding/Häuser in Schimansky/Bunte/Lwowski, BankRHdB, § 37, Rn. 33, 36; Servatius in Langenbucher/Bliesener/Spindler, BankRKom, 35. Kap., Rn. 58 m.w.N.; Fischbeck in

sich dabei aus dem Treuhandverhältnis, wobei der Treuhänder den Treugeber nicht aus dessen Rechtsstellung verdrängt, sondern mit seiner Verfügungsbefugnis in der Regel nur neben diesen tritt, so dass ggfs. auch konkurrierende Verfügungen möglich sind.[25]

Eine Ermächtigungstreuhand kann aber auch in dem Fall vorliegen, dass Treugeber und Treuhänder nicht parallel verfügungsberechtigt sind. Entscheidend für die begriffliche Einordnung ist vielmehr, dass der Treuhänder verfügungsberechtigt ist ohne selbst Forderungsinhaber bzw. Eigentümer zu sein, so dass zumindest bezogen auf den Treuhänder Rechtsinhaberschaft und Verfügungsbefugnis auseinanderfallen. Entsprechend gibt es auch Fälle, in welchen der Treugeber zwar Rechtsinhaber bleibt, er aber gleichwohl über den Vermögensgegenstand nicht mehr verfügen kann und die Verfügungsbefugnis rechtlich allein dem Treuhänder zugewiesen ist.[26]

2.1.3. Bedeutung der Unterscheidung für die Kontoführung

(i) Bei einem Treuhandkonto – wie grundsätzlich bei jedem Konto – ist der Kontoinhaber (bzw. im Falle eines Gemeinschaftskontos: die Kontoinhaber[27]) alleiniger Inhaber der Forderung gegen die Bank und damit auch des auf dem Konto verwalteten Treuguts. Dem Treugeber indes kommen im Verhältnis zur Bank grundsätzlich keine Rechte (oder Pflichten) zu.[28]

Hellner/Steuer, BuB, Abschnitt F, Rn. 2/243b, 243d; Vertiefend vgl. Canaris, Bankvertragsrecht, Erster Teil, Rn. 274.

25 So auch Canaris, Bankvertragsrecht, Erster Teil, Rn. 272.

26 Ein Beispiel hierfür ist die Rechtsstellung des Insolvenzverwalters nach Verfahrenseröffnung: infolge des Übergangs der Verwaltungs- und Verfügungsbefugnis, § 80 Abs. 1 InsO, ist der Insolvenzverwalter gesetzlicher Treuhänder hinsichtlich sämtlicher zur Insolvenzmasse gehörenden Vermögensgegenstände ohne dabei zugleich Rechtsinhaber zu sein. Vgl. hierzu auch Kap. B.I.2.1.

27 Zum Gemeinschaftskonto und dessen Erscheinungsformen vgl. etwa Peterek in Kümpel/Wittig, Bank- und KapMarktR, Rn. 6.722 ff. sowie Schwintowski, BankR, § 6, Rn. 11 ff.

28 Hadding/Häuser in Schimansky/Bunte/Lwowski, BankRHdB, § 37, Rn. 18; Peterek in Kümpel/Wittig, Bank- und KapMarktR, Rn. 6.792; Servatius in Langenbucher/Bliesener/Spindler, BankRKom, 35. Kap., Rn. 48; Fischbeck in Hellner/Steuer, BuB, Abschnitt F, Rn. 2/243b.

Zur Verdeutlichung dieser rechtlichen Zuordnung der Guthabenforderung gegen die kontoführende Bank allein zum Vermögen des Treuhänders findet inzwischen auch häufiger der Begriff Vollrechtstreuhandkonto Verwendung.[29]

Ein Auseinanderfallen von Konto- und Forderungsinhaberschaft ist ein Ausnahmefall, da das Konto grundsätzlich den Forderungsbestand aus der Geschäftsbeziehung zwischen Kontoinhaber und Bank abbilden soll.

Eine solche Ausnahme stellt das Konto zugunsten Dritter dar. Dieses ist rechtlich als echter Vertrag zugunsten Dritter i.S.d. § 328 BGB zu qualifizieren, bei welchem der Dritte berechtigt ist, von der kontoführenden Bank die geschuldete Leistung, mithin insbesondere die Auszahlung des Kontoguthabens, zu verlangen. Der Dritte ist bzw. wird selbst Forderungsinhaber.[30] Typischer Anwendungsfall ist ein Konto zugunsten noch minderjähriger Verwandter, etwa von Kindern oder Enkeln.

Der Dritte ist dabei zumeist nicht bereits von Anfang an Forderungsinhaber, sondern kann die Leistung regelmäßig erst nach Eintritt einer bestimmten Bedingung, etwa Erreichen der Volljährigkeit, bzw. Ablauf einer Befristung, etwa Versterben des Kontoinhabers, verlangen. Bis dahin ist allein der Kontoinhaber Inhaber der Guthabenforderung gegen die kontoführende Bank, so dass erst mit Bedingungseintritt bzw. Befristungsablauf Kontoinhaberschaft und Forderungsinhaberschaft auseinanderfallen. Entsprechend ist der Kontoinhaber bis dahin auch einzig verfügungsberechtigt.[31]

Daneben wird die grundsätzliche Einheit von Forderungs- und Kontoinhaberschaft in dem (seltenen) Fall einer Abtretung der Guthabenforderung gegen die kontoführende Bank an einen Dritten durchbrochen. Je nach zugrunde liegendem Sachverhalt mag die Bank dabei – wenn sie von der Abtretung Kenntnis erlangt – auf eine Umschreibung des Kontos auf den neuen Forderungsinhaber hinwirken und das Konto so „berichtigen".

In beiden vorgenannten Fällen liegt (zumeist aber nur für einen kurzen Zeitraum) ein sog. Fremdkonto vor, bei dem ausnahmsweise Konto- und Forderungsinhaber auseinander fallen.[32]

---

29 So beispielshalber auch BGH, Urteil vom 26.03.2015, IX ZR 302/13, ZIP 2015, 1179 ff. (besprochen in Kap. D.II.2.3.). Zum Begriff des Ermächtigungstreuhandkontos vgl. sogleich am Ende dieser Ziffer 2.1.3. (i).

30 Vgl. hierzu etwa Peterek in Kümpel/Wittig, Bank- und KapMarktR, Rn. 6.755; Servatius in Langenbucher/Bliesener/Spindler, BankRKom, 35. Kap., Rn. 64 ff.

31 Näher zum Konto zugunsten Dritter und den Rechtsbeziehungen im Deckungsverhältnis (Bank – Kontoinhaber) sowie im Valutaverhältnis (Kontoinhaber – Dritter) vgl. etwa Peterek in Kümpel/Wittig, Bank- und KapMarktR, Rn. 6.753 ff.

32 Servatius in Langenbucher/Bliesener/Spindler, BankRKom, 35. Kap., Rn. 28 f.; Vgl. auch Peterek in Kümpel/Wittig, Bank- und KapMarktR, Rn. 6.653 ff. und 6.753 ff.

(ii) Da bei einer Ermächtigungstreuhand der Treugeber alleiniger Rechtsinhaber bleiben soll und zugleich nach den allgemeinen Regeln des Bankrechts grundsätzlich der Kontoinhaber Inhaber der Forderung gegen die kontoführende Bank ist, kann die Ermächtigungstreuhand letztlich nur über ein Konto auf Namen und Rechnung des Treugebers, mithin ein Eigenkonto, über welches neben dem Treugeber – denn der Forderungsinhaber kann grundsätzlich nicht von der Verfügungsbefugnis ausgeschlossen werden[33] – auch der Treuhänder verfügen kann, abgebildet werden.[34] Forderungsinhaber und Vertragspartner der Bank ist in diesem Fall der Treugeber, so dass ein Eigenkonto vorliegt. Entsprechend ist das Kontoguthaben – anders als im Fall eines offenen Treuhandkontos – auch nicht vor Zugriffsversuchen Dritter, z.B. im Wege der Kontopfändung, besonders geschützt.[35]

Nicht in Betracht kommt dagegen das bereits angesprochene Konto zugunsten Dritter, da der Dritte (dies wäre der Treugeber) vor Bedingungseintritt bzw. Befristungsablauf nicht Forderungsinhaber ist, was dem Wesen der Ermächtigungstreuhand widerspräche. Diese setzt voraus, dass der Treugeber Rechtsinhaber ist bzw. bleibt.

Zudem verliert der Kontoinhaber (dies wäre der Treuhänder) mit Forderungsübergang auf den Dritten regelmäßig die Verfügungsbefugnis über das Kontoguthaben. Zur Abbildung der Ermächtigungstreuhand müsste der Dritte dem Treuhänder mithin ab Bedingungseintritt bzw. Befristungsablauf Kontovollmacht erteilen, was aber – abgesehen von einem gewissen inneren Widerspruch – zu demselben Ergebnis wie bei einem einfachen Eigenkonto führen würde: der Treugeber wäre Forderungsinhaber (wenn auch nicht Kontoinhaber), der Treuhänder Kontobevollmächtigter. Vorteile wie etwa eine abweichende Beurteilung der Rechtslage bei Zugriffsversuchen der Gläubiger des Treugebers,[36] ergeben

---

33 So bereits Canaris, Bankvertragsrecht, Erster Teil, Rn. 272 m.w.N.; Ebenso Peterek in Kümpel/Wittig, Bank- und KapMarktR, Rn. 6.635; Vgl. auch Vortmann, BKR 2007, 449 ff., 451.

34 Peterek in Kümpel/Wittig, Bank- und KapMarktR, Rn. 6.799 f.; So auch Vortmann, BKR 2007, 449 ff., 451; Vgl. auch Hadding/Häuser in Schimansky/Bunte/Lwowski, BankRHdB, § 37, Rn. 33, 36 sowie Fischbeck in Hellner/Steuer, BuB, Abschnitt F, Rn. 2/243b.

35 Peterek in Kümpel/Wittig, Bank- und KapMarktR, Rn. 6.799 f.; Zum Schutz des Treuguts auf einem offenen Treuhandkonto vgl. u.a. Kap. A.II.7.2.2. und A.II.8.2.

36 Vgl. für den Fall des Schuldnerkontos als Eigenkonto Kap. E.II. sowie für das Treuhandkonto Kap. A.II.7.2.2.

sich hieraus nicht. Entscheidend ist, wer Inhaber der Forderung gegen die Bank ist.[37]

Ein „Ausweichen" auf ein Konto zugunsten Dritter macht daher weder für den Treugeber noch den Treuhänder Sinn. Zudem widerspricht das Auseinanderfallen von Konto- und Forderungsinhaberschaft in gewissem Maße den Grundprinzipien des Kontos, das regelmäßig der Abbildung der wechselseitigen Forderungen aus der bankmäßigen Geschäftsbeziehung zwischen der Bank und ihrem Kunden – nicht aber der Abbildung von Forderungen Dritter – dient.

Ebenso kommt auch ein Treuhandkonto zur Abbildung der Ermächtigungstreuhand nicht in Betracht, da der mit dessen Nutzung einhergehende Verlust der Rechtsinhaberschaft des Treugebers an den Treuhänder als Konto- und damit Forderungsinhaber mit dem Wesen der Ermächtigungstreuhand nicht vereinbar wäre.[38] Dies hat insbesondere vor dem Hintergrund der Privilegierung des offenen Treuhandkontos im Vergleich zum mithin einzig verbleibenden Eigenkonto erhebliche Bedeutung.[39]

Vereinzelt wird in Literatur und Rechtsprechung der Begriff Ermächtigungstreuhandkonto gebraucht.[40] Dies ist jedoch irreführend, da, wie vorstehend gezeigt, letztlich nur ein Eigenkonto auf Namen und für Rechnung des Treugebers oder aber ein offenes (Vollrechts-)Treuhandkonto zur Auswahl stehen.

Im Falle einer bloßen Ermächtigungstreuhand kommt, da andernfalls der Treugeber die Rechtsinhaberschaft in Bezug auf das Treugut verlieren würde, nur ein Eigenkonto mit entsprechender Verfügungsberechtigung auch des Treuhänders in Betracht. Dabei handelt es sich (bank-)rechtlich aber nicht um ein Treuhandkonto.

Soweit dagegen ein „echtes" Treuhandkonto Verwendung finden soll, scheidet die Vereinbarung einer bloßen Ermächtigungstreuhand im Innenverhältnis zwischen Treugeber und Treuhänder aus.[41] Vielmehr ist eine Vollrechtstreuhand erforderlich,

---

37 So auch Peterek in Kümpel/Wittig, Bank- und KapMarktR, Rn. 6.800; Sobald der Dritte Forderungsinhaber ist, können z.B. dessen Gläubiger die Zwangsvollstreckung in die Forderung betreiben, vgl. etwa Stöber, Forderungspfändung, Rn. 34.

38 Vgl. Kap. A.II.2.1.2.; Im Ergebnis auch Fischbeck in Hellner/Steuer, BuB, Abschnitt F, Rn. 2/243b; Vgl. auch Servatius in Langenbucher/Bliesener/Spindler, BankRKom, 35. Kap., Rn. 59.

39 Hier ist zum einen an das Rechtsverhältnis zur kontoführenden Bank, insbesondere den Verzicht auf das AGB-Pfandrecht, vgl. Kap. A.II.2.2.2, sowie an den Schutz vor Zugriffsversuchen durch die Gläubiger des Treugebers, vgl. Kap. A.II.7.2.2., zu denken.

40 So auch BGH, Urteil vom 26.03.2015, IX ZR 302/13, ZIP 2015, 1179 ff. (besprochen in Kap. D.II.2.3); Tiedemann/Wesiack, Pflichten bei Treuhandkonten, S. 310 m.w.N.

41 Zur Ausgestaltung des Innenverhältnisses zwischen Treugeber und Treuhänder s. Kap. B.I.2.2.

da, wie gezeigt, nur diese mit der rechtlichen Einordnung des offenen Treuhandkontos in Einklang steht.

(iii) Weiter ist festzustellen, dass es – unabhängig von der tatsächlichen Ausgestaltung des Innenverhältnisses – im Fall der Verwaltung des Treuguts auf einem Treuhandkonto auf die Frage des für die fiduziarische Vollrechtsinhaberschaft regelmäßig erforderlichen Übertragungsakts insofern nicht ankommt, als dass jedenfalls die Vereinnahmung des Treuguts auf ein Konto des Treuhänders dazu führt, dass das Treugut in Gestalt der Forderung gegen die kontoführende Bank in das Vermögen des Treuhänders übergeht.[42] Dies gilt unabhängig davon, ob dies unmittelbar durch eine Rechtshandlung des Treugebers, etwa eine Einzahlung oder Überweisung, oder durch eine Leistung Dritter, etwa im Rahmen des Forderungseinzugs[43], geschieht. Die Begriffe Treuhandkonto und Vollrechtsinhaberschaft sind insofern untrennbar verbunden, was sich unmittelbar auf die Beantwortung der verschiedenen Rechtsfragen auswirkt.

(iv) Neben der Frage, wie das Treuhandverhältnis im Innenverhältnis ausgestaltet ist und wie dies sodann bankrechtlich abgebildet werden kann, darf auch die Interessenlage der Parteien des Kontovertrags, genauer: des Zahlungsdiensterahmenvertrags, nicht unbeachtet bleiben. Denn dieses Vertragsverhältnis wird nicht zwischen Treuhänder und Treugeber, sondern zwischen Treuhänder und kontoführender Bank geschlossen.

Für die kontoführende Bank ist es grundsätzlich ohne Belang, ob zur Verwaltung des Treuguts ein Eigenkonto mit zusätzlicher Verfügungsberechtigung des Treuhänders oder aber ein Treuhandkonto errichtet wird. Für die Bank kommt es vielmehr darauf an, jederzeit zu wissen, wer Kontoinhaber und damit ihr Gläubiger bzw. Schuldner ist. Wille der Bank ist daher regelmäßig, dass der Treuhänder Kontoinhaber wird.[44]

---

42 Zur Verdeutlichung wird auch der Begriff Erwerbstreuhand verwendet, wenn der Rechtserwerb des Treuhänders nicht durch einen Übertragungsakt – dann wird von einer Übertragungstreuhand gesprochen –, sondern (allein) mit Rücksicht auf die Eigenschaft als Kontoinhaber (so insbesondere beim Forderungseinzug) erfolgt, vgl. etwa Ganter, ZInsO 2004, 1217 ff., 1219; Hadding/Häuser in Schimansky/Bunte/Lwowski, BankRHdB, § 37, Rn. 8 m.w.N. sowie auch Uhlenbruck-Hirte, InsO, § 35, Rn. 30.

43 Zum Unmittelbarkeitsprinzip und dessen Durchbrechung beim Forderungseinzug vgl. Kap. A.II.3.2.

44 Vgl. hierzu bereits detailliert Canaris, Bankvertragsrecht, Erster Teil, Rn. 269, der jedoch für rein kreditorische Konten eine Ausnahme zu begründen versucht.

Nach den allgemeinen Grundsätzen wird Kontoinhaber, wer bei Abschluss des Zahlungsdiensterahmenvertrags nach dem gemeinsamen Willen der Vertragsparteien Gläubiger bzw. Schuldner der Bank werden soll. Dies wiederum macht die h.M. daran fest, wer bei Kontoerrichtung gegenüber der Bank als (künftig) Forderungsberechtigter auftritt oder als solcher in den Vertragsunterlagen bezeichnet wird[45], so dass auf den objektiven Empfängerhorizont der Bank abzustellen ist.[46] Auf die Frage, aus wessen Vermögen das spätere Kontoguthaben stammt, kommt es nicht an.[47] Folgerichtig ist für die Frage der Kontoinhaberschaft die nähere Ausgestaltung des Innenverhältnisses zwischen Treuhänder und Treugeber ohne Bedeutung, zumal die Bank an dessen Bestimmungen – unabhängig davon, ob sie hiervon überhaupt Kenntnis erlangt – nicht gebunden ist.[48]

Für den Spezialfall des Anderkontos, auf den sogleich eingegangen werden soll, kommt der BGH mit abweichender Begründung letztlich zu demselben Ergebnis: er entschied,[49] dass die vorzitierte Rechtsprechung, wonach es für die Forderungsberechtigung gegenüber der Bank maßgeblich ist, wer nach dem erkennbaren Willen des die Kontoeröffnung beauftragenden Kunden[50] Gläubiger der Bank werden soll, nicht auf das Anderkonto übertragbar sei. Vielmehr ist nach (im

45 Hadding/Häuser in Schimansky/Bunte/Lwowski, BankRHdB, § 37, Rn. 17 m.w.N.; Peterek in Kümpel/Wittig, Bank- und KapMarktR, Rn. 6.631 m.w.N.; Servatius in Langenbucher/Bliesener/Spindler, BankRKom, 35. Kap., Rn. 26 und 31 m.w.N.; Vgl. auch Stöber, Forderungspfändung, Rn. 155 m.w.N. und 405 m.w.N.

46 Peterek in Kümpel/Wittig, Bank- und KapMarktR, Rn. 6.631 m.w.N.

47 Hadding/Häuser in Schimansky/Bunte/Lwowski, BankRHdB, § 37, Rn. 17 m.w.N.; Fischbeck in Hellner/Steuer, BuB, Abschnitt F, Rn. 2/243c m.w.N.; Stöber, Forderungspfändung, Rn. 405.

48 Überschreitet der Treuhänder seine Befugnisse aus dem Innenverhältnis, kann dies Schadenersatzansprüche des Treugebers (ggfs. in Gestalt eines Sonderinsolvenzverwalters) nach sich ziehen, vgl. Kap. A.II.4.1.1., und u.U. sogar den Straftatbestand der Untreue gem. § 266 StGB erfüllen, vgl. Kap. A.II.4.1.2. Die kontoführende Bank ist dabei grundsätzlich weder verpflichtet noch berechtigt, den Treuhänder zu überwachen, vgl. Kap. A.II.4.2. Sofern Bank und Treuhänder nicht kollusiv zum Nachteil des Treugebers zusammenwirken, scheiden Schadenersatzansprüche gegen die kontoführende Bank daher grundsätzlich aus, vgl. Peterek in Kümpel/Wittig, Bank- und KapMarktR, Rn. 6.798 sowie auch Kap. A.II.4.2.

49 BGH, Urteil vom 18.12.2008, IX ZR 192/07, besprochen in Kap. D.II.2.2.

50 Zum Teil wird, dogmatisch fragwürdig, nicht auf den übereinstimmenden Parteiwillen, sondern allein auf den Willen des Kunden bei Kontoeröffnung abgestellt (wohl in der Annahme, die Bank würde diesen stets erkennen und sich zu eigen machen bzw. den sich daraus ergebenden Antrag annehmen).

Ergebnis zutreffender) Auffassung des BGH beim Anderkonto stets der dieses eröffnende Rechtsanwalt Konto- und damit Forderungsinhaber. Nur dieser wird aus dem Anderkonto berechtigt und verpflichtet.

(v) Entscheidet sich also der Bankkunde für die Errichtung eines offenen Treuhandkontos, so wird er *ipso facto* Vollrechtsinhaber in Bezug auf ein etwaiges Kontoguthaben. Konto- und Forderungsinhaberschaft können beim offenen Treuhandkonto grundsätzlich nicht auseinanderfallen. Daher ist das Treuhandkonto nur für den Fall einer Vollrechtstreuhand, nicht aber zur Abbildung einer bloßen Ermächtigungstreuhand geeignet.[51]

Diese Rechtsfolge entspricht auch dem Parteiwillen bei Kontoerrichtung, da der Treuhänder – selbst bei entsprechender Rechtsmacht – regelmäßig kein Konto auf Namen und Rechnung des Treugebers errichten, sondern vielmehr allein verfügungsberechtigt und damit selbst Kontoinhaber sein will. Ferner zielt die Errichtung eines Treuhandkontos im *Gros* der Fälle auf eine umfassende Separierung des Treuguts und damit dessen rechtliche Ausgliederung aus Vermögen des Treugebers.

2.1.4. Begriff und Rechtsnatur des Anderkontos

(i) Das Anderkonto ist ein Spezialfall des offenen Treuhandkontos[52], das nur den Angehörigen bestimmter, in berufsständischen Kammern organisierter Berufsgruppen offen steht: Rechtsanwälte, Patentanwälte, Steuerberater, Wirtschaftsprüfer und Notare sowie – ausgenommen Notare – den Gesellschaften solcher Berufsträger. Bei diesen Berufsgruppen ist die Entgegennahme und (vorübergehende) Verwaltung von Fremdgeldern Bestandteil des Berufsbildes. Zugleich unterliegen diese Berufsgruppen einer besonderen gesetzlichen Aufsicht, insbesondere durch die zuständigen Kammern. Der Umstand, dass einerseits ein besonderes Bedürfnis nach einer entsprechenden Kontoform bestand, andererseits die Zugehörigkeit zu den vorgenannten Berufsgruppen die Annahme eines besonderen Schutzes der

---

51 Zur Berechtigung des (vorläufigen) Insolvenzverwalters als gesetzlicher Ermächtigungstreuhänder offene Treuhandkonten als Verfahrenskonten einzurichten und zu führen, vgl. Kap. B.II.; Vgl. auch Kap. A.II.2.1.3.

52 Hadding/Häuser in Schimansky/Bunte/Lwowski, BankRHdB, § 38, Rn. 1; Peterek in Kümpel/Wittig, Bank- und KapMarktR, Rn. 6.802 ff.; Servatius in Langenbucher/Bliesener/Spindler, BankRKom, 35. Kap., Rn. 60 ff. m.w.N.; Habl in Hellner/Steuer, BuB, Abschnitt F, Rn. 2/256.

anvertrauten Fremdgelder rechtfertigt[53], führte zur Schaffung des Anderkontos und der hierfür geltenden, immer wieder weiterentwickelten sog. Anderkontobedingungen.

Die Anderkontobedingungen, die erstmals 1931 zwischen der Berliner Anwaltschaft und den Berliner Banken vereinbart wurden[54], werden zwischen der jeweiligen Standesvertretung und der deutschen Kreditwirtschaft zentral ausgehandelt[55] und bei Eröffnung eines Anderkontos – oder ggfs. Abschluss einer entsprechenden Rahmenvereinbarung zur (späteren) Eröffnung von Anderkonten – zwischen Bank und Kunde AGB-mäßig vereinbart. Inhaltlich laufen die verschiedenen Anderkontobedingungen weitgehend gleich.

(ii) Da das Anderkonto ein Spezialfall des offenen Treuhandkontos ist, folgt die rechtliche Beurteilung weitestgehend der des offenen Treuhandkontos.[56] Für die rechtliche Einordnung des Anderkontos sind, ausgehend von dem für die Zwecke dieser Untersuchung häufigsten Fall des Rechtsanwalts-Anderkontos, zudem folgende Regelungen der Anderkontobedingungen von Bedeutung:

- In Bezug auf die Kontoinhaberschaft sieht Nummer 1 der Anderkontobedingungen klarstellend vor, dass allein der jeweilige Berufsträger Kontoinhaber und damit Inhaber der Guthabenforderung gegen die kontoführende Bank wird. Mithin liegt auch beim Anderkonto ein Fall der fiduziarischen Vollrechtsinhaberschaft vor.[57]

---

53 So auch Hadding/Häuser in Schimansky/Bunte/Lwowski, BankRHdB, § 39, Rn. 1 sowie Neth-Unger in Fandrich/Karper, Mü. AnwaltsHdB Bank- und KapMarktR, § 3, Rn. 80.

54 Hadding/Häuser in Schimansky/Bunte/Lwowoski, BankRHdB, § 37, Rn. 1 und § 39, Rn. 1 je m.w.N.; Neth-Unger in Fandrich/Karper, Mü. AnwaltsHdB Bank- und KapMarktR, § 3, Rn. 80; Zur Historie der Anderkontobedingungen vgl. auch Habl in Hellner/Steuer, BuB, Abschnitt F, Rn. 2/320 f.

55 Näheres hierzu vgl. etwa Peterek in Kümpel/Wittig, Bank- und KapMarktR, Rn. 6.802 ff. sowie Habl in Hellner/Steuer, BuB, Abschnitt F, Rn. 2/320.

56 Hadding/Häuser in Schimansky/Bunte/Lwowski, BankRHdB, § 38, Rn. 1 f.; Peterek in Kümpel/Wittig, Bank- und KapMarktR, Rn. 6.807 f.; Servatius in Langenbucher/Bliesener/Spindler, BankRKom, 35. Kap., Rn. 62 m.w.N.; Habl in Hellner/Steuer, BuB, Abschnitt F, Rn. 2/256 ff.; Auf wesentliche Abweichungen wird im Nachfolgenden an geeigneter Stelle hingewiesen.

57 So auch BGH, Urteil vom 20.09.2007, IX ZR 91/06 sowie Urteil vom 18.12.2008, IX ZR 197/07, eingehend besprochen in Kap. D.II.2.1-2; Hadding/Häuser in Schimansky/Bunte/Lwowski, BankRHdB, § 38, Rn. 1; Peterek in Kümpel/Wittig, Bank- und

- Nummer 4 der Anderkontobedingungen regelt, dass auf Anderkonten zum Schutz des wirtschaftlich Berechtigten ausschließlich Fremdgelder verwaltet werden dürfen.[58] Dabei ist grundsätzlich nicht nur eine strikte Trennung von Eigen- und Fremdgeldern, sondern auch von Fremdgeldern verschiedener Treugeber vorgeschrieben. Eine Ausnahme besteht für Rechtsanwälte, denen auch Sammelanderkonten zur Verfügung stehen.
- Von hoher Praxisbedeutung ist Nummer 7 der Anderkontobedingungen, wonach nur Angehörigen der vorgenannten Berufsgruppen sowie Notarassessoren, vereidigten Buchprüfern und Steuerbevollmächtigten Kontovollmacht erteilt werden darf. Diese Regelung wird in Anbetracht der heutigen Büroorganisation, im Rahmen derer häufig kaufmännischen Angestellten und sonstigen Nicht-Berufsträgern die Abwicklung der Kontoführung anvertraut ist, vielfach als nicht praxisgerecht empfunden und spricht daher für die Wahl eines offenen Treuhandkontos anstelle eines Anderkontos.
- Einige wichtige Klarstellungen enthält Nummer 8 der Anderkontobedingungen. Darin ist geregelt, dass die Bank keine Kenntnis von der Ausgestaltung des Innenverhältnisses zwischen Kontoinhaber und wirtschaftlich Berechtigtem nimmt. Die Bank ist daran weder gebunden noch kann oder muss sie etwaige Pflichtverletzungen des Kontoinhabers im Verhältnis zum wirtschaftlich Berechtigten prüfen.

  Ergänzt wird diese Regelung durch Nummer 9 der Anderkontobedingungen, wonach die Bank die Rechtmäßigkeit der Verfügungen des Kontoinhabers im Verhältnis zu Dritten, insbesondere dem wirtschaftlich Berechtigten, nicht prüft. Dies gilt selbst dann, wenn es sich um eine Überweisung zugunsten eines einfachen Eigenkontos des Kontoinhabers handelt, zumal solche Überträge durch das Innenverhältnis – etwa zum Ausgleich von Vergütungsforderungen – regelmäßig gedeckt sind. Entsprechend trifft die Bank für etwaige Pflichtverletzungen des

KapMarktR, Rn. 6.802 ff.; Servatius in Langenbucher/Bliesener/Spindler, BankRKom, 35. Kap., Rn. 60 ff. m.w.N; Habl in Hellner/Steuer, BuB, Abschnitt F, Rn. 2/256.

58 Zu den Folgen einer Vermischung von Fremd- und Eigengeldern vgl. insbesondere Kap. A.II.3.1.

Kontoinhabers im Verhältnis insbesondere zum wirtschaftlich Berechtigten grundsätzlich keine Haftung.[59]

Daneben stellt Nummer 8 der Anderkontobedingungen klar, dass – korrespondierend mit Nummer 1 der Anderkontobedingungen und entsprechend der Rechtsstellung des Kontoinhabers – der wirtschaftlich Berechtigte keinen Anspruch auf Leistung oder Auskunft[60] gegen die Bank hat und die Bank diesem weder Verfügungen gestatten noch Auskunft erteilen wird.

Dabei handelt es sich lediglich um Klarstellungen, so dass Nummer 8 und 9 der Anderkontobedingungen – die ja nur zwischen dem Kontoinhaber und der kontoführenden Bank vereinbart sind – vom wirtschaftlich Berechtigten nicht mit dem Argument, es handle sich um einen unzulässigen Eingriff in dessen Rechte, angegriffen werden können. Die Rechte des wirtschaftlich Berechtigten folgen allein aus den einschlägigen gesetzlichen Bestimmungen, da zwischen der kontoführenden Bank und ihm keinerlei vertragliche Beziehung besteht.[61]

- Eine weitere Besonderheit besteht gem. Nummer 13 der Anderkontobedingungen insbesondere für den Fall des Todes des Kontoinhabers[62]: anders als beim offenen Treuhandkonto, bei welchem in Folge der Vollrechtsinhaberschaft des Treuhänders die Forderung gegen die kontoführende Bank in die Erbmasse fällt und somit – dies aber auch betreffend das zugrundeliegende Treuhandverhältnis – ein Fall der Universalsukzession, § 1922 BGB, vorliegt, geht die Kontoinhaberschaft beim Anderkonto nicht auf die Erben über.[63] Nummer 13 (1) der Anderkontobedingungen regelt vielmehr, dass die zuständige Rechtsanwaltskammer oder eine von ihr bestimmte Person Kontoinhaber wird bis die

59 Hadding/Häuser in Schimansky/Bunte/Lwowski, BankRHdB, § 38, Rn. 5 f.; Habl in Hellner/Steuer, BuB, Abschnitt F, Rn. 2/257, 2/300 m.w.N. sowie 300d; Vgl. auch Peterek in Kümpel/Wittig, Bank- und KapMarktR, Rn. 6.807 m.w.N.

60 Vgl. hierzu auch Kap. A.II.5.

61 Peterek in Kümpel/Wittig, Bank- und KapMarktR, Rn. 6.807 m.w.N.; Neth-Unger in Fandrich/Karper, Mü. AnwaltsHdB Bank- und KapMarktR, § 3, Rn. 82; Vgl. auch Habl in Hellner/Steuer, BuB, Abschnitt F, Rn. 2/257.

62 Näher zu den Folgen einer Insolvenz des Kontoinhabers, in deren Fall ebenfalls ein Abwickler zu bestellen ist, vgl. etwa Hadding/Häuser in Schimansky/Bunte/Lwowski, BankRHdB, § 38, Rn. 8 ff.

63 Vgl. hierzu etwa Hadding/Häuser in Schimansky/Bunte/Lwowski, BankRHdB, § 38, Rn. 11; Servatius in Langenbucher/Bliesener/Spindler, BankRKom, 35. Kap., Rn. 63 m.w.N sowie Habl in Hellner/Steuer, BuB, Abschnitt F, Rn. 2/316; Zu den rechtlichen Folgen des Todes des Kontoinhabers bei offenen Treuhandkonten vgl. Kap. D.III.2.

Landesjustizverwaltung einen Abwickler bestellt. Der Rechtsübergang erfolgt dabei, auch wenn dies nun nicht mehr ausdrücklich geregelt ist, aufgrund von Nummer 13 der Anderkontobedingungen als Vertrag zugunsten Dritter auf den Todesfall, §§ 328 Abs. 1, 331 Abs. 1 BGB.[64] Die Erben sind an diese zwischen Erblasser und Bank vertraglich vereinbarte Regelung gebunden, welche die gesetzlichen Bestimmungen in §§ 55, 53 Abs. 5 S. 3, Abs. 9 und 10 BRAO ergänzt.

Da die rechtliche Beurteilung des Anderkontos der des offenen Treuhandkontos weitestgehend folgt, wird nachstehend auf die Besonderheiten des Anderkontos nur noch an gegebener Stelle gesondert hingewiesen.[65]

2.2. Offenes und verdecktes Treuhandkonto

In Abhängigkeit davon, ob der kontoführenden Bank die Nutzung eines Kontos als Treuhandkonto bekannt gegeben wird, liegt ein sog. offenes oder ein sog. verdecktes Treuhandkonto vor. Der Kontoinhaber ist dabei aus verschiedenen Gründen verpflichtet, der Bank ein etwaiges Treuhandverhältnis – nicht aber dessen konkreten Inhalt, von dem die Bank regelmäßig weder Kenntnis erlangen soll noch will – offenzulegen:

2.2.1. Pflicht zur Offenlegung des Treuhandverhältnisses

(i) Soweit dies nicht schon durch gesetzliche Bestimmungen wie etwa § 551 Abs. 3 S. 3 BGB oder § 27 Abs. 5 S. 1 WEG geregelt ist, ist der Treuhänder zum Schutz des Treugebers zivilrechtlich verpflichtet, Treu- und Eigengut getrennt zu halten. Dies folgt unmittelbar aus der Rechtsnatur des Treuhandverhältnisses, insbesondere aber aus den rechtlichen Nachteilen für den Treugeber, die aus einer Vermischung von Treu- und Eigengut folgen.[66]

Um diesem Erfordernis zu genügen, muss ein Treuhänder, der zur Erfüllung seiner Aufgaben ein Treuhandkonto nutzen will, der kontoführenden Bank offenlegen, dass er das Konto für fremde Rechnung führt.[67]

---

64 Bunte in Bunte, AGB-Banken, Kap. 4, Sonderbedingungen für Anderkonten für Rechtsanwälte, Rn. 43 m.w.N.; So für das Notaranderkonto auch Habl in Hellner/Steuer, BuB, Abschnitt F, Rn. 2/315c.

65 Detailliert zum Anderkonto vgl. etwa Hadding/Häuser in Schimansky/Bunte/Lwowski, BankRHdB, § 38, Rn. 1 ff. sowie Neth-Unger in Fandrich/Karper, Mü. AnwaltsHdB Bank- und KapMarktR, § 3, Rn. 80 ff.

66 Vgl. hierzu detailliert Kap. A.II.3.1.

67 So auch Fischbeck in Hellner/Steuer, BuB, Abschnitt F, Rn. 2/243h.

Unterlässt er dies, liegt allenfalls ein verdecktes Treuhandkonto vor, das jedoch partiell einem einfachen Eigenkonto gleich steht. Die Folge wäre, dass die Bank, sollte sie – gleich aus welchem Grund – fällige Forderungen gegen den Kontoinhaber haben, in Ausübung ihres Pfandrechts gem. Nummer 14 AGB-Banken bzw. Nummer 21 AGB-Sparkassen zur Befriedigung ihrer sämtlichen fälligen Forderungen unmittelbar auf das Treugut zuzugreifen könnte,[68] wodurch jede Trennung von Treu- und Eigengut aufgehoben wäre. Daneben birgt eine unterlassene Offenlegung verschiedene weitere Gefahren für den Treugeber, insbesondere bei Zugriffsversuchen seitens der Gläubiger des Treuhänders,[69] so dass der Treuhänder gegenüber dem Treugeber jedenfalls nebenvertraglich, § 241 Abs. 2 BGB, zur Offenlegung des Treuhandverhältnisses verpflichtet ist.

Daneben besteht regelmäßig auch im Verhältnis zur kontoführenden Bank eine vertragliche Pflicht, dieser die Nutzung des Kontos zur Aufnahme und Verwaltung von Geldmitteln Dritter offenzulegen, da sich an die Eigenschaft als Treuhandkonto verschiedene – für die Bank nachteilige – rechtliche Besonderheiten knüpfen. So ist die Bank im Falle einer nachträglichen Offenlegung des Treuhandverhältnisses in der Geltendmachung ihres AGB-Pfandrechts grundsätzlich auf das bis dahin entstandene Guthaben beschränkt[70] und muss etwa bei einer Kontopfändung mit einem deutlich erhöhten Bearbeitungsaufwand rechnen.

(ii) Neben die zivilrechtliche Offenlegungspflicht tritt § 4 Abs. 6 S. 2 und 3 GwG[71], wonach der Treuhänder, wenn er eine Geschäftsbeziehung für

---

68 Soweit das Kontoguthaben zu einer Zeit entstanden ist, zu der die Bank keine Kenntnis von dessen treuhänderischer Bindung hatte, bzw. sofern die Bank das Konto nach einer etwaigen Kenntniserlangung nicht stillschweigend fortgeführt hat, vgl. hierzu sogleich Kap. A.II.2.2.3.

69 So kann etwa die kontoführende Bank mangels Kenntnis im Rahmen der Drittschuldnererklärung nicht auf die treuhänderische Bindung hinweisen, so dass es ggfs. zur Auskehr des Treuguts an den Pfändungsgläubiger, vgl. hierzu Kap. A.II.7.2.2.1., und insofern wiederum zu einer Vermischung von Treugut und eigenem Vermögen des Treuhänders kommen kann.

70 Sofern sie zu diesem Zeitpunkt über fällige Forderungen gegen den Kontoinhaber verfügt und nicht durch Fortführung des Kontos konkludent auf ihr AGB-Pfandrecht verzichtet, vgl. hierzu sogleich Kap. A.I.2.2.3.

71 Gesetz über das Aufspüren von Gewinnen aus schweren Straftaten (Geldwäschegesetz - GwG); Zu den geldwäscherechtlichen Vorgaben insbesondere nach dem GwG vgl. etwa Fischbeck in Schimansky/Bunte/ Lwowski, BankRHdB, § 42, Rn. 1 ff sowie speziell in Bezug auf Treuhandkonten Rn. 210 ff.

Rechnung des Treugebers eingeht, insbesondere ein Konto eröffnet, verpflichtet ist, dem Vertragspartner, mithin der kontoführenden Bank, das Treuhandverhältnis offen zu legen und die Identität des wirtschaftlich Berechtigten nachzuweisen.[72]

Mit dieser Pflicht des Treuhänders korrespondiert die Pflicht der Bank, bei Errichtung eines Kontos abzuklären, ob der Vertragspartner für eigene oder für fremde Rechnung handelt und ggfs. den ihr benannten Treugeber zu legitimieren, § 3 Abs. 1 Nr. 3 S. 1 i.V.m. § 4 Abs. 5 GwG. Dieser Verpflichtung tragen die Banken bei Kontoeröffnung unter anderem mit entsprechenden vertraglichen Regelungen in ihren Formularen Rechnung.

§ 154 Abs. 1 AO und der darin enthaltende Grundsatz der Kontenwahrheit greifen indes nicht Platz, wenn der Treuhänder pflichtwidrig das Treuhandverhältnis verschweigt, da diese Norm lediglich die formale, nicht aber auch die materielle Kontenwahrheit schützt und damit nur die zutreffende Angabe des Kontoinhabers, nicht aber auch des wirtschaftlich Berechtigten verlangt.[73]

(iii) Ein verdecktes Treuhandkonto, bei welchem der kontoführenden Bank mithin nicht bekannt ist, dass dieses für die Aufnahme und Verwaltung von Geldmitteln Dritter genutzt wird, setzt daher in Ansehung der zivilrechtlichen wie geldwäscherechtlichen Verpflichtung des Kontoinhabers zur Offenlegung eines etwaigen Treuhandverhältnisses grundsätzlich voraus, dass dieser die Bank über die wahren Verhältnisse bewusst im Unklaren lässt bzw. täuscht und dadurch seine zivil- wie geldwäscherechtlichen Pflichten vorsätzlich verletzt.

Entsprechend stellt sich die Frage, welche rechtlichen Folgen eine solche Pflichtverletzung nach sich zieht:

2.2.2. *Folgen der Unterlassung einer pflichtgemäßen Offenlegung*

(i) Die Offenlegung der treuhänderischen Bindung wirkt sich insbesondere auf die Rechtsstellung der kontoführenden Bank aus. Für ein etwaiges Aussonderungsrecht des Treugebers in der Insolvenz des Treuhänders[74] sowie

---

72 Näheres zu den geldwäscherechtlichen Pflichten der Beteiligten, die nicht Gegenstand dieser Arbeit sind, s. etwa Fischbeck in Hellner/Steuer, BuB, Abschnitt F, Rn. 2/245e – m sowie Peterek in Kümpel/Wittig, Bank- und KapMarktR, Rn. 6.643 ff.

73 BGH, Urteil vom 18.10.1994, XI ZR 237/93, NJW 1995, 261 ff., 262; Fischbeck in Hellner/Steuer, BuB, Abschnitt F, Rn. 2/243k m.w.N.; Vgl. auch BFH, Urteil vom 13.12.2011, VII R 49/10, ZIP 2012, 718 ff., 719 sowie Peterek in Kümpel/Wittig, Bank- und KapMarktR, Rn. 6.639 ff.

74 Vgl. hierzu Kap. A.II.8.2.

für die Berechtigung des Treugebers, gegen eine Kontopfändung[75] mit einer Drittwiderspruchsklage, § 771 ZPO, bzw. mit einem Antrag auf einstweilige Einstellung der Zwangsvollstreckung, §§ 771 Abs. 3, 769 ZPO, vorzugehen, ist sie indes im Ergebnis unerheblich. Die insolvenz- und vollstreckungsrechtliche Privilegierung des Treuhandkontos ist von einer anfänglichen Offenlegung der Treuhandeigenschaft grundsätzlich unabhängig.[76]

Im Verhältnis zur Bank kommt es auf die Offenlegung der treuhänderischen Bindung des Kontoguthabens dagegen entscheidend an: nur wenn die Bank hiervon Kenntnis hat, verzichtet sie, zumindest stillschweigend, auf ihr Vertragspfandrecht nach Nummer 14 AGB-Banken bzw. Nummer 21 AGB-Sparkassen sowie etwaige (künftige) Aufrechnungs- und Zurückbehaltungsrechte. Dies gilt allerdings nur, soweit es nicht um Forderungen der Bank aus dem Konto selbst, insbesondere Entgelte, geht. Dieser Verzicht ergibt sich nach h.M. jedenfalls durch Vertragsauslegung, §§ 133, 157 BGB.[77]

Bei einfachen Eigenkonten erklärt die Bank einen solchen Verzicht indes nicht. Entsprechend kann die Bank bei einem verdeckten Treuhandkonto diese Rechte grundsätzlich geltend machen[78], da ihr mangels Kenntnis von der treuhänderischen Bindung des Kontoguthabens ein Verzicht auf ihre Rechte nicht unterstellt werden kann. Ein bloßes Kennenmüssen bzw.

---

75 Vgl. hierzu Kap. A.II.7.2., insbesondere A.II.7.2.2.

76 BGH, Urteil vom 10.02.2011, IX ZR 49/10, WM 2011 ff. (eingehend besprochen in Kap. A.II.3.1.1.); Hadding/Häuser in Schimansky/Bunte/Lwowski, BankRHdB, § 37, Rn. 43, 48 sowie Rn. 62 ff. unter Hinweis auf die frühere, gegenteilige Rechtsprechung; Fischbeck in Hellner/Steuer, BuB, Abschnitt F, Rn. 2/243f.; Vgl. auch Neth-Unger in Fandrich/Karper, Mü. AnwaltsHdB Bank- und KapMarktR, § 3, Rn. 79 sowie Schwintowski, BankR, § 6, Rn. 38 ff.

77 Hadding/Häuser in Schimansky/Bunte/Lwowski, BankRHdB, § 37, Rn. 48 ff.; Servatius in Langenbucher/Bliesener/Spindler, BankRKom, 35. Kap., Rn. 51 m.w.N.; Neth-Unger in Fandrich/Karper, Mü. AnwaltsHdB Bank- und KapMarktR, § 3, Rn. 78; Für Anderkonten vgl. Nummer 12 der Anderkontobedingungen; Vgl. auch Federlin in Kümpel/Wittig, Bank- und KapMarktR, Rn. 12.673 sowie Schwintowski, BankR, § 6, Rn. 38.

78 Peterek in Kümpel/Wittig, Bank- und KapMarktR, Rn. 6.793; Servatius in Langenbucher/Bliesener/Spindler, BankRKom, 35. Kap., Rn. 52 m.w.N.; Neth-Unger in Fandrich/Karper, Mü. AnwaltsHdB Bank- und KapMarktR, § 3, Rn. 78 f.; Zu den Folgen einer nachträglichen Offenlegung sogleich in Kap. A.II.2.2.3.

eine etwaige Erkennbarkeit, etwa anhand der gewählten Konto(zusatz)bezeichnung, genügt hierfür grundsätzlich nicht.[79]

(ii) Folglich können sich aus einer Verletzung der Pflicht zur Offenlegung des Treuhandverhältnisses auch Schadenersatzansprüche gegen den Treuhänder ergeben, wenn insbesondere der Treugeber durch die unterlassene Offenlegung einen Schaden erleidet. Dies kommt letztlich aber nur dann in Betracht, wenn auch eine nachträgliche Offenlegung des Treuhandverhältnisses[80] nicht genügt, um die Folgen des Pflichtverstoßes zu beseitigen.

Denkbar ist dies insbesondere im Zusammenhang mit einer ausnahmsweise rechtmäßigen Verwertung des Kontoguthabens durch die ihr AGB-Pfandrecht ausübende Bank, da dann der Treuhänder das Treugut entgegen der Treuhandabrede bzw. § 667 BGB nicht mehr an den Treugeber herausgeben kann.[81] Die Folge ist, dass der Treugeber in dieser Höhe zwar gem. § 280 Abs. 1, 3 i.V.m. § 283 i.V.m. § 275 Abs. 1 BGB Schadenersatz statt der Leistung, ggfs. erhöht um einen etwaigen Verzugsschaden, § 280 Abs. 1, 2 i.V.m. § 286 BGB, verlangen kann. Jedoch trägt er dann das Bonitätsrisiko des Treuhänders während er andernfalls Befriedigung unmittelbar aus dem insbesondere vor Zugriffsversuchen Dritter besonders geschützten Treugut hätte verlangen können.[82]

Da zumindest auch eine (neben-)vertragliche Pflicht zur Offenlegung des Treuhandverhältnisses besteht, folgt ein etwaiger Schadenersatzanspruch grundsätzlich aus §§ 280 ff. BGB. Daneben kommen ggfs. auch § 823 Abs. 2 BGB i.V.m. den einschlägigen Bestimmungen des GwG[83] oder § 266 Abs. 1 StGB sowie § 826 BGB als Anspruchsgrundlage in Frage.[84]

---

79 BGH, Urteil vom 25.09.1990, IX ZR 94/89, WM 1990, 1954 ff., eingehend besprochen in Kap. A.II.2.2.3 (ii); BGH, Urteil vom 01.07.1993, IX ZR 251/92, WM 1993, 1524 f., 1524; Hadding/Häuser in Schimansky/Bunte/ Lwowski, BankRHdB, § 37, Rn. 54; Fischbeck in Hellner/Steuer, BuB, Abschnitt F, Rn. 2/243m; Servatius in Langenbucher/Bliesener/Spindler, BankRKom, 35. Kap., Rn. 52 m.w.N.

80 Hierzu sogleich in Kap. A.II.2.2.3.

81 Zum Herausgabeanspruch des Treugebers vgl. bereits BGH, Urteil vom 05.11.1953, IV ZR 95/53, NJW 1954, 190 ff., 192 sowie BGH, Beschluss vom 22.04.2010, VII ZR 15/09, WM 2010, 1271 ff., 1272.

82 Zum besonderen Schutz des Treuguts vgl. insbesondere Kap. A.II.7.2.2 sowie A.II.8.2.

83 Aufgrund der gesetzgeberischen Intention – dem Schutz der Rechtsgemeinschaft vor Terrorismus-finanzierung und Geldwäsche – erscheint es allerdings fraglich, ob den Normen des GwG eine entsprechende drittschützende Wirkung, insbesondere in Bezug auf den Treugeber, zugesprochen werden kann. Vgl. auch Vortmann, BKR 2007, 449 ff., 453 f. m.w.N.

84 Vgl. Hadding/Häuser in Schimansky/Bunte/Lwowski, BankRHdB, § 37, Rn. 37.

Im Einzelfall ist eine Strafbarkeit des Treuhänders wegen Untreue durch Unterlassen, § 266 Abs. 1 i.V.m. § 13 Abs. 1 StGB, denkbar.[85] Denn die Pflicht zur Offenlegung des Treuhandverhältnisses stellt eine dem Treuhänder sowohl *„kraft Gesetzes“* (§ 4 Abs. 6 S. 2 GwG) als auch kraft *„Rechtsgeschäfts oder eines Treueverhältnisses* (Treuhandvertrag) *obliegende Pflicht, fremde Vermögensinteressen wahrzunehmen“* dar, so dass deren vorsätzliche Verletzung eine Strafbarkeit grundsätzlich rechtfertigen kann.[86]

2.2.3. Nachträgliche Offenlegung des Treuhandverhältnisses

(i) Wird der Bank nachträglich bekannt, dass das Konto zur Verwaltung von Vermögenswerten Dritter, vor allem zur Abwicklung fremden Zahlungsverkehrs, genutzt wird, ist die Bank aufgrund der einschlägigen geldwäscherechtlichen Bestimmungen, insbesondere § 3 Abs. 2 Nr. 4 i.V.m. Abs. 1 Nr. 4 GwG, gehalten, den Sachverhalt aufzuklären und für den wirtschaftlich Berechtigten, mithin den Treugeber, eine Legitimationsprüfung vorzunehmen bzw. die ihr gegenüber gemachten Angaben zu überprüfen. Rein zivilrechtlich besteht dagegen keine derartige Prüfpflicht.[87]

Hieran schließt sich die Frage an, ob eine Verletzung der geldwäscherechtlichen Verpflichtung der Bank, den wirtschaftlich Berechtigten abzuklären, im Falle ungenügender Sachverhaltsaufklärung zu Schadenersatzansprüchen des Treugebers gegen die kontoführende Bank führen kann. Da mit dem wirtschaftlich Berechtigten – unabhängig davon, wann der Bank bekannt oder erkennbar wurde, dass auf dem Konto (auch) Fremdgelder verwahrt werden – keinerlei vertragliche oder vorvertragliche Beziehungen bestehen und selbst im Falle eines offenen Treuhandkontos kein Vertrag zugunsten oder mit Schutzwirkung zugunsten Dritter vorliegt[88], kommt allenfalls ein deliktischer Anspruch gegen die Bank in Betracht.

Ein Anspruch gem. § 826 BGB scheidet tatbestandlich regelmäßig aus, da die Bank auch dann, wenn sie ihren geldwäscherechtlichen Verpflichtungen nicht hinreichend nachkommt, jedenfalls ohne Schädigungsvorsatz handelt. In Betracht

---

85 In Bezug auf den Insolvenzverwalter so auch Smid, ZIP 2006, 1973 ff., 1973, wobei zwischen demselben als Amtswalter und gewillkürtem Treuhänder zu unterscheiden ist, vgl. Kap. B.I.2.; Zu etwaigen strafrechtlichen Folgen eines Pflichtverstoßes des Treuhänders vgl. Kap. A.II.4.1.2.

86 Vgl. hierzu auch Kap. A.II.4.1.2.

87 Fischbeck in Hellner/Steuer, BuB, Abschnitt F, Rn. 2/243g m.w.N.

88 Hadding/Häuser in Schimansky/Bunte/Lwowski, BankRHdB, § 37, Rn. 20, 57; Vortmann, BKR 2007, 449 ff., 450; Smid, ZIP 2006, 1973 ff., 1973; Für das Anderkonto so auch Neth-Unger in Fandrich/Karper, Mü. AnwaltsHdB Bank- und KapMarktR, § 3, Rn. 82; Vgl. hierzu auch Servatius in Langenbucher/Bliesener/Spindler, BankRKom, 35. Kap., Rn. 46.

kommt mithin allenfalls ein Anspruch aus § 823 BGB. In der Variante des Absatz 1 setzt dieser allerdings eine Verletzung des Eigentums oder eines sonstigen Rechts[89] voraus während dem Treugeber durch den Verstoß der Bank gegen ihre geldwäscherechtlichen Pflichten allenfalls ein Vermögensschaden erwachsen kann. Das Vermögen als solches ist durch § 823 Abs. 1 BGB indes nicht geschützt.

Der Verlust der Rechtsinhaberschaft am Treugut geht allein auf die Ausgestaltung des Innenverhältnisses zwischen Treuhänder und Treugeber als Vollrechtstreuhand bzw. die Übertragung des Treuguts auf das Treuhandkonto und damit nicht auf eine Rechtshandlung der Bank zurück.

Auch ein Anspruch gem. § 823 Abs. 2 BGB erscheint zumindest fraglich: Voraussetzung wäre zunächst die Verletzung eines Schutzgesetzes, mithin einer Norm, die zumindest auch dem Schutz gerade des Geschädigten dient.[90] Das GwG dient jedoch nicht dem Schutz der einzelnen Teilnehmer am Rechtsverkehr, sondern soll die Einschleusung rechtswidrig erworbener Vermögenswerte in den allgemeinen Wirtschaftskreislauf sowie die Finanzierung von Straftaten, insbesondere mit terroristischem Hintergrund, verhindern. Die Schutzrichtung des GwG zielt nicht auf den Einzelnen, sondern auf die Rechtsgemeinschaft als Ganzes und stellt deshalb kein Schutzgesetz i.S.d. § 823 Abs. 2 BGB dar.[91] Vor diesem Hintergrund ist ein Anspruch nach § 823 Abs. 2 BGB regelmäßig nicht begründbar.[92]

Im Übrigen stellt sich schon die Frage nach der haftungsbegründenden, aber auch der haftungsausfüllenden Kausalität, da – insbesondere vor dem Hintergrund der Pflichten des Treuhänders – allein eine Verletzung der geldwäscherechtlichen Verpflichtungen der Bank nicht zum Eintritt eines kausalen Schadens beim Treugeber führen kann. Deliktische Ansprüche gegen die kontoführende Bank erscheinen auch deshalb grundsätzlich ausgeschlossen.

(ii) An die nachträgliche Aufdeckung der treuhänderischen Bindung knüpfen sich erhebliche rechtliche Nachteile für die Bank, wenn diese die ihr bekannt gewordene Pflichtverletzung des Kontoinhabers hinnimmt und das Konto nach Offenlegung des Treuhandverhältnisses fortführt. Entsprechend trägt nach den allgemeinen Grundsätzen der Kontoinhaber die

---

89 Zum Begriff des sonstigen Rechts i.S.d. § 823 Abs. 1 BGB vgl. etwa Palandt-Sprau, BGB, § 823, Rn. 11 ff.

90 Zum Begriff des Schutzgesetzes vgl. etwa Palandt-Sprau, BGB, § 823, Rn. 56 ff.

91 So im Ergebnis auch Vortmann, BKR 2007, 449 ff., 453 f. m.w.N.

92 In Betracht kommt allenfalls – aber auch hier bestehen Bedenken hinsichtlich des drittschützenden Charakters der Norm – § 261 Abs. 1 S. 1, 2 Nr. 4 lit. a), Abs. 2 i.V.m. § 266 StGB, was aber eine gewerbs- oder bandenmäßige Untreue des Treuhänders voraussetzen würde; ablehnend Vortmann, BKR 2007, 449 ff., 454.

Darlegungs- und Beweislast dafür, dass ein Treuhandkonto vorliegt[93] und dass bzw. seit wann der Bank dies bekannt ist.

Nach Auffassung des BGH nimmt entweder die kontoführende Bank mit Fortführung des Vertragsverhältnisses (konkludent) ein der Offenlegung des Treuhandverhältnisses innewohnendes Angebot auf Vertragsänderung an oder sie selbst trägt dem dies annehmenden Kontoinhaber eine Umstellung auf ein Treuhandkonto an. Da der Bank dabei die treuhänderische Bindung des Kontoguthabens bewusst ist, verzichtet sie dergestalt – analog zu einer anfänglichen Offenlegung und insofern rückwirkend auf ihr Pfandrecht nach Nummer 14 AGB-Banken bzw. Nummer 21 AGB-Sparkassen.[94]

Lehnt die Bank dagegen die Fortführung des Kontos – und damit die ihr angetragene Vertragsänderung – mit Rücksicht auf die schwerwiegende Pflichtverletzung des Kontoinhabers ab und kündigt stattdessen das Konto bzw. die Geschäftsbeziehung insgesamt, vgl. Nummer 19 AGB-Banken bzw. Nummer 26 (2) AGB-Sparkassen, kann sie sich wegen etwaiger fälliger Forderungen aus der Geschäftsbeziehung im Übrigen[95] auf ihr – infolge der anfänglichen Unkenntnis von dem Treuhandverhältnis zunächst wirksam vereinbartes – Pfandrecht an dem Kontoguthaben insoweit berufen, als dass dieses vor Bekanntwerden der treuhänderischen Bindung entstanden ist. Soweit das Kontoguthaben dagegen erst nach Kenntniserlangung entstanden ist, darf sich die Bank nach Auffassung des BGH hieraus nicht befriedigen. Die Bank würde andernfalls, so der BGH, jede billige Rücksichtnahme auf die schutzwürdigen Interessen des Treugebers vermissen lassen und sich nach § 826 BGB schadenersatzpflichtig machen, wenn sie sich in Kenntnis des wahren Sachverhalts auf ihr Vertragspfandrecht beruft.[96] Dies gilt

---

93 Peterek in Kümpel/Wittig, Bank- und KapMarktR, Rn. 6.794.

94 BGH, Urteil vom 25.09.1990, XI ZR 94/89, WM 1990, 1954 ff., eingehend besprochen in Kap. A.II.2.2.3 (ii); BGH, Urteil vom 25.09.1990, XI ZR 142/89, NJW 1991, 100 ff., 102; Vgl. auch Hadding/Häuser in Schimansky/Bunte/Lwowski, BankRHdB, § 37, Rn. 45 f.; Servatius in Langenbucher/Bliesener/Spindler, BankRKom, 35. Kap., Rn. 54 ff.; Vgl. auch Neth-Unger in Fandrich/Karper, Mü. AnwaltsHdB Bank- und KapMarktR, § 3, Rn. 78.

95 Der Verzicht auf das Vertragspfandrecht besteht stets nur in Bezug auf Forderungen der Bank, die nicht unmittelbar aus dem betreffenden Konto selbst stammen, vgl. etwa Fischbeck in Hellner/Steuer, BuB, Abschnitt F, Rn. 2/245a.

96 BGH, Urteil vom 25.09.1990, XI ZR 94/89, WM 1990, 1954 ff. (eingehende Besprechung nachstehend).

analog für den Fall einer Aufrechnung mit sonstigen Forderungen aus der Geschäftsbeziehung.[97]

In dem vorzitierten Urteil vom 25.09.1990 hatte sich der BGH mit der Rechtsnatur eines Kontos mit der Zusatzbezeichnung „Mietkonto", das eine Hausverwaltung zur Entgegennahme von Mietzahlungen für Rechnung einer GbR eingerichtet hatte, zu befassen. Dabei ging es insbesondere um die (nachträgliche) Offenlegung der treuhänderischen Bindung sowie einen (konkludenten) Verzicht der kontoführenden Bank auf ihr Vertragspfandrecht.

Der BGH führt in den Urteilsgründen aus, dass ein Ausschluss des AGB-Pfandrechts hinsichtlich solcher Vermögenswerte anzunehmen sei, *„die für die Bank erkennbar einer besonderen Zweckbestimmung dienen, z.B. wenn der Bank bekannt ist, daß die auf einem Konto eingehenden Gelder dem Kontoinhaber nur als Treuhänder zustehen und daß dieser auch den Willen hat, die Beträge treuhänderisch für den Treugeber auf seinem Konto anzulegen."* Im zu entscheidenden Fall sah der BGH eine anfängliche Offenlegung der treuhänderischen Bindung als nicht gegeben an. Insbesondere stellte er heraus, dass die Zusatzbezeichnung „Mietkonto" kein zwingendes Indiz für eine Treuhänderstellung sei. Entsprechend kam der BGH zu dem Ergebnis, dass das streitgegenständliche Konto als Eigenkonto eröffnet worden sei und deshalb nicht zu beanstanden sei, dass das Berufungsgericht einen Pfandrechtsausschluss bei Kontoeröffnung verneint hatte.

Hinsichtlich der vorgetragenen späteren Offenlegung der treuhänderischen Bindung führt der BGH sodann aus, dass *„die bloße, der Kontoeröffnung nachfolgende Kenntnis davon, daß der Kontoinhaber die auf dem Konto eingehenden Gelder für einen Treugeber verwaltet"* nicht genüge um das Pfandrecht der Bank zu beseitigen. Der Bank könnten ihre *„Rechte nicht einseitig durch den Kunden entzogen werden; es bedarf hierfür vielmehr - wie für deren Begründung - der Parteivereinbarung."*

Trotz vorstehender Ausführungen stellt der BGH sodann ohne nähere Begründung fest: *„ein Verzicht auf das Vertragspfandrecht* [...] *wäre allerdings zu bejahen, wenn der Geschäftsführer* [...] *die Beklagte* [...] *über die Treuhandbindung unterrichtet und die Beklagte dem nicht widersprochen hätte."* Die Bank würde dann, so wird man das Urteil verstehen müssen, stillschweigend auf ihr Pfandrecht verzichten. Klarstellend führt der BGH weiter aus, dass im konkreten Fall *„nur ein in die Zukunft wirkender Verzicht der Beklagten auf das Vertragspfandrecht* [...]

97 Vgl. BGH, Urteil vom 25.09.1990, XI ZR 142/89, NJW 1991, 100 ff., 102; BGH, Urteil vom 12.12.1995, XI ZR 15/95, NJW 1996, 840 ff., 841; Vgl. auch Servatius in Langenbucher/Bliesener/Spindler, BankRKom, 35. Kap., Rn. 55 f., der jedoch von einem gesetzlichen Ausschluss eines AGB-Pfandrechts bzw. Aufrechnungsrechts aufgrund der treuhänderischen Bindung des Kontoguthabens ausgeht.

in Betracht [kommt], *von dem bereits erworbene Rechte nicht berührt werden.*" Denkbar sei je nach Einzelfall aber auch ein umfassender Pfandrechtsverzicht.[98]

Abschließend stellt der BGH heraus, dass sogar eine Schadenersatzpflicht wegen vorsätzlicher, sittenwidriger Schädigung gem. § 826 BGB denkbar sei, wenn die Bank „*an später eingehenden Geldern trotz Kenntnis der Treuhandbindung ein Pfandrecht*" geltend macht. Zur Begründung führt der BGH aus: „*Ein solches Festhalten an dem Vertragspfandrecht zur Erlangung eigener wirtschaftlicher Vorteile würde jede billige Rücksichtnahme auf die berechtigten Interessen der Treugeber außer Acht lassen und deren „bessere" Ansprüche vereiteln.*"

Diskussionswürdig erscheint vor allem die Annahme des BGH, die Bank würde das einer nachträglichen Offenlegung des Treuhandverhältnisses innewohnende Angebot des Kontoinhabers auf Vertragsänderung allein durch die Fortsetzung der Geschäftsbeziehung konkludent annehmen bzw. die Bank dem Kontoinhaber eine entsprechende Vertragsanpassung dergestalt antragen. Hierfür müsste dem Verhalten der Bank ein entsprechender Erklärungswert zukommen, der aber allein in der Erfüllung des bestehenden Zahlungsdiensterahmenvertrages nicht gesehen werden kann. Die Argumentation des BGH wird daher zurecht kritisch gesehen.[99]

Im Ergebnis bedeutet dies, dass die Bank bei Fortsetzung der Geschäftsbeziehung trotz Kenntnis von der treuhänderischen Bindung des Kontoguthabens ihr Vertragspfandrecht sowie auch ihr Aufrechnungs- und Zurückbehaltungsrecht verliert, soweit es nicht um Forderungen aus dem Treuhandkonto selbst, wie etwa Kontoführungsentgelte, geht.[100] Nur im Falle einer umgehenden Reaktion, insbesondere einer Kündigung, verliert die Bank ihr Pfandrecht lediglich an allen seit Kenntniserlangung eingegangen Zahlungen[101] bzw. dem hieraus entstandenen Guthaben.

3. Grundprinzipien des Treuhandkontos und deren Bedeutung

3.1. Strikte Trennung von Treugut und Eigengut

Das grundlegende Prinzip des Treuhandkontos ist die strikte Trennung von Treugut und Eigengut. Hierzu werden in Rechtsprechung und Teilen der Literatur

---

98 Hiervon wird man jedoch – vorzugswürdig wird aber eine ausdrückliche Regelung getroffen – ausgehen dürfen, wenn die Bank das Konto schlicht auf das entsprechende Kontoprodukt „umstellt".

99 Vgl. etwa Hadding/Häuser in Schimansky/Bunte/Lwowski, BankRHdB, § 37, Rn. 45f.

100 Fischbeck in Hellner/Steuer, BuB, Abschnitt F, Rn. 2/245a.

101 Fischbeck in Hellner/Steuer, BuB, Abschnitt F, Rn. 2/243r m.w.N.

unterschiedliche Standpunkte vertreten, die erhebliche Auswirkungen auf die Praxis haben:

3.1.1. Rechtsprechung des BGH, insbesondere Urteil vom 10.02.2011, IX ZR 49/10, sowie vom 24.06.2003, IX ZR 120/02

Nach der Rechtsprechung des BGH ist ein – offenes oder verdecktes – Treuhandkonto nur dann gegeben, wenn das Konto ausschließlich zur treuhänderischen Verwaltung von Mitteln Dritter verwendet wird. Nutzt der Kontoinhaber das Konto indes auch für eigene Zwecke und kommt es dabei zu einer Vermischung der auf diesem Konto verwahrten Fremdgelder mit Geldern des Treuhänders, entfällt nach Auffassung des BGH die Eigenschaft als Treuhandkonto und damit insbesondere die Möglichkeit des Treugebers, gegen eine Pfändung des Kontos mit einer Drittwiderspruchsklage bzw. einem Antrag auf einstweilige Einstellung der Zwangsvollstreckung vorzugehen, sowie ein etwaiges Aussonderungsrecht des Treugebers in der Insolvenz des Treuhänders.[102]

(i) In seinem Urteil vom 10.02.2011 hatte sich der BGH mit den zivilrechtlichen Folgen einer Untreue im Zusammenhang mit einem Anlagemodell zu befassen. Kläger und Widerbeklagter war der Insolvenzverwalter über das Vermögen der Anlagegesellschaft, Beklagte und Widerklägerin war eine Anlegerin. Streitgegenständlich war die Feststellung des Nichtbestehens bzw. Bestehens insbesondere von Aussonderungsrechten an verschiedenen Kontoguthaben der Schuldnerin. Die Konten wurden von der Schuldnerin für die Entgegennahme und Verwaltung von Anlagegeldern verschiedener Anleger genutzt, wobei die Guthaben von der Schuldnerin in strafrechtlich relevanter Weise nach den Feststellungen der Tatsacheninstanzen auch für eigene Zwecke verwandt wurden.

Der BGH kam in seinem Urteil zu dem Ergebnis, dass es sich bei den fraglichen Konten nicht um Treuhandkonten handelt und diese deshalb nicht der Aussonderung der Anleger unterliegen. Ein Aussonderungsrecht des Treugebers in der Insolvenz des Treuhänders sei, so der BGH unter detaillierter Darstellung der höchstrichterlichen Rechtsprechung, nur dann gegeben, sofern das Konto *„ausschließlich zur Aufnahme von treuhänderisch gebundenen Fremdgeldern bestimmt“* ist, wobei sich dann *„das Treuhandverhältnis auch*

102 BGH, Urteil vom 10.02.2011, IX ZR 49/10, WM 2011, 798 ff. (eingehende Besprechung nachstehend); Ebenso Hadding/Häuser in Schimansky/Bunte/Lwowski, BankRHdB, § 37, Rn. 63 bzw. Rn. 72 sowie Fischbeck in Hellner/Steuer, BuB, Abschnitt F, Rn. 2/242; Vgl. auch Ganter, ZInsO 2004, 1217 ff., 1219.

auf von dritter Seite eingegangene Zahlungen, sofern die ihnen zugrunde liegenden Forderungen nicht in der Person des Treuhänders, sondern unmittelbar in der Person des Treugebers entstanden sind", erstreckt.[103]

Entsprechend stellte der BGH fest, dass „*ein Aussonderungsrecht der Beklagten daran* [scheitert], *dass die Schuldnerin sich nicht an die vertraglichen Absprachen gehalten, sondern die Kundengelder vertragswidrig zu eigenen Zwecken verwandt und mit eigenem Geld vermischt hat.*" Dabei genügt bereits die Vermischung von Treugut und Eigengut, um sowohl das Aussonderungsrecht als auch die Möglichkeit zur Erhebung einer Drittwiderspruchsklage nach § 771 ZPO entfallen zu lassen, da „*eine geteilte Berechtigung von Treuhänder und Treugeber an aus Eigen- und Treugut bestehenden Vermögensgegenständen rechtlich nicht möglich ist.*" Ebenso genügt auch der Bruch der Treuhandvereinbarung durch ein Verwenden des Treuguts für eigene Zwecke. Der BGH führte hierzu aus: „*Nutzt der Treuhänder das Guthaben auf einem (zunächst) ausschließlich für Fremdgeld bestimmten und genutzten Konto (auch) für eigene Zwecke, entfällt das Aussonderungsrecht regelmäßig auch hinsichtlich des verbliebenen, im Zeitpunkt der Eröffnung des Insolvenzverfahrens noch vorhandenen Bestandes. Die Aussonderungsbefugnis des Treugebers ist entscheidend daran geknüpft, dass der Treuhänder die Treuhandbindung beachtet.* [...] *Respektiert der Treuhänder die treuhänderische Bindung des Kontos nicht, kann dies auch von seinen Gläubigern nicht verlangt werden.*" Dieselbe Feststellung trifft der BGH auch hinsichtlich des Interventionsrechts nach § 771 ZPO; auch dieses entfällt, wenn eine Vermischung mit Eigengut stattfindet oder der Treuhänder den Willen aufgibt, die Treuhandabrede jedenfalls im Wesentlichen einzuhalten.

Weiter führt der BGH aus, dass es nur auf die tatsächliche treuhänderische Bindung des Kontoguthabens, nicht aber deren Offenlegung ankommt. Die Vermögensverhältnisse des Schuldners müssen für seine Gläubiger nicht ohne weiteres durchschaubar sein, so der BGH: „*Der Gläubiger muss immer damit rechnen, dass Vermögensgegenstände, die dem äußeren Anschein nach dem Schuldner gehören, in Wahrheit nicht seinem Vollstreckungszugriff unterliegen*".

---

103 Grundsätzlich gilt das Unmittelbarkeitsprinzip, von welchem der BGH für Zahlungen der Drittschuldner des Treugebers jedoch eine Ausnahme macht, vgl. hierzu sogleich Kap. A.II.3.2.

(ii) Bereits zuvor lag dem BGH ein ähnlich gelagerter Fall zur Entscheidung vor: Gegenstand des Urteils vom 24.06.2003[104] war die Frage, ob zugunsten eines Vermieters ein Aussonderungsrecht an dem Guthaben auf dem Konto einer (insolventen) Hausverwaltung in der Rechtsform einer GmbH zusteht. Auf dem streitgegenständlichen Konto gingen die monatlichen Zahlungen der Mieter des Klägers sowie weiterer Wohnungseigentümer, darunter die Schuldnerin, ein. Der beklagte Insolvenzverwalter wies ein entsprechendes Herausgabeverlangen eines der Vermieter zurück und verwies ihn auf die Quote. Hiergegen wandte sich der Vermieter mit einer Zahlungsklage zum zuständigen Landgericht, das die Klage jedoch abwies. Das Berufungsgericht indes entschied im Sinne des Klägers. Die daraufhin vom Beklagten eingelegte Revision hatte Erfolg und führte zur Klageabweisung:

Der BGH stellte zunächst fest, dass zwischen dem Kläger und der Schuldnerin weder ausdrücklich noch konkludent ein Treuhandverhältnis begründet worden sei. Im Ergebnis konnte dies jedoch nach Auffassung des BGH dahinstehen, da ein Aussonderungsrecht des Klägers im Streitfall schon deshalb ausschied, da die Schuldnerin das Mieteingangskonto auch für eigene Rechnung nutzte. Der BGH führt hierzu unter Hinweis auf seine ständige Rechtsprechung aus: „*Ein Aussonderungsrecht bezüglich eines Kontoguthabens kann nur dann entstanden sein, wenn es sich um ein ausschließlich zur Aufnahme von treuhänderisch gebundenen Fremdgeldern bestimmtes Konto handelt.* [...] *Eine Aussonderung wegen eines bloßen Geldsummenanspruchs kennt die Rechtsordnung nicht.*"

In der Urteilsbegründung setzt sich der BGH dabei eingehend mit dem Bestimmtheitserfordernis bei Treuhandverhältnissen auseinander und verweist unter anderem auf die vorhandenen gesetzlichen Bestimmungen über treuhänderisches Vermögen, wonach Treugut und eigenes Vermögen regelmäßig getrennt zu halten sind. Dabei stellt der BGH heraus, dass sich der Treugeber „*bereits durch die Übertragung der dinglichen Rechtsstellung in die Hand des Treuhänders begeben*" hat und entsprechend § 137 BGB auch Rechtshandlungen hinnehmen muss, durch die Treugut und Eigengut miteinander unzulässig vermischt werden.

(iii) Das Postulat einer strikten Trennung von Treugut und Eigengut stützt der BGH also auch auf die gesetzlichen Regelungen zur Verwaltung von Treugut, etwa in § 292 Abs. 1 S. 2 InsO, § 2 DepotG, § 6 Abs. 1 S. 3 KAGG a.F.

104 Abgedruckt etwa in WM 2003, 1641 ff.

und § 34a Abs. 1 S. 1 WpHG.[105] Daneben enthalten auch die § 13 Abs. 1 S. 2 Nr. 1 c ZAG, § 551 Abs. 3 S. 3 BGB und § 27 Abs. 5 S. 1 WEG vergleichbare Regelungen, aus welchen sich mit dem BGH das Erfordernis einer strikten Trennung von Treugut und Eigengut ableiten lässt.[106]

Hinzu treten – dies aber ohne unmittelbare Auswirkung auf die Qualifikation eines Kontos als Treuhandkonto – die Bestimmungen des GwG, die einer gemischten Nutzung von Konten zur Verwaltung von Fremd- und Eigenmitteln grundsätzlich entgegenstehen. Der Gesetzgeber ging bei der Schaffung der einschlägigen Bestimmungen des GwG ersichtlich davon aus, dass eine Vermischung *per se* nicht erfolgen soll.[107]

§ 154 AO dagegen stünde einer gemischten Nutzung nicht entgegen, da diese Norm nur die formale Kontenwahrheit, nicht aber auch eine materielle Kontenwahrheit, also die zutreffende Angabe des oder der wirtschaftlich Berechtigten, fordert. Die zugrundeliegenden wirtschaftlichen Beziehungen müssen nicht erkennbar gemacht werden,[108] so dass § 154 AO auch deren konkrete Ausgestaltung nicht berührt.

3.1.2. Meinungsstand in der Literatur

Dagegen wird in der Literatur teilweise vertreten, dass bereits eine bloße Unterscheidbarkeit von Treugut und Eigengut ausreiche. Entscheidend sei lediglich, dass zum maßgeblichen Zeitpunkt – etwa der Insolvenz des Treuhänders oder im Falle der Zwangsvollstreckung – Treugut und Eigengut auseinander gehalten werden können.[109] Zur Begründung wird angeführt, dass etwa für das Aussonderungsrecht des Treugebers in der Insolvenz des Treuhänders die bloße Bestimmbarkeit des Treuguts genügt. Die Gegenauffassung sei inkonsequent, da sie das Sammeltreuhandkonto[110], insbesondere in Gestalt des Sammelanderkontos, für zulässig erachte, obschon dort das Treugut verschiedener Treugeber zusammen verwaltet werde.[111]

---

105 BGH, Urteil vom 24.06.2003, IX ZR 120/02, WM 2003, 1641 ff. (eingehende Besprechung vorstehend).

106 Fischbeck in Hellner/Steuer, BuB, Abschnitt F, Rn. 2/242.

107 Fischbeck in Hellner/Steuer, BuB, Abschnitt F, Rn. 2/242 unter Verweis auf § 3 Abs. 1 Nr. 3 GwG.

108 BGH, Urteil vom 18.10.1994, XI ZR 237/93, NJW 1995, 261 ff., 262.

109 Vgl. etwa Canaris in Bankvertragsrecht, Erster Teil, Rn. 263 ff. sowie Canaris, WuB I C3 – 1.94; Befürwortend auch Hadding/Häuser in Schimansky/Bunte/Lwowski, BankRHdB, § 37, Rn. 2, 28.

110 Vgl. hierzu sogleich Kap. A.II.3.1.4.

111 Hadding/Häuser in Schimansky/Bunte/Lwowski, BankRHdB, § 37, Rn. 28.

3.1.3. Bedeutung des Meinungsstreits und Stellungnahme

(i) Die Folgen eines Verlusts der Anerkennung als Treuhandkonto sind nicht nur für den Treugeber, sondern vor dem Hintergrund der möglichen schadenersatzrechtlichen sowie ggfs. strafrechtlichen[112] Folgen auch für den Treuhänder gravierend. Einerseits geht damit nach der Rechtsprechung des BGH das Aussonderungsrecht des Treugebers in der Insolvenz des Treuhänders, § 47 InsO, andererseits aber auch die Möglichkeit einer Drittwiderspruchsklage, § 771 ZPO, bzw. eines Antrags auf einstweilige Einstellung der Zwangsvollstreckung, §§ 771 Abs. 3, 769 ZPO, bei einer Kontopfändung verloren. Im Falle einer Missachtung der Treuhandabrede durch den Treugut und Eigengut pflichtwidrig vermischenden Treuhänder kann dessen Gläubigern der Zugriff auf das Kontoguthaben also nicht mit dem Hinweis auf eine (frühere) treuhänderische Bindung verwehrt werden.

(ii) Daneben stellt sich die Frage, ob nicht auch der mit der kontoführenden Bank anlässlich der Anzeige der treuhänderischen Bindung zunächst vereinbarte Verzicht auf ihr Pfandrecht nach Nummer 14 AGB-Banken bzw. Nummer 21 AGB-Sparkassen sowie auf die Geltendmachung etwaiger Aufrechnungs- und Zurückbehaltungsrechte an das Fortbestehen der treuhänderischen Bindung des Kontoguthabens gebunden ist und deshalb mit dem Verlust derselben, insbesondere infolge unzulässiger Vermischung von Treugut und Eigengut, i.S. einer auflösenden Bedingung gem. § 158 Abs. 2 BGB wieder entfällt bzw. ob dies nicht zu einer entsprechenden, durch Fortnutzung des Kontos konkludent vereinbarten Vertragsanpassung i.S.d. § 313 Abs. 1 BGB führt.

Da der Verzicht der Bank auf ihre Rechte – die ihr bei einem einfachen Eigenkonto unzweifelhaft zustünden – gerade an die treuhänderische Bindung des Kontoguthabens anknüpft, spricht viel dafür, dass parallel zu den anderen Privilegien des Treuhandkontos auch dieses mit der Eigenschaft als Treuhandkonto untergeht, jedenfalls soweit es um ein nach Entfallen der treuhänderischen Bindung entstandenes Kontoguthaben geht.

---

112 Der objektive Tatbestand der Untreue gem. § 266 StGB umfasst als Begehungsalternative auch die Verletzung einer dem Täter aufgrund eines Rechtsgeschäfts oder Treueverhältnisses obliegende Pflicht, fremde Vermögensinteressen wahrzunehmen. Eine solche Pflicht ist auch die Pflicht des Treuhänders, dem Treugut im Interesse des Treugebers den bestmöglichen Schutz angedeihen zu lassen und dieses vor dem Hintergrund der Rechtsprechung des BGH insbesondere nicht pflichtwidrig mit Eigengut zu vermischen.

Dieses entspricht auch der in Kapitel A.II.2.2.3. dargestellten Rechtsprechung des BGH für den Fall einer nachträglichen Offenlegung der treuhänderischen Bindung: dort vertritt der BGH die Auffassung, dass die Bank ihr AGB-Pfandrecht sowie ihre vertraglich vereinbarten Aufrechnungs- und Zurückbehaltungsrechte jedenfalls soweit nicht mehr geltend machen kann wie es um ein Kontoguthaben geht, das erst nach Kenntniserlangung durch die Bank entstanden ist. Im *quasi* spiegelbildlichen Fall einer pflichtwidrigen Vermischung von Treugut und Eigengut kann nichts anderes gelten.[113]

(iii) Der in der Literatur teilweise vertretenen Auffassung, dass eine bloße Unterscheidbarkeit von Treugut und Eigengut genüge, ist der BGH insbesondere mit seinem Urteil vom 24.06.2003, IX ZR 120/02 sowie 10.02.2011, IX ZR 49/10[114] überzeugend entgegengetreten. Jedenfalls dann, wenn der Treuhänder den Willen, die treuhänderische Bindung zumindest im Grundsatz zu beachten, aufgegeben hat und das Konto (auch) für eigene Zwecke nutzt, also insbesondere ein treuhänderisch gebundenes Kontoguthaben nach eigener Façon verwendet, geht die Eigenschaft als Treuhandkonto verloren.[115] Dabei muss sich der Rechtsanwender vergegenwärtigen, dass sich der Verlust der treuhänderischen Bindung nach der (zutreffenden) Auffassung des BGH nicht in der bloßen Umqualifizierung des konkret betroffenen Guthabenanteils erschöpft, sondern das Konto als Ganzes erfasst.[116] Ein Verlust der Eigenschaft als Treuhandkonto wiederum führt unmittelbar zum Wegfall

---

113 Befürwortend auch Fischbeck in Hellner/Steuer, BuB, Abschnitt F, Rn. 2/242b; Zum Einwand treuwidrigen Verhaltens vgl. sogleich Kap. A.II.3.2.3, dort unter (iii).

114 Vgl. bereits zuvor Kap. A.II.3.1.1.

115 Zumindest für den Verlust der Treuhandeigenschaft im Verhältnis zum Treugeber: BGH, Urteil vom 10.02.2011, IX ZR 49/10, WM 2011, 798 ff. (eingehend besprochen in Kap. A.II.3.1.1.); Vgl. auch Hadding/ Häuser in Schimansky/Bunte/Lwowski, BankRHdB, § 37, Rn. 29 sowie Wimmer-Imberger, InsO, § 47, Rn. 48 sowie Kreft-Lohmann, InsO, § 47, Rn. 23 m.w.N. und Fischbeck in Hellner/Steuer, BuB, Abschnitt F, Rn. 2/242b.

116 BGH, Urteil vom 10.02.2011, IX ZR 49/10, WM 2011, 798 ff. (eingehend besprochen in Kap. A.II.3.1.1.); Fischbeck in Hellner/Steuer, BuB, Abschnitt F, Rn. 2/242b; So im Ergebnis auch Wimmer-Imberger, InsO, § 47, Rn. 48; a.A. Hadding/Häuser in Schimansky/Bunte/Lwowski, BankRHdB, § 37, Rn. 29 unter Hinweis auf OLG Frankfurt, Urteil vom 11.02.2010, 16 U 176/09, ZIP 2010, 437 ff., 439 (Verlust der treuhänderischen Bindung nur soweit wie der Treuhänder das Treugut vertragswidrig verwendet und/oder in das eigene Vermögen überführt, solange der Treuhänder sich im Übrigen an die Treuhandabrede gebunden hält).

des besonderen Schutzes des Treuguts, insbesondere durch ein Aussonderungsrecht in der Insolvenz des Kontoinhabers sowie die Möglichkeit, gegen eine Kontopfändung mit einer Drittwiderspruchsklage bzw. einem Antrag auf einstweilige Einstellung der Zwangsvollstreckung vorzugehen. Ebenso entfallen im Verhältnis zur kontoführenden Bank mit Wirkung ab dem Ende der treuhänderischen Bindung die besonderen bankvertragsrechtlichen Privilegien des Treuhandkontos. Der strikten Trennung von Treugut und Eigengut kommt daher – auch vor dem Hintergrund etwaiger schadenersatzrechtlicher und ggfs. sogar strafrechtlicher Folgen – eine für die Praxis nicht zu unterschätzende Bedeutung zu.

3.1.4. Exkurs: Sammeltreuhandkonto

Unstreitig zulässig ist dagegen die Einrichtung von sog. Sammeltreuhandkonten, bei welchen keine Vermischung von Treugut und Eigengut, sondern nur von Treugut mehrerer Treugeber stattfindet.[117] Aus Sicht des BGH kommt es nur darauf an, dass Treugut und Eigengut nicht vermengt werden, während der Umstand, dass das Treugut keinem bestimmten Treugeber unmittelbar zugeordnet werden kann, keine Beanstandung findet.

In der Bankpraxis hat das Sammeltreuhandkonto, auch in der Spezialform des Sammelanderkontos[118], jedoch vor dem Hintergrund der umfassenden geldwäscherechtlichen Pflichten der Beteiligten etwas an Bedeutung verloren. Typische Anwendungsfälle sind das Sammelanderkonto des Rechtsanwalts oder Notars sowie das Mietkautionssammelkonto, beispielsweise bei der Vermietung von Wohneinheiten in Studentenwohnheimen.

Für den (vorläufigen) Insolvenzverwalter bzw. Sachwalter ist das Sammeltreuhandkonto weniger geeignet, da aufgrund der Vielzahl an Buchungen im Laufe eines Insolvenzverfahrens der buchhalterische Aufwand, um diese den verschiedenen Insolvenzverfahren zuzuordnen, unverhältnismäßig hoch wäre. Der (vorläufige) Insolvenzverwalter bzw. Sachwalter muss jederzeit wissen, in welcher Höhe auf den jeweiligen Konten liquide Mittel für das einzelne Insolvenzverfahren zur Verfügung stehen, so dass eine Verwaltung zusammen mit den Mitteln aus anderen Insolvenzverfahren auf einem einzigen Konto zumindest

---

117 BGH, Urteil vom 24.06.2003, IX ZR 120/02, WM 2003, 1641 ff sowie BGH, Urteil vom 10.02.2011, IX ZR 49/10, WM 2011, 798 ff. (jeweils eingehend besprochen in Kap. A.II.3.1.1.); Fischbeck in Hellner/Steuer, BuB, Abschnitt F, Rn. 2/242c m.w.N.

118 Ein Sammelanderkonto steht nach den jeweiligen Anderkontobedingungen nur der Berufsgruppe der Rechtsanwälte sowie der der Notare offen. Zum Anderkonto im Übrigen vgl. Kap. A.II.2.1.4.

wenig praxisgerecht wäre.[119] Mitgliedern des VID[120] ist die Führung von Sammelkonten nach Kapitel III Nr. 7 der GOI[121] sogar ausdrücklich untersagt. Dies gilt gem. Kapitel I der GOI für (vorläufige) Insolvenzverwalter und (vorläufige) Sachwalter gleichermaßen. Daher ist im Rahmen dieser Arbeit auf das Sammeltreuhandkonto nicht weiter einzugehen.

3.2. Unmittelbarkeitsprinzip

3.2.1. Unmittelbarkeitsprinzip bei Treuhandverhältnissen

Das für (Vollrechts-)Treuhandverhältnisse bereits vom Reichsgericht[122] aufgestellte Erfordernis der Unmittelbarkeit greift auch bei Treuhandkonten Platz: demnach ist es erforderlich, dass der Treuhänder das Treugut unmittelbar aus dem Vermögen des Treugebers erhält, also eine Übertragungstreuhand[123] vorliegt. Durch den entsprechenden Übertragungsakt, insbesondere eine Übereignung oder Abtretung, wird eine dingliche Zuordnung des Treuguts zum Vermögen des Treuhänders geschaffen. Dagegen genügt es nicht, wenn jemand einen Gegenstand lediglich für Rechnung eines anderen als dessen (stiller) Stellvertreter erwirbt, da in einem solchen Fall nur ein schuldrechtlicher Anspruch des Vertretenen auf Übereignung bzw. Abtretung an sich besteht. Insofern dient das Unmittelbarkeitsprinzip nach der Rechtsprechung bereits des Reichsgerichts der Abgrenzung von Treuhand und (stiller) Stellvertretung.[124]

Hintergrund des Unmittelbarkeitsprinzips ist neben der notwendigen Abgrenzung zur Stellvertretung ferner, dass eine Übertragung von Vermögenswerten auf

---

119 Zur Zulässigkeit von Sammelanderkonten im (vorläufigen) Insolvenzverfahren vgl. auch Kuder, ZInsO 2009, 584 ff., 586, Fn. 19 sowie Paulus, WM 2008, 473 ff., 475.

120 Verband Insolvenzverwalter Deutschlands e.V.

121 Grundsätze ordnungsgemäßer Insolvenzverwaltung des VID vom 04.06.2011, zuletzt geändert durch Beschluss der Mitgliederversammlung vom 03.05.2013; Diese sind (nur) für die Mitglieder des VID verbindlich und dokumentieren insofern einen gewissen Standard, der er sich in der Insolvenzpraxis herausgebildet hat.

122 RG, Urteil vom 19.02.1914 – VII 448/13 – RGZ 84, 214 ff., 217 f.; Ebenso BGH, Urteil vom 05.11.1953, IV ZR 95/53, NJW 1954, 190 ff., 192 sowie zuletzt Urteil vom 24.06.2003, IX ZR 75/01, NJW 2003, 3413 ff., 3415; S. auch Uhlenbruck-Hirte, InsO, § 35, Rn. 29 f. m.w.N. zur Rspr.

123 Der Begriff dient der Verdeutlichung des Umstands, dass der Rechtserwerb durch einen Übertragungsakt vom Treugeber auf den Treuhänder stattfindet. Es handelt sich um einen Fall der Vollrechtstreuhand.

124 Vgl. bereits RG, Urteil vom 19.02.1914 – VII 448/13 – RGZ 84, 214 ff., 217 f., RG, Urteil vom 06.03.1930 – VI 296/29 – RGZ 341 ff., 344 f.

einen Treuhänder insofern zulasten der Gläubiger des Treugebers geht, als dass die betreffenden Vermögenswerte mit der Übertragung auf den Treuhänder – und damit außer im Falle einer bloßen Ermächtigungstreuhand – aus dem Vermögen des Treugebers rechtlich ausscheiden und dem Zugriff der Gläubiger des Treugebers (zunächst) entzogen sind. Zwar tritt zumindest für den Fall der Beendigung des Treuhandverhältnisses an die Stelle des Treuguts ein entsprechender Rückgewähranspruch des Treugebers gegen den Treuhänder, § 667 BGB.[125] Jedoch handelt es sich dabei allein um einen gem. § 857 Abs. 1 ZPO pfändbaren schuldrechtlichen Anspruch, der den Gläubigern des Treugebers regelmäßig deutlich weniger Aussicht auf Befriedigung bietet als dies eine dingliche Rechtsposition vermag. Die Gläubiger tragen in diesem Fall das Risiko fehlender Herausgabebereitschaft des Treuhänders ebenso wie dessen Bonitätsrisiko – und damit das eines anderen als ihres Vertragspartners.

Entsprechend ist grundsätzlich davon auszugehen, dass die Übertragung von Vermögenswerten auf einen Treuhänder eingedenk des (nur) schuldrechtlichen Rückübertragungs- bzw. Herausgabeanspruchs gläubigerbenachteiligende Wirkung i.S.d. § 129 Abs. 1 InsO hat und somit unter den weiteren Voraussetzungen der §§ 130 ff. InsO anfechtbar ist. Der Anspruch gem. § 667 BGB stellt regelmäßig kein gleichwertiges Surrogat dar, zumal das Treugut durch die Übertragung auf den Treuhänder dem unmittelbaren Zugriff der Gläubiger entzogen wird. Bereits dieses Zugriffshindernis begründet nach h.M. eine Gläubigerbenachteiligung.[126] Gegen eine Gläubigerbenachteiligung spricht allerdings der quasi-dingliche Charakter der treuhänderischen Bindung, auf den der BGH etwa bei der Beurteilung der Rechtslage in der Insolvenz des Treuhänders oder bei Zugriffsversuchen der Gläubiger des Treuhänders abstellt.[127] Dies kann jedoch insofern dahin stehen, als dass der Treugeber ohnehin jederzeit – jedenfalls nach Widerruf bzw. Kündigung des Treuhandverhältnisses[128] – berechtigt ist, das Treugut herauszuverlangen.

Bereits an dieser Stelle illustriert sich die Janusköpfigkeit des (vorläufigen) Insolvenzverwalters bei der Führung von Treuhandkonten, auf die in Kapitel B.I.2. noch näher einzugehen sein wird: Er handelt einerseits kraft Amtes für die (spätere) Insolvenzmasse, wenn er dem Treuhänder das Treugut anvertraut und mit diesem die entsprechende Treuhandabrede trifft, andererseits übernimmt

125 Zum Herausgabeanspruch des Treugebers vgl. bereits BGH, Urteil vom 05.11.1953, IV ZR 95/53, NJW 1954, 190 ff., 192 sowie BGH, Beschluss vom 22.04.2010, VII ZB 15/09, WM 2010, 1271 ff., 1272; Palandt-Sprau, BGB, § 675, Rn. 27.

126 Vgl. etwa Uhlenbruck-Hirte/Ede, InsO, § 129, Rn. 286 m.w.N., insbesondere zur Rechtsprechung des BGH.

127 Vgl. hierzu Kap. A.II.7.22. sowie A.II.8.2.

128 Im Falle eines unentgeltlichen Treuhandverhältnisses gem. § 671 Abs. 1 BGB, im Falle eines Geschäftsbesorgungsvertrags gem. § 627 BGB, vgl. hierzu auch Kap. A.II.4.1.

er persönlich die Rechtsstellung des Treuhänders. Er vereinigt in sich, quasi in Personalunion, somit zwei rechtlich streng getrennt zu betrachtende Rechtspersonen, nämlich die des Treugebers und die des Treuhänders, weswegen auch bei der Nutzung von Treuhandkonten eine Vermögensübertragung unmittelbar vom Treugeber auf den Treuhänder stattfindet.

3.2.2. Durchbrechung des Unmittelbarkeitsprinzips beim Forderungseinzug

Eine Ausnahme vom Erfordernis der Unmittelbarkeit stellt der gemeinhin als zulässig anerkannte[129] Einzug von Forderungen auf ein Treuhandkonto dar: hier übernimmt der Treuhänder in Abgrenzung zur bloßen Ermächtigungstreuhand nicht nur den Einzug der Forderungen (dort auf ein Konto des Treugebers[130]), sondern vereinnahmt die Zahlungseingänge zur weiteren Verwaltung auf ein (Vollrechts-)Treuhandkonto. Dabei bleibt der Treugeber zwar ebenso bis zum Erlöschen der Forderung infolge Erfüllung, § 362 BGB,[131] Forderungsinhaber. Der Erlös aus dem Forderungseinzug gelangt jedoch bestimmungsgemäß in das Vermögen des Treuhänders, der diesen in Übereinstimmung mit der zugrunde liegenden Treuhandabrede auf einem Konto für Rechnung des Treugebers entgegennimmt.

Der BGH erkennt diese Konstellation als Ausnahme vom Erfordernis der Unmittelbarkeit an,[132] indem er eine eher wirtschaftlich geprägte Betrachtung vornimmt: zwar stammt das Treugut nicht unmittelbar aus dem Vermögen des Treugebers, jedoch gelangt dieses durch die Zahlung des jeweiligen Drittschuldners bestimmungsgemäß in das Vermögen des Treuhänders als Kontoinhaber. Zudem erfolgt die Zahlung auf eine Forderung, die nicht in der Person des Treuhänders, sondern des Treugebers begründet ist. Die Ausnahme begründet sich aber letztlich mit dem Sinn und Zweck des Treuhandkontos, nämlich darauf Geldmittel Dritter – sei es unmittelbar aus deren Vermögen oder aus einer Zahlung von anderer Seite, die jedoch ausschließlich dem Dritten,

---

129 BGH, Urteil vom 10.02.2011, IX ZR 49/10, WM 2011, 798 ff. (eingehend besprochen in Kap. A.II.3.1.1.); Hadding/Häuser in Schimansky/Bunte/Lwowski, BankRHdB, § 37, Rn. 26 m.w.N.; Peterek in Kümpel/Wittig, Bank- und KapMarktR, Rn. 6.795; Servatius in Langenbucher/Bliesener/Spindler, BankRKom, 35. Kap., Rn. 45 m.w.N.; Fischbeck in Hellner/Steuer, BuB, Abschnitt F, Rn. 2/242d.

130 Zur kontomäßigen Abbildung der Ermächtigungstreuhand vgl. bereits Kap. A II.2.1.3.

131 Zur Erfüllungswirkung von Zahlungen auf ein Treuhandkonto vgl. Kap. D.IV.

132 BGH, Urteil vom 10.02.2011, IX ZR 49/10, WM 2011, 798 ff. (eingehend besprochen in Kap. A.II.3.1.1.); S. auch Uhlenbruck-Hirte, InsO, § 35, Rn. 30 m.w.N. zur Rechtsprechung.

mithin dem Treugeber, zukommen soll – in Empfang zu nehmen und somit vom eigenen Vermögen getrennt zu halten.[133]

3.2.3. *Folgen eines Verstoßes gegen das Unmittelbarkeitsprinzip*

(i) Die rechtlichen Folgen eines Verstoßes gegen das Unmittelbarkeitsprinzip entsprechen den bereits dargestellten Auswirkungen eines Verstoßes gegen den Grundsatz der strikten Trennung von Eigengut und Treugut: die Privilegierung des Treuguts bei Zwangsvollstreckung und in der Insolvenz des Treuhänders entfällt zusammen mit der treuhänderischen Bindung des Kontoguthabens.[134] Dabei ist davon auszugehen, dass auch in diesem Fall diese Sanktionen das Konto im Ganzen und nicht lediglich hinsichtlich desjenigen Teils der Guthabenforderung erfassen, der unter Verstoß gegen das Unmittelbarkeitsprinzip auf das Treuhandkonto gelangt ist.[135]

(ii) Daneben ist auch in diesem Fall ein „Wiederaufleben" des Pfandrechts nach Nummer 14 AGB-Banken bzw. Nummer 21 AGB-Sparkassen sowie des Aufrechnungs- und Zurückbehaltungsrechts der kontoführenden Bank[136] anzunehmen, da der Verzicht auf diese Rechte gerade darauf zurückgeht, dass auf dem betreffenden Konto allein treuhänderisch gebundene Mittel Dritter entgegengenommen und verwaltet werden. Entfällt die Eigenschaft als Treuhandkonto infolge einer Verletzung des Unmittelbarkeitsprinzips, ist auch der Verzicht der kontoführenden Bank auf diese Rechte mit Wirkung *ex nunc* hinfällig bzw. wird im Wege einer entsprechenden Vertragsanpassung durch Fortführung des Kontos konkludent aufgehoben. Die Rechtsfolge kann hier keine andere sein als in dem parallelen Fall einer Vermischung von Treugut und Eigengut.[137]

---

133 Vgl. BGH, Urteil vom 01.07.1993, IX ZR 251/92, WM 1993, 1524 f., 1524 sowie BGH, Urteil vom 27.02.1996, IX ZR 151/95, WM 1996, 662 ff., 663; Hadding/Häuser in Schimansky/Bunte/Lwowski, BankRHdB, § 37, Rn. 26; Peterek in Kümpel/Wittig, Bank- und KapMarktR, Rn. 6.795; Fischbeck in Hellner/Steuer, BuB, Abschnitt F, Rn. 2/242c m.w.N.

134 Vgl. BGH, Urteil vom 01.07.1993, IX ZR 251/92, WM 1993, 1524 f., 1525 sowie BGH, Urteil vom 27.02.1996, IX ZR 151/95, WM 1996, 662ff., 663; Hadding/Häuser in Schimansky/Bunte/Lwowski, BankRHdB, § 37, Rn. 26 m.w.N.; Fischbeck in Hellner/Steuer, BuB, Abschnitt F, Rn. 2/242c m.w.N.

135 Vgl. hierzu Kap. A.II.3.2.3.

136 Vgl. hierzu Kap. A.II.3.1.3, dort unter (iii).

137 Vgl. hierzu Kap. A.II.3.1.

(iii) Schadenersatzansprüche des Kontoinhabers gegen die kontoführende Bank bzw. der Einwand treuwidrigen Verhaltens, § 242 BGB – sollte die Bank tatsächlich ein „Wiederaufleben" ihrer AGB-mäßigen Rechte geltend machen – scheiden dabei grundsätzlich aus:

- Einerseits kann die kontoführende Bank einen Verstoß gegen das Unmittelbarkeitsprinzip, insbesondere im Falle von Drittzahlungen, in aller Regel nicht verhindern. Sie ist infolge des Zahlungsdiensterahmenvertrages grundsätzlich verpflichtet, eingehende Zahlungen entgegenzunehmen und dem Konto gutzubringen. Zudem ist die Beobachtung der rechtlichen Vorgaben für das Treuhandverhältnis nicht Aufgabe der Bank. Vielmehr hat der Treuhänder das Treugut *lege artis* zu verwalten, so dass diesem der besondere Schutz, den ein offenes Treuhandkonto bietet, auch tatsächlich zukommt. Dasselbe gilt für den bereits in Kapitel A.II.3.1. dargestellten Fall einer pflichtwidrigen Vermischung von Treugut und Eigengut.
- Aus dem Zahlungsdiensterahmenvertrag folgen auch keine besonderen Überwachungs-, Warn- oder Schutzpflichten, zumal vor dem Hintergrund der Massenhaftigkeit der Geschäftsvorgänge. Die Bank wird nur zum Zwecke eines technisch einwandfreien Zahlungsverkehrs tätig und ist vor diesem Hintergrund nicht zur Überwachung des Zahlungsverkehrs verpflichtet[138] und mit Blick auf §§ 675o, 675s BGB und die darin normierten, fristgebundenen Ausführungspflichten grundsätzlich auch nicht berechtigt. Im Übrigen gilt der Grundsatz der formalen Auftragsstrenge: die Bank muss sich streng an den ihr erteilten Auftrag halten und braucht die dem Zahlungsverkehr zugrundliegenden Rechtsverhältnisse im Valutaverhältnis, mithin zwischen den Beteiligten, nicht zu beachten.[139]

  Zudem ist der Treugeber schon nicht Partei des Zahlungsdiensterahmenvertrags, während zugleich die Bank nicht Partei des Treuhandvertrags ist. Zwischen Bank und Treugeber besteht keine vertragliche oder vertragsähnliche Beziehung. Insbesondere ist der

---

138 BGH, Urteil vom 22.06.2004, XI ZR 90/03, ZIP 2004, 1742 ff., 1743; Vortmann, BKR 2007, 449 ff., 452 m.w.N.; Vgl. auch Canaris, Bankvertragsrecht, Erster Teil, Rn. 276; Peterek in Kümpel/Wittig, Bank- und KapMarktR, Rn. 6.798; Neth-Unger in Fandrich/Karper, Mü. AnwaltsHdB Bank- und KapMarktR, § 3, Rn. 78 sowie Kap. A.II.4.2.1.

139 So auch Vortmann, BKR 2007, 449 ff., 452 m.w.N.

Zahlungsdiensterahmenvertrag auch nicht als Vertrag mit Schutzwirkung zugunsten Dritter zu qualifizieren.[140]

Der Einwand treuwidrigen Verhaltens – oder gar Schadenersatzansprüche – kommen daher nur in schwer vorstellbaren Ausnahmefällen in Betracht, etwa bei einem kollusiven Zusammenwirken von kontoführender Bank und Treuhänder zum Nachteil des Treugebers, beispielshalber indem diese bewusst einen Wegfall des besonderen Schutzes des Treuguts herbeiführen, damit sich die kontoführende Bank sodann aus dem Treugut wegen fälliger Forderungen allein gegen den Treuhänder befriedigen kann.

In solchen Fällen liegt es auf der Hand, dass der Bank ein Rückgriff auf ihr AGB-Pfandrecht bzw. ihre Aufrechnungs- und Zurückbehaltungsrechte versagt ist und sie sich, sollte sie dennoch auf das Kontoguthaben wegen fälliger Forderungen, die nicht unmittelbar in der Führung des Kontos selbst begründet liegen, zugreifen, Schadenersatzansprüchen wegen sittenwidriger vorsätzlicher Schädigung des Treugebers, § 826 BGB, aussetzt.

Außerhalb solcher Ausnahmefälle muss sich der Treugeber jedoch stets an seinen Vertragspartner, mithin den Treuhänder, halten, sofern dieser für den Verstoß gegen das Unmittelbarkeitsprinzip (bzw. die Vermischung von Treugut und Eigengut) und damit den Wegfall der treuhänderischen Bindung des Kontoguthabens verantwortlich ist.[141]

4. Missbrauch der Rechtsstellung als Treuhänder

4.1. Haftung des Treuhänders

Wie in Kapitel A.II.2.1.1. bereits festgestellt, hat der Treuhänder als Inhaber des Treuhandkontos im Außenverhältnis grundsätzlich eine überschießende Rechtsmacht inne, die aufgrund von § 137 S. 1 BGB im Außenverhältnis, insbesondere gegenüber der kontoführenden Bank, nicht beschränkt werden kann. Der Treuhänder ist, wenn er ein Treuhandkonto zur Verwaltung der ihm anvertrauten Vermögenswerte nutzt, Vollrechtsinhaber und als solcher im Außenverhältnis uneingeschränkt verfügungsberechtigt.

---

140 Hadding/Häuser in Schimansky/Bunte/Lwowski, BankRHdB, § 37, Rn. 20, 57; Vortmann, BKR 2007, 449 ff., 450; Für das Anderkonto so auch Neth-Unger in Fandrich/Karper, Mü. AnwaltsHdB Bank- und KapMarktR, § 3, Rn. 82; Vgl. auch Servatius in Langenbucher/Bliesener/Spindler, BankRKom, 35. Kap., Rn. 44, 46.

141 Zu etwaigen schadenersatz- und strafrechtlichen Folgen eines Pflichtverstoßes des Treuhänders vgl. sogleich in Kap. A.II.4.1.

Im Falle eines Treuhandkontos liegt regelmäßig eine sog. Verwaltungstreuhand vor, da der Treuhänder die Vermögenswerte des Treugebers zumeist fremdnützig verwaltet.[142] Die Treuhandabrede stellt dabei, wenn kein Entgelt vereinbart ist, einen Auftrag gem. §§ 662 ff. BGB, andernfalls einen Geschäftsbesorgungsvertrag gem. § 675 BGB dar,[143] wobei auch in letzterem Fall über § 675 Abs. 1 BGB zahlreiche Normen des Auftragsrechts Anwendung finden.[144] Verletzt der Treuhänder seine Pflichten aus dem Innenverhältnis, indem er etwa das Treugut zur Bedienung eigener Verbindlichkeiten verwendet, macht er sich einerseits in zivilrechtlicher Hinsicht schadenersatzpflichtig, andererseits strafbar:

4.1.1. Zivilrechtliche Folgen einer Pflichtverletzung

(i) Verletzt der Treuhänder seine Pflichten aus dem Treuhandverhältnis, kommt – in Abhängigkeit davon, ob das Treuhandverhältnis im konkreten Fall als unentgeltliches Auftragsverhältnis, §§ 662 ff. BGB, oder als entgeltlicher Geschäftsbesorgungsvertrag, § 675 BGB, ausgestaltet ist – ein Recht zum (jederzeitigen) Widerruf, § 671 Abs. 1 BGB, bzw. ein Recht zur außerordentlich-fristlosen Kündigung gem. § 627 Abs. 1 BGB,[145] jedenfalls aber gem. § 626 BGB in Betracht.[146] Nach Beendigung des Treuhandverhältnisses ist der Treuhänder gegenüber dem Treugeber zur Herausgabe bzw. Rückübertragung des Treugutes sowie zur Rechnungslegung verpflichtet.[147]

---

142 In Abgrenzung hierzu hat sich der Begriff der eigennützigen oder auch Sicherungstreuhand etabliert, vgl. etwa Hadding/Häuser in Schimansky/Bunte/Lwowski, BankRHdB, § 37, Rn. 11 ff. sowie allg. Palandt-Bassenge, BGB, § 903, Rn. 35 m.w.N.

143 Vgl. etwa Hadding/Häuser in Schimansky/Bunte/Lwowski, BankRHdB, § 37, Rn. 13 m.w.N. sowie Palandt-Sprau, BGB, § 675, Rn. 27 m.w.N.

144 Dies betrifft insbesondere den Herausgabe- bzw. Rückübertragungsanspruch des Treugebers betreffend das Treugut, § 667 BGB, sowie den Aufwendungsersatzanspruch des Treuhänders, § 670 BGB.

145 Der Treuhänder erbringt, ohne in einem dauernden Dienstverhältnis mit festen Bezügen zu stehen, im Rahmen eines besonderen Vertrauensverhältnisses Dienste höherer Art, vgl. etwa MüKoBGB-Hensler, § 627, Rn. 17 ff. sowie 20 ff. Dies gilt – aufgrund der im Außenverhältnis überschießenden Rechtsmacht, vgl. Kap. A.II.2.1.1. – zumindest bei Vereinbarung einer Vollrechtstreuhand.

146 Vgl. auch Hadding/Häuser in Schimansky/Bunte/Lwowski, BankRHdB, § 38, Rn. 8 für den Fall der Insolvenz des Treuhänders.

147 Vgl. etwa Staudinger-Martinek, BGB, § 675, Rn. B 214 sowie auch Palandt-Sprau, BGB, § 675, Rn. 27.

(ii) Daneben kommt nach den allgemeinen Grundsätzen auch ein Schadenersatzanspruch des Treugebers nach § 280 ff. BGB in Betracht,[148] wenn der Treuhänder seine Pflichten aus dem Treuhandverhältnis, das dem offenen Treuhandkonto zugrunde liegt, schuldhaft verletzt. Dabei gilt auch hier § 280 Abs. 1 S. 2 BGB, so dass ein Vertretenmüssen der Pflichtverletzung vermutet wird.

(iii) Ferner mag in Ausnahmefällen auch ein deliktischer Schadenersatzanspruch nach § 826 BGB gegeben sein.[149] Daneben ist auch eine Haftung des Treuhänders nach § 823 Abs. 2 BGB in Verbindung mit einem entsprechenden Schutzgesetz denkbar. Als unerlaubte Handlung kommt insbesondere eine Untreue gem. § 266 StGB in Betracht,[150] auf die daher nachstehend näher eingegangen werden soll.

4.1.2. Strafrechtliche und sonstige rechtliche Folgen einer Pflichtverletzung

(i) § 266 Abs. 1 StGB kennt zwei Tatbestandsvarianten: den Missbrauch einer eingeräumten Verfügungsbefugnis und die Verletzung einer besonderen Treuepflicht. Die erste Tatbestandsalternative knüpft an die formale Rechtsstellung des Täters an und setzt eine zivilrechtlich wirksame Verfügung über fremdes Vermögen voraus. Diese Begehungsalternative scheidet bei einer Vollrechtstreuhand regelmäßig aus, da der Treuhänder nicht über fremdes, sondern über rechtlich eigenes Vermögen verfügt.[151] Das Tatbestandsmerkmal fremdes Vermögen ist unter Zugrundelegung des materiellen Zivilrechts zu beurteilen. Auf rein wirtschaftliche Gesichtspunkte kommt es nicht an.[152]

Im Falle einer Vollrechtstreuhand, wie sie bei einem offenen Treuhandkonto notwendigerweise stets gegeben ist,[153] kommt jedoch regelmäßig die zweite Tatbestandsalternative in Betracht. Diese setzt zunächst

---

148 Canaris, Bankvertragsrecht, Erster Teil, Rn. 274; Hadding/Häuser in Schimansky/Bunte/Lwowski, BankRHdB, § 37, Rn. 37; Schwintowski, BankR, § 6, Rn. 40.

149 Hadding/Häuser in Schimansky/Bunte/Lwowski, BankRHdB, § 37, Rn. 37; Schwintowski, BankR, § 6, Rn. 40.

150 Hadding/Häuser in Schimansky/Bunte/Lwowski, BankRHdB, § 37, Rn. 37; Schwintowski, BankR, § 6, Rn. 40.

151 So auch Fischer, StGB, § 266, Rn. 12.

152 Waßmer in Graf/Jäger/Wittig, WirtschaftsStR, § 266, Rn. 60; Schönke/Schröder-Perron, StGB, § 266, Rn. 6 m.w.N.; MüKoStGB-Dierlamm, § 266, Rn. 25; Fischer, StGB, § 266, Rn. 11 m.w.N.

153 Vgl. Kap. A.II.2.1.3.

eine besondere Vermögensbetreuungspflicht kraft Gesetzes, behördlichen Auftrags, Rechtsgeschäfts oder Treuhandverhältnisses voraus.[154] Anders als der Missbrauchstatbestand knüpft diese Begehungsalternative nicht an die formale Rechtsstellung zum betroffenen Vermögen, sondern primär an die tatsächliche Einwirkungsmacht des Täters an.[155] Den Täter muss also eine besonders herausgehobene, spezifische Pflicht treffen, die Vermögensinteressen eines Dritten zu betreuen, mithin Vermögensnachteile von diesem abzuwenden.[156]

Eine solche Pflicht zur fremdnützigen Vermögensfürsorge, wie sie auch § 266 Abs. 1 1. Alt StGB voraussetzt, trifft auch den (vorläufigen) Insolvenzverwalter, soweit die Verwaltungs- und Verfügungsbefugnis kraft Gesetzes oder infolge richterlicher Anordnung auf ihn übergegangen ist. Dies ist zumindest für das eröffnete Verfahren sowie für den sog. starken vorläufigen Insolvenzverwalter anerkannt, gilt richtigerweise aber auch für den schwachen vorläufigen Insolvenzverwalter, soweit die Verwaltungs- und Verfügungsbefugnis im Wege einer sog. Einzelermächtigung partiell auf ihn übergegangen ist. In all diesen Fällen besteht eine gesetzliche Vermögensbetreuungspflicht gegenüber den Verfahrensbeteiligten, in deren Interesse die Vermögenswerte des Schuldners verwaltet werden.[157]

Als Amtswalter verfügt der (vorläufige) Insolvenzverwalter dabei, da nur eine Ermächtigungs- und keine Vollrechtstreuhand vorliegt, jedoch über fremdes Vermögen, nämlich die (spätere) Insolvenzmasse, so dass die erste Begehungsalternative, mithin der Missbrauchstatbestand, einschlägig ist.[158] Verletzt der (vorläufige) Insolvenzverwalter seine Vermögensbetreuungspflicht vorsätzlich, macht er sich daher regelmäßig nach § 266 Abs. 1 1. Alt. StGB strafbar, etwa wenn er die (spätere) Insolvenzmasse dadurch verkürzt, dass er Guthaben von einem Schuldnerkonto – ohne damit eine fällige Forderung gegen die (spätere) Insolvenzmasse zu erfüllen, insbesondere wegen festgesetzter Vergütung – auf ein

---

154 Zur Vereinbarkeit der weiten Fassung des objektiven Tatbestands mit Art. 103 Abs. 2 GG vgl. BVerfG, Urteil vom 10.03.2009, 2 BvR 1980/07, NJW 2009, 2370 ff. sowie BVerfG Urteil vom 23.06.2010, 2 BvR 2559/08, 2 BvR 105/09 sowie 2 BvR 491/09, BVerfGE 126, 170 ff.; Detailliert auch Schramm in Momsen/Grützner, Wirtschaftsstrafrecht, Kap. 5, Rn. 14 ff.

155 Fischer, StGB, § 266, Rn. 33; Vgl. auch MüKoStGB-Dierlamm, § 266, Rn. 151.

156 MüKoStGB-Dierlamm, § 266, Rn. 162; Fischer, StGB, § 266, Rn. 35; Vgl. auch Schramm in Momsen/Grützner, Wirtschaftsstrafrecht, Kap. 5, Rn. 91 ff.

157 Ringstmeier in Runkel, AnwaltsHdB InsR, § 5, Rn. 64; Vgl. auch Pape/Graeber, Insolvenzverwalterhaftung, § 2, Rn. 1623.

158 Waßmer in Graf/Jäger/Wittig, WirtschaftsStR, § 266, Rn. 60; Vgl. auch MüKoStGB-Dierlamm, § 266, Rn. 25.

Eigenkonto umbucht.[159] Dasselbe gilt für den (vorläufigen) Sachwalter, der, wenn er gem. § 275 Abs. 2 StGB die Kassenführung an sich gezogen hat, als gesetzlicher Vertreter des Schuldners handelt.[160]

In diesem Fall, da der (vorläufige) Insolvenzverwalter – ebenso aber auch der (vorläufige) Sachwalter – eine insolvenzspezifische Pflichtverletzung begeht,[161] kommt zu den bereits aufgezeigten zivilrechtlichen Anspruchsgrundlagen, insbesondere § 823 Abs. 2 BGB, regelmäßig eine Haftung nach § 60 InsO hinzu.

Im Falle eines Treuhandkontos besteht aufgrund der damit einhergehenden fiduziarischen Vollrechtsinhaberschaft des Treuhänders in Bezug auf das Kontoguthaben eine besondere Vermögensbetreuungspflicht i.S.d. § 266 Abs. 1 2. Alt. StGB,[162] die unmittelbar aus der Treuhandabrede im Innenverhältnis folgt. Verletzt der Treuhänder vorsätzlich – *dolus eventualis* in Bezug auf sämtliche objektive Tatbestandsmerkmale genügt[163] – seine Vermögensbetreuungspflicht zum Nachteil des Treugebers, macht er sich regelmäßig nach § 266 Abs. 1 2. Alt. StGB strafbar.

Ein solcher strafbarer Treuebruch liegt vor, wenn der Treuhänder die Grenzen des im Innenverhältnis festgelegten Dürfens, insbesondere bei im Außenverhältnis überschießender Rechtsmacht, vorsätzlich-pflichtwidrig überschreitet. Dies trifft insbesondere auf den Fall zu, dass der Treuhänder das treuhänderisch gebundene Kontoguthaben für eigene Zwecke verwendet und dem Treugeber dadurch einen Vermögensnachteil zufügt.[164]

---

159 So wohl auch Vortmann, BKR 2007, 449 ff., 454; Vgl. auch Ringstmeier in Runkel, AnwaltsHdB InsR, § 5, Rn. 66 sowie Pape/Graeber, Insolvenzverwalterhaftung, § 2, Rn. 1624.

160 Vgl. Waßmer in Graf/Jäger/Wittig, WirtschaftsStR, § 266, Rn. 49, der eine Vermögensbetreuungspflicht für den Sachwalter i.S.d. § 270 InsO – sogar unabhängig von § 275 Abs. 2 InsO – ausdrücklich bejaht. Zur Rechtsstellung des (vorläufigen) Sachwalters vgl. Kap. C.I.1.

161 Vgl. Pape/Graeber, Insolvenzverwalterhaftung, § 2, Rn. 1622 ff.; Zur Haftung des (vorläufigen) Sachwalters vgl. auch Kap. C.I.3.

162 So für das Anderkonto als Spezialfall des offenen Treuhandkontos Waßmer in Graf/Jäger/Wittig, WirtschaftsStR, § 266, Rn. 49 m.w.N.

163 Schramm in Momsen/Grützner, Wirtschaftsstrafrecht, Kap. 5, Rn. 152; Zum subjektiven Tatbestand detailliert vgl. etwa Schönke/Schröder-Perron, StGB, § 266, Rn. 49 ff. sowie Fischer, StGB, § 266, Rn. 171 ff.

164 Waßmer in Graf/Jäger/Wittig, WirtschaftsStR, § 266, Rn. 49, Rn. 112, 108 ff.; Vgl. auch Vortmann, BKR 2007, 449 ff., 454 sowie Ringstmeier in Runkel, AnwaltsHdB InsR, § 5, Rn. 66 sowie Pape/Graeber, Insolvenzverwalterhaftung, § 2, Rn. 1624.; Zum Begriff

Für den Fall, dass das maßgebliche Treuhandverhältnis zwischen dem (vorläufigen) Insolvenzverwalter persönlich und demselben in seiner Eigenschaft als Amtsträger zustande kommt,[165] kann eine Strafbarkeit auch nicht wegen eines tatbestandsausschließenden Einverständnisses des Treugebers entfallen, da dessen Erklärung regelmäßig selbst eine Untreuehandlung – dann des (vorläufigen) Insolvenzverwalters bzw. Sachwalters in seiner Eigenschaft als Amtsträger bzw. gesetzlicher Vertreter – darstellen würde, § 266 Abs. 1 1. Alt. StGB. Eine solche Einverständniserteilung wäre nach § 134 BGB nichtig und damit in Bezug auf § 266 Abs. 1 2. Alt. StGB, mithin die Strafbarkeit des Treuhänders, unbeachtlich.[166]

(ii) Daneben drohen dem Treuhänder, sofern es sich dabei um einen Angehörigen solcher Berufsgruppen handelt, für die eine besondere (standes-) rechtliche Aufsicht besteht, weitergehende Sanktionen bis hin zu einem (vorübergehenden) Berufsausübungsverbot. Im Falle eines Rechtsanwalts richten sich diese Folgen nach den einschlägigen Vorschriften der BRAO, insbesondere § 14 Abs. 2 Nr. 2 BRAO i.V.m. § 45 Abs. 1 StGB sowie § 14 Abs. 1 S. 1 i.V.m. § 7 Nr. 2 und Nr. 5 BRAO, da es sich bei Untreue regelmäßig um eine Straftat im Kernbereich der anwaltlichen Tätigkeit handelt.

4.2. Haftung der kontoführenden Bank

4.2.1. Keine Bindung der Bank an die Treuhandabrede, keine Überwachungspflichten

(i) Aufgrund der Vollrechtsinhaberschaft des Treuhänders und der Regelung des § 137 S. 1 BGB muss die kontoführende Bank die nähere Ausgestaltung des Innenverhältnisses – sofern sie hiervon überhaupt Kenntnis erlangt – grundsätzlich nicht beachten.[167] Etwaige Beschränkungen aus dem Innenverhältnis, die gem. § 137 S. 2 BGB gleichwohl zulässig sind, binden allein den Treuhänder, nicht indes die Bank als Dritten.

Anders liegt es allenfalls dann, wenn die Bank zusätzlich zur Führung des Treuhandkontos weitere Aufgaben übernommen hat und insofern aktiv in das Treuhandverhältnis eingebunden ist oder wenn die Bank selbst als Treuhänderin fungiert. Da die Bank jedoch regelmäßig die sich

---

des Vermögensnachteils vgl. etwa Waßmer in Graf/Jäger/Wittig, WirtschaftsStR, § 266, Rn. 161 ff. sowie Fischer, StGB, § 266, Rn. 115 ff.

165 Vgl. hierzu Kap. B.I.2.2.

166 Schönke/Schröder-Perron, StGB, § 266, Rn. 38 m.w.N; Fischer, StGB, § 266, Rn. 92.

167 Vortmann, BKR 2007, 449 ff., 450 m.w.N.; Fischbeck in Hellner/Steuer, BuB, Abschnitt F, Rn. 2/244; Vgl. auch Canaris, Bankvertragsrecht, Erster Teil, Rn. 274 sowie Hadding/Häuser in Schimansky/Bunte/Lwowski, BankRHdB, § 37, Rn. 18, 57.

hieraus ergebenden Haftungsrisiken nicht eingehen will, kann eine solche Ausnahme nur dann angenommen werden, wenn dies explizit vereinbart ist. Aus dem Abschluss des Zahlungsdiensterahmenvertrags allein – auch im Falle der Errichtung eines Treuhandkontos – kann eine solche Erweiterung des Pflichtenkreises und damit des Haftungsrisikos der Bank nicht gefolgert werden.[168]

(ii) Folgerichtig ist die kontoführende Bank zivilrechtlich[169] weder verpflichtet noch berechtigt, die Kontoführung des Treuhänders zu überwachen oder gar einzelne Zahlungen – etwa aufgrund eines bloßen Missbrauchsverdachts – nicht auszuführen.[170] Der Bank ist es nach dem Willen des Gesetzgebers nicht gestattet, die Ausführung eines autorisierten Zahlungsauftrags abzulehnen, wenn die im Zahlungsdiensterahmenvertrag festgelegten Ausführungsvoraussetzungen erfüllt sind und die Ausführung nicht gegen sonstige Rechtsvorschriften verstößt, § 675o Abs. 2 BGB. Führt die Bank eine autorisierte Zahlung trotz hinreichender Deckung nicht oder nicht fristgemäß aus, § 675s BGB, kann sie der Kontoinhaber vielmehr auf Schadenersatz in Anspruch nehmen.

(iii) Der bloße Verdacht eines Rechtsverstoßes i.S.d. § 675o Abs. 2 BGB genügt daher nicht, um der kontoführenden Bank eine nähere Prüfung der Sach- und Rechtslage und damit eine Verzögerung der Zahlungsausführung zu erlauben oder gar zu oktroyieren. Für die Bank muss ein Missbrauch bzw. eine Schädigung vielmehr aufgrund massiver Verdachtsmomente offensichtlich sein, damit sie eine Nachforschungspflicht trifft und sie – spiegelbildlich – auch

168 So auch Neth-Unger in Fandrich/Karper, Mü. AnwaltsHdB Bank- und KapMarktR, § 3, Rn. 78; Vgl. auch Hadding/Häuser in Schimansky/Bunte/Lwowski, BankRHdB, § 37, Rn. 18.

169 Auf die geldwäscherechtlichen Verpflichtungen der Bank soll an dieser Stelle nicht näher eingegangen werden, da diese aufgrund der Schutzrichtung der einschlägigen Normen des GwG, insbesondere des § 3 Abs. 1 Nr. 3 GwG, weder als Schutzgesetz im Sinne des § 823 Abs. 2 BGB noch sonst zur Begründung einer rein zivilrechtlichen Schadenersatzpflicht herangezogen werden können. Vgl. hierzu bereits Kap. A.II.2.2.3 (i).

170 Vortmann, BKR 2007, 449 ff., 452; Vgl. auch Canaris, Bankvertragsrecht, Erster Teil, Rn. 276; Hadding/Häuser in Schimansky/Bunte/Lwowski, BankRHdB, § 37, Rn. 18, 20, 57; Fischbeck in Hellner/Steuer, BuB, Abschnitt F, Rn. 2/244; Vgl. auch Kap. A.II.3.2.3 (iii) sowie sogleich Kap. A.II.4.2.2.

berechtigt ist, die Ausführung des Zahlungsauftrags entgegen §§ 675o Abs. 2, 675s BGB zurückzustellen bzw. zu verweigern.[171]

Für den Treugeber bedeutet dies, dass – wenn er von einem entsprechenden Vorhaben des Treuhänders Kenntnis erlangt und der Treuhänder den Zahlungsauftrag bereits erteilt hat und diesen nicht mehr zurücknimmt – er der kontoführenden Bank unverzüglich und so rechtzeitig vor Zahlungsausführung, dass der Bank noch eine hinreichende Möglichkeit zur Prüfung der Sach- und Rechtslage verbleibt, liquide nachweisen müsste, dass der Treuhänder mit der Erteilung der Zahlungsanweisung einen Rechtsverstoß i.S.d. § 675o Abs. 2 BGB verwirklicht. Eine solche Mitteilung kann in der Praxis vor dem Hintergrund der sehr kurzen Ausführungsfristen des § 675s Abs. 1 S. 1 BGB allerdings kaum gelingen. Dasselbe gilt für den Versuch, der Bank die Ausführung der Zahlungsanweisung per einstweiliger Verfügung zu untersagen.

4.2.2. Haftung der Bank bei Evidenz und Kollusion

Vor diesem Hintergrund ist auch die Frage, ob die kontoführende Bank für missbräuchliche Verfügungen des Treuhänders haftet, zu beurteilen. Gemeint sind Fälle, in denen der Treuhänder aus dem Treugut etwa eigene Verbindlichkeiten bedient, mithin eine Untreue i.S.d. § 266 StGB begeht.[172]

Unabhängig von der Frage einer weitergehenden Haftung der Bank ist zunächst festzuhalten, dass die Verwirklichung des Tatbestands einer Straftat einen Verstoß gegen ein gesetzliches Verbot i.S.d. § 134 BGB darstellt. Die Folge ist die Nichtigkeit des entsprechenden Rechtsgeschäfts, mithin der Verfügung über das Konto, da die Folgen einer Straftat auch zivilrechtlich beseitigt werden müssen. Dies gilt jedoch nur, wenn die Bank bei Ausführung zumindest Kenntnis von der Verwirklichung des Straftatbestands hat oder sonst über die bloße Zahlungsdienstleistung hinaus an dem Verstoß beteiligt ist,

171 BGH, Urteil vom 22.06.2010, VI ZR 212/09, WM 2010, 1393 ff., 1394; BGH, Urteil vom 22.06.2004, XI ZR 90/03, ZIP 2004, 1742 ff., 1743 f. unter Hinweis auf BGH, Urteil vom 17.11.1975, II ZR 70/74, WM 1976, 474 ff.; Vortmann, BKR 2007, 449 ff., 452 m.w.N.; Vgl. auch Peterek in Kümpel/Wittig, Bank- und KapMarktR, Rn. 6.798; Schwintowski, BankR, § 8, Rn. 184 m.w.N.; Vgl. auch Smid, ZIP 2006, 1973 ff., 1977 f., jedoch noch vor Schaffung des aktuellen Zahlungsverkehrsrechts zum 31.10.2009, vgl. Fn. 13 und 222.

172 Pape/Graeber, Insolvenzverwalterhaftung, § 2, Rn. 1624; Vgl. bereits zuvor Kap. A II.4.1.2.

da es sich ansonsten um ein bloßes Internum der Parteien des Treuhandverhältnisses als allein maßgebliches Schuldverhältnis handelt.[173]

Die Folge wäre, dass die Bank in einem solchen Fall keinen vertraglichen Aufwendungsersatzanspruch für die entsprechende Zahlung erwirbt, da dieser eine rechtswirksame Weisung ihres Kunden voraussetzt. Die Bank müsste den entsprechenden Betrag, sofern sie die Zahlung dem Konto bereits belastet hat, wiedergutbringen, § 675u BGB, und sich hinsichtlich ihres bereicherungsrechtlichen Rückgewähranspruchs im Wege der Nichtleistungskondiktion an den Zahlungsempfänger halten.

Daneben hat die Bank ggfs. einen Schadenersatzanspruch gegen ihren Vertragspartner, der sich aus § 280 i.V.m. §§ 675c ff. BGB bzw. den entsprechenden bankvertraglichen Vereinbarungen, § 823 Abs. 2 BGB i.V.m. § 266 StGB oder ggfs. auch aus § 826 BGB ergibt. Letzteres, § 826 BGB, grundsätzlich aber nur dann, wenn sich der Vorsatz des Täters – *dolus eventualis* genügt jedoch – zumindest auch auf die Schädigung der Bank bezieht.[174]

(i) Zunächst stellt sich die Frage, ob sich die Grundsätze zur Haftung des Geschäftspartners wie sie die Rechtsprechung für den Missbrauch der Vertretungsmacht hervorgebracht hat,[175] auf den Missbrauch einer fiduziarischen Vollrechtsinhaberschaft übertragen lassen:

Dazu ist festzustellen, dass sich die Ausgangslage von dem Fall eines Missbrauchs etwa einer (Konto-)Vollmacht wesentlich unterscheidet: bei einer Verfügung des Inhabers eines Treuhandkontos handelt es sich nicht um eine Verfügung über rechtlich fremdes Vermögen, wie dies bei einer (Konto-)Vollmacht – oder auch einer bloßen Ermächtigungstreuhand – der Fall ist, sondern infolge der Vollrechtsinhaberschaft des Kontoinhabers um eine Verfügung über rechtlich eigenes, wenn auch fiduziarisch gebundenes Vermögen. Entsprechend handelt der Treuhänder in eigenem statt in fremden Namen. Die wohl h.M. schließt schon deshalb eine Übertragbarkeit der Haftungsregeln für den Fall einer – in der Bankpraxis ohnehin nur schwer vorstellbaren – Evidenz aus.[176]

173 Das Verbotsgesetz muss sich grdsl. an beide Teile des Rechtsgeschäfts richten um eine Nichtigkeit zu begründen, vgl. Palandt-Ellenberger, § 134, Rn. 8 ff. In Bezug auf einen Zahlungsdienst, etwa eine Überweisung, sind dies der Kontoinhaber sowie die kontoführende Bank; Vgl. auch Canaris, Bankvertragsrecht, Erster Teil, Rn. 274 m.w.N. sowie Fischbeck in Hellner/Steuer, BuB, Abschnitt F, Rn. 2/244a.

174 Palandt-Sprau, § 826, Rn. 10 f. m.w.N.

175 Vgl. hierzu etwa Palandt-Ellenberger, § 164, Rn. 13 ff.

176 Canaris, Bankvertragsrecht, Erster Teil, Rn. 274; Fischbeck in Hellner/Steuer, BuB, Abschnitt F, Rn. 2/244; Vortmann, BKR 2007, 449 ff., 450; MüKoBGB-Schubert,

Für dieses Ergebnis spricht auch § 137 S. 1 BGB und die darin zum Ausdruck kommende gesetzliche Risikoverteilung. Ein etwaiger Missbrauch der Verfügungsmacht fällt allein in die Risikosphäre des Treugebers[177], zumal diesem – anders als der kontoführenden Bank – zumindest gewisse Informations- und Kontrollrechte aus dem Innenverhältnis, mithin dem Treuhandvertrag, zustehen.[178] Es ist nicht Aufgabe der Bank, die allein als Zahlungsdienstleister für den Treuhänder auftritt,[179] dessen Aufgabenerfüllung zu überwachen oder sonst einen Missbrauch der Rechtsstellung als Vollrechtstreuhänder zu verhindern. Dies gilt auch für Treuhandkonten und sogar bei Überweisungen zulasten derselben auf ein Eigenkonto des Treuhänders[180], da es sich auch hierbei regelmäßig um zulässige Geschäftsvorgänge handelt. Vielmehr obliegt es den Parteien durch entsprechende Ausgestaltung der Treuhandabrede, vor allem aber durch sorgfältige Auswahl des Vertragspartners, entsprechend Vorsorge zu treffen.[181]

(ii) Anders dagegen soll es in dem Fall liegen, dass der Missbrauch der Rechtsstellung als Vollrechtsinhaber nicht nur offenkundig ist, sondern der kontoführenden Bank sogar positiv bekannt ist: weiß die Bank – der bloße Verdacht reicht nicht aus[182] –, dass der Treuhänder eine Straftat zu Lasten des Treugebers, mithin regelmäßig eine Untreue nach § 266 StGB, begeht, kommen Schadenersatzansprüche nach § 823 Abs. 2 i.V.m. § 266 StGB oder, in Abhängigkeit vom konkreten Einzelfall, sogar nach § 826 BGB in Betracht.[183]

(iii) Ähnlich dagegen liegt es auch bei Kollusion: obschon die rechtliche Ausgangslage eine andere als bei einer Vertretung ist, haftet die Bank dem

---

§ 164, Rn. 55 m.w.N.; Soergel-Leptien, BGB, vor § 164, Rn. 60; Vgl. auch Hadding/Häuser in Schimansky/Bunte/Lwowski, BankRHdB, § 37, Rn. 37 m.w.N.

177 BGH, Urteil vom 01.10.1987, III ZR 134/86, WM 1987, 1416 ff., 1418; Fischbeck in Hellner/Steuer, BuB, Abschnitt F, Rn. 2/244; Vortmann, BKR 2007, 449 ff., 450 m.w.N.

178 Vgl. hierzu sogleich Kap. A.II.5 (ii).

179 Vgl. hierzu bereits Kap. A.II.3.2.3 (iii) sowie A.II.4.2.1.

180 Vortmann, BKR 2007, 449 ff., 450 m.w.N.; Vgl. auch Hadding/Häuser in Schimansky/Bunte/Lwowski, BankRHdB, § 37, Rn. 57.

181 So auch Peterek in Kümpel/Wittig, Bank- und KapMarktR, Rn. 6.798.

182 Vortmann, BKR 2007, 449 ff., 452 m.w.N.

183 Vgl. Vortmann, BKR 2007, 449 ff., 452 m.w.N.; BGH, Urteil vom 22.06.2010, VI ZR 212/09, WM 2010, 1393 ff., 1394 lässt dagegen – allerdings ohne sich mit den Besonderheiten des Treuhandkontos näher zu befassen – eine „objektive Evidenz aufgrund massiver Verdachtsmomente" genügen.

Treugeber gem. § 826 BGB auf Schadenersatz, wenn sie den Missbrauch der Verfügungsmacht erkennt und mit dem Treuhänder bewusst zum Nachteil des Treugebers zusammen wirkt.[184] Dass dieses Ergebnis richtig ist, liegt auf der Hand. Die Voraussetzungen, unter denen ein solcher Fall bejaht werden kann, sind indes hoch. Folglich handelt es sich um einen in der Praxis nur höchst selten vorkommenden Ausnahmefall.

(iv) In dem Fall, dass die Mitarbeiter der Bank mit dem Treuhänder bewusst zum Nachteil des Treugebers zusammenwirken, wird – wie auch in den anderen vorstehend beschriebenen Konstellationen – regelmäßig eine Strafbarkeit des Treuhänders nach § 266 Abs. 1 StGB zu prüfen sein. Für die betreffenden Mitarbeiter kann dies zum Tatvorwurf einer Beihilfe nach §§ 266 Abs. 1, 27 StGB führen. Voraussetzung ist allerdings, dass die Bankmitarbeiter mit dem hierfür erforderlichen doppelten Gehilfenvorsatz, also mit Vorsatz sowohl hinsichtlich der Vollendung der Haupttat als auch deren Förderung, handeln.[185]

Im Übrigen jedoch handelt es sich bei den Dienstleistungen der Bank um grundsätzlich neutrale Handlungen, die nach den Grundsätzen der professionellen Adäquanz zu beurteilen und damit regelmäßig straffrei, da nicht dolos, sind.[186]

5. Rechtsstellung des Treugebers im Verhältnis zur Bank, insbesondere Auskunft

(i) Zwischen kontoführender Bank und Treugeber besteht keinerlei Vertragsbeziehung. Insbesondere liegt weder ein Vertrag zugunsten Dritter noch ein Vertrag mit Schutzwirkung zugunsten Dritter vor.[187] Da der Kontoinhaber somit alleiniger Vertragspartner der kontoführenden Bank ist, kann

---

184 Vgl. auch Peterek in Kümpel/Wittig, Bank- und KapMarktR, Rn. 6.798 sowie Palandt-Sprau, § 826, Rn. 21 m.w.N.

185 Schönke/Schröder-Heine/Weißler, § 27, Rn. 17; Fischer, StGB, § 27, Rn. 20 ff.; Smid, ZIP 2006, 1973 ff., 1974 f. unter Darstellung der verschiedenen Literaturmeinungen sowie der Rspr. des BGH.

186 Vortmann, BKR 2007, 449 ff., 455 m.w.N.; Smid, ZIP 2006, 1973 ff., 1974.

187 Hadding/Häuser in Schimansky/Bunte/Lwowski, BankRHdB, § 37, Rn. 20, 57; Vortmann, BKR 2007, 449 ff., 450; Für das Anderkonto so auch Neth-Unger in Fandrich/Karper, Mü. AnwaltsHdB Bank- und KapMarktR, § 3, Rn. 82; Vgl. hierzu auch Servatius in Langenbucher/Bliesener/Spindler, BankRKom, 35. Kap., Rn. 46.

der Treugeber weder eine Auszahlung des Kontoguthabens noch eine sonstige Leistung von der Bank verlangen.[188]

> Für den Spezialfall des Anderkontos stellt Nummer 8 der Anderkontobedingungen sogar ausdrücklich klar, dass der wirtschaftlich Berechtigte keinen Anspruch auf Leistung oder Auskunft gegen die Bank hat und die Bank diesem weder Verfügungen gestatten noch Auskunft erteilen wird.

Einer Leistung der Bank – gleich an wen – auf Geheiß des Treugebers steht also die Rechtsstellung des Treuhänders als Kontoinhaber und alleinigem Vertragspartner der Bank entgegen. Nur dieser kann der Bank nach Maßgabe der §§ 675c ff. BGB rechtswirksam einen Zahlungsauftrag erteilen.

(ii) Aufgrund des vertraglich vereinbarten[189] Bankgeheimnisses ist die Bank ferner zur Verschwiegenheit über alle kundenbezogenen Tatsachen und Wertungen verpflichtet, von denen sie im Rahmen der bankmäßigen Geschäftsbeziehung Kenntnis erlangt, Nummer 2 (1) AGB-Banken bzw. Nummer 1 (1) AGB-Sparkassen. Nur der Geheimnisherr, mithin der Vertragspartner der Bank, kann diese vom Bankgeheimnis entbinden und ihr die Auskunftserteilung Dritten gegenüber gestatten.

Selbst wenn der Treuhänder als Kontoinhaber und damit Geheimnisherr einer Auskunftserteilung gegenüber dem Treugeber zustimmt, besteht gegenüber der Bank kein Rechtsanspruch des Treugebers auf Auskunftserteilung. Die Bank erteilt ggfs. rein kulanzhalber Auskunft, da sie nur ihrem Vertragspartner gegenüber und auch nur einmalig zur Rechnungslegung verpflichtet ist, § 675c Abs. 1 i.V.m. § 666 BGB.[190] Der Treugeber – sowie

188 Hadding/Häuser in Schimansky/Bunte/Lwowski, BankRHdB, § 37, Rn. 18 ff.; a.A. noch Canaris, Bankvertragsrecht, Erster Teil, Rn. 275 ff., der postuliert, dass der Treugeber zwar nicht Leistung an sich, aber an den Treuhändern fordern könne; In dem Fall, dass der Treuhänder zur Entgegennahme der Leistung nicht bereit sei, soll die Bank sogar zur Leistung an den Treugeber verpflichtet sein. Dies erscheint vor dem Hintergrund der veränderten Rechtslage durch die detaillierten gesetzlichen Vorgaben im Zahlungsdiensterecht, §§ 675c ff. BGB, jedoch nur noch schwer vertretbar.

189 Entgegen der landläufigen Meinung ist das Bankgeheimnis in Deutschland nicht gesetzlich geregelt. Es handelt sich auch nicht um Gewohnheitsrecht, sondern um eine vertragliche Vereinbarung zwischen der jeweiligen Bank und dem Bankkunden. Näher zum Bankgeheimnis vgl. etwa Hadding/Häuser in Schimansky/Bunte/Lwowski, BankRHdB, § 39, Rn. 1 ff.

190 Vgl. etwa Palandt-Sprau, § 666, Rn. 4 m.w.N.

auch andere interessierte Dritte – muss sich grundsätzlich an den Treuhänder halten.

Auch wenn hierzu keine ausdrückliche Vereinbarung getroffen wurde, etwa da dies übersehen oder das Treuhandverhältnis nur konkludent vereinbart wurde, besteht ein zumindest turnusmäßiger Anspruch des Treugebers auf Auskunft, insbesondere auf Rechnungslegung.[191] Dies folgt aus der Natur des Treuhandverhältnisses als Auftrag bzw. Geschäftsbesorgungsvertrag und damit aus § 666 BGB sowie der Rechtsstellung des Treuhänders als Verwalter fremden Vermögens.

Dem Treugeber steht aus dem Verhältnis zum Treuhänder, mithin der Treuhandabrede, damit zumindest ein turnusmäßiger Anspruch auf Rechnungslegung zu. Daneben kann auch ein anlassbezogener, außerordentlicher Auskunftsanspruch bestehen, etwa im Falle eines konkreten Verdachts auf eine Straftat oder aus einem sonstigen wichtigen Grund. Im Falle eines Rechtsanwalts werden hier zumindest diejenigen Fälle in Betracht kommen, in denen die BRAO ein (vorübergehendes) Verbot der Berufsausübung vorsieht. Dies aber ist eine Frage des Einzelfalls.

Dieses Ergebnis ist interessengerecht, da der Treugeber es in der Hand hat, bei der Auswahl des Treuhänders eine entsprechende Sorgfalt an den Tag zu legen und das Innenverhältnis so auszugestalten, dass er sich durch entsprechende Auskunftsrechte und engmaschige Rechnungslegungspflichten jederzeit Einblick verschaffen kann.

(iii) Im Übrigen ist eine Auskunftserteilung Dritten gegenüber nur dann zulässig, wenn das Bankgeheimnis ausnahmsweise durchbrochen ist. Dies betrifft insbesondere den Fall staatsanwaltschaftlicher Ermittlungen,[192] nicht aber etwa Zivilprozesse. § 383 Abs. 1 Nr. 6 ZPO enthält ein Zeugnisverweigerungsrecht für Bankmitarbeiter. Dort und im Übrigen kann die Bank Dritten gegenüber daher nur dann ausnahmsweise Angaben machen – sofern nicht der Kunde die Bank von Bankgeheimnis entbindet –, wenn das Interesse des Geheimnisherrn an der vertraglich vereinbarten Verschwiegenheit der Bank durch ein schutzwürdiges Interesse des Dritten nahezu vollständig verdrängt wird. Ein derart deutliches Überwiegen wird regelmäßig nur dann in Betracht kommen, wenn für den Dritten die konkrete Gefahr besteht, einen erheblichen Schaden, insbesondere unmittelbar aufgrund einer gegen ihn bzw. sein Vermögen gerichteten Straftat des

191 Vgl. etwa Staudinger-Martinek, BGB, § 675, Rn. B 214 sowie auch Palandt-Sprau, BGB, § 675, Rn. 27.

192 Weber/Hoffmann in Hellner/Steuer, BuB, Rn. 1/42.

Geheimnisherrn, zu erleiden.[193] Eine solche Gefahr muss sich der Bank bei verständiger Würdigung der ihr bekannt gewordenen objektiven Tatsachen geradezu aufdrängen,[194] so dass hierfür etwa beim strafprozessualen Begriff des dringenden Tatverdachts[195] Anleihe genommen werden kann. Da dabei die Bank das Risiko einer Fehleinschätzung trägt,[196] kann selbst das Vorliegen einer solchen konkreten Gefahr nur eine Berechtigung, nicht aber eine Verpflichtung der Bank zur Auskunftserteilung rechtfertigen.

(iv) Im Ergebnis bedeutet dies, dass eine Auskunftserteilung gegenüber dem Treugeber – oder in Bezug auf Verfahrenskonten gegenüber dem Insolvenzgericht[197] – nur dann in Betracht kommt, wenn entweder der Kontoinhaber der Auskunftserteilung zustimmt oder aber der Bank Tatsachen bekannt werden, die zumindest mit weit überwiegender Wahrscheinlichkeit auf eine gegen den Treugeber bzw. dessen Vermögen gerichtete Straftat des Kontoinhabers schließen lassen. Dies gilt insbesondere für eine Strafbarkeit wegen Untreue, § 266 StGB. Auch in diesem Fall ist die Bank aber regelmäßig nicht zur Auskunft verpflichtet, sondern allenfalls berechtigt. Der Treugeber sollte daher darauf achten, dass im Rahmen der Treuhandabrede konkrete Regelungen zur Auskunftserteilung enthalten sind – auch wenn solche bereits ohne ausdrückliche Vereinbarung in gewissem Umfang bestehen – um sich jederzeit von der Rechtmäßigkeit der Handlungen des Treuhänders überzeugen zu können. Durch entsprechende Kontrolle kann jedenfalls die Begehungswahrscheinlichkeit entsprechender Straftaten deutlich verringert werden.

---

193 Vgl. hierzu etwa Weber/Hoffmann in Hellner/Steuer, BuB, Rn. 1/54 f.

194 Vgl. hierzu in Bezug auf den Überweisungsverkehr auch BGH, Urteil vom 22.06.2004, XI ZR 90/03, ZIP 2004, 1742 ff., 1743 m.w.N.

195 Zu Begriff und Voraussetzungen vgl. etwa Meyer-Goßner/Schmitt, StPO, § 112, Rn. 5 ff.

196 Erteilt die Bank einem Dritten gegenüber Auskunft, ohne hierzu berechtigt zu sein, kann dies neben einem erheblichen Reputationsschaden auch Schadenersatzforderungen gegen die Bank rechtfertigen, da sie in diesem Fall ihre vertragliche Pflicht zur Verschwiegenheit verletzt.

197 Denn im Falle einer gegen die (spätere) Insolvenzmasse gerichteten Straftat bzw. eines entsprechend konkreten Verdachts, kann das Insolvenzgericht den (vorläufigen) Insolvenzverwalter bzw. Sachwalter aus seinem Amt entlassen und zur Aufklärung des Sachverhalts einen Sonderinsolvenzverwalter einsetzen, MüKoInsO/Graeber, § 59, Rn. 22 ff.; Vgl. auch Vortmann, BKR 2007, 449 ff., 453.

6. Haftung für Sollsalden und Entgelte

Sinn und Zweck eines Treuhandkontos ist die Verwaltung fremden Vermögens. Entsprechend kommt auf einem Treuhandkonto ein Sollsaldo nur ausnahmsweise in Betracht, etwa infolge von Korrekturbuchungen oder Lastschriftrückgaben, wenn der Kontoinhaber im Vertrauen auf deren Bestand über die entsprechende Gutschrift bereits verfügt hat. Reicht das verbliebene Guthaben nicht aus, kommt es zu einem Sollsaldo. Für diesen haftet nach den allgemeinen Grundsätzen der Kontoinhaber als Vertragspartner der Bank und damit der Treuhänder persönlich.[198]

Dasselbe gilt für vertraglich vereinbarte Entgelte, etwa für die Kontoführung oder die Erbringung einzelner Zahlungsdienste. Dabei darf die kontoführende Bank im Falle einer fälligen Forderung, die unmittelbar aus dem Konto selbst stammt, ihre AGB-mäßig vereinbarten Rechte, insbesondere ihr Aufrechnungs- und Zurückbehaltungsrecht sowie ggfs. auch ihr Vertragspfandrecht nach Nummer 14 AGB-Banken bzw. Nummer 21 AGB-Sparkassen geltend machen. Dies gilt jedoch ausschließlich, soweit es sich um fällige Forderungen unmittelbar aus dem Konto bzw. der über dieses abgewickelten Zahlungen handelt.[199] Im Übrigen verbleibt es bei dem (konkludent) vereinbarten Verzicht auf diese Rechte.[200]

7. Zwangsvollstreckung in Treuhandkonten

Mit dem Umstand, dass es sich bei dem Guthaben auf einem Treuhandkonto ausschließlich um Fremdgelder handelt – denn andernfalls liegt schon kein Treuhand-, sondern ein bloßes Eigenkonto vor[201] – korrespondieren bestimmte Privilegien in Gestalt von Schutz- und Abwehrrechten zugunsten des Treugebers. Diese sind jedoch nicht allumfassend. Es verbleiben vielmehr bestimmte Schutzlücken, insbesondere bei einem pflichtwidrigen Verhalten der Beteiligten, auf die in diesem sowie im anschließenden Kapitel einzugehen ist.[202]

---

198 Hadding/Häuser in Schimansky/Bunte/Lwowski, BankRHdB, § 37, Rn. 5 m.w.N.; Fischbeck in Hellner/Steuer, BuB, Abschnitt F, Rn. 2/244b; Wimmer-Wegener, InsO, § 116, Rn. 45 m.w.N.

199 Fischbeck in Hellner/Steuer, BuB, Abschnitt F, Rn. 2/245a; Vgl. hierzu auch bereits Kap. A.II.2.2.2 (i).

200 Vgl. hierzu Kap. A.II.2.2.2. sowie für den Fall einer erst nachträglichen Aufdeckung der treuhänderischen Bindung Kap. A.II.2.2.3.

201 Vgl. hierzu Kap. A.II.3.1.

202 Bereits in Kap. A.II.3.1. und A.II.2.2.2. wurden die Folgen einer pflichtwidrigen Vermischung von Treugut und Eigengut sowie einer unterlassenen Offenlegung der

Der in der Praxis bedeutsamste Fall ist der der Zwangsvollstreckung. Im Folgenden werden daher zunächst allgemein die Zwangsvollstreckung in Kontokorrentkonten sowie deren Folgen – denn sowohl beim Schuldner- als auch beim offenen Treuhandkonto handelt es sich regelmäßig um Konten in laufender Rechnung – näher dargestellt, bevor dann die Besonderheiten der Zwangsvollstreckung in ein Treuhandkonto untersucht werden. Ein besonderes Augenmerk gilt dabei der Frage, welche Pflichten die verschiedenen Beteiligten treffen, um eine Beeinträchtigung des Treuguts durch unberechtigte Vollstreckungsmaßnahmen bestmöglich abzuwehren.

7.1. Zwangsvollstreckung in Kontokorrentkonten

7.1.1. Ablauf und Wirkungen der Zwangsvollstreckung

(i) Gegenstand der Zwangsvollstreckung in ein Konto ist das Kontoguthaben, mithin die Forderung des Kontoinhabers gegen die kontoführende Bank[203] und somit ein Gegenstand des beweglichen Vermögens. Die Zwangsvollstreckung in das bewegliche Vermögen erfolgt durch Pfändung, § 803 Abs. 1 S. 1 ZPO, und richtet sich im Falle einer Geldforderung nach den §§ 829 ff. BGB. Das daraus resultierende Pfändungspfandrecht bildet die Grundlage für die spätere Pfandverwertung, die bei Geldforderungen regelmäßig durch Einziehung der gepfändeten Forderung erfolgt, § 835 Abs. 1 1. Alt. ZPO. Der Vollstreckungsgläubiger kann sich dann aus dem Erlös befriedigen.

Die Zwangsvollstreckung in ein Kontoguthaben setzt also regelmäßig den Erlass eines Pfändungs- und Überweisungsbeschlusses gem. §§ 829, 835 ZPO voraus. Dieser besteht aus zwei rechtlich voneinander unabhängigen Bestandteilen, nämlich der Pfändung und der Überweisung. Die Pfändung führt nach der herrschenden (gemischt) öffentlich-privatrechtlichen Theorie[204] zur Beschlagnahme der Forderung kraft Hoheitsakt, der sog. Verstrickung, sowie zur Entstehung des Pfändungspfandrechts an

---

treuhänderischen Bindung dargestellt, so dass hinsichtlich dieser Pflichtverletzungen des Treuhänders auf die dortigen Ausführungen verwiesen werden kann.

203 Zu den verschiedenen pfändbaren Forderungen im Einzelnen sowie zu dem durch das Gesetz zur Reform des Pfändungsschutzes vom 07.07.2009, BGBl. I 2009, S. 1707, mit Wirkung zum 01.01.2012 neu eingeführten § 833a ZPO vgl. sogleich Kap. A.II.7.1.1. (iii) sowie A.II.7.1.3. Bei Tages-, Fest- und Kündigungsgeldkonten ist der Darlehensrückzahlungsanspruch gegen die Bank Gegenstand der Pfändung, Stöber, Forderungspfändung, Rn. 163b; Zur Rechtsnatur von Tages-, Fest- und Kündigungsgeldkonten vgl. bereits Kap. I (i).

204 Vgl. statt vieler etwa Musielak/Voit-Becker, ZPO, § 803, Rn. 2 m.w.N.

der betroffenen Forderung. Deren Überweisung an den Pfändungsgläubiger ist erforderlich, damit dieser die gepfändete Forderung in eigenem Namen gegenüber dem Drittschuldner geltend machen und somit Zahlung erlangen kann, §§ 835 Abs. 1 1. Alt., 836 ZPO.

(ii) Folge einer Pfändung sind das sog. Arrestatorium sowie das sog. Inhibitorium. Das Arrestatorium bezeichnet das an den Drittschuldner, vorliegend die kontoführende Bank, gerichtete Verbot, weiterhin an den Vollstreckungsschuldner zu leisten, § 829 Abs. 1 S. 1 ZPO, während man unter Inhibitorium das an den Vollstreckungsschuldner gerichtete Gebot, sich jeder Verfügung über die gepfändete Forderung, insbesondere deren Einziehung, zu enthalten, § 829 Abs. 1 S. 2 ZPO, versteht.

Im Falle eines Kontokorrentkontos ergeben sich daraus unterschiedliche Rechtsfolgen in Bezug auf etwaige Verfügungen des Vollstreckungsschuldners, die um den Zeitpunkt der Zustellung des Pfändungs- und Überweisungsbeschlusses an die kontoführende Bank und damit des Wirksamwerdens der Pfändung, § 829 Abs. 3 ZPO, liegen:

- Kommt es entgegen § 829 Abs. 1 ZPO nach Wirksamwerden der Pfändung noch zu Verfügungen des Schuldners, so sind diese im Verhältnis zum Vollstreckungsgläubiger gem. §§ 136, 135 BGB – vorbehaltlich dessen Genehmigung – grundsätzlich unwirksam.[205] Arrestatorium und Inhibitorium bezwecken gerade, dass das Pfandrecht des Vollstreckungsgläubigers nicht durch spätere Verfügungen des Schuldners unterlaufen bzw. ausgehöhlt wird.

  Entsprechend ist die kontoführende Bank, lässt sie entgegen § 829 Abs. 1 S. 1 ZPO versehentlich nach Wirksamwerden der Pfändung noch Verfügungen des Kunden über das Konto zu,[206] nicht berechtigt, ihre Forderung[207] in das Kontokorrent einzustellen und so den Auszahlungs- bzw.

---

205 Vgl. etwa Stöber, Forderungspfändung, Rn. 159; MüKoHGB-Langenbucher, § 357, Rn. 16, sowie Zöller-Stöber, ZPO, § 829, Rn. 19.

206 Ein Strafbarkeit wegen Verstrickungsbruchs, § 136 Abs. 1 4. Alt. StGB, kommt dabei grundsätzlich nicht in Betracht, da nur Sachen i.S.d. § 90 f. BGB taugliches Tatobjekt sind und einer Ausweitung auf Forderungen das strafrechtliche Analogieverbot entgegensteht, vgl. etwa MüKoStGB-Hohmann, § 136, Rn. 5 sowie Schönke/Schröder-Sternberg-Lieben, StGB, § 136, Rn. 5.

207 Es erscheint fraglich, ob trotz des Arrestatoriums ein Aufwendungsersatzanspruch besteht, § 134 BGB. Jedenfalls aber wird man einen Anspruch aus ungerechtfertigter Bereicherung, § 812 BGB, annehmen dürfen, dem aber im Einzelfall u.U. § 814 BGB

Zahlbetrag dem gepfändeten Konto zu belasten, § 829 Abs. 1 ZPO i.V.m. § 357 S. 1 HGB.[208] Dies gilt zumindest soweit, als dass die entsprechende Belastungsbuchung die Befriedigung des Pfändungsgläubigers wegen der der Pfändung zugrundeliegenden Forderung vereiteln würde.[209]

Dasselbe gilt, soweit es um das Pfandrecht nach Nummer 14 AGB-Banken bzw. Nummer 21 AGB-Sparkassen geht: dieses wird zwar regelmäßig bereits mit Begründung der Geschäftsbeziehung vereinbart und geht gem. § 1209 BGB dem Pfändungspfandrecht somit als älteres Recht im Rang vor. Wenn jedoch die Bank wegen § 829 Abs. 1 S. 1 ZPO i.V.m. § 357 S. 1 HGB nicht mehr berechtigt ist, den Kontoinhaber über das Konto verfügen zu lassen und ihre Forderung in das Kontokorrent einzustellen, kann sie sich – jedenfalls mit Wirkung gegenüber dem Pfändungsgläubiger, § 829 Abs. 1 S. 1 ZPO i.V.m. §§ 136, 135 BGB – wegen solcher Forderungen auch nicht aus ihrem AGB-Pfandrecht befriedigen.

– Soweit es dagegen um Verfügungen des Schuldners aus der Zeit vor Wirksamwerden der Pfändung geht, ist zu differenzieren: liegen sowohl die Weisung des Kunden, und damit die Autorisierung der Zahlung, als auch deren Ausführung in der Zeit vor Zustellung des Pfändungs- und Überweisungsbeschlusses, ist die Bank unzweifelhaft berechtigt, ihre Forderung in Rechnung zu stellen und dem Konto zu belasten. Eine spätere Kontopfändung führt insbesondere nicht dazu, dass entsprechende Belastungsbuchungen rückgängig zu machen wären.
  Noch nicht abschließend geklärt ist dagegen die Rechtslage bei Zahlungen, die zwar noch vor Wirksamwerden der Pfändung autorisiert, aber von der Bank erst danach ausgeführt wurden:[210] nach dem Wortlaut von § 357 S. 2 HGB, der § 829 Abs. 1 ZPO sowie § 357 S. 1 HGB zum Schutz des Drittschuldners,[211] hier also der kontoführenden Bank, konkretisiert, dürfen zum Nachteil des Pfändungsgläubigers Forderungen aufgrund solcher Geschäfte weiterhin in das Kontokorrent eingestellt werden,

---

entgegengesetzt werden kann. Wegen des Vorrangs der Leistungskondiktion ist der Bank zugleich eine Direktkondiktion beim Zahlungsempfänger versperrt.

208 Vgl. Stöber, Forderungspfändung, Rn. 159; Zöller-Stöber, ZPO, § 829, Rn. 19.

209 Eine Beschränkung der Wirkungen des § 829 Abs. 1 S. 1 ZPO sowie des § 357 S. 1 HGB auf denjenigen Betrag, wegen dessen der Vollstreckungsgläubiger Befriedigung sucht, kann dem Gesetzeswortlaut allerdings nicht entnommen werden. Eine teleologische Reduktion erscheint zwar diskussionswürdig, ist aber fraglich. S. hierzu sogleich Kap. A.II.7.1.1., dort unter (iii).

210 Vgl. hierzu die (knappe) Darstellung bei Stöber, Forderungspfändung, Rn. 159.

211 MüKoHGB-Langenbucher, § 357, Rn. 17 m.w.N.; Baumbach/Hopt-Hopt, HGB, § 357, Rn. 4.

die auf ein schon vor Wirksamwerden der Pfändung bestehendes Recht oder eine ebensolche Verpflichtung zurückgehen. Da die Bank nach § 675o Abs. 2 BGB grundsätzlich verpflichtet ist, bereits autorisierte Zahlungen auszuführen, ist es ihr demnach gestattet, ihre Forderungen aufgrund noch vor Zustellung des Pfändungsbeschlusses autorisierter Zahlungen dem Konto des Pfändungsschuldners zu belasten.[212]
Dies gilt auch für vertraglich vereinbarte Entgelte, welche die Bank für im Zeitraum vor Zustellung des Pfändungsbeschlusses erbrachte Leistungen berechnen darf, sowie insbesondere auch für etwaige Storno- und Korrekturbuchungen, etwa bei unter dem Vorbehalt des Eingangs gebuchten, aber von der Bank des Zahlers nicht eingelösten Schecks.[213] Ausgenommen sind nach h.M. allerdings Zahlungen an den Pfändungsschuldner selbst, so dass insofern das Leistungsverbot des § 829 Abs. 1 S. 1 ZPO der Regelung des § 357 S. 2 HGB vorgeht. Gleichwohl erbrachte Leistungen muss der Pfändungsgläubiger nicht gegen sich gelten lassen.[214]

- Dieses Ergebnis mag auf den ersten Blick zu kurz gegriffen erscheinen, wenn man bedenkt, dass die Bank gem. § 675o Abs. 2 BGB die Möglichkeit hat, autorisierte Zahlungen ausnahmsweise nicht auszuführen, wenn die Ausführung gegen eine sonstige Rechtsvorschrift verstößt.

  Als sonstige Rechtsvorschrift kommt § 829 Abs. 1 S. 1 ZPO in Betracht, wonach es dem Drittschuldner nach Wirksamwerden der Pfändung grundsätzlich untersagt ist, an den Vollstreckungsschuldner zu leisten. Dabei stellt nicht nur eine Zahlung an den Kontoinhaber selbst, sondern auch die Erbringung eines sonstigen Zahlungsdiensts wie etwa einer Überweisung an einen Dritten stets eine Leistung der Bank an den Pfändungsschuldner dar, §§ 675c ff. BGB.

  Da aber das Arrestatorium des § 829 Abs. 1 S. 1 ZPO gerade durch die Vorschrift des § 357 S. 2 HGB (einschränkend) konkretisiert wird, kann dieses Leistungsverbot nicht über den Umweg des § 675o Abs. 2 BGB herangezogen werden, um seinerseits den Anwendungsbereich von § 357 S. 2 HGB zu begrenzen. Dies wäre letztlich ein Zirkelschluss.

Da § 357 S. 2 HGB jedoch neben dem Fall, dass der Drittschuldner zur Vornahme des Geschäfts verpflichtet ist, auch den Fall erfasst,

---

212 So etwa Baumbach/Hopt-Hopt, HGB, § 357, Rn. 4 für den Fall einer Überweisung; Vgl. auch MüKoHGB-Langenbucher, § 357, Rn. 17 f.

213 Vgl. Stöber, Forderungspfändung, Rn. 158; MüKoHGB-Langenbucher, § 357, Rn. 18 sowie Baumbach/Hopt-Hopt, HGB, § 357, Rn. 4.

214 MüKoHGB-Langenbucher, § 357, Rn. 19 m.w.N.; Baumbach/Hopt-Hopt, HGB, § 357, Rn. 4.

dass er hierzu lediglich berechtigt ist, kommt es auf das Bestehen einer Verpflichtung zur Ausführung der Zahlung nicht an. Denn gem. § 675o Abs. 2 BGB ist die Bank bei einem Verstoß gegen eine sonstige Rechtsvorschrift zwar nicht verpflichtet, aber gleichwohl berechtigt, eine autorisierte Zahlung auszuführen und damit – Autorisierung vor Wirksamwerden der Pfändung vorausgesetzt – auch, ihre Forderung aus dem Geschäft, mithin die erbrachte Zahlung, in das Kontokorrent einzustellen.[215] Sowohl § 675o Abs. 2 BGB als auch § 357 S. 2 HGB dienen insoweit auch dem Schutz der kontoführenden Bank bzw. der Funktionsfähigkeit des Zahlungsverkehrs als standardisiertes, durch §§ 675c ff. BGB streng reglementiertes Massengeschäft.

(iii) In der Praxis tritt immer wieder Streit über die Frage auf, ob Arrestatorium und Inhibitorium das gesamte Kontoguthaben bzw. im Falle eines (wie regelmäßig) inhaltlich nicht auf einzelne Konten beschränkten Pfändungs- und Überweisungsbeschlusses sämtliche Konten des Vollstreckungsschuldners vollumfänglich erfassen. Dies insbesondere, wenn die titulierte Forderung hinter dem Kontoguthaben deutlich zurückbleibt, mithin eine Überpfändung i.S.v. § 803 Abs. 1 S. 2 ZPO vorliegt. Argumentiert wird häufig mit einer Unverhältnismäßigkeit der vollständigen Sperre des oder der Konten durch die Bank – denn eben dies ist die Folge des Leistungsverbots des § 829 Abs. 1 S. 1 ZPO sowie ggfs. der Überweisung der Forderung an den Pfändungsgläubiger gem. § 835 ZPO.

Diese Diskussion geht jedoch fehl: zum einen hat es der Vollstreckungsschuldner – gerade bei einem im Vergleich zum Kontoguthaben unbedeutenden Betrag – in der Hand, die titulierte Forderung schlicht zu bezahlen, insbesondere indem er den Drittschuldner, mithin die kontoführende Bank, zur Zahlung an den Vollstreckungsgläubiger anweist, um so die Zwangsvollstreckung abzuwenden. Zum anderen aber hat der Gesetzgeber die Wirkungen der Pfändung gerade nicht auf die Höhe derjenigen Forderung beschränkt, wegen derer die Zwangsvollstreckung betrieben wird. § 833a ZPO,[216] der den Umfang der Pfändung bei Kontoguthaben gesetzlich

---

215 Vgl. MüKoHGB-Langenbucher, § 357, Rn. 18; Bitter in Schimansky/Bunte/Lwowski, BankRHdB, § 33, Rn. 40.

216 Zu den verschiedenen pfändbaren Forderungen im Einzelnen sowie zu dem durch das Gesetz zur Reform des Pfändungsschutzes vom 07.07.2009, BGBl. I 2009, S. 1707, mit Wirkung zum 01.01.2012 neu eingeführten § 833a ZPO vgl. sogleich im Detail Kap. A.II.7.1.3.

regelt, ordnet vielmehr an, dass die Pfändung *„das am Tag der Zustellung des Pfändungsbeschlusses [...] bestehende Guthaben"* erfasst. Eine wie auch immer geartete Einschränkung kann dem, ebenso wie § 829 Abs. 1 ZPO, nicht entnommen werden. Eine Begrenzung der Rechtswirkungen der Pfändung kann sich mithin nur aus dem Pfändungs- und Überweisungsbeschluss selbst ergeben wie dies insbesondere bei einer Teilpfändung der Fall ist.[217]

Entsprechend ist es – und war es auch schon vor Einführung von § 833a ZPO – gefestigte höchstrichterliche Rechtsprechung, dass eine Pfändung, wenn nicht der Pfändungs- und Überweisungsbeschluss eine entsprechende Einschränkung enthält, sämtliche Konten des Vollstreckungsschuldners vollumfänglich erfasst und deren Wirkungen nicht lediglich in Höhe des Vollstreckungsbetrags bestehen. Die Bank ist deshalb gem. § 829 Abs. 1 S. 1 ZPO verpflichtet, alle von der Pfändung betroffenen Konten zu sperren, auch wenn die Zwangsvollstreckung nur wegen eines vergleichsweise unbedeutenden Betrags stattfindet.[218] Die Wirkungen der Zwangsvollstreckung stehen nicht zur Disposition des Vollstreckungs- oder Drittschuldners. Vielmehr muss sich der Vollstreckungsschuldner gegen eine etwaige, gegen § 803 Abs. 1 S. 2 ZPO verstoßende Überpfändung mit einer Erinnerung gem. § 766 ZPO verteidigen, um die Wirkungen des Pfändungs- und Überweisungsbeschlusses – und damit die Kontosperre – zu beseitigen.[219]

7.1.2. Pfändbare Forderungen bei Kontokorrentkonten

Von erheblicher Praxisbedeutung ist ferner die Frage, auf welche Forderungen der Vollstreckungsgläubiger konkret Zugriff nehmen kann:

(i) Mit Abschluss des Zahlungsdiensterahmenvertrags wird regelmäßig, wenn auch nicht zwingend, eine Kontokorrentabrede i.S.d. §§ 355 ff. HGB

---

217 Vgl. zur a.A. etwa Bitter in Schimansky/Bunte/Lwowski, BankRHdB, § 33, Rn. 5 (jedoch ohne Begründung) sowie Rn. 41 (dort krit., aber zustimmend) sowie Sudergat, Kontopfändung, Rn. 170, der sich auf OLG Rostock, Urteil vom 17.01.2002, 1 U 33/00, ZIP 2002, 429 stützt, dabei jedoch verkennt, dass sich das Urteil mit einem Fall der Teilpfändung befasst und deshalb nicht auf eine uneingeschränkte Pfändung übertragbar ist.

218 Prütting/Gehrlein-Ahrens, ZPO, § 829, Rn. 72 m.w.N.; Vgl. auch Zöller-Stöber, ZPO, § 829, Rn. 19; a.A. etwa Bitter in Schimansky/Bunte/Lwowski, BankRHdB, § 33, Rn. 5 a.E. (jedoch ohne Begründung) sowie Rn. 41 (dort krit., aber zustimmend).

219 Vgl. etwa Zöller-Stöber, ZPO, § 829, Rn. 26 ff., § 766, Rn. 1 f sowie Musielak/Voit-Becker, ZPO, § 803, Rn. 16.

getroffen.[220] Durch die Einstellung der einzelnen Forderungen – solche des Kontoinhabers gegen die Bank, insbesondere aufgrund von Zahlungseingängen und Bareinzahlungen, und solche der Bank gegen den Kontoinhaber, insbesondere auf Aufwendungsersatz aus vom Kunden autorisierten Zahlungen sowie auf vertraglich vereinbarte Entgelte – in das Kontokorrent verlieren die einzelnen Forderungen ihre rechtliche Selbständigkeit und können nicht mehr einzeln geltend gemacht werden (sog. Kontokorrentbindung).

Gleichwohl bleiben die einzelnen Forderungen rechtlich bestehen, da deren Einstellung in das Kontokorrent Bestand und Rechtsnatur der Forderungen unberührt lässt. Die Forderungen können lediglich nicht mehr selbständig geltend gemacht werden. Sie werden zu unselbständigen Rechnungsposten und sind insofern durch das Kontokorrent „gebunden".[221] Die Einstellung in das Kontokorrent führt ferner auch nicht dazu, dass die Forderungen gestundet oder gar erfüllt sind. Sie können allerdings weder einzeln abgetreten, § 399 HGB, noch ver- oder gepfändet werden. Das Einstellen der Forderungen in das Kontokorrent führt insofern zu einer Rechtsfolge *sui generis*.[222]

Mit buchungsmäßigem Eingang eines zur Gutschrift auf dem Konto des Kunden bestimmten Geldbetrags erwirbt dieser aufgrund des bestehenden Zahlungsdiensterahmenvertrags, §§ 675c ff. BGB, gegen die Bank einen (pfändbaren) Anspruch auf Gutschrift, §§ 675 Abs. 1, 667 BGB i.V.m. § 675t Abs. 1 S. 1 BGB.[223] Sobald die

220 Vgl. zum Kontokorrent ausführlich etwa Mayen in Schimansky/Bunte/Lwowski, BankRHdB, § 47, Rn. 37 ff. sowie Müller-Christmann und Servatius in Langenbucher/Bliesener/Spindler, BankRKom, 1. Kap., Rn. 186 ff. und 35. Kap., Rn. 168 ff.

221 Vgl. zum Ganzen MüKoHGB-Langenbucher, § 355, Rn. 51 ff., 61 ff. sowie Müller-Christmann in Langenbucher/Bliesener/Spindler, BankRKom, 1. Kap., Rn. 199 ff. m.w.N.; Vgl. auch Stöber, Forderungspfändung, Rn. 156b.

222 Vgl. zum Ganzen MüKoHGB-Langenbucher, § 355, Rn. 51 ff., 61 ff. sowie Müller-Christmann in Langenbucher/Bliesener/Spindler, BankRKom, 1. Kap., Rn. 199 ff. m.w.N.; Vgl. auch Stöber, Forderungspfändung, Rn. 156b.

223 Es ist umstritten, ob es auch nach Umsetzung des zivilrechtlichen Teils der Zahlungsdiensterichtlinie (Richtlinie 2007/64/EG des Europäischen Parlaments und des Rates vom 13. November 2007) mit Inkrafttreten des neuen Zahlungsverkehrsrechts zum 31.10.2009, Gesetz zur Umsetzung der Verbraucherkreditrichtlinie, des zivilrechtlichen Teils der Zahlungsdiensterichtlinie etc., BGBl. I 2009, 2355 ff., 2364, und der damit verbundenen Neuordnung des Zahlungsdiensterechts noch einen solchen Anspruch auf Gutschrift gibt (ablehnend etwa Stöber, Forderungspfändung, Rn. 157b m.w.N.). Die besseren Argumente sprechen jedoch dafür, dass § 675t BGB

Bank buchungstechnische Deckung für die Gutschrift erhalten hat, beispielshalber infolge einer eingegangenen Überweisung, ist sie zur Gutschrift des entsprechenden Betrags verpflichtet.

Infolge tatsächlicher Verbuchung des Zahlungseingangs auf dem Konto des Kunden erlischt dieser Anspruch durch Erfüllung, § 362 BGB. Die Gutschrift stellt dabei ein abstraktes Schuldanerkenntnis der Bank dar und begründet damit eine rechtlich selbständige, von dem Grund des Anerkenntnisses unabhängige Forderung des Kunden gegen die Bank.[224] Diese ist jedoch infolge deren Einstellung in das Kontokorrent unpfändbar.

Belastungsbuchungen haben dagegen einen rein deklaratorischen Charakter und spiegeln, jedenfalls bis regelmäßig ehestens – denn der Kunde kann Forderungen der Bank auch bereits zuvor ausdrücklich anerkennen – dem Anerkenntnis des Rechnungsabschlusses, vgl. Nummer 7 AGB-Banken bzw. Nummer 7 AGB-Sparkassen, nur die Behauptung der Bank wider, dass sie Inhaberin einer entsprechenden Forderung gegen den Kontoinhaber sei. Besteht die behauptete Forderung nicht, kann der Kunde entweder – im Falle einer nicht autorisierten Zahlung – nach § 675u S. 2 BGB oder allgemein nach § 667 BGB die Beseitigung der Wirkungen der Belastungsbuchung und damit Wiedergutschrift des entsprechenden Betrags verlangen.[225]

Am Ende einer Rechnungsperiode – nach Nummer 7 AGB-Banken bzw. Nummer 7 AGB-Sparkassen ist dies das Ende des jeweiligen Kalenderquartals – erfolgt eine Saldierung der einzelnen Rechnungsposten und die Bank erteilt dem Kunden einen Rechnungsabschluss, aus dem sich der sog. kausale Saldo, mithin entweder ein Guthaben zugunsten des Kontoinhabers oder ein Sollsaldo zu dessen Lasten ergibt. Mit Anerkennung des Rechnungsabschlusses[226] gehen dann die einzelnen in

---

nicht an die Stelle des bisherigen Anspruchs auf Gutschrift getreten ist, sondern diesen vielmehr in zeitlicher Hinsicht konkretisiert; Vgl. zur Diskussion etwa Palandt-Sprau, BGB, § 675t, Rn. 4 m.w.N.; Prütting/Wegen/Weinreich-Fehrenbacher, BGB, § 675t, Rn. 2; Vgl. auch Servatius in Langenbucher/Bliesener/Spindler, BankRKom, 35. Kap., Rn. 204 m.w.N.

224 Müller-Christmann in Langenbucher/Bliesener/Spindler, BankRKom, 1. Kap., Rn. 167 ff. m.w.N.; Mayen in Schimansky/Bunte/Lwowski, BankRHdB, § 47, Rn. 52 m.w.N.

225 Müller-Christmann in Langenbucher/Bliesener/Spindler, BankRKom, 1. Kap., Rn. 167 ff. m.w.N.; Mayen in Schimansky/Bunte/Lwowski, BankRHdB, § 47, Rn. 51 m.w.N.

226 Hier ist auf die Genehmigungsfiktion in Nummer 7 Abs. 2 AGB-Banken sowie in Nummer 7 Abs. 4 AGB-Sparkassen hinzuweisen. Detailliert zum Anerkenntnis

das Kontokorrent eingestellten Forderungen unter und an deren Stelle tritt im Wege des Schuldanerkenntnisses der solchermaßen zugunsten des einen oder anderen Teils festgestellte Saldo.[227] Diese Forderung ist rechtlich selbständig und damit zunächst pfändbar.

Nach der h.M. kommt dem Saldoanerkenntnis Novationswirkung zu, d.h. es kommt zu einer Schuldersetzung i.S. einer Leistung an Erfüllung statt, § 364 Abs. 1 BGB.[228] Dagegen wenden Teile der Literatur[229] ein, dass sich die Annahme einer solchen Novation nicht mit § 356 HGB in Einklang bringen lasse, wonach der Gläubiger trotz Saldoanerkenntnis grundsätzlich nicht gehindert ist, sich aus den für die Einzelforderungen haftenden Sicherheiten zu befriedigen. Außerdem stehe eine Novation in Widerspruch zu § 364 Abs. 2 BGB, wonach im Zweifel nicht davon auszugehen ist, dass der Schuldner eine neue Verbindlichkeit an Erfüllung statt übernehmen wolle. Entsprechend geht diese Ansicht davon aus, dass die Begründung des abstrakten Anspruchs durch das Saldoanerkenntnis in Bezug auf die in das Kontokorrent eingestellten Forderungen eine Leistung erfüllunghalber, § 364 Abs. 2 BGB, und nicht an Erfüllung statt darstellt. Im Ergebnis kann dieser Meinungsstreit jedoch dahinstehen, da beide Ansichten in den für die Praxis bedeutsamen Fällen zu vergleichbaren Ergebnissen kommen.[230]

Allerdings wird die durch das Saldoanerkenntnis entstandene Forderung bei Fortbestehen des Kontokorrents unmittelbar in die nächste Abrechnungsperiode vorgetragen, so dass ein etwaiger Habensaldo wiederum eine kontokorrentgebundene Forderung darstellt. Daher kann auch ein sich aus dem Saldenabschluss am Ende der Rechnungsperiode ggfs. ergebender

des Rechnungsabschlusses etwa Servatius in Langenbucher/Bliesener/Spindler, BankRKom, 35. Kap., Rn. 178 ff.

227 BGH, Urteil vom 13.03.1981 – I ZR 5/79 – WM 1981, 542 ff., BGH, Urteil vom 04.07.1985 – IX ZR 135/84 – WM 1985, 969 ff. sowie BGH, Urteil vom 11.03.1999 – IX ZR 164/98 – WM 1999, 784 ff.; Vgl. auch Servatius in Langenbucher/Bliesener/Spindler, BankRKom, 35. Kap., Rn. 187 ff. m.w.N. sowie Bunte, AGB-Banken, Ziffer 7, Rn. 125 m.w.N.

228 BGH, Urteil vom 13.03.1981 – I ZR 5/79 – WM 1981, 542 ff., BGH, Urteil vom 04.07.1985 – IX ZR 135/84 – WM 1985, 969 ff. sowie BGH, Urteil vom 11.03.1999 – IX ZR 164/98 – WM 1999, 784 ff. sowie etwa Servatius in Langenbucher/Bliesener/Spindler, BankRKom, 35. Kap., Rn. 187 ff. m.w.N.

229 Schwintowski, BankR, § 7, Rn. 64; Vgl. Müller-Christmann und Servatius in Langenbucher/Bliesener/Spindler, BankRKom, 1. Kap, Rn. 209 sowie 35. Kap., Rn. 187 ff. und Bunte, AGB-Banken, Ziffer 7, Rn. 125, je m.w.N.

230 Vgl. etwa Servatius in Langenbucher/Bliesener/Spindler, BankRKom, 35. Kap., Rn. 187 ff. m.w.N.

Anspruch gegen die kontoführende Bank grundsätzlich nicht gepfändet werden, da er mit Einstellung in das Kontokorrent ebenfalls untergeht.[231]

Eine Kontopfändung ersetzt eine Kündigung, insbesondere der Kontokorrentabrede, nicht. Sie berechtigt den Vollstreckungsgläubiger auch nicht zur Kündigung, so dass dem Vollstreckungsgläubiger ein „Herauslösen" des kausalen Saldos bzw. der durch das Saldoanerkenntnis entstehenden Forderung aus dem Kontokorrent grundsätzlich nicht möglich ist.[232] Ein Zugriff auf den kausalen Saldo ist damit regelmäßig ausgeschlossen.

Der Vollstreckungsgläubiger kann also weder auf die einzelnen Gutschriften noch auf einen etwaigen Habensaldo nach Rechnungsabschluss zugreifen. Pfändbar ist zunächst nur der Anspruch auf Gutschrift, § 675 Abs. 1, 667 BGB i.V.m. § 675t Abs. 1 S. 1 BGB, der jedoch mit Erteilung der jeweiligen Gutschrift erlischt.

(ii) Von dem periodisch erteilten Rechnungsabschluss bzw. der sich hieraus ergebenden Forderung ist der sog. Tages(end)saldo zu unterscheiden:

Dem Kontoinhaber steht – im Falle eines Guthabens aus der mit dem Zahlungsdiensterahmenvertrag verbundenen sog. unregelmäßigen Verwahrung[233] – ein Anspruch auf Auszahlung des zum Zeitpunkt seines Auszahlungsverlangens rechnerisch vorhandenen Guthabens zu.

Andernfalls wäre das Kontokorrentkonto für den Bankkunden sinnentleert: der Kontoinhaber könnte nur nach Kündigung der Kontokorrentabrede (und damit regelmäßig des Zahlungsdiensterahmenvertrags) – denn dann ist ein außerordentlicher Rechnungsabschluss zum Stichtag des Wirksamwerdens der Kündigung durchzuführen und dem Kunden ein ggfs. festgestellter Habensaldo verfügbar zu machen – Leistung in Höhe des nach Verrechnung ggfs. bestehenden Habensaldos verlangen. Wegen des regelmäßig vereinbarten Vortrags des am Ende einer Abrechnungsperiode festgestellten Saldos in die darauffolgende Kontokorrentperiode könnte der Kunde nicht einmal die Auszahlung eines zum Stichtag des Rechnungsabschlusses etwaig bestehenden Guthabens verlangen. Wesentliches Kennzeichen des Kontokorrentkontos ist aber gerade die Möglichkeit, täglich über ein rechnerisch vorhandenes Guthaben verfügen zu können.

---

231 Vgl. zum Ganzen etwa Müller-Christmann und Servatius in Langenbucher/Bliesener/Spindler, BankRKom, 1. Kap., Rn. 206 m.w.N. sowie 35. Kap., Rn. 203, 185 ff.

232 Stöber, Forderungspfändung, Rn. 159b; MüKoHGB-Langenbucher, § 357, Rn. 10 m.w.N.

233 Vgl. etwa Palandt-Sprau, § 700, Rn. 1 sowie § 675f, Rn. 27; Vgl. zum Ganzen etwa Müller-Christmann und Servatius in Langenbucher/Bliesener/Spindler, BankRKom, 1. Kap., Rn. 198 sowie 35. Kap., Rn. 202 m.w.N.

Dieser Anspruch des Kontoinhabers, über ein rechnerisch vorhandenes (nicht aber endgültig festgestelltes) Kontoguthaben durch Barauszahlung oder bargeldlose Zahlung verfügen zu können, ist inzwischen mit § 675t BGB auch gesetzlich näher geregelt.[234]

Zu beachten ist, dass der dem Kontoinhaber im Rahmen (elektronischer) Tagesauszüge mitgeteilte Saldo allein zu Informationszwecken ermittelt wird. Insbesondere stellt die Errechnung des jeweiligen Tages(end)saldos weder eine Verrechnung noch eine Feststellung im Sinne des § 355 HGB dar.[235]

Es handelt sich um einen sog. verhaltenen Anspruch entsprechend § 695 BGB, der für die kontoführende Bank nur erfüllbar ist, wenn der Kontoinhaber – oder nach dessen Pfändung und Überweisung der Pfändungsgläubiger – Erfüllung verlangt. Der Anspruch entsteht und verfällt jeden Tag neu und ist somit revolvierend. Er ist sofort fällig, nicht kontokorrentgebunden und deshalb gem. §§ 829 ff. ZPO pfändbar.[236]

Die Pfändung des Tagessaldos erfasst dabei – vorbehaltlich § 357 S. 2 HGB – denjenigen Habensaldo, der zum Zeitpunkt des Wirksamwerdens der Pfändung, mithin bei Zustellung des Pfändungs- und Überweisungsbeschlusses an die kontoführende Bank, § 829 Abs. 3 ZPO, bestand und deshalb auch als Zustellungssaldo bezeichnet wird.[237] Der Vollstreckungsgläubiger erhält somit Zugriff auf ein zu diesem Zeitpunkt rechnerisch etwaig vorhandenes Kontoguthaben, das sich aber noch um den Betrag späterer Zahlungseingänge erhöhen[238] bzw. aufgrund von gem. § 357 S. 2 HGB unverändert zulässigen Belastungsbuchungen verringern kann.

---

234 Vgl. zum Ganzen etwa Müller-Christmann und Servatius in Langenbucher/Bliesener/Spindler, BankRKom, 1. Kap., Rn. 198 sowie 35. Kap., Rn. 202 m.w.N.

235 So auch Müller-Christmann in Langenbucher/Bliesener/Spindler, BankRKom, 1. Kap., Rn. 193 m.w.N.

236 Müller-Christmann und Servatius in Langenbucher/Bliesener/Spindler, BankRKom, 1. Kap. Rn. 198, 219 sowie 35. Kap., Rn. 202 m.w.N.; Vgl. auch Mayen in Schimansky/Bunte/Lwowski, BankRHdB, § 47, Rn. 49.

237 Servatius in Langenbucher/Bliesener/Spindler, BankRKom, 35. Kap., Rn. 201 m.w.N.

238 Spätere Zahlungseingänge erhöhen einen gepfändeten Tagessaldo regelmäßig, da sie ab Gutschrift dem Zugriff des Vollstreckungsschuldners wegen § 829 Abs. 1 ZPO entzogen sind und die Bank wegen § 357 HGB grundsätzlich keine neuen Forderungen mehr in das Kontokorrent einstellen darf, vgl. bereits Kap. A.II.7.1. (ii). Im Übrigen – dazu sogleich – ist durch § 833a ZPO nunmehr gesetzlich geregelt, dass eine Kontopfändung sowohl den Zustellungssaldo als auch für die Dauer der Pfändung alle folgenden Tagessalden erfasst. Vgl. auch Stöber, Forderungspfändung, Rn. 158 m.w.N.

7.1.3. Reichweite einer Kontopfändung, § 833a ZPO

Gegenstand der Zwangsvollstreckung können also 1) der Anspruch auf Gutschrift einzelner Zahlungseingänge, 2) die sich aus dem Anerkenntnis des Rechnungsabschlusses ergebende Forderung, soweit diese nicht – wie regelmäßig – in die nächste Kontokorrentperiode vorgetragen wird, sowie 3) der Tages(end)-saldo zum Stichtag der Zustellung des Pfändungs- und Überweisungsbeschlusses, mithin der sog. Zustellungssaldo, sowie die auf die Pfändung folgenden Tagessalden, § 833a ZPO, sein. Hinzu kommen bestimmte Nebenrechte des Kontoinhabers auf Auskunftserteilung, welche der Vollstreckungsgläubiger zur Verwertung seines Pfändungspfandrechts benötigt.[239]

(i) Vor Schaffung von § 833a ZPO musste der Vollstreckungsgläubiger bei der Pfändung von Guthaben auf Kontokorrentkonten das komplexe Nebeneinander und die wechselseitige Verschränkung von Kontokorrentabrede und den übrigen bankvertraglichen Vereinbarungen beachten, was in der Praxis vielfach zu Schwierigkeiten führte. Im Interesse effektiver Zwangsvollstreckung hat der Gesetzgeber die für den Vollstreckungsgläubiger mitunter unübersichtliche Rechtslage „entschärft", so dass nunmehr statt der Pfändung der einzelnen Ansprüche grundsätzlich *„die Pfändung des Guthabens eines Kontos"* genügt. Nach § 833a ZPO, der für sämtliche Kontoarten gilt,[240] umfasst die Pfändung des Kontoguthabens nunmehr bereits das am Tag der Zustellung des Pfändungs- und Überweisungsbeschlusses an die kontoführende Bank rechnerisch bestehende Guthaben, mithin den Zustellungssaldo, sowie für die Dauer der Pfändung auch die Tagesguthaben sämtlicher darauf folgender Tage. Die Pfändung erfasst damit grundsätzlich auch künftige Habenbuchungen, die in das Kontokorrent eingestellt werden und den Tagessaldo entsprechend anreichern.[241]

Unklar ist allerdings, ob von der Pfändung des Kontoguthabens gem. § 833a ZPO auch der Anspruch auf Gutschrift eingehender Zahlungen mit umfasst ist. Dieser Frage kommt – jedenfalls im Falle eines versierten Vollstreckungsschuldners – durchaus Bedeutung zu: ist nämlich der Anspruch auf Gutschrift, §§ 675 Abs. 1, 667 i.V.m. § 675t Abs. 1 S. 1 BGB, von der Kontopfändung nicht erfasst, ist dieser der Verfügungsbefugnis des Schuldners

239 Nicht hierunter fällt der Anspruch auf Erteilung von Kontoauszügen, vgl. hierzu sogleich unter (iii).

240 Stöber, Forderungspfändung, Rn. 156a; Zöller-Stöber, § 833a, Rn. 1 unter Verweis auf BTDrs. 16/7615, S. 16.

241 Stöber, Forderungspfändung, Rn. 158 m.w.N.; Vgl. auch Fn. 233.

nicht entzogen. Er könnte im Zeitraum zwischen buchungsmäßigem Eingang und tatsächlicher Gutschrift des Zahlbetrags – denn dann erlischt der Anspruch auf Gutschrift infolge Erfüllung – über diesen Anspruch und damit mittelbar über den entsprechenden Zahlbetrag verfügen.

Soweit ersichtlich ist diese Frage ungeklärt, weswegen flankierend zur Pfändung des Kontoguthabens stets auch die Pfändung des Anspruchs auf Gutschrift erwirkt werden sollte, um sicherzustellen, dass der Kontoinhaber in der Zeit zwischen Eingang aber vor Verbuchung einer Zahlung nicht anderweitig über den Zahlbetrag verfügen kann.[242] Dem entspricht auch, dass das gem. § 2 i.V.m. Anlage 2 ZVFV[243] grundsätzlich zwingend[244] zu verwendende Formular zur Beantragung des Pfändungs- und Überweisungsbeschlusses unverändert die Pfändung des Anspruchs auf Gutschrift enthält. In der Praxis ist diese Frage daher noch nicht angekommen.

(ii) Die Pfändung des Kontoguthabens erstreckt sich auch auf den vertraglichen Nebenanspruch des Schuldners auf Auskunftserteilung. Dieser ist erforderlich, um für den Vollstreckungsgläubiger insbesondere Gegenstand und Höhe des gepfändeten Hauptanspruchs, mithin die von der drittschuldnerischen Bank für den Vollstreckungsschuldner geführten Konten sowie die darauf befindlichen Tagesguthaben, erkennbar zu machen. Die gem. § 840 Abs. 1 ZPO auf Verlangen des Vollstreckungsgläubigers abzugebende Drittschuldnererklärung genügt regelmäßig nicht.[245] Davon zu unterscheiden ist der rechtlich selbständige Anspruch des Kontoinhabers auf Erteilung von Kontoauszügen sowie Rechnungsabschlüssen gem. § 675f i.V.m. § 666 BGB, der jedoch nicht der Pfändung unterliegt. Hintergrund ist, dass andernfalls die Pfändung zur Ausforschung der Geschäftstätigkeit des Vollstreckungsschuldners im Hinblick auf mögliche weitere Vollstreckungsmöglichkeiten missbraucht werden könnte.[246]

---

242 Vgl. hierzu Stöber, Forderungspfändung, Rn. 157b sowie Müller-Christmann in Langenbucher/Bliesener/ Spindler, BankRKom, 1. Kap., Rn. 227.

243 Verordnung über Formulare für die Zwangsvollstreckung (Zwangsvollstreckungsformular-Verordnung – ZVFV) vom 23.08.2012, BGBl. I 2012, S. 1822 ff., in Kraft getreten gem. § 4 ZVFV zum 01.09.2012.

244 Vgl. für den Fall, dass sich das Formular im Einzelfall als unzureichend bzw. unzutreffend darstellt BGH, Beschluss vom 13.02.2014, VII ZB 39/13.

245 Müller-Christmann in Langenbucher/Bliesener/Spindler, BankRKom, 1. Kap., Rn. 227; differenzierter Bitter in Schimansky/Bunte/Lwowski, BankRHdB, § 33, Rn. 57.

246 BGH, Urteil vom 08.11.2005, XI ZR 90/05, WM 2005, 2375 ff.; Müller-Christmann in Langenbucher/ Bliesener/Spindler, BankRKom, 1. Kap., Rn. 227 m.w.N.; Neth-Unger

(iii) Im Ergebnis dient § 833a ZPO der Vereinfachung der Zwangsvollstreckung in Kontokorrentkonten und hat letztlich rein verfahrensrechtliche Bedeutung. Unabhängig von den Erleichterungen des § 833a ZPO kann – und sollte – der Vollstreckungsgläubiger neben dem Anspruch auf Auszahlung des jeweiligen Tagessaldos stets auch den Anspruch auf Gutschrift etwaiger Zahlungseingänge ausdrücklich mit pfänden. In der Praxis umfasst ein entsprechender Pfändungs- und Überweisungsbeschluss insbesondere die aktuellen und künftigen Tagesguthaben des Vollstreckungsschuldners aus allen gepfändeten Konten, wobei in der Regel keine Einschränkung auf ein oder mehrere bestimmte Konten stattfindet, sondern – schon allein aufgrund des Fehlens entsprechender Detailkenntnisse des Vollstreckungsgläubigers – sämtliche Konten gleich welcher Art Gegenstand der ausgebrachten Zwangsvollstreckungsmaßnahme sind.[247]

Ebenso können auch etwaig eingeräumte Kreditlinien gepfändet werden, soweit sie nicht bereits in Anspruch genommen sind und damit noch ein pfändbarer Anspruch auf Darlehensauszahlung, § 488 Abs. 1 S. 1 BGB, gegen die kontoführende Bank besteht. Anders dagegen verhält es sich bei lediglich geduldeten Überziehungen, da der Kunde dort keinen Anspruch gegen die Bank auf Gewährung eines entsprechenden Kapitalnutzungsrechts hat.[248]

Auch bei Tages-, Fest- und Kündigungsgeldkonten kommt eine Forderungspfändung nach den vorstehend dargestellten Grundsätzen in Betracht, wobei in diesem Fall statt der Guthabenforderung der entsprechende Darlehensrückzahlungsanspruch des Kontoinhabers gegen die Bank gepfändet werden muss.[249]

Im Übrigen ist der Pfändungs- und Überweisungsbeschluss der Auslegung zugänglich.[250] Dabei dürfte einer dem Vollstreckungsgläubiger günstigen Auslegung

---

in Fandrich/Karper, Mü. AnwaltsHdB Bank- und KapMarktR, § 3, Rn. 428; Zur Pfändbarkeit der verschiedenen Ansprüche auf Auskunft und Rechnungslegung im Detail vgl. etwa Stöber, Forderungspfändung, Rn. 161.

247 Zur erforderlichen Bestimmtheit der gepfändeten Rechte vgl. etwa Müller-Christmann in Langenbucher/Bliesener/Spindler, BankRKom, 1. Kap., Rn. 224 f. oder Stöber, Forderungspfändung, Rn. 156c. Zur Beschränkung auf Konten in eigener Rechnung vgl. Kap. A.II. 7.2.1.1.

248 BGH, Urteil vom 29.03.2001, IX ZR 34/00, WM 2001, 898 ff.

249 Stöber, Forderungspfändung, Rn. 163b; Zur Rechtsnatur von Tages-, Fest- und Kündigungsgeldkonten vgl. bereits Kap. I (i).

250 St. Rspr., vgl. etwa BGH, Urteil vom 29.11.1984, X ZR 39/83, NJW 1985, 1031 f., 1032 sowie BGH, Urteil von 28.04.1988, - IX ZR 151/87, NJW 1988, 2543 ff., 2544; Baumbach/Lauterbach/Albers/Hartmann, ZPO, § 829, Rn. 22 m.w.N.

der Vorzug zu geben sein, da die Zwangsvollstreckung in dessen Interesse und auf dessen Auftrag hin erfolgt. Daher kann etwa aus der Nennung einzelner Kontonummern keine Beschränkung auf die diesen zugeordneten Konten geschlossen werden, wenn sich aus dem Pfändungs- und Überweisungsbeschluss im Übrigen ergibt, dass sämtliche Konten des Vollstreckungsschuldners bei der Bank gepfändet sein sollen.[251]

7.1.4. Pfändungsschutzkonto gem. § 850k ZPO

Da in der Praxis häufig Konten natürlicher Personen von der Zwangsvollstreckung und damit einer Kontosperre, § 829 Abs. 1 ZPO,[252] betroffen sind während gerade diese auf die Verfügungsbefugnis über ihr Konto, insbesondere den Zugriff auf Zahlungseingänge, etwa aus Zahlung von Lohn und Gehalt, existentiell angewiesen sind, um die Geldgeschäfte des täglichen Bedarfs tätigen zu können, hat der Gesetzgeber mit der Neueinführung von § 850k ZPO zum 01.07.2010[253] das sog. Pfändungsschutzkonto, umgangssprachlich auch P-Konto genannt, geschaffen. Auch bei diesem Konto handelt es sich um ein Kontokorrentkonto, für welches allerdings die nachfolgend – aufgrund der Zielsetzung dieser Untersuchung jedoch nur überblicksartig – dargestellten Besonderheiten gelten[254]:

(i) Verfügt der Kunde bereits über ein Kontokorrentkonto bei einer Bank, kann er nach § 850k Abs. 7 S. 2 ZPO jederzeit die Umwandlung dieses Kontos in ein Pfändungsschutzkonto verlangen. Dies gilt auch und gerade in dem Fall, dass bereits eine Kontopfändung erfolgt ist. Die Bank muss das Umwandlungsverlangen innerhalb von vier Bankarbeitstagen umsetzen, § 850k Abs. 7 S. 3 ZPO. Wird das Konto innerhalb einer Frist von vier Wochen seit Zustellung des Überweisungsbeschlusses an die Bank in ein Pfändungsschutzkonto umgewandelt, wirkt der weitreichende Vollstreckungsschutz, welchen dieses gewährt, gem. § 850k Abs. 1 S. 4 ZPO auf diese und etwaige nachfolgende Pfändungen zurück. Der Pfändungsschutz läuft damit parallel zu der

---

251 Stöber, Forderungspfändung, Rn. 156c mit weiteren Beispielen.

252 Vgl. hierzu vorstehend in Kap. A.II.7.1.1. (iii).

253 Gesetz zur Reform des Kontopfändungsschutzes vom 23.04.2009, BGBl. I 2009, S. 1707.

254 Bis zum 31.12.2011 galt ergänzend auch der herkömmliche Pfändungsschutz nach § 850k a.F., §§ 850 ff. ZPO und § 55 SGB I. Seit 1.1.2012 wird der Pfändungsschutz bei Konten ausschließlich durch das Pfändungsschutz-konto gewährleistet, vgl. Müller-Christmann in Langenbucher/Bliesener/Spindler, BankRKom, 1. Kap., Rn. 230; Detailliert zum Pfändungsschutzkonto auch Neth-Unger in Fandrich/Karper, Mü. AnwaltsHdB Bank- und KapMarktR, § 3, Rn. 438 ff.

ebenfalls vierwöchigen Leistungssperre des § 835 Abs. 3 S. 2 ZPO, welche für künftige Guthaben auf Pfändungsschutzkonten durch § 835 Abs. 4 ZPO noch erweitert wird.[255] Somit gewährt § 850k ZPO unter den genannten Voraussetzungen auch rückwirkend Schutz vor einer Zwangsvollstreckung in das Konto.

Verfügt der Kunde noch nicht über ein Konto bei der betreffenden Bank oder wünscht er die Einrichtung eines anderen Kontos als Pfändungsschutzkonto, kann auch bereits bei Kontoeröffnung die Führung dieses Kontos als Pfändungsschutzkonto vereinbart werden, § 850k Abs. 7 S. 1 ZPO. Voraussetzung ist jedoch auch hier, dass es sich bei dem Kontoinhaber um eine natürliche Person handelt.

Obschon auch bei einem Treuhandkonto der Kontoinhaber regelmäßig eine natürliche Person ist, können Konten, die für Rechnung eines Dritten geführt werden, nicht als Pfändungsschutzkonten unterhalten werden. Dies gilt selbst dann, wenn es sich auch bei dem Treugeber um eine natürliche Person handelt.

Dies wird schon aus dem Wortlaut von § 850k ZPO deutlich. Ein anderes Ergebnis wäre zudem mit der *ratio legis* nicht vereinbar: das Pfändungsschutzkonto soll sicherstellen, dass der Kontoinhaber trotz gegen ihn ausgebrachter Zwangsvollstreckungsmaßnahmen über das ihm gesetzlich zugebilligte pfändungsfreie Einkommen verfügen und so seinen Lebensunterhalt bestreiten kann. Dieses Ziel wird durch ein Konto in eigener Rechnung, über welches der Betreffende im Rahmen des gesetzlichen Pfändungsschutzes frei verfügen kann, erreicht. Konten in fremder Rechnung dagegen dienen der ausschließlichen Verwaltung von Vermögenswerten Dritter. Auf deren Schutz zielt § 850k ZPO, wie auch an dem Anknüpfen an § 850c ZPO und § 54 SGB I erkennbar, nicht.[256]

Zu beachten ist weiterhin, dass jede natürliche Person nur ein einziges Pfändungsschutzkonto unterhalten darf, § 850k Abs. 8 S. 1 ZPO.[257] Auch mehrere Pfändungsschutzkonten bei verschiedenen Banken sind nicht zulässig.

---

255 Näher zur Auszahlungssperre des § 835 Abs. 3 S. 2 ZPO vgl. Kap. A.II.7.2.1.2.

256 Vgl. zum Ganzen etwa Müller-Christmann in Langenbucher/Bliesener/Spindler, BankRKom, 1. Kap., Rn. 230 ff.; Letztlich ist hier die Argumentation zur Unanwendbarkeit der Auszahlungssperre nach § 835 Abs. 3 S. 2 ZPO analog anwendbar, vgl. Kap. A.II.7.2.1.2.

257 Gem. § 850k Abs. 8 S. 2 ZPO muss der Kontoinhaber gegenüber der Bank versichern, dass er kein weiteres Pfändungsschutzkonto unterhält. Zudem sieht § 850k Abs. 8 S. 3, 4 ZPO vor, dass die Banken Auskunfteien die Führung eines Kontos als Pfändungsschutzkonto mitteilen bzw. dort entsprechende Abfragen tätigen dürfen.

(ii) Das Pfändungsschutzkonto bietet einen Basispfändungsschutz in Höhe des Pfändungsfreibetrags nach § 850c Abs. 1 S. 1, Abs. 2a ZPO als sog. Sockelbetrag, § 850k Abs. 1 S. 1 ZPO. In dieser Höhe ist das Guthaben auf dem Konto, unabhängig davon, ob es aus einer laufenden oder aus Einmalzahlungen resultiert und unabhängig von der Zugehörigkeit zu einer bestimmten Einkunftsart, geschützt und kann nicht gepfändet werden. Der Pfändungsschutz kommt somit erstmals auch Selbständigen zugute.[258] In Abhängigkeit von der Lebenssituation des Vollstreckungsschuldners kann der Sockelbetrag auch durch Aufstockungstatbestände erhöht werden, § 850k Abs. 2 ZPO. Dies gilt insbesondere für den Fall gesetzlicher Unterhaltsverpflichtungen sowie für Kindergeld. Daneben kann das Vollstreckungsgericht auf Antrag des Kontoinhabers im Einzelfall auch einen abweichenden, nicht notwendigerweise höheren Pfändungsschutzbetrag festsetzen, § 850k Abs. 4 ZPO.[259]

Sofern der Pfändungsschuldner den jeweiligen Pfändungsschutzbetrag bis zum Ende eines Kalendermonats trotz eines entsprechenden Guthabens nicht vollständig verbraucht, steht ihm der verbliebene Betrag einmalig im Folgemonat zusätzlich pfändungsfrei zur Verfügung, § 850k Abs. 1 S. 3 ZPO. Eine weitere Übertragung in den auf den Folgemonat folgenden Monat ist jedoch nicht möglich. Dadurch soll dem Schuldner ermöglicht werden, Geldbeträge für größere Zahlungen anzusparen.[260]

(iii) Nachdem nur Eigenkonten natürlicher Personen als Pfändungsschutzkonten in Betracht kommen, soll an dieser Stelle – insoweit im Vorgriff auf Kapitel E, in dem die Auswirkungen eines (vorläufigen) Insolvenzverfahrens auf das

258 Müller-Christmann in Langenbucher/Bliesener/Spindler, BankRKom, 1. Kap., Rn. 232.

259 Zu den Details etwa Müller-Christmann in Langenbucher/Bliesener/Spindler, BankRKom, 1. Kap., Rn. 232 f.

260 So etwa Müller-Christmann in Langenbucher/Bliesener/Spindler, BankRKom, 1. Kap., Rn. 235 sowie auch BGH, Urteil vom 04.12.2014, IX ZR 115/14, WM 2015, 117 ff.; Das sog. Monatsanfangsproblem, vgl. hierzu etwa Ahrens, NZI 2001, 183 f., kann durch die gesetzliche Neuregelung der §§ 850k Abs. 1 S. 2, 835 Abs. 4 S. 1 ZPO als geklärt gelten. Dabei hat der BGH inzwischen auch den Fall entschieden, dass der Pfändungsschuldner im laufenden Kalendermonat bereits für den Folgemonat bestimmte Zahlungen erhält. Der Schuldner darf, so der BGH, durch eine vorschüssige Zahlungsweise nicht schlechter gestellt werden als er bei zeitlich zutreffender Zahlung erst im Folgemonat stünde, so dass unter den gleichen Voraussetzungen wie bei zeitlich zutreffender Zahlung ein pfändungsfreier Übertrag in den dann übernächsten Monat zulässig ist, BGH, Urteil vom 04.12.2014, IX ZR 115/14, WM 2015, 177 ff.

Schuldnerkonto dargestellt werden – lediglich auf folgende Besonderheiten hingewiesen werden:

- Im Insolvenzverfahren über das Vermögen einer natürlichen Person unterliegt ein gem. § 850k ZPO pfändungsfreies Guthaben nicht dem Insolvenzbeschlag, § 36 Abs. 1 InsO. Nur ein pfändbares Guthaben fällt in die Insolvenzmasse. Entsprechend lässt sowohl die Anordnung des vorläufigen Insolvenzverfahrens als auch die spätere Verfahrenseröffnung den Schutz des § 850k ZPO unberührt, so dass der Kontoinhaber selbst dann noch in Höhe des jeweils pfändungsfreien Betrags über das Guthaben auf einem Pfändungsschutzkonto frei verfügen kann.[261]
- Besteht noch kein Pfändungsschutzkonto, kann der Schuldner sowohl im vorläufigen als auch im eröffneten Insolvenzverfahren – ohne dass es einer Mitwirkung oder Zustimmung des (vorläufigen) Insolvenzverwalters bedarf – ein Pfändungsschutzkonto eröffnen bzw. die Umstellung eines bestehenden Kontos gem. § 850k Abs. 7 S. 3 ZPO verlangen.[262] Zu beachten ist aber, dass der Schuldner stets nur ein einziges Pfändungsschutzkonto unterhalten darf, § 850k Abs. 8 S. 1 ZPO.
- Dies führt zu der – umstrittenen – Frage, welche Rechtswirkungen die Verfahrenseröffnung auf ein bereits als Pfändungsschutzkonto geführtes Konto hat. Nach wohl h.L. ist das Pfändungsschutzkonto in dem Sinne „insolvenzfest", dass die Verfahrenseröffnung entgegen §§ 116, 115 S. 1 InsO nicht zu einem Ende des Zahlungsdiensterahmenvertrags und trotz § 91 InsO wohl auch nicht der zugehörigen Kontokorrentabrede führen soll.[263] Nach anderer Ansicht dagegen muss mit der Bank nach Verfahrenseröffnung – wie grundsätzlich bei jedem Konto auf Namen des Insolvenzschuldners – zumindest konkludent die Fortführung des Kontos vereinbart werden, wobei die Beibehaltung der Eigenschaft als Pfändungsschutzkonto (nur) vom Schuldner verlangt bzw. (nur) mit diesem vereinbart werden kann.[264] Nach der *ratio legis*, die im Schutz

261 Casse, ZInsO, 1033 ff., 1034; So auch Uhlenbruck-Hirte, InsO, § 36, Rn. 39 sowie MüKoInsO-Peters, § 36, Rn. 45b; Vgl. auch Obermüller, InsR i.d. Bankpraxis, Rn. 2.185.

262 Obermüller, InsR i.d. Bankpraxis, Rn. 2.189 f.; MüKoInsO-Peters, § 36, Rn. 45b m.w.N.

263 So Uhlenbruck-Hirte, InsO, § 36, Rn. 39; MüKOInsO-Peters, § 36, Rn. 45b; Vgl. auch Obermüller, InsR i.d. Bankpraxis, Rn. 2.185.

264 HKInsO-Lüdtke, § 35, Rn. 224c m.w.N. und detaillierter Darstellung des Meinungsstreits; Zur Fortführung eines (einfachen) Schuldnerkontos nach Verfahrenseröffnung vgl. Kap. E.I.2.1.

des Schuldners liegt, ist ersterer Auffassung der Vorzug zu geben, wobei die Umsetzung der Zahlungskontenrichtlinie[265] und der damit einhergehende Anspruch auf ein sog. Basiskonto[266] auch auf diese Frage Auswirkung haben dürfte. Dies bleibt jedoch abzuwarten.

Der (vorläufige) Insolvenzverwalter dagegen kann nach wohl h.M. weder ein Pfändungsschutzkonto auf Namen und Rechnung des Schuldners eröffnen noch eine entsprechende Kontoumstellung fordern.[267] Er ist zur Erfüllung seiner Aufgaben hierauf auch nicht angewiesen, da das Insolvenzgericht ggfs. ein vorläufiges Vollstreckungsverbot anordnen kann, § 21 Abs. 2 S. 1 Nr. 3 InsO, und nach Verfahrenseröffnung das Vollstreckungsverbot des § 89 Abs. 1 InsO sowie die Rückschlagsperre des § 88 InsO Platz greifen. Nichts anderes gilt für den (vorläufigen) Sachwalter, selbst wenn dieser die Kassenführung gem. § 275 Abs. 2 InsO an sich gezogen hat.[268]

Im Übrigen kann sowohl der (vorläufige) Insolvenzverwalter als auch der (vorläufige) Sachwalter – entsprechende Befugnis vorausgesetzt – die Mittel der (späteren) Insolvenzmasse auch auf einem offenen Treuhandkonto, das grundsätzlich dem Zugriff der Insolvenzgläubiger entzogen ist, verwalten.[269]

7.2. Zwangsvollstreckung in Treuhandkonten

Für die Beurteilung der Rechtslage sind grundlegend zwei Konstellationen zu unterscheiden: Zwangsvollstreckungsmaßen, die aufgrund eines Titels gegen den Treuhänder ausgebracht wurden, und solche, denen ein Titel gegen den Treugeber zugrunde liegt.

---

265 Richtlinie 2014/92/EU des Europäischen Parlaments und des Rates vom 23.07.2014 über die Vergleichbarkeit von Zahlungskontoentgelten, den Wechsel von Zahlungskonten und den Zugang zu Zahlungskonten mit grundlegenden Funktionen.

266 Vgl. Gesetz über die Vergleichbarkeit von Zahlungskontoentgelten, den Wechsel von Zahlungskonten sowie den Zugang zu Zahlungskonten mit grundlegenden Funktionen (Zahlungskontengesetz – ZKG), dort insbesondere §§ 38 ff.

267 Wimmer-Bornemann, InsO, § 36, Rn. 46; Graf-Schlicker-Graf-Schlicker/Kexel, InsO, § 36, Rn. 21 m.w.N.

268 Zur Rechtsstellung des (vorläufigen) Sachwalters und dessen Befugnisse vgl. detailliert in Kap. C.

269 Vgl. hierzu Kap. B.II. sowie C.II.

7.2.1. Zwangsvollstreckung aufgrund eines Titels gegen den Treuhänder

7.2.1.1. Reichweite des Pfändungs- und Überweisungsbeschlusses

Zunächst stellt sich die Frage, ob ein aufgrund eines Titels gegen den Treuhänder erwirkter Pfändungs- und Überweisungsbeschluss lediglich dessen Konten in eigener Rechnung oder auch auf seinen Namen lautende Treuhandkonten erfasst:

(i) Ausgehend von der bereits in Kapitel A.II.2.1.1. dargestellten Vollrechtsinhaberschaft des Kontoinhabers erfasst eine Kontopfändung, sofern diese nicht – wie zumindest bei Angehörigen bestimmter Berufsgruppen anzuraten[270] – auf Konten in eigener Rechnung beschränkt ist, grundsätzlich auch Konten, die der Vollstreckungsschuldner in fremder Rechnung führt, da er als Kontoinhaber rechtlich alleiniger Inhaber der Guthabenforderung gegen die Bank ist.[271] Dies gilt unabhängig davon, ob das Kontoguthaben tatsächlich treuhänderisch gebunden ist oder ganz oder teilweise[272] dem Vermögen des Kontoinhabers entstammt. Denn Forderungsinhaber ist sowohl beim Treuhand- als auch beim Eigenkonto stets der Kontoinhaber.[273]

Nach anderer Ansicht[274] soll eine Kontopfändung jedenfalls Anderkonten nur dann mit umfassen, wenn diese im Pfändungs- und Überweisungsbeschluss ausdrücklich genannt sind. Dies wird mit dem Erfordernis einer hinreichenden Bezeichnung des Vollstreckungsobjekts begründet. Dem ist jedoch entgegenzuhalten, dass eine Kontopfändung, die sämtliche Konten des Vollstreckungsschuldners als Vollstreckungsobjekt ausweist, unzweideutig ist: sowohl bei Eigen- als auch bei Anderkonten handelt es sich rechtlich um Konten des Vollstreckungsschuldners. Der Umstand, dass er diese für Rechnung Dritter führt und ein etwaiger Habensaldo deshalb wirtschaftlich einem Dritten zugeordnet ist, ändert hieran nichts.

---

270 Mit Beschluss vom 13.02.2014, VII ZB 39/13, hat der BGH unlängst klargestellt, dass das gem. § 2 ZVFV für die Beantragung des Pfändungs- und Überweisungsbeschlusses zu verwendende Formular insoweit nicht zwingend ist, als dass es sich als „*unvollständig, unzutreffend, fehlerhaft oder missverständlich*“ herausstellt. Da in dem Formular eine Differenzierung zwischen Konten in eigener und fremder Rechnung nicht enthalten ist (dazu sogleich), ist es mit dem BGH auch „*nicht zu beanstanden, wenn der Vollstreckungsgläubiger in dem Formular Streichungen, Berichtigungen oder Ergänzungen vornimmt oder das Formular insoweit nicht nutzt und auf Anlagen verweist*“.

271 Sudergat, Kontopfändung, Rn. 428 ff. m.w.N.; Fischbeck in Hellner/Steuer, BuB, Abschnitt F, Rn. 247 m.w.N.; Vgl. auch Hadding/Häuser in Schimansky/Bunte/Lwowski, BankRHdB, § 37, Rn. 62 ff.

272 Auch in diesem Fall liegt (in Bezug auf die Bank: unerkannt) kein Treuhand- sondern ein bloßes Eigenkonto vor, vgl. Kap. A.II.3.

273 Zu den (seltenen) Ausnahmen vgl. Kap. A.II.2.1.3.

274 Stöber, Forderungspfändung, Rn. 402.

(ii) Der Pfändungs- und Überweisungsbeschluss ist grundsätzlich der Auslegung zugänglich.[275] Es stellt sich daher die Frage, ob sich im Einzelfall nicht ausnahmsweise ein anderes Ergebnis durch eine entsprechend restriktive Lesart gewinnen lässt:

- Grenze einer jeden Auslegung ist der Wortlaut. Dieser ist – bezeichnet der Pfändungs- und Überweisungsbeschluss sämtliche Konten des Schuldners als Vollstreckungsobjekt – vor dem Hintergrund der fiduziarischen Vollrechtsinhaberschaft des Kontoinhabers und damit der rechtlichen Zuordnung des jeweiligen Kontoguthabens zum Vermögen des Vollstreckungsschuldners eindeutig. Eine Differenzierung zwischen Konten in eigener und solchen in fremder Rechnung findet regelmäßig nicht statt.
- Lässt der Wortlaut des Pfändungs- und Überweisungsbeschlusses (ausnahmsweise) Spielraum für eine Auslegung, stellt sich die Frage nach den Vorstellungen des Vollstreckungsgerichts. Dieses folgt, sofern rechtlich zulässig, dem Antrag des Vollstreckungsgläubigers. Dessen Interesse jedoch ist auf eine möglichst umfassende Wirkung der Kontopfändung gerichtet, um sich wegen der titulierten Forderung umfänglich befriedigen zu können. Eine restriktive Auslegung des Pfändungs- und Überweisungsbeschlusses erscheint damit nur schwer vereinbar.
- Auch eine nähere Betrachtung der Formulierung des Antrags auf Erlass des Pfändungs- und Überweisungsbeschlusses rechtfertigt regelmäßig kein anderes Ergebnis: das gem. § 2 ZVFV zur Beantragung des Pfändungs- und Überweisungsbeschlusses zu verwendende Formular[276] sieht die Pfändung des Anspruchs *„auf Zahlung der zugunsten des Schuldners bestehenden Guthaben seiner sämtlichen Girokonten“* vor. Diese Formulierung bringt keinen Erkenntnisgewinn: denn selbst wenn sie trotz des Umstands, dass es sich um eine Formulierung des Verordnungsgebers und nicht des Antragsstellers handelt, überhaupt dazu herangezogen werden kann, den Willen bei Antragsstellung zu ermitteln, kann der Formulierung keine Einschränkung auf Konten in eigener Rechnung entnommen werden. Mit *„zugunsten des Schuldners“* kann sowohl die rechtliche als auch die wirtschaftliche Zuordnung der Guthaben zum Vermögen des Schuldners gemeint sein. Eine restriktive

---

275 BGH, Urteil vom 29.11.1984, X ZR 39/83, NJW 1985, 1031 f., 1032 sowie BGH, Urteil von 28.04.1988, - IX ZR 151/87, NJW 1988, 2543 ff., 2544; Baumbach/Lauterbach/Albers/Hartmann, ZPO, § 829, Rn. 22 m.w.N.

276 Vgl. hierzu bereits in Kap. A.II.7.1.3 (i) a.E.

Auslegung des daraufhin erlassenen Gerichtsbeschlusses zum Nachteil des Antragsstellers kann hierauf nicht gestützt werden.

Bezeichnenderweise hat der BGH mit Beschluss vom 13.02.2014, Az. VII ZB 39/13, ungewöhnlich deutlich zum Ausdruck gebracht, dass die Ausgestaltung dieses Formulars durch den Verordnungsgeber im Einzelfall *„unvollständig, unzutreffend, fehlerhaft oder missverständlich"* sein kann und es daher *„nicht zu beanstanden* [ist], *wenn der Vollstreckungsgläubiger in dem Formular Streichungen, Berichtigungen oder Ergänzungen vornimmt oder das Formular insoweit nicht nutzt und auf Anlagen verweist."*

(iii) Rechtfertigen ließe sich eine Beschränkung der Reichweite des Pfändungs- und Überweisungsbeschlusses nach alle dem nur mit sonstigen (Billigkeits-)Erwägungen:

- Der Treugeber ist in Bezug auf die Zwangsvollstreckung sowie das dieser zugrunde liegende Rechtsverhältnis regelmäßig unbeteiligter Dritter. Dass dieser bzw. dessen Vermögen dennoch von der Zwangsvollstreckung aus einem Titel gegen den Treuhänder betroffen werden, mag zunächst unbillig erscheinen.
  Allerdings kann der Treugeber – sofern ihn der Kontoinhaber hiervon pflichtgemäß in Kenntnis setzt[277] – der Zwangsvollstreckung mit einer Drittwiderspruchsklage, § 771 ZPO, bzw. einem Antrag auf einstweilige Einstellung der Zwangsvollstreckung, §§ 771 Abs. 3, 769 ZPO, begegnen. Die Existenz dieser Rechtsbehelfe zeigt jedoch, dass der Gesetzgeber die Möglichkeit, dass Vermögenswerte Dritter von einer nicht gegen sie gerichteten Zwangsvollstreckungsmaßnahme erfasst werden, erkannt und im Interesse einer effektiven Zwangsvollstreckung gebilligt hat.
- Der Vollstreckungsgläubiger muss also ggfs. mit der Gegenwehr des Treugebers und damit mit zusätzlichen Kosten rechnen. Selbst wenn er Zugriff auf das Treugut erhält, ist er zudem dem Treugeber gegenüber bereicherungsrechtlich zur Herausgabe verpflichtet und eine zunächst erfolgreiche Zwangsvollstreckung würde regelmäßig revidiert.[278] Eine restriktive Auslegung des Pfändungs- und Überweisungsbeschlusses mag daher auf den ersten Blick im Interesse des Vollstreckungsgläubigers liegen. Es ist jedoch ungewiss, ob der Treugeber von diesen Möglichkeiten tatsächlich Gebrauch macht. Zudem kann sich der

---

277 Zu den Pflichten des Treuhänders bei einer Zwangsvollstreckung in das Treugut vgl. sogleich Kap. A.II.7.2.2.2.

278 Vgl. hierzu sogleich in Kap. A.II.7.2.2.1. (ii).

Vollstreckungsgläubiger – unterrichtet ihn weder die kontoführende Bank, die aufgrund des mit dem Kontoinhaber vertraglich vereinbarten Bankgeheimnisses grundsätzlich nur einen allgemeinen Hinweis erteilen darf, dass von der ausgebrachten Pfändung auch Konten in fremder Rechnung betroffen sind,[279] noch der Kontoinhaber über die treuhänderische Bindung des Erlangten – u.U. auf Entreicherung nach § 818 Abs. 3 BGB berufen.

(iv) Daneben bestehen vor dem Hintergrund, dass eine restriktive Auslegung des Pfändungs- und Überweisungsbeschlusses zu einer Einschränkung der Rechte des Vollstreckungsgläubigers führen würde, weitere Bedenken: die Auslegung des Pfändungs- und Überweisungsbeschlusses fällt nämlich in der Praxis zunächst dem einfachen Rechtsanwender, mithin dem Drittschuldner, anheim.[280] Dieser setzt sich, legt er den Pfändungs- und Überweisungsbeschluss restriktiv aus, erheblichen zivilrechtlichen Risiken aus. Ihm wird eine Entscheidung oktroyiert, zu der er weder berufen noch in der Lage ist.

Nach vorzugswürdiger Ansicht umfasst die Pfändung sämtlicher Konten auf Namen des Vollstreckungsschuldners daher auch alle in fremder Rechnung geführten Konten, sofern nicht der Pfändungs- und Überweisungsbeschluss eine ausdrückliche Einschränkung auf Eigenkonten enthält.[281] Dieses Ergebnis entspricht dem Wesen der Vollrechtstreuhand und der damit einhergehenden Risikoverteilung ebenso wie der Systematik des Zwangsvollstreckungsrechts. Zudem hat es der Vollstreckungsgläubiger in der Hand, die entsprechenden Guthaben nicht einzuziehen sondern freizugeben, § 843 ZPO.[282] Der Pfändungs- und Überweisungsbeschluss gewährt lediglich ein Verwertungsrecht.

---

279 Vgl. hierzu auch Kap. A.II.7.2.2. 3. (iii).

280 Dieser kann allenfalls versuchen, dieses Problem durch eine Hinterlegung gem. § 372 BGB zu lösen. Eine Hinterlegung setzt jedoch entweder Annahmeverzug des Gläubigers oder eine tatsächlich bestehende Unklarheit über die Person des rechtlich Berechtigten und damit über die Reichweite des Pfändungs- und Überweisungsbeschlusses voraus. In der Regel wird eine solche Unklarheit in Ansehung der Formulierung des Pfändungs- und Überweisungsbeschlusses allerdings zu verneinen sein.

281 Sudergat, Kontopfändung, Rn. 428 ff. m.w.N.; So auch Fischbeck in Hellner/Steuer, BuB, Abschnitt F, Rn. 2/247c.

282 Zuletzt BGH, Beschluss vom 02.12.2015, VII ZB 42/14, ZInsO 2016, 148 ff., 149; Vorbehaltlich eines Verzichts gem. § 843 ZPO setzt die Freigabe aus der Pfändung mit Blick auf die staatliche Beschlagnahme grundsätzlich einen entsprechenden Gerichtsbeschluss voraus, mit dem das Vollstreckungsgericht die Reichweite der

Mit Blick auf Nummer 10 der Anderkontobedingungen, wonach sowohl eine Abtretung als auch eine Verpfändung der Ansprüche des Kontoinhabers gegen die Bank ausgeschlossen ist, ist ergänzend festzuhalten, dass vertragliche Abtretungsverbote i.S.d. § 399 BGB nicht geeignet sind, eine Zwangsvollstreckung in eine Forderung auszuschließen, § 851 Abs. 2 ZPO, da andernfalls die Durchsetzbarkeit des materiellen Anspruchs, welcher der Zwangsvollstreckung zugrunde liegt, zur Disposition von Vollstreckungsschuldner und Drittschuldner stünde. Auf vertragliche Abtretungsverbote kommt es daher nicht an.

Dies gilt unabhängig davon, welche ggfs. anerkennenswerten Überlegungen bzw. schützenswerten Interessen der Beteiligten für die Vereinbarung des Abtretungsverbots maßgeblich waren.[283] Forderungen aus Anderkonten sind – ebenso wie Forderungen aus einem Treuhandkonto, dessen Spezialfall das Anderkonto ist – wie bei einem sonstigen Kontokorrentkonto grundsätzlich pfändbar.[284]

7.2.1.2. Anwendbarkeit der Leistungssperre des § 835 Abs. 3 S. 2 ZPO

Als einzige, jedoch rein zeitliche Einschränkung kommt § 835 Abs. 3 S. 2 ZPO in Betracht, wonach Kontoguthaben natürlicher Personen grundsätzlich erst nach Ablauf von vier Wochen seit Zustellung des Pfändungs- und Überweisungsbeschlusses an den Vollstreckungsgläubiger ausgekehrt werden dürfen. In Bezug auf künftige Guthaben, mithin nach Pfändung eingehende, den jeweiligen Tagessaldo erhöhende Gutschriften, kann der Vollstreckungsschuldner zudem beantragen, dass diese erst vier Wochen nach Gutschrift an den Vollstreckungsgläubiger ausgezahlt werden dürfen. § 835 Abs. 4 ZPO ergänzt diese Regelungen für den Fall, dass es sich bei dem betreffenden Konto um ein Pfändungsschutzkonto gem. § 850k ZPO handelt.

Ob die Leistungssperre des § 835 Abs. 3 S. 2 ZPO auch im Fall eines Treuhandkontos Platz greift, kann allein anhand des Wortlauts von § 835 Abs. 3 S. 2 ZPO, der lediglich eine natürliche Person als Schuldner fordert, nicht geklärt werden. Für eine Anwendbarkeit spricht jedenfalls, dass das Moratorium zur Unterrichtung des Treugebers und sodann zur Erhebung einer Drittwiderspruchsklage genutzt werden könnte. Dem wird man allerdings entgegenhalten können, dass dem Treugeber auch der einstweilige Rechtsschutz nach §§ 771 Abs. 3, 769 ZPO zu Gebote steht und zugleich der Treuhänder diesen unverzüglich zu informieren hat.[285] Diese Frage bedarf also einer genaueren Untersuchung:

Pfändung entsprechend einschränkt bzw. diese aufhebt, vgl. etwa Musielak/Voit-Becker, ZPO, § 803, Rn. 11.

283 Stöber, Forderungspfändung, Rn. 15.

284 Stöber, Forderungspfändung, Rn. 401 f., 397 ff.; Sudergat, Kontopfändung, Rn. 437.

285 Vgl. Kap. A.II.7.2.2.2.

- § 835 Abs. 3 S. 2 ZPO bezweckt die Verwirklichung insbesondere des Schutzes des gem. § 850c ZPO unpfändbaren Teils des Arbeitseinkommens vor dem Zugriff der Vollstreckungsgläubiger.[286] Seit Einführung des § 850k ZPO kann der Vollstreckungsschuldner zu diesem Zweck von der kontoführenden Bank – unter bestimmten Voraussetzungen auch rückwirkend – die Umstellung seines Kontos auf ein Pfändungsschutzkonto[287] verlangen, § 850k Abs. 7 ZPO, und unter den engen Voraussetzungen des § 850l ZPO sogar die Anordnung der (vorübergehenden) Unpfändbarkeit des Guthabens auf dem Pfändungsschutzkonto erwirken. Die Leistungssperre des § 835 Abs. 3 S. 2 ZPO soll dem Vollstreckungsschuldner die hierfür nötige Zeit belassen.[288]
  Ein Treuhandkonto kann – dies ergibt sich schon aus dem Gesetzeswortlaut, jedenfalls aber dem Sinn und Zweck des § 850k ZPO[289] – nicht als Pfändungsschutzkonto geführt werden. Folglich scheidet auch eine Umstellung gem. § 850k Abs. 7 S. 2 ZPO auf ein Pfändungsschutzkonto aus, die aber gerade durch die Leistungssperre des § 835 Abs. 3 S. 2 ZPO ermöglicht werden soll. Eine Anwendung von § 835 Abs. 3 S. 2 ZPO auch auf Treuhandkonten ginge also von vornherein ins Leere.
- Weiterhin handelt es sich bei dem Guthaben auf einem Treuhandkonto zwar um ein *Guthaben des Schuldners*, wie es § 835 Abs. 3 S. 2 ZPO fordert, jedoch ist dieses nur rechtlich, nicht aber auch wirtschaftlich dem Vollstreckungsschuldner zuzuordnen. Der Kontoinhaber darf über das Kontoguthaben nicht frei verfügen, da er im Innenverhältnis durch die Treuhandabrede gebunden ist. Er darf es insbesondere nicht heranziehen, um daraus seinen Lebensunterhalt zu bestreiten, da der Verwendung für eigene Zwecke regelmäßig die Treuhandabrede entgegensteht. Gerade dies soll aber über § 835 Abs. 3 S. 2 i.V.m. §§ 850k, 850l ZPO erreicht werden: Der Kontoinhaber soll in der Lage bleiben, über das betreffende Kontoguthaben zu verfügen, um dadurch diejenigen Geldgeschäfte tätigen zu können, die gemeinhin für den eigenen Lebensunterhalt erforderlich sind.[290]

---

286 Zur *ratio legis* etwa Müller-Christmann in Langenbucher/Bliesener/Spindler, BankRKom, 1. Kap., Rn. 230.

287 Vgl. hierzu Kap. A.II.7.1.4.

288 Stöber, Forderungspfändung, Rn. 220 a.E.; Baumbach/Lauterbach/Albers/Hartmann, ZPO, § 835, Rn. 4.

289 Vgl. hierzu bereits in Kap. A.II.7.1.4.

290 So auch BGH, Urteil vom 04.12.2014, IX ZR 115/14, WM 2015, 117 ff.; Vgl. auch Müller-Christmann in Langenbucher/Bliesener/Spindler, BankRKom, 1. Kap., Rn. 230.

Auf die Frage, ob der Treugeber eine natürliche Person ist oder nicht, kommt es vor diesem Hintergrund nicht an: § 835 Abs. 3 S. 2 ZPO ist – ebenso wie die korrespondierende Vorschrift des § 850k ZPO – nur auf Eigenkonten anwendbar.

Im Ergebnis bedeutet dies, dass § 835 Abs. 3 S. 2 ZPO – jedenfalls im Wege einer teleologischen Reduktion – nicht auf Treuhandkonten anwendbar ist. Sollte der Pfändungs- und Überweisungsbeschluss auch Guthaben auf Konten in fremder Rechnung erfassen, ist die Bank – sollte der Pfändungsgläubiger die Auskehr des Guthabens verlangen – nicht nur rechtlich verpflichtet, das oder die betreffenden Konten zu sperren, sondern auch das gepfändete Kontoguthaben an den Vollstreckungsgläubiger auszukehren. Dieser ist aufgrund der Überweisung, § 835 ZPO, jederzeit berechtigt, das Guthaben einzuziehen – unabhängig davon, wem dieses wirtschaftlich zuzuordnen ist.[291]

7.2.2. Abwehr einer Pfändung von Treuhandkonten und Pflichten der Beteiligten

7.2.2.1. Möglichkeiten zur Abwehr einer Pfändung von Treuhandkonten

Wie gezeigt erfasst eine Kontopfändung regelmäßig sämtliche auf Namen des Vollstreckungsschuldners geführte Konten, auch solche in fremder Rechnung. Die Bank wird – dazu sogleich in Kapitel A.II.7.2.2.3. – zwar den Pfändungsgläubiger in allgemeiner Form darauf hinweisen, dass ggfs. auch Treuhandkonten von der Pfändung betroffen sind. Sie muss ein etwaiges Guthaben aber gleichwohl auf dessen Verlangen hin auskehren.[292]

(i) Der Treugeber ist allerdings nicht schutzlos. Er kann sich – rechtzeitige Kenntnis von der Pfändung vorausgesetzt – gegen Zwangsvollstreckungsmaßnahmen, die wegen eines Titels allein gegen den Treuhänder erfolgen, zur Wehr setzen, indem er gegen den entsprechenden Pfändungs- und Überweisungsbeschluss mit einer Drittwiderspruchsklage gem. § 771 ZPO bzw. einem Antrag auf einstweilige Einstellung der Zwangsvollstreckung

291 Fischbeck in Hellner/Steuer, BuB, Abschnitt F, Rn. 2/247c; Vgl. auch Sudergat, Kontopfändung, Rn. 434 unter Hinweis auf BGH, Urteil vom 01.07.1993, IX ZR 251/92, ZIP 1993, 2622 = WM 1993, 1524 f.

292 Sudergat, Kontopfändung, Rn. 434 unter Hinweis auf BGH, Urteil vom 01.07.1993, IX ZR 251/92, ZIP 1993, 2622 = WM 1993, 1524 f.; Fischbeck in Hellner/Steuer, BuB, Abschnitt F, Rn. 2/247c.

gem. §§ 771 Abs. 3, 769 ZPO vorgeht.[293] Dies gilt unabhängig davon, ob der Treuhänder gegenüber der kontoführenden Bank die fiduziarische Bindung des Kontoguthabens offen gelegt hat – wozu er verpflichtet ist[294] – oder ein verdecktes Treuhandkonto vorliegt.[295] Dies entspricht dem Wesen der Drittwiderspruchsklage, da dieser Rechtsbehelf insbesondere für den Fall geschaffen wurde, dass dem Vollstreckungsgläubiger bzw. dem Gerichtsvollzieher die Zuordnung des Vermögensgegenstands zum Vermögen eines Dritten nicht erkennbar ist.

Anders liegt es dagegen, wenn der Treuhänder das Treugut pflichtwidrig mit Eigengut vermischt, da in diesem Fall kein Treuhandkonto, auch kein verdecktes, sondern ein bloßes Eigenkonto vorliegt.[296] Hier ist dem Treugeber nach der Rechtsprechung des BGH die Drittwiderspruchsklage[297] verwehrt und er bleibt auf etwaige Schadenersatzansprüche gegen den Treuhänder beschränkt. Diese folgen aus der pflichtwidrigen Vermischung von Treugut und Eigengut, aufgrund derer der Treugeber des ihm vom Gesetzgeber zugedachten Schutzes beraubt ist.[298]

Der Vollstreckungsschuldner dagegen kann die Vollstreckungsmaßnahme allein mit dem Argument der treuhänderischen Bindung nicht angreifen.[299] Geht der Treugeber nicht oder nicht rechtzeitig gegen die Pfändung vor und hält der Vollstreckungsgläubiger an dieser nicht nur vollumfänglich fest, sondern fordert vielmehr die Auskehr des Guthabens, ist die kontoführende Bank infolge der Überweisung der Forderung, § 835 ZPO, verpflichtet, das Kontoguthaben an ihn herauszugeben.[300]

---

293 Stöber, Forderungspfändung, Rn. 398; Sudergat, Kontopfändung, Rn. 430; Servatius in Langenbucher/Bliesener/Spindler, BankRKom, 35. Kap., Rn. 44 m.w.N.; Peterek in Kümpel/Wittig, Bank- und KapMarktR, Rn. 6.797; Schwintowski, BankR, § 6, Rn. 39.

294 Vgl. hierzu detailliert in Kap. A.II.2.2.1.

295 BGH, Urteil vom 01.07.1993, IX ZR 251/92, WM 1993, 1524 f., 1524; Canaris, WuB I C 3 - 1.94; Fischbeck in Hellner/Steuer, BuB, Abschnitt F, Rn. 247; Vgl. hierzu auch Kap. A.II.2.2.2.

296 Vgl. hierzu Kap. Kap. A.II.3.1.

297 BGH, Urteil vom 16.12.1970, VIII ZR 36/69, WM 1971, 220 f., 221; Stöber, Forderungspfändung, Rn. 398; Schwintowski, BankR, § 6, Rn. 39; Fischbeck in Hellner/Steuer, BuB, Abschnitt F, Rn. 247a.

298 Vgl. hierzu Kap. A.II.3.1.3.

299 So etwa auch BGH, Urteil vom 16.12.1970, VIII ZR 36/69, WM 1971, 220 f., 221.

300 Sudergat, Kontopfändung, Rn. 434 unter Hinweis auf BGH, Urteil vom 01.07.1993, IX ZR 251/92, ZIP 1993, 2622 = WM 1993, 1524 f.; Fischbeck in Hellner/Steuer, BuB, Abschnitt F, Rn. 2/247c.

(ii) Dies wirft die Frage auf, ob der Gläubiger an ihn ausgekehrtes Treugut tatsächlich behalten darf: das Pfändungspfandrecht schafft grundsätzlich einen Rechtsgrund i.S.d. §§ 812 ff. BGB.[301] Jedoch steht dieses bzw. eine etwaige Auskehr des Treuguts an den Vollstreckungsgläubiger im Widerspruch zur wirtschaftlicher Zuordnung des Kontoguthabens zum Vermögen des Treugebers, der nach der Rechtsprechung des BGH ein quasi-dinglicher Charakter zukommt.[302] Der Treugeber kann daher das Treugut, soweit dieses an den Vollstreckungsgläubiger ausgekehrt wurde, im Wege der Eingriffskondiktion, § 812 Abs. 1 S. 1 2. Alt. BGB, herausverlangen[303] und ggfs. eine sog. verlängerte Drittwiderspruchsklage als besondere Form der Zahlungsklage erheben.

Zwar trägt der Treugeber dabei das Risiko, dass sich der Vollstreckungsgläubiger u.U. auf Entreicherung, § 818 Abs. 3 BGB, berufen kann. Jedoch erfährt dieser in der Regel durch die Drittschuldnererklärung bzw. einen Hinweis der kontoführenden Bank von der treuhänderischen Bindung und wird dadurch bösgläubig, §§ 819 Abs. 1, 818 Abs. 4 BGB.

Nicht entscheidend ist auch hier, ob es sich um ein offenes oder ein verdecktes Treuhandkonto handelt.[304] Es kommt allein darauf an, dass es sich bei dem betreffenden Konto tatsächlich um ein Treuhandkonto handelt, mithin insbesondere das Erfordernis der strikten Trennung von Eigen- und Fremdgeldern beachtet wurde. Wurde das Treugut mit Eigenmitteln des Treugebers vermischt, entfällt die treuhänderische Bindung des Kontoguthabens und damit die Begründetheit einer Drittwiderspruchsklage bzw. eines Antrags auf einstweilige Einstellung der Zwangsvollstreckung[305] ebenso wie der Herausgabeanspruch nach § 812 Abs. 1 S. 1 2. Alt. BGB. Beachtet der Treuhänder die treuhänderische Bindung nicht, kann dies auch von seinen Gläubigern nicht erwartet werden.[306]

Erfährt also der Treugeber von der Pfändung, kann er gegen diese sowohl mit einer Drittwiderspruchsklage, § 771 ZPO, bzw. einem Antrag auf einstweilige Einstellung der Zwangsvollstreckung, §§ 771 Abs. 3, 769 ZPO,

---

301 Vgl. etwa MüKoBGB-Schwab, § 812, Rn. 220 sowie Palandt-Sprau, § 812, Rn. 111.

302 Hierzu näher in Kap. A.II.8.2.; Vgl. auch BGH, Urteil vom 24.06.2003, IX ZR 75/01, NJW 2003, 3414 ff., 3415.

303 BGH, Urteil vom 16.12.1970, VIII ZR 36/69, WM 1971, 220 f., 221; Hadding/Häuser in Schimansky/Bunte/Lwowski, BankRHdB, § 37, Rn. 68 m.w.N.

304 Vgl. hierzu Kap. A.II.2.2.2. (i); Schwintowski, BankR, § 6, Rn. 39 m.w.N.

305 Stöber, Forderungspfändung, Rn. 398; Schwintowski, BankR, § 6, Rn. 39; Fischbeck in Hellner/Steuer, BuB, Abschnitt F, Rn. 247a.

306 So auch Schwintowski, BankR, § 6, Rn. 39.

vorgehen als auch nach ggfs. bereits erfolgter Auskehr vom Pfändungsgläubiger Herausgabe des Treuguts nach § 812 Abs. 1 S. 1 2. Alt. BGB verlangen.

Vor diesem Hintergrund kommt es entscheidend darauf an, ob und welche Mitteilungspflichten die einzelnen Beteiligten im Verhältnis insbesondere zum Treugeber treffen sowie, ob und in welchem Umfang sie den Treugeber ggfs. auch ohne dass sie eine solche Verpflichtung trifft, von der Kontopfändung unterrichten dürfen.

7.2.2.2. Pflichten des Treuhänders

(i) Der Treuhänder kann den Pfändungs- und Überweisungsbeschluss nicht allein deshalb angreifen, da dieser auch Konten für Rechnung Dritter betrifft. Er ist deshalb und aufgrund seiner Treuepflicht aus dem zugrundeliegenden Treuhandverhältnis verpflichtet, den Treugeber unverzüglich von der Kontopfändung zu unterrichten, damit dieser sich mit einer Drittwiderspruchsklage gem. § 771 ZPO bzw. einem Antrag auf einstweilige Einstellung der Zwangsvollstreckung gem. §§ 771 Abs. 3, 769 ZPO gegen den Zugriff des Pfändungsgläubigers zur Wehr setzen kann. Dies folgt unmittelbar aus dem Treuhandverhältnis, das den Treuhänder zum Schutz und Erhalt der ihm anvertrauten Rechtsgüter im Interesse des Treugebers verpflichtet, und gilt unabhängig davon, ob die kontoführende Bank den Pfändenden, insbesondere im Rahmen der Drittschuldnererklärung gem. § 840 Abs. 1 ZPO, darauf hinweist, dass die Pfändung auch Konten erfasst, deren Guthaben wirtschaftlich einem Dritten zugeordnet sind. Der Treuhänder darf nicht darauf vertrauen, dass der Gläubiger von sich aus die Pfändung auf Konten in eigener Rechnung einschränken wird. Dies gilt umso mehr als dass die Bank nicht verpflichtet ist, auf die treuhänderische Bindung hinzuweisen.[307]

Aus diesem Grund ist der Treuhänder ebenso verpflichtet, auch den Pfändungsgläubiger darauf hinzuweisen, dass der Pfändungs- und Überweisungsbeschluss Konten für Rechnung eines Dritten betrifft. Diese Pflicht folgt – dazu sogleich – jedenfalls aus dem Treuhandverhältnis.

Daneben mag im Einzelfall auch aus dem der Pfändung zugrunde liegenden Rechtsverhältnis eine neben- oder nachvertragliche Pflicht zum Schutz bzw. zur Rücksichtnahme auf die Interessen des Pfändungsgläubigers bestehen, die Anlass zu einem solchen Hinweis gibt. Denn setzt sich der Treugeber unmittelbar gerichtlich zur Wehr, entstehen zulasten des Pfändungsgläubigers Kosten, die andernfalls

---

307 Dazu sogleich in Kap. 7.2.2.3.

vielleicht noch vermeidbar gewesen wären. Dabei darf aber nicht verkannt werden, dass – insbesondere bei Angehörigen bestimmter Berufsgruppen – kein Anlass besteht, den Antrag auf Erlass des Pfändungs- und Überweisungsbeschlusses ausdrücklich auf Konten in eigener Rechnung einzuschränken.

(ii) Die Pflicht des Treuhänders, den Treugeber unverzüglich von der Kontopfändung zu unterrichten, folgt unmittelbar aus dem Treuhandverhältnis. Derjenige, dem ein Dritter Vermögenswerte zu treuen Händen anvertraut, ist stets verpflichtet, das Treugut nicht nur im Einklang mit der Treuhandabrede zu verwalten, sondern auch, dieses bestmöglich vor dem unberechtigten Zugriff Dritter zu schützen.[308] Je nach Ausgestaltung des Treuhandverhältnisses besteht zumindest eine nebenvertragliche Pflicht, §§ 241 Abs. 2, 242 BGB, den Treuhänder von der Kontopfändung zu unterrichten. Dies gilt umso mehr als dass gerade in der gegen den Treuhänder ausgebrachten Pfändung der Grund für die Beeinträchtigung des Treuguts liegt, auch wenn der Treuhänder die Zwangsvollstreckung ggfs. nicht schuldhaft herbeigeführt hat.

(iii) Verletzt der Treuhänder diese Mitteilungspflicht schuldhaft, wobei ein Vertretenmüssen gem. § 280 Abs. 1 S. 2 BGB gesetzlich vermutet wird, kann der Treugeber den Treuhänder auf Schadenersatz in Anspruch nehmen. Voraussetzung ist – wie stets – ein adäquat kausaler Schaden. Ein solcher ist etwa denkbar, wenn der Vollstreckungsgläubiger das an ihn ausgekehrte Treugut für seine Zwecke verbraucht und sich gegenüber dem Treugeber ausnahmsweise gem. § 818 Abs. 3 BGB auf Entreicherung berufen kann.

Dies setzt – neben einem tatsächlichen Wegfall der Bereicherung – Verschiedenes voraus: wegen § 819 Abs. 1 BGB darf dem Vollstreckungsgläubiger bei Verbrauch der Mittel nicht bekannt sein, dass es sich bei dem entsprechenden Kontoguthaben um treuhänderisch gebundenes Vermögen handelt, da es ihm sonst infolge Bösgläubigkeit versagt ist, sich auf Entreicherung zu berufen. Dies wiederum setzt voraus, dass weder der Treuhänder noch die kontoführende Bank – etwa da es sich um ein verdecktes Treuhandkonto handelt – den Vollstreckungsgläubiger entsprechend informieren.

Daneben kommen Schadenersatzansprüche auch bei Eintritt eines Verzugsschadens in Betracht – beispielshalber wenn der Treugeber aufgrund dessen, dass ihm das Treugut infolge der Pfändung nicht wie geschuldet zur

---

308 So auch Soergel-Leptien, BGB, vor § 164, Rn 59 m.w.N.: Der Treuhänder muss alle Maßnahmen ergreifen, die zur Sicherung, Erhalt und Verwirklichung der ihm übertragenen Rechte erforderlich sind.

Verfügung steht, nicht in der Lage ist, bestimmten (Zahlungs-)Verpflichtungen fristgerecht nachzukommen oder sich zu deren Erfüllung die entsprechenden Geldmittel darlehenshalber besorgen muss.

Der Treuhänder ist also regelmäßig verpflichtet, den Treugeber unverzüglich von einer Kontopfändung zu unterrichten, die auch Konten für dessen Rechnung erfasst. Verletzt er diese Pflicht, kommt sowohl ein Anspruch auf Schadenersatz statt der Leistung, § 280 Abs. 1, 3 i.V.m. § 283, 275 Abs. 1 BGB als auch auf Schadenersatz neben der Leistung, insbesondere wegen Verzugs, § 280 Abs. 1, 2 i.V.m. §§ 286, 288 BGB, in Betracht.

7.2.2.3. Pflichten der Bank

(i) Der Pfändungs- und Überweisungsbeschluss wird sowohl dem Vollstreckungsschuldner als auch dem Drittschuldner, mithin der kontoführenden Bank, zugestellt, wobei nur die Zustellung an den Drittschuldner Wirksamkeitsvoraussetzung ist, § 829 Abs. 3 ZPO. Sofern der Vollstreckungsgläubiger dies verlangt, wird dem Drittschuldner – zumeist, aber nicht zwingend – zusammen mit dem Gerichtsbeschluss die Aufforderung zur Abgabe einer Drittschuldnererklärung nach § 840 ZPO zugestellt. Eine lediglich formlose Aufforderung verpflichtet den Drittschuldner dagegen nicht.[309]

Im Rahmen der Drittschuldnererklärung (oder auch eines separaten Schreibens) weist die Bank den Vollstreckungsgläubiger regelmäßig darauf hin, dass die Pfändung auch Konten in fremder Rechnung betrifft. Dies gilt freilich nur, wenn der Bank bekannt ist, dass es sich um Treuhandkonten handelt. Auch vor diesem Hintergrund kommt der pflichtgemäßen Offenlegung der treuhänderischen Bindung besondere Bedeutung zu.[310]

Eine Verpflichtung hierzu besteht jedoch nicht,[311] zumal schon keine Veranlassung dazu besteht, den Antrag auf Erlass des Pfändungs- und Überweisungsbeschlusses nicht von vornherein auf Eigenkonten zu beschränken.

Für den Fall des Anderkontos regelt Nummer 11 der Anderkontobedingungen – die aber nur im Verhältnis zum Treuhänder eine Verpflichtung begründen, da der

---

309 Vgl. etwa Gaul/Schilken/Becker-Eberhardt, ZVS, § 55, Rn. 18; Musielak/Voit-Becker, ZPO, § 840, Rn. 2 f.

310 Vgl. hierzu Kap. A.II.2.2.1.

311 Hadding/Häuser in Schimansky/Bunte/Lwowski, BankRHdB, § 37, Rn. 67; Fischbeck in Hellner/Steuer, BuB, Abschnitt F, Rn. 2/247c; a.A. für den Fall des Anderkontos – vgl. dazu aber sogleich – Neth-Unger in Fandrich/Karper, Mü. AnwaltsHdB Bank- und KapMarktR, § 3, Rn. 431 sowie Sudergat, Kontopfändung, Rn. 439.

Treugeber nicht Vertragspartner der kontoführenden Bank ist und es sich auch bei den Anderkontobedingungen nicht um einen Vertrag zugunsten oder mit Schutzwirkung zugunsten Dritter handelt –, dass die Bank den pfändenden Gläubiger in der Drittschuldnererklärung, sofern dieser eine solche anfordert, auf die Eigenschaft als Anderkonto hinweist.

(ii) Dagegen mag man einwenden, dass Vollstreckungsgläubiger und Treugeber ein erhebliches Informations- bzw. Schutzbedürfnis haben, während die Bank im Falle offener Treuhandkonten – vor dem Hintergrund des Bankgeheimnisses jedoch nur in allgemeiner Form – den pfändenden Gläubiger gemäß der gängigen Praxis ohne weiteres darauf hinweisen kann, dass von der Pfändung auch Konten in fremder Rechnung betroffen sind.

Dies gilt allerdings nur im Verhältnis zum Vollstreckungsgläubiger. Denn aufgrund des mit dem Kontoinhaber vertraglich vereinbarten Bankgeheimnisses, Nummer 2 (1) AGB-Banken bzw. Nummer 1 (1) AGB-Sparkassen, ist die Bank rechtlich gehindert, dem Treugeber die Tatsache der Kontopfändung kund zu tun.[312]

Unabhängig davon begründet die bloße Möglichkeit, die Interessen Dritter zu schützen, *per se* noch keine rechtliche Verpflichtung. Es besteht weder mit dem Vollstreckungsgläubiger noch mit dem Treugeber ein Schuldverhältnis, vermöge dessen die Bank zur Erteilung eines solchen Hinweises verpflichtet wäre.[313] Allein aus der Kenntnis der treuhänderischen Bindung kann keine Informations- bzw. Schutzpflicht abgeleitet werden.[314] Vielmehr ist es Aufgabe des Treuhänders, der mit der Verwaltung und damit auch dem Schutz des Treuguts betraut ist, den Treugeber unverzüglich von der Kontopfändung zu unterrichten, damit dieser sich mit einer Drittwiderspruchsklage bzw. einem Antrag auf einstweilige Einstellung der Zwangsvollstreckung zur Wehr setzen kann.[315] Dieses Ergebnis stimmt

---

312 Fischbeck in Hellner/Steuer, BuB, Abschnitt F, Rn. 247c.; Zum Bankgeheimnis bei Treuhandkonten vgl. auch Kap. A.II.5 (ii) und (iii).

313 Die bankvertraglichen Vereinbarungen begründen auch bei einem offenen Treuhandkonto weder einen Vertrag zugunsten Dritter noch einen Vertrag mit Schutzwirkung zugunsten Dritter, vgl. etwa Hadding/Häuser in Schimansky/Bunte/Lwowski, BankRHdB, § 37, Rn. 20.

314 Vgl. Hadding/Häuser in Schimansky/Bunte/Lwowski, BankRHdB, § 37, Rn. 18 ff.; So auch Sudergat, Kontopfändung, Rn. 433, 435 mit der Einschränkung, dass die Bank den Treugeber dann benachrichtigen müsse, wenn ihr bekannt ist, dass der Treuhänder seiner Informationspflicht gegenüber dem Treugeber nicht nachkommt.

315 Zur Verpflichtung des Treuhänders, den Treugeber von der Kontopfändung zu unterrichten, vgl. bereits zuvor in Kap. A.II.7.2.2.1.

sowohl mit der Gesetzeslage als auch mit der Risikoverteilung bei einer Vollrechtstreuhand überein.[316]

(iii) Die kontoführende Bank ist also nicht verpflichtet, die Beteiligten im Rahmen der Drittschuldnererklärung oder auf sonstigem Wege darauf hinzuweisen, dass die Pfändung auch Konten in fremder Rechnung erfasst. Gegenüber dem Treugeber ist ihr dies wegen des mit dem Treuhänder als Kontoinhaber vertraglich vereinbarten Bankgeheimnisses sogar ausdrücklich untersagt. Gängige Praxis ist jedoch, dass die Bank dem Vollstreckungsgläubiger einen allgemeinen Hinweis erteilt und dieser daraufhin die Pfändung auf Konten in eigener Rechnung einschränkt.[317] Die Bank hat, zumal sie sowohl in Bezug auf das Rechtsverhältnis zwischen Vollstreckungsschuldner und Vollstreckungsgläubiger als auch in Bezug auf das Treuhandverhältnis Dritte ist, kein Interesse, in einen etwaigen Rechtsstreit zwischen den Beteiligten verwickelt zu werden.

7.2.2.4. Pflichten des Vollstreckungsgläubigers

(i) Fordert der Vollstreckungsgläubiger in Übereinstimmung mit dem Pfändungs- und Überweisungsbeschluss treuhänderisch gebundene Kontoguthaben an, muss die Bank die entsprechenden Beträge zur Auskehr bringen.[318] Dies führt jedoch nicht dazu, dass der Vollstreckungsgläubiger diese behalten darf. Der Vollstreckungsgläubiger ist dem Treugeber auf dessen Verlangen hin vielmehr gem. § 812 Abs. 1 S. 1 2. Alt. BGB zur Herausgabe des Treuguts verpflichtet,[319] weswegen die Anforderung treuhänderisch gebundener Mittel auch aus Gläubigersicht i.d.R. unbehelflich ist.

Deshalb und wegen der Gefahr einer Drittwiderspruchsklage, § 771 ZPO, bzw. eines Antrags auf einstweilige Einstellung der Zwangsvollstreckung, §§ 771, 769 Abs. 3 ZPO, ist der Vollstreckungsgläubiger gut beraten, die Pfändung auf Konten in eigener Rechnung einzuschränken; dies jedenfalls sobald er Kenntnis davon erlangt, dass die Pfändung auch Konten

316 Vgl. hierzu bereits in Kap. A.2.1.1 sowie A.II.4.2.2. (i).
317 Hierzu sogleich in Kap. A.II.7.2.2.1.
318 Fischbeck in Hellner/Steuer, BuB, Abschnitt F, Rn. 2/247c; Vgl. auch Sudergat, Kontopfändung, Rn. 434 unter Hinweis auf BGH, Urteil vom 01.07.1993, IX ZR 251/92, ZIP 1993, 2622 = WM 1993, 1524 f.
319 BGH, Urteil vom 16.12.1970, VIII ZR 36/69, WM 1971, 220 f., 221; Hadding/Häuser in Schimansky/Bunte/Lwowski, BankRHdB, § 37, Rn. 68 m.w.N.; Vgl. hierzu bereits Kap. A.II.7.2.2.1. (ii).

in fremder Rechnung erfasst. Verpflichtet ist er hierzu indes grundsätzlich nicht, denn gerade dafür stehen dem Treugeber die entsprechenden Rechtsmittel zu Gebote.

Dies gilt jedenfalls im Verhältnis zum Treugeber. In Abhängigkeit von der Rechtsbeziehung zwischen Vollstreckungsgläubiger und Treuhänder mögen jedoch im Einzelfall neben- oder nachvertragliche Schutz- und Rücksichtnahmepflichten bestehen, §§ 241 Abs. 2, 242 BGB, auf Grund derer der Vollstreckungsgläubiger verpflichtet ist, die Pfändung auf Konten in eigener Rechnung einzuschränken.

Die Einschränkung auf Konten in fremder Rechnung erfolgt – außer durch einen Beschluss des zuständigen Vollstreckungsgerichts – durch eine entsprechende Freigabeerklärung des Vollstreckungsgläubigers gegenüber dem Vollstreckungsschuldner. Diese stellt einen Verzicht i.S.d. § 843 ZPO dar und beseitigt sowohl das Pfändungspfandrecht als auch die Verstrickung (und damit den Rechtsgrund für die Kontosperre seitens der Bank), ohne dass es zusätzlich einer Aufhebung des Pfändungsbeschlusses bedarf.[320]

(ii) Neben den Anspruch des Treugebers nach § 812 Abs. 1 S. 1 2. Alt. BGB tritt, je nachdem, ob der Vollstreckungsgläubiger bei Beantragung des Pfändungs- und Überweisungsbeschlusses, jedenfalls aber bei Anforderung des Treuguts, Kenntnis von der treuhänderischen Bindung hatte und welchen Zweck er mit der Auskehr des Guthabens an sich verfolgte, unter Umständen § 826 BGB als weitergehende Anspruchsgrundlage gegen den Vollstreckungsgläubiger.[321]

Ein Anspruch aus § 823 Abs. 1 BGB kommt dagegen nicht in Betracht, da es bereits an einer Verletzung des Eigentums oder eines sonstigen Rechts mit Ausschließlichkeitscharakter fehlt: der Vollstreckungsgläubiger beeinträchtigt durch die Kontopfändung lediglich den rein schuldrechtlichen Herausgabeanspruch des Treugebers aus dem Innenverhältnis zwischen Treugeber und Treuhänder, § 667 BGB, bzw. den ebenfalls rein

320 Vgl. zuletzt etwa BGH, Beschluss vom 02.12.2015, VII ZB 42/14, ZInsO 2016, 148 ff., 149; Vgl. statt vieler auch Zöller-Stöber, ZPO, § 843, Rn. 3 sowie zu Inhalt und Form Rn. 2.

321 Daneben können, sollte auch der Vollstreckungsgläubiger Berufsträger sein, berufsrechtliche Überlegungen angezeigt sein: Der Vollstreckungsgläubiger, der Zwangsvollstreckungsmaßnahmen gegen Angehörige bestimmter Berufsgruppen ausbringt – wie dies insbesondere bei Rechtsanwälten der Fall ist – muss damit rechnen, dass dieser Personenkreis Treuhandkonten unterhält und die Vollstreckungsmaßnahme damit auch Treugut erfasst.

schuldrechtlichen Anspruch des Vollstreckungsschuldners gegen die kontoführende Bank. Schuldrechtliche Rechtspositionen verpflichten in Abgrenzung zu den ausschließlichen Rechten nur bestimmte Personen und wirken daher nicht absolut, sondern relativ. Solche Rechte sind durch § 823 Abs. 1 BGB nicht geschützt.[322]

Auch ein Anspruch gem. § 823 Abs. 2 BGB kommt mangels strafrechtlicher Relevanz des Verhaltens des Vollstreckungsgläubigers – vorbehaltlich des Falls einer strafbaren Titelerschleichung, insbesondere durch Prozessbetrug, § 263 StGB – oder Verletzung eines sonstigen Schutzgesetzes regelmäßig nicht in Betracht. Wie das Institut der Drittwiderspruchsklage zeigt, sind Auswirkungen auf das Vermögen Dritter nicht immer zu vermeiden, mithin systemimmanent, und als solches *per se* nicht geeignet, Schadenersatzansprüche gegen den Vollstreckungsgläubiger zu begründen, solange dieser mit seinem Tun nicht die Grenze zur sittenwidrig-vorsätzlichen Schädigung i.S.d. § 826 BGB überschreitet.

(iii) Der Vollstreckungsgläubiger ist also, jedenfalls im Verhältnis zum Treugeber, regelmäßig nicht verpflichtet, auf eine Beschränkung des Pfändungs- und Überweisungsbeschlusses auf Konten in eigener Rechnung hinzuwirken. Gleichwohl liegt dies, zumal er mit Gegenwehr seitens des Treugebers rechnen muss, regelmäßig im eigenen Interesse.

7.2.2.5. Pflichten des Treugebers

(i) Den Treugeber treffen keine eigenständigen Rechtspflichten. Er ist lediglich, will er Schadenersatzansprüche gegen den Treuhänder geltend machen, verpflichtet, einen sich abzeichnenden Schaden abzuwenden bzw. abzumildern, § 254 Abs. 2 S. 1 2. Alt BGB, also sich gegen die Kontopfändung bzw. die Auskehr des Treuguts zur Wehr zu setzen.

Gegenüber dem Vollstreckungsgläubiger besteht keine solche Schadensabwendungs- bzw. -minderungspflicht, da der Treugeber vom Vollstreckungsgläubiger regelmäßig keinen Schadenersatz,[323] sondern nur die Herausgabe des Treuguts nach § 812 Abs. 1 S. 1 2. Alt. BGB fordern kann. Im Bereicherungsrecht ist für § 254 BGB jedoch kein Raum.

Der Treugeber als potentiell Geschädigter ist also verpflichtet, unverzüglich die ihm zu Gebote stehenden, zumutbaren Mittel zu ergreifen, um den Eintritt eines Schadens zu verhindern, mithin das Treugut dem Zugriff

---

322 Vgl. hierzu statt vieler etwa Palandt-Sprau, § 823, Rn. 11 m.w.N.

323 Dies allenfalls nach § 826 BGB, vgl. zuvor Kap. A.II.7.2.2.4.

des Vollstreckungsgläubigers zu entziehen bzw. dieses wieder heraus zu verlangen. Der Treuhänder kann dies – jedenfalls allein mit Verweis auf die treuhänderische Bindung des Kontoguthabens – nicht. Ihm steht kein geeignetes Rechtsmittel zur Verfügung. Der Treugeber dagegen kann – pflichtgemäße Mitteilung des Treuhänders vorausgesetzt – Drittwiderspruchsklage, § 771 ZPO, erheben und gem. §§ 771 Abs. 3, 769 ZPO die einstweilige Einstellung der Zwangsvollstreckung beantragen, sollte der Vollstreckungsgläubiger – trotz eines entsprechenden Hinweises auf die fiduziarische Bindung des Kontoguthabens – an der Kontopfändung festhalten, sowie gem. § 812 Abs. 1 S. 1 2. Alt BGB die Herausgabe eines bereits ausgekehrten Kontoguthabens verlangen.

Unterrichtet der Treuhänder den Treugeber nicht oder jedenfalls nicht rechtzeitig von der Kontopfändung bzw. hat der Treuhänder pflichtwidrig Treugut und Eigengut vermischt, so dass die Rechtsbehelfe nach § 771 ZPO und §§ 771 Abs. 3, 769 ZPO bzw. eine verlängerte Drittwiderspruchsklage gem. § 812 Abs. 1 S. 1 2. Alt BGB mangels Erfolgsaussichten unzumutbar sind, kommt eine Schadensminderung durch den Treugeber grundsätzlich nicht (mehr) in Betracht.

(ii) Der Treugeber ist gegen Zwangsvollstreckungsmaßnahmen in das Treugut insofern geschützt, als dass er gegen den entsprechenden Pfändungs- und Überweisungsbeschluss mit einer Drittwiderspruchsklage gem. § 771 ZPO bzw. einem Antrag auf einstweilige Einstellung der Zwangsvollstreckung gem. §§ 771 Abs. 3, 769 ZPO vorgehen kann. Daneben kann der Treugeber nach bereits erfolgter Auskehr an den Pfändungsgläubiger von diesem grundsätzlich die Herausgabe des Treuguts gem. § 812 Abs. 1 S. 1 2. Alt BGB verlangen. In beiden Fällen schließt jedoch ein Verstoß gegen das Gebot der strengen Trennung von Treugut und Eigengut die entsprechenden Rechte des Treugebers aus.[324] Dies wirft die Frage auf, wie die Beteiligten von einer etwaigen Vermischung des Treuguts mit Mitteln des Treuhänders erfahren:

- Erhebt der Treugeber, der von dem Pfändungsversuch Kenntnis erlangt, Drittwiderspruchsklage gem. § 771 ZPO bzw. geht er gegen die Pfändung nach §§ 771 Abs. 3, 769 ZPO vor, wird er sich regelmäßig auf die treuhänderische Bindung des Kontoguthabens stützen. Von einer Vermischung und dem damit einhergehenden Verlust des besonderen Schutzes des Treuguts wird der Treugeber regelmäßig keine Kenntnis haben. Dem steht – rein tatsächlich – entgegen, dass der Treuhänder sich in diesen Fällen vertragsbrüchig verhalten und ggfs. schadenersatzpflichtig

324 Vgl. hierzu bereits in Kap. A.II.3.1.

gemacht hat[325] und daher nur selten bereit sein wird, dies gegenüber dem Treugeber offen zu legen.
Dies mag umso mehr gelten, sollte dem Treuhänder bewusst sein, dass dies infolge der prozessualen Wahrheitspflicht, § 138 ZPO, dazu führt, dass sich der Treugeber – verhält er sich rechtmäßig – in dem Rechtsstreit mit dem Vollstreckungsgläubiger nicht mehr auf die treuhänderische Bindung des Kontoguthabens berufen kann und sich damit die vom Treugeber durch seine Pflichtwidrigkeit geschaffene Gefahr in einem konkreten Schaden materialisiert. Denn mit der Vermischung von Treugut und Eigengut geht nicht nur ein Verlust der entsprechenden Rechtsmittel, sondern auch des bereicherungsrechtlichen Herausgabeanspruchs nach § 812 Abs. 1 S. 1 2. Alt. BGB einher, denn auch dieser steht und fällt mit der quasi-dinglichen Zuordnung des Treuguts zum Vermögen des wirtschaftlich Berechtigten.[326]

- Was dagegen den Vollstreckungsgläubiger betrifft, so wird auch dieser von einer Vermischung des Treuguts und damit dem Untergang der treuhänderischen Bindung des Kontoguthabens nur selten erfahren: der Vollstreckungsschuldner wird ihn darauf i.d.R. nicht hinweisen, denn dies würde regelmäßig Schadenersatzansprüche des Treugebers nach sich ziehen. Der Pfändungs- und Überweisungsbeschluss wiederum erfasst zwar auch den nebenvertraglichen Anspruch auf Auskunftserteilung, nicht aber den Anspruch auf Erteilung von Kontoauszügen und Rechnungsabschlüssen gem. § 675f i.V.m. § 666 BGB, da dem Vollstreckungsgläubiger keine Gelegenheit gegeben werden soll, über den Umweg einer Kontopfändung weitere Vollstreckungsobjekte auszuforschen.[327] Der pfändbare Auskunftsanspruch genügt regelmäßig nicht, um eine Vermischung von Treugut und Eigengut aufzudecken.
- Auch die kontoführende Bank, sollte sie eine Vermischung ausnahmsweise erkennen,[328] darf den Pfändungsgläubiger hierüber grundsätzlich nicht in Kenntnis setzen. Dem steht das mit dem Kontoinhaber vertraglich vereinbarte Bankgeheimnis, Nummer 2 (1) AGB-Banken bzw. Nummer 1 (1) AGB-Sparkassen, entgegen. Eine ausnahmsweise

325 Vgl. hierzu bereits Kap. A.II.3.1.
326 Vgl. hierzu bereits Kap. A.II.3.1.
327 Vgl. hierzu bereits Kap. A.II.7.1.3 (ii).
328 Die kontoführende Bank ist jedoch zur Überwachung der Kontoführung grundsätzlich weder verpflichtet noch berechtigt, vgl. bereits Kap. A.II.4.2. sowie etwa Vortmann, BKR 2007, 449 ff., 452.

Durchbrechung des Bankgeheimnisses[329] erscheint fraglich, denn hierfür ist schon kein anerkennenswertes Interesse des Vollstreckungsgläubigers ersichtlich. Dieser hätte im Falle pflichtgemäßen Handelns des Kontoinhabers nicht auf das Kontoguthaben zugreifen können. Die bloße Gelegenheit, sich infolge des vertragswidrigen, mitunter sogar strafbaren Verhaltens des Treuhänders aus Vermögenswerten, die wirtschaftlich einem Dritten zustehen, befriedigen zu können, erscheint nicht schutzwürdig.
- Vor diesem Hintergrund stellt sich die Frage, ob sich der Pfändungsgläubiger im Rahmen einer isolierten Drittwiderklage – denn der Treuhänder ist an dem Prozess zwischen Treugeber und Vollstreckungsgläubiger nicht beteiligt und i.d.R. kann nur dieser die erforderliche Auskunft erteilen – entsprechend an den Treuhänder halten kann. Dies setzt nach der Rechtsprechung des BGH voraus, dass die Klage, vorliegend also die Drittwiderspruchsklage, (auch) gegen den Drittwiderkläger erhoben wurde (was der Fall wäre), dass Konnexität i.S.v. § 33 ZPO besteht und im Übrigen Sachdienlichkeit i.S.v. § 263 ZPO oder zumindest § 267 ZPO gegeben ist.[330] Das Vorliegen dieser Voraussetzungen ist im Einzelfall zu prüfen. Dabei wird, insbesondere vor dem Hintergrund, dass es sich um den Sonderfall einer isolierten Drittwiderklage handelt, wiederum zu überlegen sein, ob man dem Vollstreckungsgläubiger ein hinreichend schützenswertes Interesse, von der Vermischung von Treugut mit Eigengut und damit dem Wegfall der treuhänderischen Bindung zu erfahren, zubilligt.

Im Ergebnis dürfte der Fall, dass eine Vermischung von Treugut mit Eigengut für die Erfolgsaussichten einer (verlängerten) Drittwiderspruchsklage bzw. eines Antrags auf einstweilige Einstellung der Zwangsvollstreckung relevant wird, vergleichsweise selten sein. Hinzu tritt, dass die kontoführende Bank den Pfändungsgläubiger regelmäßig im Rahmen der Drittschuldnererklärung gem. § 840 Abs. 1 ZPO darüber informiert, dass die Pfändung auch Konten, die (nach dem Kenntnisstand der Bank) in fremder

329 Vgl. hierzu Weber/Hoffmann in Hellner/Steuer, BuB, Rn. 1/41 ff., 54 ff. sowie auch Kap. D.III.1 (ii).

330 Vgl. etwa BGH, Urteil vom 13.03.2007, VI ZR 129/06, NJW 2007, 1753 ff. sowie BGH, Beschluss vom 30.09.2010, Xa ARZ 191/10, NJW 2011, 460 f.

Rechnung geführt werden, umfasst, und der Pfändungsgläubiger daraufhin seine Pfändung regelmäßig auf Konten in eigener Rechnung einschränkt.[331]

Sollte die Bank bewusst falsche Angaben zum Nachteil des Vollstreckungsgläubigers machen, da ihr – atypischerweise – bekannt ist, dass die treuhänderische Bindung infolge Vermischung entfallen ist, würde dies zu einer Haftung der Bank nach § 823 Abs. 2 BGB i.V.m. § 263 StGB bzw. § 826 BGB führen. Ein solches Verhalten erscheint aber in der Praxis kaum vorstellbar.

7.2.3. Zwangsvollstreckung aufgrund eines Titels gegen den Treugeber

(i) Vor dem Hintergrund, dass sowohl bei einem Eigen- als auch bei einem Treuhandkonto der Kontoinhaber alleiniger Inhaber der Forderung gegen die kontoführende Bank ist, kommt eine Zwangsvollstreckung in das Guthaben auf einem Treuhandkonto aufgrund eines Titels allein gegen den Treugeber als lediglich wirtschaftlich Berechtigten nicht in Betracht. Der Treugeber ist nicht Inhaber der Forderung gegen die Bank, so dass eine Pfändung insoweit ins Leere ginge.[332]

Stattdessen müssen die Gläubiger des Treugebers, wenn sie auf das Treugut zugreifen möchten, den schuldrechtlichen Herausgabe- und Rückübertragungsanspruch des Treugebers aus dem Innenverhältnis zum Treuhänder nebst den dazugehörigen Rechten, insbesondere das Recht zur Kündigung[333] des Treuhandverhältnisses, pfänden und sich zur Einziehung überweisen lassen.[334] Drittschuldner dieser Ansprüche ist der Treuhänder,

331 Auf das Pfändungspfandrecht kann der Vollstreckungsgläubiger privatautonom durch entsprechende Erklärung gegenüber zumindest dem Drittschuldner verzichten. Der Pfändungs- und Überweisungsbeschluss ist nach der herrschenden gemischt privatrechtlich-öffentlichen Theorie aber auch Hoheitsmaßnahme (sog. Verstrickung). Die öffentlich-rechtliche Beschlagnahme kann daher entsprechend der *actus-contrarius*-Theorie, vorbehaltlich einer Erklärung gem. § 843 ZPO, allein kraft Hoheitsakt, mithin durch Beschluss des zuständigen Vollstreckungsgerichts, beseitigt werden. Vgl. hierzu bereits Kap. A.II.7.2.2.4. (i) sowie Kap. A.II.7.2.2.4. zur Abgabe der Drittschuldnererklärung.

332 Stöber, Forderungspfändung, Rn. 398; Sudergat, Kontopfändung, Rn. 431; Zöller-Stöber, ZPO, § 829, Rn. 33 m.w.N.; Prütting/Gehrlein-Ahrens, ZPO, § 829, Rn. 19; Hadding/Häuser in Schimansky/Bunte/Lwowski, BankRHdB, § 37, Rn. 69.

333 Im Falle eines unentgeltlichen Treuhandverhältnisses das Recht zum Widerruf gem. § 671 Abs. 1 BGB.

334 BGH, Urteil vom 05.11.1953, IV ZR 95/53, NJW 1954, 190 ff., 192; Stöber, Forderungspfändung, Rn. 399 m.w.N. und für das Anderkonto Rn. 403 m.w.N.; Sudergat, Kontopfändung, Rn. 432; Hadding/Häuser in Schimansky/Bunte/Lwowski,

nicht jedoch die kontoführende Bank, da das Treuhandverhältnis allein zwischen Treuhänder und Treugeber besteht.[335]

(ii) Unternimmt ein Gläubiger des Treugebers einen Vollstreckungsversuch und führt die Bank (auch) Konten auf Namen eines Dritten aber für Rechnung des Treugebers als Vollstreckungsschuldner, darf die Bank dem Vollstreckungsgläubiger – auch und insbesondere im Rahmen der Drittschuldnererklärung nach § 840 Abs. 1 ZPO – aufgrund des mit dem jeweiligen Kontoinhaber vertraglich vereinbarten Bankgeheimnisses, Nummer 2 (1) AGB-Banken bzw. Nummer 1 (1) AGB-Sparkassen, nicht mitteilen, dass sie neben etwaigen Eigenkonten auch Treuhandkonten zugunsten des Vollstreckungsschuldners führt.[336]

Der Vollstreckungsgläubiger muss sich daher, will er Auskunft über die Tatsache erhalten, ob und ggfs. auf wessen Namen – hierauf kommt es für eine etwaige Pfändung des Herausgabe- und Rückübertragungsanspruchs aus dem jeweiligen Treuhandvertrag an, da hierfür der Forderungsgegner bekannt sein muss – Konten für Rechnung des Vollstreckungsschuldners geführt werden, an den Vollstreckungsschuldner selbst wenden. Lässt es dieser jedoch auf einen Vollstreckungsversuch ankommen, dem zumeist eine Klage zur Erwirkung des Titels vorausgeht, ist regelmäßig nicht damit zu rechnen, dass dieser bereitwillig Auskunft erteilt. Der Vollstreckungsgläubiger muss daher entweder auf Auskunft klagen oder – und dies liegt zumeist näher – den Vollstreckungsschuldner zur Abgabe einer Vermögensauskunft gem. § 802c Abs. 1, 2 ZPO und der entsprechenden Versicherung an Eides statt gem. § 802c Abs. 3 ZPO veranlassen.[337]

Im Rahmen der Vermögensauskunft sind, vgl. § 802c Abs. 2 ZPO, sämtliche Vermögensgegenstände, insbesondere auch Forderungen und

---

BankRHdB, § 37, Rn. 69; Vgl. auch Fischbeck in Hellner/Steuer, BuB, Abschnitt F, Rn. 247d; Servatius in Langenbucher/Bliesener/Spindler, BankRKom, 35. Kap., Rn. 57 m.w.N.; Zöller-Stöber, ZPO, § 829, Rn. 33 m.w.N.; Prütting/Gehrlein-Ahrens, ZPO, § 829, Rn. 19.

335 So auch Stöber, Forderungspfändung, Rn. 399 m.w.N. und für das Anderkonto Rn. 403 m.w.N.

336 Sudergat, Kontopfändung, Rn. 431; Vgl. auch Fischbeck in Hellner/Steuer, BuB, Abschnitt F, Rn. 247d.

337 Mit Inkrafttreten des Gesetzes zur Reform der Sachaufklärung in der Zwangsvollstreckung am 01.01.2013, BGBl. I 2009, S. 2258 ff., ist die Vermögensauskunft nach §§ 802c, 802f ZPO an die Stelle des bisherigen Vermögensverzeichnisses gem. § 807 ZPO a.F. getreten.

deren Rechtsgrund, anzugeben. Der Vollstreckungsgläubiger erhält gem. § 802f Abs. 6 ZPO sodann einen Ausdruck vom zuständigen Gerichtsvollzieher und erlangt dergestalt Kenntnis von etwaigen Treuhandverhältnissen und der Person des Treuhänders: abzustellen ist nämlich nicht auf den Bankvertrag – dieser besteht zwischen Treuhänder und kontoführender Bank, mithin ohne Beteiligung des Vollstreckungsschuldners –, sondern auf den Treuhandvertrag zwischen Vollstreckungsschuldner in seiner Eigenschaft als Treugeber und dem Treuhänder als Kontoinhaber. Aus dem Treuhandvertrag resultiert der (pfändbare) Anspruch auf Herausgabe des Treuguts, § 667 BGB, als Vermögensgegenstand i.S.d. § 802c ZPO.

(iii) Die Gläubiger des Treugebers können also nicht in das Vermögen des Treuhänders und damit auch nicht unmittelbar in das Treugut, mithin die Forderung gegen die kontoführende Bank, vollstrecken. Dafür bedürfte es eines Titels gegen den Treuhänder. Der Titel gegen den Treugeber genügt hierfür nicht. Die Gläubiger des Treugebers müssen vielmehr den schuldrechtlichen Herausgabeanspruch gegen den Treuhänder pfänden und sich diesen zur Einziehung überweisen lassen. Gerade darin liegt einer der Vorteile des Treuhandkontos, da sich so – zumindest zunächst – das Vermögen des Treugebers vor (unberechtigten) Pfändungen, insbesondere während eines Insolvenzverfahrens,[338] schützen lässt.

8. Das Treuhandkonto in der Insolvenz des Treugebers und des Treuhänders

8.1. Insolvenz des Treugebers

Da sich bei der im Rahmen dieser Arbeit zu betrachtenden Ausgangssituation der Treugeber stets in Insolvenz befindet, ist an dieser Stelle lediglich festzustellen, dass die Insolvenz des Treugebers grundsätzlich keine Auswirkungen auf das Vertragsverhältnis zwischen Treuhänder und kontoführender Bank hat[339], während zugleich zwischen Treugeber und Bank ohnehin keine vertraglichen Beziehungen bestehen.

Die Insolvenz des Treugebers ist allein im Verhältnis zum Treuhänder relevant, da nur zwischen diesen eine vertragliche Beziehung besteht. Dabei stellt die dem offenen Treuhandkonto zugrunde liegende Treuhandabrede einen Auftrag i.S.d.

---

338 Vgl. hierzu Kap. D.I.

339 Obermüller/Kuder in Gottwald, InsRHdB, § 98, Rn. 14; Obermüller, InsR i.d. Bankpraxis, Rn. 2.145; Wimmer-Wegener, InsO, § 116, Rn. 45 m.w.N.

§§ 662 ff. BGB bzw. einen Geschäftsbesorgungsvertrag i.S.d. § 675 Abs. 1 BGB dar. Auftraggeber bzw. Geschäftsherr ist dabei der Treugeber, der den Treuhänder mit der Verwaltung des Treuguts betraut. Daraus folgt, dass der Treuhandvertrag im Falle der Eröffnung eines Insolvenzverfahrens über das Vermögen des Treugebers gem. §§ 116 S. 1, 115 InsO endet.[340] Hierauf ist im Rahmen dieser Arbeit jedoch nicht näher einzugehen, da das Treuhandverhältnis zwischen Treugeber und Treuhänder – im hier zu untersuchenden Fall der (vorläufige) Insolvenzverwalter bzw. Sachwalter – nach Verfahrenseröffnung jedenfalls (konkludent) fortgesetzt wird.

8.2. Insolvenz des Treuhänders

Von einiger Bedeutung dagegen ist die Frage, welche Rechtsfolgen sich an eine Insolvenz des Treuhänders knüpfen, zumal auch hier die verschiedenen rechtlichen Besonderheiten des Treuhandkontos zu beachten sind:

(i) Wie auch an anderer Stelle, so ist die Rechtsprechung des IX. Senats auch hier von der Analyse der wirtschaftlichen Hintergründe geprägt: obschon das Treugut infolge des Rechtsübergangs auf den Treuhänder, wie er dem Treuhandkonto wesensimmanent ist, aus dem Vermögen des Treugebers rechtlich ausgeschieden ist, erkennt der BGH in dem (rein schuldrechtlichen) Herausgabe- und Rückübertragungsanspruch des Treugebers gegen den Treuhänder, § 667 BGB, bei und aufgrund einer von Anfang an bestehenden, treuhänderischen Bindung eine gewisse dingliche Komponente, die eine derart enge Zuordnung zum Vermögen des Treugebers rechtfertigt,

340 Für den Fall eines Geschäftsbesorgungsvertrags (und damit ein entgeltliches Treuhandverhältnis) so auch Neth-Unger in Fandrich/Karper, Mü. AnwaltsHdB Bank- und KapMarktR, § 3, Rn. 484; Wimmer-Imberger bzw. Wegener, InsO, § 47, Rn. 49 bzw. § 116, Rn. 45 m.w.N.; Kreft-Lohmann, InsO, § 116, Rn. 4; Drees/J. Schmidt in Runkel, AnwaltsHdB InsR, § 7, Rn. 46b sowie für den Fall des Anderkontos Hadding/Häuser in Schimansky/ Bunte/Lwowski, BankRHdB, § 38, Rn. 10; Im Übrigen findet § 115 InsO unmittelbar Anwendung. § 115 InsO erfasst alle Auftragsverhältnisse, die sich auf das zur Insolvenzmasse gehörende Vermögen beziehen und bei denen der Schuldner der Auftraggeber ist, Uhlenbruck-Sinz, InsO, § 116, Rn. 2. Allerdings sind Treuhandverhältnisse, die der vorläufige Insolvenzverwalter im Rahmen seiner Befugnisse, vgl. Kap. B.I.2.2., mit Wirkung für und gegen den Schuldner begründet, hiervon ausgenommen, da es insoweit an einer Rechtshandlung des Schuldners selbst fehlt. So zumindest für den Fall des §§ 21 Abs. 2 Nr. 2 1. Alt, 22 Abs. 1 InsO etwa auch Uhlenbruck-Sinz, InsO, § 116, Rn. 6 m.w.N.

dass diesem in der Insolvenz des Treuhänders ein Aussonderungsrecht nach § 47 InsO zuzuerkennen ist:[341]

> Herauszustellen ist, dass die treuhänderische Bindung nicht mit Verfahrenseröffnung erlischt, da auch das zugrunde liegende Auftragsverhältnis bzw. der Geschäftsbesorgungsvertrag, mithin der Treuhandvertrag, nicht gem. §§ 116 S. 1, 115 Abs. 1 InsO erlischt. Geschäftsherr ist nämlich der Treugeber, nicht aber der Treuhänder und damit der Insolvenzschuldner.

Aufgrund dieser *quasi*-dinglichen Zuordnung des Treuguts zum Vermögen des Treugebers besteht nach der Rechtsprechung des BGH in der Insolvenz des Treuhänders grundsätzlich ein Aussonderungsrecht des Treugebers gem. § 47 InsO. Dieses kann aber nicht gegenüber der kontoführenden Bank, sondern nur gegenüber dem Insolvenzverwalter über das Vermögen des Kontoinhabers geltend gemacht werden.[342]

(ii) Entsprechend verneint der BGH in der vorzitierten Entscheidung ein Aussonderungsrecht, wenn das Treugut bei Begründung des Treuhandverhältnisses bereits im Eigentum des Treuhänders stand. Dann nämlich erlangt der Treuhänder das Eigentum bevor dieses mit den Beschränkungen aus dem Treuhandverhältnis belastet wird, so dass die nach Auffassung des BGH für das Aussonderungsrecht maßgebliche dingliche Komponente fehlt, sofern nicht der schuldrechtliche Herausgabe- und Übertragungsanspruch, der in dieser Konstellation *de facto* ein Anspruch auf erstmalige Eigentumsverschaffung ist, dinglich gesichert ist.[343]

---

341 BGH, Urteil vom 24.06.2003, IX ZR 75/01, NJW 2003, 3414 ff., 3415 mit Darstellung der Rspr.; Ganter, ZInsO 2004, 1217 ff., 1218 ff.; Uhlenbruck-Hirte, InsO, § 35, Rn. 27; Obermüller, InsR i.d. Bankpraxis, Rn. 2.144; Hadding/Häuser in Schimansky/Bunte/ Lwowski, BankRHdB, § 37, Rn. 71; Neth-Unger in Fandrich/Karper, Mü. AnwaltsHdB Bank- und KapMarktR, § 3, Rn. 483 ff.; Vgl. auch Smid, PraxisHdB InsR, § 2, Rn. 68 sowie 77 unter Hinweis auf BGH, Urteil vom 07.07.2005, III ZR 422/04, ZIP 2005, 1465 ff.; Vgl. auch Bähr/Smid, Rspr. d. BGH zur neuen InsO, S. 86 ff. (Besprechung des vorgenannten Urteils vom 24.06.2003) und 89 ff.

342 Neth-Unger in Fandrich/Karper, Mü. AnwaltsHdB Bank- und KapMarktR, § 3, Rn. 484; Obermüller/Kuder in Gottwald, InsRHdB, § 98, Rn. 14; Wimmer-Wegener, InsO, § 116, Rn. 45. Unabhängig davon ist zu beachten, dass bei einem (partiellen) Verlust der Verwaltungs- und Verfügungsbefugnis nur noch der (vorläufige) Insolvenzverwalter über das Konto verfügen und das Treugut an den Treugeber herausgeben kann, vgl. Obermüller, InsR i.d. Bankpraxis, Rn. 2.37.

343 BGH, Urteil vom 24.06.2003, IX ZR 75/01, NJW 2003, 3414 ff., 3416; Vgl. auch Bähr/Smid, Rspr. d. BGH zur neuen InsO, S. 86 ff., 88; Zur Vermögenszuordnung

(iii) Nicht zwingend ist, dass es sich um ein offenes Treuhandkonto handelt. Es genügt, wenn die treuhänderische Bindung des Kontoguthabens nachträglich offengelegt wird, wofür jedoch zumindest im Bestreitensfalle ein Mitwirken des Treuhänders erforderlich ist. Es ist mithin nicht zwingend, wenngleich dienlich, dass es sich um ein offenes Treuhandkonto handelt.[344]

Ebenso ist für das Aussonderungsrecht des Treugebers nicht von Bedeutung, ob das Kontoguthaben unmittelbar aus dem Vermögen des Treugebers stammt oder ganz oder teilweise aus Zahlungen eines Drittschuldners resultiert. Das Unmittelbarkeitsprinzip ist, wie bereits in Kapitel A.II.3.2.2. dargestellt, insoweit durchbrochen. Entscheidend ist lediglich, dass die Zahlungseingänge auf eine Forderung des Treugebers erfolgen bzw. deren Rechtsgrund zumindest in der Person des Treugebers entstanden ist.[345] Sehr wohl erforderlich ist indes, dass das Treugut nicht mit Eigengut vermischt wurde, da andernfalls das Konto nicht mehr als Treuhandkonto anerkannt werden kann.[346] Die pflichtwidrige Vermischung von Treugut und Eigengut führt daher dazu, dass der Treugeber das Treuhandverhältnis den Gläubigern des Treuhänders – ebenso wie bei einer Kontopfändung – und damit auch dem Insolvenzverwalter nicht entgegen halten kann.[347]

(iv) Im Übrigen treten in Bezug auf das Treuhandkonto dieselben Folgen wie bei einem sonstigen Kontokorrentkonto ein, so dass insbesondere

---

bei Treuhandverhältnissen vgl. auch Uhlenbruck-Hirte bzw. Brinkmann, InsO, § 35, Rn. 26 ff., 30 sowie § 47, Rn. 77 ff., 80.

344 Peterek in Kümpel/Wittig, Bank- und KapMarktR, Rn. 6.797; Schwintowski, BankR, § 6, Rn. 41; Fischbeck in Hellner/Steuer, BuB, Abschnitt F, Rn. 2/248a; Smid, PraxisHdB InsR, § 2, Rn. 77; Bähr/Smid, Rspr. d. BGH zur neuen InsO, S. 89; Kreft-Lohmann, InsO, § 47, Rn. 23 m.w.N.; Wimmer-Imberger, InsO, § 47, Rn. 47.; Graf-Schlicker-Bremen, InsO, § 47, Rn. 18.

345 BGH, Urteil vom 24.06.2003, IX ZR 75/01, NJW 2003, 3414 ff., 3415; Obermüller, InsR i.d. Bankpraxis, Rn. 2.144; Hadding/Häuser in Schimansky/Bunte/Lwowski, BankRHdB, § 37, Rn. 72; Smid, PraxisHdB InsR, § 2, Rn. 77 a.E. m.w.N.; Bähr/Smid, Rspr. d. BGH zur neuen InsO, S. 89; Kreft-Lohmann, InsO, § 47, Rn. 23 m.w.N.

346 BGH, Urteil vom 20.12.2007, IX ZR 132/06, NJW 2008, 1152 f., 1152; Hadding/Häuser in Schimansky/Bunte/Lwowski, BankRHdB, § 37, Rn. 72; Graf-Schlicker-Bremen, InsO, § 47, Rn. 18; Schwintowski, BankR, § 6, Rn. 39.; Vgl. hierzu Kap. A.II.3.1.

347 BGH, Urteil vom 10.02.2011, IX ZR 49/10, WM 2011, 798 ff. (eingehend besprochen in Kap. A.II.3.1.1.); Obermüller, InsR i.d. Bankpraxis, Rn. 2.144; Hadding/Häuser in Schimansky/Bunte/Lwowski, BankRHdB, § 37, Rn. 72; Schwintowski, BankR, § 6, Rn. 39; Fischbeck in Hellner/Steuer, BuB, Abschnitt F, Rn. 2/248d. Kreft-Lohmann, InsO, § 47, Rn. 23 m.w.N.; Ringstmeier in Beck/Depré, InsOPraxis, § 14, 25.

mit Verfahrenseröffnung der Zahlungsdiensterahmenvertrag nach §§ 116 S. 1, 115 InsO endet und die Kontokorrentabrede nach § 91 InsO ihre Wirkung verliert.[348]

9. Ziehung von Lastschriften auf ein Treuhandkonto

Das Recht des Zahlungsverkehrs ist nicht Gegenstand dieser Untersuchung. Gleichwohl sollen aufgrund der hohen Praxisrelevanz der Frage, ob und ggfs. unter welchen Voraussetzungen Lastschriften auf ein offenes Treuhandkonto gezogen werden können, kurz die Grundzüge des Lastschriftverfahrens dargestellt werden:

(i) Innerhalb des sog. einheitlichen Euro-Zahlungsverkehrsraums, auch SEPA (*single european payment area*) genannt,[349] können Forderungen gegen einen Verbraucher oder Unternehmer auch im Lastschriftverfahren eingezogen werden. Da es sich dabei um einen Zahlungsdienst handelt, gelten auch hier die §§ 675c ff. BGB. Ergänzend gelten die sog. Sonderbedingungen für den Lastschriftverkehr, die mit der kontoführenden Bank AGB-mäßig vereinbart werden. Die Abwicklung im Interbankenverhältnis ist durch die SEPA Direct Debit Scheme Rulebooks[350], diese innerdeutsch ergänzt durch das Abkommen über die SEPA-Inlandslastschrift[351], geregelt. Seit Einführung der sog. SEPA-Lastschrift[352] ist dabei

348 Obermüller/Kuder in Gottwald, InsRHdB, § 98, Rn. 14; Uhlenbruck-Sinz, InsO, § 116, Rn. 24 m.w.N.; Vgl. hierzu auch Kap. E.I.2.1.

349 Dieser umfasst neben den derzeit 28 Mitgliedsstaaten der Europäischen Union (teils einschließlich deren Überseeterritorien) auch die Schweiz, Monaco und San Marino sowie als Mitgliedsstaaten des Europäischen Wirtschaftsraums Norwegen, Island und Liechtenstein.

350 SEPA Core Direct Debit Scheme Rulebook im Falle einer Basislastschrift bzw. SEPA Business to Business Direct Debit Scheme Rulebook für Firmenlastschriften.

351 Abkommen über die SEPA-Inlandslastschrift zwischen u.a. dem Bundesverband deutscher Banken e.V., dem Sparkassen- und Giroverband e.V. und der Deutschen Bundesbank; Vgl. zu Bedeutung und Geschichte etwa Werner in Langenbucher/Bliesener/Spindler, BankRKom, 4. Kap., Rn. 10 ff.

352 Vgl. hierzu etwa Werner in Langenbucher/Bliesener/Spindler, BankRKom, 4. Kap., Rn. 65 ff.; Zu den Unterschieden zwischen einer SEPA-Basislastschrift und einer SEPA-Firmenlastschrift vgl. etwa Rigler in Langenbucher/Bliesener/Spindler, BankRKom, 11. Kap., Rn. 181 ff.

die frühere Unterscheidung zwischen Einzugs- und Abbuchungsauftragslastschrift entfallen.[353]

(ii) Voraussetzung ist ein sog. Lastschriftmandat, mit dem der Zahler die Zahlung autorisiert, § 675j Abs. 1 BGB. Mit Erteilung des Lastschriftmandats gestattet der Zahler einerseits dem Zahlungsempfänger über dessen Bank als sog. erste Inkassostelle, den jeweiligen Betrag zulasten seines Kontos bei seiner Bank als sog. Zahlstelle einzuziehen. Andererseits erteilt der Zahler seiner Bank dadurch die Weisung, die jeweilige Lastschrift einzulösen. Diese Weisung stellt eine sog. Vorautorisierung der jeweiligen Zahlung und damit einen Zahlungsauftrag i.S.d. § 675f Abs. 3 S. 2 BGB dar. Die Übermittlung dieser dem Lastschriftmandat innewohnenden Weisung an die Bank des Zahlers erfolgt durch den Zahlungsempfänger bzw. dessen Bank als Erklärungsbote und wird mit Zugang bei der Bank des Zahlers wirksam, § 675n Abs. 1 S. 1 BGB. Der Zahlungsempfänger konkretisiert die Zahlung dabei insbesondere betraglich durch die (elektronische) Einreichung der jeweiligen Lastschrift. Voraussetzung für die Teilnahme am Lastschriftverfahren als Zahlungsempfänger ist neben dem Lastschriftmandat ferner eine sog. Gläubiger-Identifikationsnummer, die in Deutschland zentral von der Deutschen Bundesbank vergeben wird.[354]

(iii) Das Lastschriftmandat gestattet stets nur dem darin bezeichneten Zahlungsempfänger, Lastschriften einzuziehen. Der Zahlungsempfänger muss deshalb Inhaber desjenigen Kontos sein, auf das die Zahlung erfolgen soll. Daher ist auf Grundlage eines dem Treugeber erteilten Mandats ein Einzug auf ein Konto eines Dritten – auch wenn es sich dabei um ein Konto für Rechnung des Treugebers handelt – grundsätzlich ausgeschlossen. Vielmehr ist ein Einzug nur aufgrund eines eigenen Lastschriftmandats des Treuhänders möglich, da es andernfalls sowohl an der erforderlichen Gestattung des Zahlers, auf dessen Konto zuzugreifen, als auch an einer Autorisierung der Zahlung im Verhältnis zur Bank des Zahlers fehlt. Im Falle einer nicht autorisierten Zahlung hat zudem die Bank des Zahlers keinen Aufwendungsersatzanspruch und darf deshalb die Zahlung dem

353 Zur früheren Rechtslage vgl. etwa Werner in Langenbucher/Bliesener/Spindler, BankRKom, 4. Kap., Rn. 9 ff. (Einzugsermächtigungsverfahren) sowie 53 ff. (Abbuchungsauftragsverfahren).

354 Vgl. zum Ganzen etwa Werner sowie Rigler in Langenbucher/Bliesener/Spindler, BankRKom, 4. Kap. Rn. 66 ff. bzw. 11. Kap, Rn. 212 ff.

Konto nicht belasten bzw. muss diese unverzüglich wiedergutbringen, § 675u BGB.[355]

Will also der Treuhänder Lastschriften für Rechnung des Treugebers einziehen, bedarf es eines neuen, eigenständigen Lastschriftmandats zugunsten des Treuhänders. Das Lastschriftmandat ist insofern an die Person des Mandatsinhabers geknüpft und kann nicht mit dem Argument, die Zahlung erfolge zugunsten eines für dessen Rechnung geführten Treuhandkontos, für einen Forderungseinzug auf Konten Dritter herangezogen werden.

III. Rechtsnatur des Schuldnerkontos

(i) Bei einem Schuldnerkonto handelt es sich um ein Konto auf Namen und Rechnung des (späteren) Insolvenzschuldners, mithin um ein Eigenkonto. In Abgrenzung zum Treuhandkonto fallen bei einem Eigenkonto Forderungsinhaber sowie wirtschaftlich Berechtigter in der Person des Kontoinhabers zusammen. Der Kontoinhaber ist Vollrechtsinhaber, jedoch in seiner Verfügungsbefugnis über das Konto nicht durch eine Treuhandabrede gebunden.[356] Er ist sowohl rechtlich wie auch wirtschaftlich allein Berechtigter.

Vom Eigenkonto ist neben dem Treuhandkonto, das eine Art Zwischenstellung einnimmt, ferner das Fremdkonto zu unterscheiden, bei welchem der Kontoinhaber ausnahmsweise nicht auch Forderungsinhaber ist. Dies betrifft etwa Konten zugunsten Dritter oder den Fall einer Abtretung der Forderungen gegen die kontoführende Bank an einen Dritten.[357]

Daneben ist noch der Fall zu erwähnen, dass ein zunächst als Treuhandkonto eröffnetes Konto, insbesondere wegen eines Verstoßes gegen das Gebot der strikten Trennung von Treu- und Eigengut, rechtlich nicht mehr als Treuhandkonto zu behandeln ist und der Treugeber dadurch des besonderen Schutzes, den das Treuhandkonto in Bezug auf das Treugut bietet, verlustig geht. Bei einem solchen Konto handelt es sich allerdings nicht um ein Eigenkonto i.e.S., auch wenn dieses

355 Zu den Folgen einer nicht autorisierten Zahlung vgl. etwa Werner in Langenbucher/Bliesener/Spindler, BankRKom, 4. Kap., Rn. 76 ff. sowie § 675u, Rn. 1 ff. und § 675x, Rn. 24 ff.

356 Zur Abbildung einer Ermächtigungstreuhand über ein Eigenkonto vgl. Kap. A.II.2.1.2 sowie A.II.2.1.3.

357 Vgl. hierzu Kap. A.II.2.1.3. (i).

jedenfalls ab dem Zeitpunkt des Fortfalls der treuhänderischen Bindung wie ein solches behandelt wird.[358]

Daneben kommt in der Praxis aber auch der umgekehrte Fall vor, in dem ein zunächst als Eigenkonto eröffnetes Konto ab einem bestimmten Zeitpunkt nur noch zur Entgegennahme und Verwaltung von Fremdgeldern genutzt wird. Sofern das Kontoguthaben ausschließlich aus treuhänderisch gebundenen Mitteln resultiert und sich – nach Aufdeckung der treuhänderischen Bindung – Kontoinhaber und Bank darüber einig sind, dass das Konto fortan als offenes Treuhandkonto fortgeführt werden soll, es mithin zu einer entsprechenden Vertragsänderung kommt, liegt ab diesem Zeitpunkt ebenfalls ein offenes Treuhandkonto vor.[359]

Schuldnerkonten sind also einfache Eigenkonten auf Namen und Rechnung des (späteren) Insolvenzschuldners. Zur Rechtsnatur des (Kontokorrent-)Kontos im Übrigen – denn auch beim Schuldnerkonto handelt es sich regelmäßig um ein Kontokorrentkonto – kann ergänzend auf die Ausführungen in Kapitel A.I. sowie A.II.7.1.2. verwiesen werden.

(ii) Entsprechend haftet – vorbehaltlich entsprechender Sicherheitenstellung aus dem Vermögen Dritter, etwa einer Bürgschaft, §§ 765 ff. BGB – regelmäßig allein der Kontoinhaber für die Forderungen der Bank, die über dieses Konto abgebildet werden bzw. aus dessen Führung resultieren. Dies gilt insbesondere für den Aufwendungsersatzanspruch der Bank aus der Ausführung einzelner Zahlungsdienste zu Lasten des Kontos sowie für vertraglich vereinbarte Entgelte und einen aus den entsprechenden Kontobelastungen ggfs. resultierenden Sollsaldo.

(iii) Da einerseits auch und gerade beim Eigenkonto der Kontoinhaber regelmäßig alleiniger Inhaber einer etwaigen Guthabenforderung gegen die kontoführende Bank ist, während andererseits keine treuhänderische Bindung besteht, ist das Konto vor dem Zugriff der Gläubiger des Kontoinhabers weder bei einer Zwangsvollstreckung noch im Insolvenzfall besonders geschützt. Bei der Forderung gegen die kontoführende Bank handelt es sich schlicht um einen Bestandteil des Vermögens des (späteren) Insolvenzschuldners, der entsprechend dem Zugriff der Gläubiger bzw. dem Insolvenzbeschlag unterfällt.

---

358 Zu einem Verstoß gegen das Erfordernis der strikten Trennung von Treugut und Eigengut vgl. Kap. A.II.3.1.

359 Vgl. zum verdeckten Treuhandkonto und der Offenlegung der Treuhänderschaft gegenüber der kontoführenden Bank Kap. A.II.2.2.

Zur Pfändung eines Eigenkontos, insbesondere zu Gegenstand und Reichweite der Wirkungen des Pfändungs- und Überweisungsbeschlusses sowie zur vierwöchigen Leistungssperre des § 835 Abs. 3 S. 2 ZPO, kann entsprechend auf die Ausführungen im Vorfeld zur Darstellung der Rechtswirkungen einer Pfändung von Treuhandkonten in Kapitel A.II.7.1. verwiesen werden. Die Auswirkungen einer Insolvenz auf den Zahlungsdiensterahmenvertrag werden insbesondere in Kapitel E.I. näher dargestellt.

B. Rechtsstellung des (vorläufigen) Insolvenzverwalters und Möglichkeiten der Kontoführung

Für die Beantwortung der Frage, welche Möglichkeiten der Kontoführung dem (vorläufigen) Insolvenzverwalter zu Gebote stehen, ist zunächst die Rechtsstellung des (vorläufigen) Insolvenzverwalters näher zu untersuchen. Dies betrifft insbesondere die Frage, ob und unter welchen Voraussetzungen dieser berechtigt ist, offene Treuhandkonten als Verfahrenskonten einzurichten und wie sich dies mit den gesetzlichen Rahmenbedingungen im Übrigen, etwa dem Verbot des Insichgeschäfts nach § 181 BGB, verträgt. Hier gibt es eine Vielzahl interessanter Rechtsfragen, auf die nachstehend eingegangen werden soll.

I. Rechtsstellung des (vorläufigen) Insolvenzverwalters

1. Theorienstreit: Vertretertheorie, Organtheorie und Amtstheorie

Die Rechtsstellung des (vorläufigen) Insolvenzverwalters ist seit jeher umstritten. In der Literatur haben sich dazu verschiedene Theorien herausgebildet, mit denen sich eine Vielzahl bedeutender Rechtswissenschaftler auseinandergesetzt hat.[360] Ein Ende des Theorienstreits konnte auch mit den verschiedenen Insolvenzrechtsreformen, insbesondere der Einführung der Insolvenzordnung, nicht herbeigeführt werden. Da die Rechtsstellung des (vorläufigen) Insolvenzverwalters für die nachstehenden Untersuchungen von grundlegender Bedeutung ist, sollen zunächst exemplarisch die Vertretertheorie, die Organtheorie sowie die herrschende und deshalb dieser Arbeit zugrundeliegende Amtstheorie[361] in der gebotenen Kürze dargestellt werden:

360 Einen Überblick über die verschiedenen Theorien und deren Entwicklung findet sich etwa bei Leonhardt/ Smid/Zeuner-Smid, InsO, § 80, Rn. 16 ff.; Smid, PraxisHdB InsR, § 6, Rn. 44 ff.; Klopp/Kluth in Gottwald, InsRHdB, § 22, Rn. 20 ff. sowie Pape/ Uhlenbruck/Voigt-Salus, InsR, Kap. 14, Rn. 6 ff. sowie 29, Rn. 5 ff.

361 Diese Untersuchung soll einerseits der wissenschaftlichen Aufarbeitung des aktuellen Meinungsstands zur Kontoführung durch den (vorläufigen) Insolvenzverwalter bzw. Sachwalter dienen, andererseits aber auch Hilfestellung und Anregung für die tägliche Arbeit des Rechtsanwenders bieten. Daher liegt dieser Arbeit die die Amtstheorie als h.M. – ungeachtet deren Vorzüge – zugrunde.

1.1. Vertretertheorie

Die Vertretertheorie sieht den Insolvenzverwalter in Bezug auf das dem Insolvenzbeschlag unterfallende Vermögen als gesetzlichen Vertreter des Schuldners an. Zur Begründung wird u.a. darauf verwiesen, dass nicht der Insolvenzverwalter persönlich, sondern stets nur die (spätere) Insolvenzmasse durch dessen Handeln berechtigt und verpflichtet wird.[362]

1.2. (Modifizierte) Organtheorie

Die (modifizierte) Organtheorie dagegen sieht die Insolvenzmasse als eigenständige Rechtspersönlichkeit an.[363] Der Insolvenzverwalter wird als deren gesetzliches Organ tätig, so dass ein Fall der Fremdorganschaft vorliegt. Die Rechtsstellung des Insolvenzverwalters soll dabei der des Vereinsvorstands, § 26 BGB, und damit der eines gesetzlichen Vertreters oder Liquidators ähnlich sein.[364]

1.3. Amtstheorie

Das Gesetz spricht in § 56 Abs. 2 S. 2 InsO, der über § 21 Abs. 2 Nr. 1 InsO auch auf den vorläufigen Insolvenzverwalter Anwendung findet, sowie in §§ 57 S. 3 und 59 Abs. 1 S. 1, 2 InsO vom *Amt* des (vorläufigen) Insolvenzverwalters. Ebenso lässt § 116 ZPO auf eine Rechtsstellung als Amtswalter schließen. Der BGH[365] – und mit ihm der wohl überwiegende Teil der insolvenzrechtlichen Literatur – sieht den (vorläufigen)[366] Insolvenzverwalter daher als Amtswalter und Partei kraft Amtes an, wenngleich es sich dabei nicht um ein öffentliches, sondern nach h.M. um ein privates Amt handelt.[367]

---

362 Smid, PraxisHdB InsR, § 6, Rn. 5 m.w.N.; Kritisch zur (neuen) Vertretertheorie etwa Pape/Uhlenbruck/Voigt-Salus, InsR, Kap. 14, Rn. 7.

363 Rechtsträger der Insolvenzmasse ist nach vorzugswürdiger h.M. der Insolvenzschuldner. Die Insolvenzmasse ist nur Rechtsobjekt, nicht aber Rechtssubjekt, vgl. etwa Uhlenbruck-Hirte, InsO, § 35, Rn. 10. m.w.N.

364 Smid, PraxisHdB InsR, § 6, Rn. 6 m.w.N.; Vgl. auch Pape/Uhlenbruck/Voigt-Salus, InsR, Kap. 14, Rn. 6 sowie Braun-Kroth, InsO, § 80, Rn. 22.

365 Zur Rechtsprechung des BGH vgl. etwa Pape/Uhlenbruck/Voigt-Salus, InsR, Kap. 14, Rn. 8.

366 Für den vorläufigen Insolvenzverwalter ausdrücklich etwa Jaeger-Henckel/Gerhardt, InsO, § 22, Rn. 189 sowie Obermüller/Hess, Neues InsR, S. 60, Rn. 177.

367 Smid, PraxisHdB InsR, § 6, Rn. 7 m.w.N.; Uhlenbruck-Mock, InsO, § 80, Rn. 57 f. m.w.N.

Die Amtstheorie spiegelt wider, dass der (vorläufige) Insolvenzverwalter seine Rechtsmacht aus der Bestellung zum (vorläufigen) Insolvenzverwalter durch das Insolvenzgericht herleitet. Die ihm übertragenen Befugnisse übt der (vorläufige) Insolvenzverwalter dabei in eigenem Namen, jedoch mit Wirkung unmittelbar für und gegen die (spätere) Insolvenzmasse aus. Prozesse führt er als Partei kraft Amtes und ist entsprechend in seiner Eigenschaft als (vorläufiger) Insolvenzverwalter Kläger oder Beklagter.[368] Das Amt des (vorläufigen) Insolvenzverwalters ist dabei ein höchstpersönliches Amt, was jedoch nicht ausschließt, dass der (vorläufige) Insolvenzverwalter einzelne Aufgaben, die nicht zu den Kernaufgaben seines Amtes gehören, an Dritte delegieren darf.[369]

1.4. Ergebnis

Schon das Reichsgericht[370] vertrat in ständiger Rechtsprechung die Amtstheorie. Diese Judikatur wird vom BGH[371] fortgeführt und auch in der Literatur wird mehrheitlich die Amtstheorie befürwortet. Für sie spricht neben dem Gesetzeswortlaut vor allem, dass sie – anders als insbesondere die (neue) Vertretertheorie – in der Mehrzahl der im Rahmen des noch immer andauernden Theorienstreits aufgeworfenen Fragen zu angemessenen, praxisgerechten Ergebnissen führt.[372] Dies gilt auch für die Kontoführung durch den (vorläufigen) Insolvenzverwalter. Diese Arbeit schließt sich deshalb der Amtstheorie an.

Der (vorläufige) Sachwalter, auf dessen Rechtsstellung in Kapitel C.I. detailliert eingegangen wird, ist nach h.M. dagegen gesetzlicher Vertreter des Schuldners, soweit er gem. § 275 Abs. 2 InsO die Kassenführung an sich zieht.

---

368 Smid, PraxisHdB InsR, § 6, Rn. 7 m.w.N.; Uhlenbruck-Mock, InsO, § 80, Rn. 57 f. m.w.N.

369 Vgl. hierzu etwa Smid, PraxisHdB InsR, § 9, Rn. 13; Röpke in Hess, InsR, § 56, Rn. 76 ff.; Gerloff in Bittmann, InsStR, § 24, Rn. 9 ff.

370 Eine Auflistung der entsprechenden Urteile des RG findet sich etwa bei Uhlenbruck-Mock, InsO, § 80, Rn. 58.

371 Zur Rechtsprechung des BGH vgl. etwa Pape/Uhlenbruck/Voigt-Salus, InsR, Kap. 14, Rn. 8.

372 Hierzu etwa Smid, PraxisHdB InsR, § 6, Rn. 9; Kritisch zur (neuen) Vertretertheorie etwa Pape/Uhlenbruck/Voigt-Salus, InsR, Kap. 14, Rn. 7.

2. Gesetzliches und gewillkürtes Treuhandverhältnis

2.1. Gesetzliches Treuhandverhältnis

Durch die Annahme seines Amts erlangt der Insolvenzverwalter mit Wirkung ab Verfahrenseröffnung in Bezug auf das Schuldnervermögen – soweit er dieses nicht aus dem Insolvenzbeschlag freigibt – die Rechtsstellung eines gesetzlichen Treuhänders kraft Amtes. Dies folgt unmittelbar aus dem Übergang der Verwaltungs- und Verfügungsbefugnis gem. § 80 InsO.[373] Dasselbe gilt für den vorläufigen Insolvenzverwalter, soweit ihm das Insolvenzgericht die Verwaltungs- und Verfügungsbefugnis ganz oder teilweise bereits im Eröffnungsverfahren überträgt.[374]

Nach §§ 21 Abs. 2 S. 1 Nr. 2 1. Alt., 22 Abs. 1 InsO (Anordnung eines allgemeinen Verfügungsverbots), nach § 22 Abs. 2 InsO (Erteilung einer entsprechenden Einzelermächtigung und damit i.d.R. spiegelbildlich Anordnung eines partiellen Verfügungsverbots[375]) und auch nach § 80 Abs. 1 InsO (Übergang der Verwaltungs- und Verfügungsbefugnis infolge Verfahrenseröffnung) geht dabei stets nur die Verfügungsbefugnis, nicht aber auch die Rechtsinhaberschaft an den zum Schuldnervermögen gehörenden Vermögensgegenständen auf den (vorläufigen) Insolvenzverwalter über. Der Insolvenzschuldner bleibt Inhaber und Rechtsträger seines Vermögens, ist jedoch zugunsten des (vorläufigen) Insolvenzverwalters von der Verfügungsbefugnis ausgeschlossen. Somit liegt ein Fall der Ermächtigungstreuhand vor.[376] Der (vorläufige) Insolvenzverwalter verfügt in eigenem Namen über ein fremdes Recht.

---

373 Vgl. statt vieler etwa MüKoInsO-Graeber, § 56, Rn. 146 m.w.N.

374 Vgl. statt vieler etwa Uhlenbruck-Vallender, InsO, § 22, Rn. 295. So auch für den Fall einer bloßen Einzelermächtigung zum Forderungseinzug Nicht, NZI, 2013, 924 ff., 926.

375 Vgl. etwa Leonhardt/Smid/Zeuner-Thiemann, InsO, § 22, Rn. 82 ff., der deutlich herausarbeitet, dass es sich bei einer Einzelermächtigung i.d.R. (zugleich) um ein befugnisergänzendes, besonderes Verfügungsverbot handelt. Soweit das Insolvenzgericht daher dem vorläufigen Insolvenzverwalter Kompetenzen überträgt, geht damit grundsätzlich ein (unausgesprochenes) kongruentes Verfügungsverbot an den Schuldner einher, um konkurrierende Kompetenzen auszuschließen. Der Gerichtsbeschluss ist ggfs. in diesem Sinne auszulegen.

376 Vgl. Uhlenbruck-Hirte, InsO, § 35, Rn. 10. m.w.N; Vgl. auch Fischbeck in Hellner/Steuer, BuB, Abschnitt F, Rn. 2/251; Obermüller, InsR i.d. Bankpraxis, Rn. 1.332; Schulte-Kaubrügger, ZIP 2011, 1400 ff., 1402 sowie zur Ermächtigungstreuhand Kap. A.II.2.1.2.

2.2. *Gewillkürtes Treuhandverhältnis*

(i) Neben dieses gesetzliche Treuhandverhältnis kann unter bestimmten Voraussetzungen – vor allem einer entsprechenden Befugnis des (vorläufigen) Insolvenzverwalters zum Abschluss des erforderlichen Treuhandvertrags sowie zur Übertragung schuldnerischer Vermögenswerte auf einen Treuhänder – ein weiteres, gewillkürtes Treuhandverhältnis treten wie es insbesondere der Einrichtung eines Treuhand- bzw. Anderkontos als Verfahrenskonto notwendig zugrunde liegt. Der (vorläufige) Insolvenzverwalter handelt dabei in Ansehung seiner Rechtsstellung *qua* Amtes mit Wirkung für und gegen den Insolvenzschuldner und ist in seiner Eigenschaft als Amtswalter mithin Treugeber.

Bei einem Treuhandkonto, das auf den Namen des (vorläufigen) Insolvenzverwalters und für Rechnung des Insolvenzschuldners eingerichtet wird, ist der (vorläufige) Insolvenzverwalter persönlich Konto- und damit Vollrechtsinhaber hinsichtlich eines späteren Kontoguthabens.[377] Überträgt er sodann in seiner Eigenschaft als Amtswalter Vermögenswerte des Schuldners auf das Treuhandkonto, indem er entweder unmittelbar Geldmittel des Schuldners auf das Konto einzahlt bzw. überweist oder indem er Forderungen des Schuldners gegen Dritte auf dieses Konto einzieht,[378] führt dies dazu, dass er infolge der Kontoinhaberschaft persönlich Vollrechtsinhaber und damit – den Abschluss einer entsprechenden Treuhandabrede vorausgesetzt – Treuhänder wird.[379]

Die erforderliche Treuhandabrede kommt – ein rechtmäßiges Verhalten des (vorläufigen) Insolvenzverwalters unterstellt[380] – jedenfalls konkludent und spätestens mit der Übertragung von Vermögenswerten des Schuldners auf das Treuhandkonto (und damit auf den Treuhänder) zustande. Einer ausdrücklichen, insbesondere schriftlichen Vereinbarung bedarf es nicht.[381] Die Treuhandabrede wird somit zwischen dem (vorläufigen) Insolvenzverwalter *persönlich* (Treuhänder) und dem (vorläufigen)

---

377 Vgl. hierzu Kap. A.II.2.1.3.

378 Vgl. hierzu Kap. A.II.3.2.2. sowie D.IV.

379 BGH, Urteil vom 20.09.2007, IX ZR 91/06, BGH, Urteil vom 18.12.2008, IX ZR 192/07 sowie BGH, Urteil vom 26.03.2015, IX ZR 302/13, die in Kap. D.II.2.1-3 eingehend untersucht werden; Vgl. auch Schulte-Kaubrügger, ZIP 2011, 1400 ff., 1402 sowie Fischbeck in Hellner/Steuer, BuB, Abschnitt F, Rn. 2/251.

380 Zum Vorwurf einer Untreue vgl. nachfolgend Kap. B.I.2.4.

381 Vgl. BGH, Urteil vom 05.11.1953, IV ZR 95/53, NJW 1954, 190 ff., 192 sowie Servatius in Langenbucher/Bliesener/Spindler, BankRKom, 35. Kap., Rn. 45 m.w.N.

Insolvenzverwalter in seiner Eigenschaft als Amtswalter und damit dem Insolvenzschuldner (Treugeber) geschlossen.

Dieses Ergebnis ist von grundlegender Bedeutung und gleichwohl in der Praxis noch immer vielfach unbekannt. Der Rechtsanwender sollte sich stets vergegenwärtigen, dass beim Treuhandkonto, ebenso beim Anderkonto, zwischen dem (vorläufigen) Insolvenzverwalter als Amtswalter und demselben persönlich in seiner Eigenschaft als (gewillkürter) Vollrechtstreuhänder und Kontoinhaber zu unterscheiden ist. Diese Unterscheidung ist Ausgangspunkt und Grundlage für die Beantwortung einer ganzen Vielzahl von für die Insolvenzpraxis bedeutsamen Fragen. Dies betrifft etwa die Rechtslage bei einer Kontopfändung, vgl. Kapitel D.I. oder die Folgen einer Fehlüberweisung, vgl. Kapitel D.II., um nur zwei Beispiele herauszugreifen.

(ii) Es ist rechtlich nicht erforderlich, dass der (vorläufige) Insolvenzverwalter selbst als Treuhänder fungiert. Ebenso könnte er – eine entsprechende Befugnis[382] vorausgesetzt – auch eine geeignete dritte Person, etwa einen Kollegen, als Treuhänder auswählen und dieser das Treugut zur Verwaltung anvertrauen.[383]

Dann freilich bedürfte das Treuhandverhältnis schon aus Rechtfertigungs- und Dokumentationsgründen, insbesondere gegenüber dem aufsichtführenden Insolvenzgericht, aber auch gegenüber den Gläubigern, einer detaillierten, schriftlich niedergelegten Ausgestaltung sowie – da die Einbeziehung eines Dritten nicht nur mit erheblichem Aufwand, sondern zulasten der (späteren) Insolvenzmasse regelmäßig auch mit Kosten verbunden ist – einer konkreten Rechtfertigung.

Im Falle eines schwachen vorläufigen Insolvenzverwalters wäre zudem eine entsprechend weitreichende Einzelermächtigung durch das Insolvenzgericht erforderlich, die dem Insolvenzverwalter nicht nur Abschluss und Vollzug des Treuhandvertrags erlaubt,[384] sondern ihn auch in Bezug auf den Vergütungsanspruch des Treuhänders zur Begründung von Masseverbindlichkeiten ermächtigt. Denn der Treuhänder dürfte sich nicht mit einer bloßen Insolvenzforderung zufrieden geben.

Die Einsetzung eines Dritten als Treuhänder wird daher nur im Ausnahmefall in Betracht kommen. Zudem ist der (vorläufige) Insolvenzverwalter im Umgang mit den Mitteln der (späteren) Insolvenzmasse zur Sparsamkeit aufgerufen. Er ist,

---

382 Vgl. hierzu sogleich sowie in Kap. B.II.2.

383 Zuleger in Cranshaw/Paulus/Michel, BankenKomInsR, vor § 80, Rn. 9; Dass dies nicht nur rechtlich möglich, sondern auch Praxis ist, spiegeln auch die Grundsätze ordnungsgemäßer Insolvenzverwaltung (GOI) des Verbands Insolvenzverwalter Deutschlands e.V. (VID), vgl. hierzu auch Fn. 121 sowie 414, wider, die in Kap. III Nr. 7 diese Möglichkeit ausdrücklich vorsehen.

384 Dazu sogleich in Kap. B.II.2.4.

zumal er als Treuhänder kraft Amtes fremdes Vermögen betreut, den Zielen des Insolvenzverfahrens und damit insbesondere einer bestmöglichen Befriedigung der Gläubiger verpflichtet, vgl. § 1 S. 1 InsO.

(iii) Anders als im Falle des bereits kraft Gesetzes bestehenden Treuhandverhältnisses, bei welchem es sich um eine bloße Ermächtigungstreuhand handelt, stellt sich das einem Treuhandkonto zugrunde liegende, vertraglich vereinbarte Treuhandverhältnis als fiduziarische Vollrechtsinhaberschaft dar. Denn spätestens in dem Moment, in dem der (vorläufige) Insolvenzverwalter Geldmittel aus dem Vermögen des Schuldners auf ein Treuhandkonto überträgt bzw. darauf Forderungen des Schuldners einzieht, wird er aufgrund seiner Rechtsstellung als Kontoinhaber notwendigerweise persönlich Vollrechtsinhaber.[385]

Es ist daher stets zwischen dem gesetzlichen Treuhandverhältnis einerseits und einem etwaigen weiteren, gewillkürten Treuhandverhältnis andererseits zu unterscheiden. Je nach dem, in welcher Funktion der (vorläufige) Insolvenzverwalter handelt – ob als Amtswalter mit Wirkung für und gegen den Schuldner oder persönlich –, treffen ihn unterschiedliche Rechte und Pflichten. Zu beachten ist dabei, dass der (vorläufige) Insolvenzverwalter in beiden Fällen in eigenem Namen handelt, so dass zur Verdeutlichung – wie auch im Rahmen dieser Untersuchung – eine entsprechende Zusatzbezeichnung, etwa analog der Bezeichnung im Zivilprozess („in seiner Eigenschaft als (vorläufiger) Insolvenzverwalter über das Vermögen der …"), anzuraten ist.

2.3. Kein Verstoß gegen § 181 BGB

Eingedenk dessen, dass der (vorläufige) Insolvenzverwalter bei Abschluss des Treuhandvertrags sowohl für den Insolvenzschuldner als auch für sich persönlich, nämlich in seiner Eigenschaft als Treuhänder, handelt, stellt sich die Frage nach der Zulässigkeit dieser Praxis vor dem Hintergrund des § 181 BGB. Der BGH hatte zwar bereits verschiedentlich Gelegenheit, sich mit der Rechtsnatur des offenen Treuhandkontos und dessen Verwendung als Verfahrenskonto, mithin als Konto für Rechnung eines Insolvenzschuldners, näher zu befassen.[386]

---

385 Vgl. Kap. A.II.2.1.3 sowie auch BGH, Urteil vom 20.09.2007, IX ZR 91/06, BGH, Urteil vom 18.12.2008, IX ZR 192/07 sowie BGH, Urteil vom 26.03.2015, IX ZR 302/13, die in Kap. D.II.2.1-3 eingehend untersucht werden.

386 Vgl. etwa BGH, Urteil vom 20.09.2007, IX ZR 91/06; BGH, Urteil vom 18.12.2008, IX ZR 192/07 sowie BGH, Urteil vom 26.03.2015, IX ZR 302/13, die in Kap. D.II.2.1-3 eingehend untersucht werden.

Allerdings hat er dabei, ebenso wie der Großteil der Literatur, die Zulässigkeit des Abschlusses der entsprechenden Treuhandabrede sowie der Übertragung von Vermögenswerten des Schuldners auf den (vorläufigen) Insolvenzverwalter persönlich stets als gegeben angesehen, ohne dabei auf den Aspekt des Insichgeschäfts einzugehen. Eine Untersuchung dieser Frage erscheint daher geboten:

2.3.1. Ausgangslage

§ 181 BGB untersagt aufgrund des in diesen Konstellationen typischerweise bestehenden Interessenkonflikts und den daraus resultierenden Gefahren für den Vertretenen[387] grundsätzlich Rechtsgeschäfte des Vertreters mit sich selbst sowie mit sich als Vertreter eines Dritten. In der hier zu untersuchenden Konstellation ist der (vorläufige) Insolvenzverwalter persönlich Kontoinhaber und damit Vollrechtstreuhänder. Er handelt in eigenem Namen, so dass vorliegend nur die Alternative „*im Namen des Vertretenen mit sich in eigenem Namen*" näher in Betracht kommt.

Das Gesetz fordert für ein unzulässiges Selbstkontrahieren allerdings das Handeln eines *Vertreters* und dies zudem *im Namen des Vertretenen*, mithin in fremdem Namen. Der (vorläufige) Insolvenzverwalter handelt bei Abschluss des Treuhandvertrags unter Zugrundelegung der h.M. indes als Amtswalter (und somit nicht als Vertreter) sowie dergestalt in eigenem statt in fremden Namen.[388] § 181 BGB ist seinem Wortlaut nach daher in zweierlei Hinsicht nicht auf den hier zu untersuchenden Sachverhalt anwendbar.

In Betracht kommt somit lediglich eine (doppelt) analoge Anwendung von § 181 BGB und damit eine Ausdehnung des Anwendungsbereichs der Norm über ihren Wortlaut hinaus. Eine andere Auffassung vertritt dagegen vielmehr eine teleologische Reduktion.

2.3.2. (Doppelt) analoge Anwendung von § 181 BGB und teleologische Reduktion

Früher wurde § 181 BGB als rein formale Ordnungsvorschrift verstanden, so dass sowohl Einschränkungen als auch Erweiterungen des Anwendungsbereichs der Norm ausgeschlossen sein sollten.[389] Nach neuerer Ansicht ist indes für beides Raum:

---

387 Vgl. etwa MüKoBGB-Schubert, § 181, Rn. 2 ff. sowie Bamberger/Roth-Valenthin, BGB, § 181, Rn. 1 ff. m.w.N.

388 Vgl. hierzu bereits Kap. B.I.1.3.

389 MüKoBGB-Schubert, § 181, Rn. 3 m.w.N.; Bamberger/Roth-Valenthin, BGB, § 181, Rn. 3 m.w.N.

(i) Der Schutzzweck von § 181 BGB rechtfertigt eine analoge Anwendung der Norm in solchen Fällen, in denen zwar formal keine Personenidentität i.S.d. § 181 BGB gegeben ist, aber ein vergleichbares Schutzbedürfnis des Vertretenen besteht. Dies betrifft insbesondere Fälle, in welchen die Beschränkungen des § 181 BGB andernfalls umgangen werden könnten, etwa indem der Vertreter einem Dritten Untervollmacht erteilt und sodann mit dem Unterbevollmächtigten statt mit sich als Vertreter kontrahiert.[390]

Nach h.M.[391] soll § 181 BGB aber auch auf den (vorläufigen) Insolvenzverwalter anzuwenden sein, obschon dieser weder als Vertreter noch im Namen des Insolvenzschuldners handelt. Begründet wird dies damit, dass § 181 BGB ein allgemeiner Rechtsgedanke innewohne, der, ebenso wie auf den Testamentsvollstrecker, auch auf den (vorläufigen) Insolvenzverwalter Anwendung finde.[392] Das Handeln des (vorläufigen) Insolvenzverwalters verpflichtet, soweit er hierfür über die erforderliche Rechtsmacht verfügt, den Schuldner ebenso wie das Handeln eines gesetzlichen oder rechtsgeschäftlichen Vertreters den Vertretenen verpflichtet. Es besteht daher ein vergleichbares Schutzbedürfnis, das mit der h.M. eine (doppelt) analoge Anwendung von § 181 BGB auf den (vorläufigen) Insolvenzverwalter rechtfertigt.

(ii) Nach neuerer Rechtsprechung ist § 181 BGB jedoch regelmäßig teleologisch zu reduzieren, wenn die Gefahr einer Interessenkollision ausgeschlossen ist.[393] Die wichtigste Fallgruppe ist dabei das sog. lediglich rechtlich vorteilhafte Geschäft, dessen Voraussetzungen analog zu § 107 BGB zu beurteilen sind.[394] Auf diese Ausnahme rekurriert eine Ansicht, die § 181 BGB deshalb als nicht einschlägig erachtet, da der Abschluss des Treuhandvertrags für den Schuldner ein lediglich rechtlich vorteilhaftes Geschäft darstellt. Der Schuldner erwirbt – Unentgeltlichkeit vorausgesetzt – nämlich nur einen Anspruch gegen den Treuhänder (auf Herausgabe bzw. Rückgewähr des Treuguts, § 667 BGB), während der (vorläufige) Insolvenzverwalter zulasten

390 MüKoBGB-Schubert, § 181, Rn. 4, 40 ff; Bamberger/Roth-Valenthin, BGB, § 181, Rn. 21 ff. m.w.N.

391 BGH, Urteil vom 24.01.1991, IX ZR 250/89, NJW 1991, 982, 983 m.w.N.; Bork, NZI 2005, 530 ff., 530 m.w.N.; MüKoBGB-Schubert, § 181, Rn. 53 m.w.N.; Bamberger/Roth-Valenthin, BGB, § 181, Rn. 10 m.w.N.; Vgl. auch Haarmeyer/Wutzke/Förster-Ries/Rook, InsO, § 80, Rn. 24.

392 Uhlenbruck-Mock, InsO, § 80, Rn. 65 m.w.N.; MüKoInsO-Graeber, § 56, Rn. 148.

393 MüKoBGB-Schubert, § 181, Rn. 28 f.; Bamberger/Roth-Valenthin, BGB, § 181, Rn. 3 m.w.N.

394 MüKoBGB-Schubert, § 181, Rn. 29; Bamberger/Roth-Valenthin, BGB, § 181, Rn. 19.

der (späteren) Insolvenzmasse keinerlei Verpflichtungen begründet.[395] Unabhängig davon ist eine Interessenkollision schon deshalb ausgeschlossen, da die Begründung der für die Nutzung eines Treuhandkontos als Verfahrenskonto erforderlichen Treuhandabrede der Erfüllung der Aufgaben des (vorläufigen) Insolvenzverwalters als Amtswalter und damit der Verwirklichung der Ziele des Insolvenzverfahrens dient. Der (vorläufige) Insolvenzverwalter ist auch in seiner Eigenschaft als Treuhänder, nämlich über die Treuhandabrede, hieran gebunden und verfolgt zudem als fremdnütziger Treuhänder keine eigenen Interessen.

(iii) Die Verwahrung von Geldmitteln der (späteren) Insolvenzmasse auf einem Treuhandkonto setzt jedoch neben dem Abschluss des Treuhandvertrags – sowie der Begründung der entsprechenden bankvertraglichen Vereinbarungen, an denen der Treugeber jedoch, wie in Kapitel A.II.5. gezeigt, nicht beteiligt ist – voraus, dass entweder Gelder des Schuldners unmittelbar auf das Konto übertragen oder hierauf Forderungen eingezogen werden. Dies führt notwendigerweise – trotz des Erwachsens eines korrespondierenden Herausgabe- bzw. Rückübertragungsanspruchs, § 667 BGB – zu einem Rechtsverlust des Treugebers, mithin des Schuldners.[396] Es stellt sich daher die Frage, ob der (vorläufige) Insolvenzverwalter die entsprechenden Rechtshandlungen trotz (doppelt) analoger Anwendung von § 181 BGB rechtswirksam vornehmen kann:[397]

---

395 Schulte-Kaubrügger, ZIP 2011, 1400 ff., 1402m.w.N.; In Bezug auf das Anderkonto ebenso MüKoInsO-Füchsl/Weißhäupl/Jaffé, § 149, Rn. 15 m.w.N.

396 Ein lediglich rechtlich vorteilhaftes Geschäft liegt nicht vor: der Schuldner verliert entweder das Eigentum an den entsprechenden Barmitteln (dieses geht durch Einzahlung auf das Treuhandkonto auf die Bank über) oder in der jeweiligen Höhe seine Forderung gegen die kontoführende Bank (denn aus der Abverfügung zugunsten des Treuhandkontos resultiert in entsprechender Höhe ein Aufwendungsersatzanspruch der kontoführenden Bank) bzw. seine Drittschuldner (die durch Leistung auf das Treuhandkonto grundsätzlich frei werden, § 362 BGB; Vgl. hierzu Kap. D.IV.).

397 Zu dem Fall, dass der schwache vorläufige Insolvenzverwalter nicht über eine entsprechende Einzelermächtigung verfügt und deshalb der Schuldner selbst die erforderliche Übertragung des Treuguts vornehmen muss, vgl. Kap. B.II.2.1. und B.II.2.2. Interessant ist dabei auch die Frage nach der Anwendbarkeit von § 181 BGB bei Anordnung eines Zustimmungsvorbehalts auf die Zustimmung des Insolvenzverwalters zu der Übertragung von Vermögenswerten durch den Schuldner auf sich als Treuhänder, vgl. Kap. C.II.2.2. sowie Bork, NZI 2005, 530 ff., der sich mit dieser Frage eingehend befasst.

§ 181 BGB regelt nicht den materiellen Interessenkonflikt, sondern nur die formale Beteiligung derselben Person auf beiden Seiten eines Vertrags.[398] Dies gilt auch im Fall einer (doppelt) analogen Anwendung, so dass die einzelnen Rechtsgeschäfte, die für das Entstehen einer Guthabenforderung auf dem Treuhandkonto in Betracht kommen, näher zu untersuchen sind:

- Der Überweisung von Geldmitteln von einem Schuldnerkonto auf ein Treuhandkonto liegt der Zahlungsdiensterahmenvertrag, §§ 675c ff. BGB, zwischen dem Schuldner als Treugeber und Zahler sowie seiner Bank als Zahlstelle zugrunde. Zur Durchführung einer Überweisung ist sodann eine Weisung des Schuldners – ggfs. handelnd durch den (vorläufigen) Insolvenzverwalter – an die Bank erforderlich. Der Treuhänder, mithin der (vorläufige) Insolvenzverwalter persönlich, ist hieran als bloßer Zahlungsempfänger nicht beteiligt. Daran ändert auch der Umstand nichts, dass der Treuhänder mit Eingang des Überweisungsbetrags bei seiner Bank einen entsprechenden Anspruch gegen diese erwirbt. Auch insofern liegt kein Rechtsgeschäft zwischen dem Treugeber und Treuhänder vor, so dass § 181 BGB nicht anwendbar ist.[399]
- Dasselbe gilt für Zahlungen von Drittschuldnern. Der (vorläufige) Insolvenzverwalter fordert den Drittschuldner lediglich zur Zahlung auf das Treuhandkonto auf – entweder in seiner Eigenschaft als (vorläufiger) Insolvenzverwalter oder aufgrund einer entsprechenden Einzugsermächtigung in seiner Eigenschaft als Treuhänder.[400] Die Zahlung selbst erfolgt jedoch ohne seine Beteiligung.
- Nur in dem Fall, dass der (vorläufige) Insolvenzverwalter sich in seiner Eigenschaft als Treuhänder das Treugut zunächst in Bar selbst übereignen wollte, bevor er dieses dann auf ein Treuhandkonto einzahlt, käme ein Eingreifen von § 181 BGB in Betracht. Diese Konstellation erscheint jedoch

---

398 BGH, Urteil vom 24.01.1991, IX ZR 250/89, NJW 1991, 982, 983 m.w.N.

399 MüKoInsO-Füchsl/Weißhäupl/Jaffé, § 149, Rn. 15 m.w.N. sowie Bork, NZI 2005, 530 ff., 531, der für den Fall eines sog. Doppeltreuhandkontos, das der Absicherung von Lieferantenverbindlichkeiten dient, detailliert die Rechtslage bei einem schwachen vorläufigen Insolvenzverwalter mit Zustimmungsvorbehalt analysiert.

400 Vgl. hierzu auch Kap. D.IV.2. (ii); Allerdings ist im Hinblick auf die Erteilung der Einzugsermächtigung wiederum § 181 BGB näher zu untersuchen: auch hier ist aber – Unentgeltlichkeit wiederum vorausgesetzt – von einem für den Schuldner lediglich rechtlich vorteilhaften Geschäft auszugehen, da dieser zwar einen Herausgabeanspruch hinsichtlich des Erlöses erwirbt, er jedoch die Forderungen regelmäßig nicht an den (vorläufigen) Insolvenzverwalter abtritt. Letztlich kann deshalb auf die Argumentation in Kap. B.I.2.3.2. (ii) zum Abschluss des Treuhandvertrags verwiesen werden.

wenig praxisrelevant, da aus Sicht des (vorläufigen) Insolvenzverwalters regelmäßig erst eine Einzahlung der Barbestände auf das Treuhandkonto (und damit wiederum ein Vorgang allein zwischen ihm und der kontoführenden Bank) die Übertragung des Treuguts an sich persönlich als Treuhänder und Kontoinhaber begründen soll.[401]

Im Ergebnis ist damit unter dem Aspekt des Insichgeschäfts weder die (konkludente) Vereinbarung des entsprechenden Treuhandverhältnisses zwischen dem (vorläufigen) Insolvenzverwalter persönlich und demselben in seiner Eigenschaft als Amtswalter noch die korrespondierende Übertragung von Vermögenswerten des Schuldners auf ein für diesen geführtes offenes Treuhandkonto unter dem Aspekt des Insichgeschäfts rechtlich zu beanstanden.[402] Voraussetzung ist jedoch, dass die Rechtsstellung des (vorläufigen) Insolvenzverwalters im jeweiligen Verfahren ihm die Einrichtung von offenen Treuhandkonten als Verfahrenskonten gestattet.[403] An diese Frage, auf die in Kapitel B.II.2. näher eingegangen wird, knüpft auch das folgende Kapitel an.

2.4. Keine Untreue zulasten der (späteren) Insolvenzmasse

Da der (vorläufige) Insolvenzverwalter die ihm kraft Gesetzes bzw. *qua* Gerichtsbeschluss anvertrauten Vermögensgegenstände auf sich persönlich als Vollrechtstreuhänder überträgt und damit dinglich aus dem schuldnerischen Vermögen ausgliedert, stellt sich die Frage, ob dies nicht den Vorwurf einer Untreue nach § 266 Abs. 1 StGB rechtfertigen kann:

Der Tatbestand der Untreue, § 266 Abs. 1 StGB,[404] setzt in der für den (vorläufigen) Insolvenzverwalter regelmäßig einschlägigen Begehungsalternative des § 266 Abs. 1 1. Alt. StGB einen vorsätzlichen Missbrauch der Verfügungsmacht über fremdes Vermögen, mithin die (spätere) Insolvenzmasse, sowie einen damit einhergehenden Vermögensnachteil auf Seiten des Schuldners voraus. Eine Verwirklichung des objektiven Tatbestands liegt dabei nur dann vor, wenn einerseits

401 MüKoInsO-Füchsl/Weißhäupl/Jaffé, § 149, Rn. 15.

402 Zu der interessanten Frage ob § 181 BGB der Erteilung einer Zustimmung durch den vorläufigen Insolvenzverwalter zu einer Verfügung des Schuldners entgegen steht, mit der der Schuldner dem Insolvenzverwalter persönlich in seiner Eigenschaft als gewillkürter Treuhänder und Kontoinhaber Geldmittel zur Verwaltung auf einem Treuhandkonto anvertraut, vgl. sogleich in Kap. B.II.2.2.

403 Soweit nicht der Schuldner, vgl. Kap. B.II.2.1. und B.II.2.2., zur Mitwirkung bereit ist.

404 Vgl. hierzu bereits Kap. A.II.4.1.2.

die entsprechende Verfügung zivilrechtlich wirksam ist und andererseits der Täter die ihm nach dem Innenverhältnis zustehenden Befugnisse überschritten und damit seine Vermögensbetreuungspflicht verletzt hat.[405] Es geht mithin um Fälle eines Missbrauchs einer überschießenden Rechtsmacht.

Ob der (vorläufige) Insolvenzverwalter durch die Übertragung von Vermögenswerten des Schuldners auf sich persönlich als Treuhänder seine Vermögensbetreuungspflicht verletzt, richtet sich mithin nach den Befugnissen bzw. spiegelbildlich den Aufgaben, die ihm in seiner Eigenschaft als (vorläufiger) Insolvenzverwalter zugewiesen sind:

- Im eröffneten Verfahren, § 80 InsO, sowie im Falle eines gerichtlich angeordneten Verfügungsverbots, §§ 21 Abs. 2 S. 1 Nr. 2 1. Alt., 22 Abs. 1 InsO, ist der (vorläufige) Insolvenzverwalter verpflichtet, das Vermögen des Schuldners zu sichern und zu erhalten, vgl. § 22 Abs. 1 S. 2 Nr. 1 InsO. Die Pflicht zur Vermögenserhaltung beinhaltet dabei regelmäßig auch eine (aktive) Vermögensverwaltung[406] sowie die Pflicht, zum Zwecke der gleichmäßigen Gläubigerbefriedigung, § 1 InsO, den Zwangszugriff von Gläubigern des Schuldners, mithin Einzelzwangsvollstreckungsmaßnahmen in die (spätere) Insolvenzmasse, zu verhindern bzw. abzuwehren.[407] Daneben gehört je nach Einzelfall auch die Betriebsfortführung, insbesondere im Eröffnungsverfahren, § 22 Abs. 1 S. 2 Nr. 2 InsO, sowie die Beschaffung von Liquidität, etwa durch den Einzug von Forderungen sowie die Vorfinanzierung von Insolvenzgeld, zu den Aufgaben des (starken vorläufigen) Insolvenzverwalters.[408]
  Um diese Aufgaben erfüllen zu können, eignet sich ein offenes Treuhandkonto regelmäßig besser als ein Schuldnerkonto, da es aufgrund der rechtlichen Zuordnung zum Vermögen des (vorläufigen) Insolvenzverwalters persönlich von vornherein dem direkten Zugriff der Insolvenzgläubiger entzogen ist.[409] Dies ist insbesondere bei einer Betriebsfortführung von grundlegender Bedeutung, da der (vorläufige) Insolvenzverwalter, insbesondere durch

405 Waßmer in Graf/Jäger/Wittig, WirtschaftsStR, § 266, Rn. 68 ff.; Schramm in Momsen/Grützner, Wirtschaftsstrafrecht, Kap. 5, Rn. 36 ff., 44 ff.; Fischer, StGB, § 266, Rn. 24 ff., 28, 30 f.

406 Zur Pflicht zur zinsgünstigen Anlage vgl. Kap. B.II.6.

407 Uhlenbruck-Vallender, InsO, § 22, Rn. 22; Uhlenbruck-Mock, InsO, § 80, Rn. 74; So zumindest für das eröffnete Verfahren auch Smid, ZIP 2006, 1973 ff., 1973.

408 Uhlenbruck-Vallender, InsO, § 22, Rn. 22; Vgl. auch Uhlenbruck-Mock, InsO, § 80, Rn. 100.

409 Zur Zwangsvollstreckung in Schuldnerkonten vgl. Kap. E.II. sowie allgemein in Kontokorrentkonten A.II.7.1.

Forderungseinzug, die hierfür erforderliche Liquidität generieren und verfügbar halten muss.[410] Der (starke vorläufige) Insolvenzverwalter muss regelmäßig Geldmittel von der (späteren) Insolvenzmasse separieren, um seinen Verpflichtungen, insbesondere im Zuge einer Betriebsfortführung neu begründeten Lieferantenverbindlichkeiten, jederzeit pflichtgemäß nachkommen zu können. Dies nicht zuletzt, um eine andernfalls drohende persönliche Haftung nach §§ 60 f. InsO zuverlässig ausschließen zu können. Dies gilt sowohl für das eröffnete als auch das vorläufige Insolvenzverfahren.[411]
Seinen Aufgaben entsprechend ist es dem (starken vorläufigen) Insolvenzverwalter daher auch vor dem Hintergrund des § 266 Abs. 1 StGB – zur zivilrechtlichen Berechtigung sogleich in Kapitel B.II.2. – gestattet, offene Treuhandkonten für Rechnung des Insolvenzschuldners zu führen und zu diesem Zweck Mittel der (späteren) Insolvenzmasse auf sich persönlich als Kontoinhaber und Treuhänder zu übertragen. Ein strafrechtlich relevantes Handeln steht nur bei insolvenzzweckwidrigen Verfügungen über die (spätere) Insolvenzmasse[412] oder einem sonstigen Missbrauch der Rechtsstellung als (starker vorläufiger) Insolvenzverwalter im Raum.

- Sofern für die Dauer des Eröffnungsverfahrens kein allgemeines Verfügungsverbot nach §§ 21 Abs. 2 S. 1 Nr. 2 1. Alt., 22 Abs. 1 InsO angeordnet wurde, richten sich die Befugnisse des vorläufigen Insolvenzverwalters nach den Anordnungen des Insolvenzgerichts im Übrigen. Der schwache vorläufige Insolvenzverwalter bedarf dementsprechend einer geeigneten Einzelermächtigung, § 22 Abs. 2 InsO, um ein Treuhandkonto als Verfahrenskonto einrichten und nutzen zu dürfen.[413] Die bloße Anordnung eines Zustimmungsvorbehalts genügt nicht. Denn ohne eine solche Einzelermächtigung ist der schwache

410 Dies gilt insbesondere für den Fall, dass die Forderungen – vorbehaltlich einer Anfechtung der Sicherheitenstellung bzw. der Werthaltigmachung der Forderungen – einer finanzierenden Bank abgetreten sind und diese dem (vorläufigen) Insolvenzverwalter deren Einzug sowie die Nutzung der Erlöse aus dem Forderungseinzug zur Betriebsfortführung gestattet (sog. unechter Massekredit).

411 Vgl. Pape/Graeber, Insolvenzverwalterhaftung, § 2, Rn. 234 m.w.N.; Vgl. auch Wimmer-Schmerbach, InsO, § 22, Rn. 102 m.w.N.

412 Soweit der (vorläufige) Insolvenzverwalter Mittel des Schuldners auf sich persönlich als Treuhänder überträgt, steht der (späteren) Insolvenzmasse aus dem zugrunde liegenden Treuhandverhältnis ein entsprechender Herausgabe- bzw. Rückübertragungsanspruch, §§ 675, 667 BGB, zu. Diese wird durch die Einrichtung und Führung eines Treuhandkontos als Verfahrenskonto nicht verkürzt.

413 Vgl. hierzu sogleich in Kap. B.II.2.4.

vorläufige Insolvenzverwalter – vorbehaltlich einer Zustimmung bzw. Mitwirkung des in diesem Fall jedenfalls insoweit unverändert verfügungsberechtigten Insolvenzschuldners[414] – rechtlich nicht in der Lage, Vermögenswerte des Schuldners auf ein Treuhandkonto zu übertragen. Außerhalb der ihm durch das Insolvenzgericht zugewiesenen Befugnisse kann er grundsätzlich nicht mit Wirkung für und gegen den Schuldner handeln. Er wäre allenfalls vollmachtsloser Vertreter i.S.d. § 177 BGB und kann deshalb auch den für die Nutzung eines offenen Treuhandkontos als Verfahrenskonto erforderlichen Treuhandvertrag[415] nicht abschließen.

Überträgt der schwache vorläufige Insolvenzverwalter gleichwohl Mittel der späteren Insolvenzmasse auf ein auf seinen Namen lautendes Konto (gleich welcher Art), ist diese Verfügung gegenüber dem Insolvenzschuldner (vorbehaltlich dessen Genehmigung) mangels entsprechender Verfügungsberechtigung unwirksam und der vorläufige Insolvenzverwalter als Kontoinhaber bereicherungsrechtlich zur Herausgabe verpflichtet. Da die entsprechende Verfügung gegenüber dem Insolvenzschuldner zivilrechtlich unwirksam ist, scheidet eine Strafbarkeit nach § 266 Abs. 1 1. Alt. StGB aus. Allerdings stellt sich die Frage, ob nicht stattdessen eine Strafbarkeit nach § 266 Abs. 1 2. Alt StGB in Betracht kommt, da allein der Umstand, dass Ersatz- bzw. Herausgabeansprüche gegen den Täter bestehen, nicht genügt, eine Strafbarkeit bei Vermögensdelikten auszuschließen.[416] Voraussetzung wäre allerdings, dass auch den schwachen vorläufigen Insolvenzverwalter eine besondere Vermögensbetreuungspflicht träfe, aufgrund derer er gehalten ist, Vermögensnachteile vom schuldnerischen Vermögen abzuwenden, was vor dem Hintergrund des § 22 Abs. 1 S. 2 Nr. 1 InsO nur schwer vertretbar erscheint.

Gleichwohl ist in der Praxis der Frage, ob der schwache vorläufige Insolvenzverwalter zur Führung eines Treuhandkontos als Verfahrenskonto berechtigt ist, besondere Bedeutung beizumessen. Auch dort wo keine strafrechtlichen Sanktionen drohen, besteht jedenfalls ein Rechtfertigungserfordernis gegenüber den übrigen Verfahrensbeteiligten, insbesondere dem aufsichtführenden Insolvenzgericht, § 58 InsO.

---

414 Der (vorläufige) Sachwalter bedarf, auch wenn er die Kassenführung gem. § 275 Abs. 2 InsO an sich zieht, ohnehin der Mitwirkung des eigenverwaltenden Schuldners zur Führung von Treuhandkonten als Verfahrenskonten, vgl. Kap. C.I.3.2.

415 Vgl. hierzu Kap. B.I.2.2.

416 Schönke/Schröder-Perron, § 266, Rn. 42 ff., 42.

Im Ergebnis kommt es entscheidend auf die Befugnisse des (vorläufigen) Insolvenzverwalters und damit dessen Rechtsstellung im jeweiligen Verfahren an. Der starke vorläufige Insolvenzverwalter sowie der Verwalter im eröffneten Verfahren sind grundsätzlich berechtigt, Mittel des Schuldners auf einem offenen Treuhandkonto zu verwalten. Regelmäßig wird dies im Interesse einer effektiven Verfahrensführung sogar geboten sein, insbesondere zur Aufrechterhaltung des Geschäftsbetriebs. Der schwache vorläufige Insolvenzverwalter dagegen bedarf einer geeigneten Einzelermächtigung, worauf in Kapitel B.II.2.4. näher eingegangen wird. Handelt der (vorläufige) Insolvenzverwalter im Rahmen seiner Befugnisse, scheidet eine Untreue zulasten der (späteren) Insolvenzmasse aus. Ohnehin erleidet diese aufgrund des Herausgabe- und Rückübertragungsanspruchs aus dem dann wirksam begründeten Treuhandverhältnis, § 667 BGB, schon keinen Vermögensnachteil.

Dass im Übrigen auch der BGH davon ausgeht, dass der (vorläufige) Insolvenzverwalter grundsätzlich berechtigt ist, Mittel der (späteren) Insolvenzmasse auf offenen Treuhandkonten zu verwalten, zeigen insbesondere die Urteile vom 20.09.2007,[417] vom 18.12.2008 und jüngst auch vom 26.03.2015,[418] in welchen sich der BGH detailliert mit der Rechtsnatur des Ander- bzw. Treuhandkontos auseinandersetzt, ohne dabei die Übertragung von Geldmitteln der (späteren) Insolvenzmasse auf den Kontoinhaber persönlich zu beanstanden.[419]

2.5. *Keine Vereitelung der Zwangsvollstreckung*

Eine andere Frage ist, ob der (vorläufige) Insolvenzverwalter durch die Einrichtung und Nutzung von Treuhandkonten als Verfahrenskonten eine ggfs. drohende Zwangsvollstreckung vereitelt, indem er Mittel des Schuldners auf sich persönlich als Treuhänder überträgt und damit rechtlich aus dem Vermögen des Schuldners ausgliedert.

---

417 So auch Paulus explizit für dieses Urteil in WM 2008, 473 ff., 474.

418 BGH, Urteil vom 20.09.2007, IX ZR 91/06; BGH, Urteil vom 18.12.2008, IX ZR 192/07; BGH, Urteil vom 26.03.2015, IX ZR 302/13; Diese Urteile werden in Kap. D.II.2.1-3 jeweils eingehend besprochen.

419 Nichts anderes gilt für die instanzgerichtliche Rechtsprechung. Entsprechend sehen auch die Grundsätze ordnungsgemäßer Insolvenzverwaltung (GOI) des Verbands Insolvenzverwalter Deutschlands e.V. (VID) für das eröffnete (Regel-)Insolvenzverfahren die Verwaltung von Geldmitteln des Schuldners auf einem Treuhandkonto sogar verpflichtend vor, Kap. III Nr. 7 GOI i.V.m. Nr. 43 f. GOI PrüfO. Vgl. hierzu auch Fn. 121.

(i) Der Straftatbestand des § 288 StGB schützt nur ein auch tatsächlich im Wege der Zwangsvollstreckung durchsetzbares Recht des Gläubigers auf Befriedigung aus dem Vermögen des Vollstreckungsschuldners.[420] Im eröffneten Verfahren kommt eine Strafbarkeit nach § 288 StGB daher, § 89 InsO, ebenso wie bei Anordnung eines vorläufigen Vollstreckungsverbots, § 21 Abs. 2 S. 1 Nr. 3 InsO, nicht in Betracht, da in diesen Fällen eine Zwangsvollstreckung in die (spätere) Insolvenzmasse ohnehin unzulässig wäre und daher die Zwangsvollstreckung auch nicht i.S.d. § 288 StGB droht.[421] Insofern kann in deren (teilweiser) Übertragung auf ein Treuhandkonto auch keine Vollstreckungsvereitelung liegen.

Somit ist allein das vorläufige Insolvenzverfahren näher zu untersuchen, sofern nicht ohnehin ein vorläufiges Vollstreckungsverbot angeordnet ist. Dabei setzt § 288 StGB tatbestandlich voraus, dass die Zwangsvollstreckung dem Täter selbst droht,[422] so dass zunächst nur der Vollstreckungsschuldner tauglicher Täter sein kann. § 288 StGB ist mithin ein Sonderdelikt.[423] Da aber der vorläufige Insolvenzverwalter nicht Rechtsträger des schuldnerischen Vermögens ist, sondern über dieses allein im Rahmen der ihm durch das Insolvenzgericht übertragenen Befugnisse verfügen kann, ist § 14 StGB heranzuziehen, der auch für Parteien kraft Amtes und damit auch für den vorläufigen Insolvenzverwalter gilt.[424] Somit kommt grundsätzlich auch der vorläufige Insolvenzverwalter als Täter einer Vollstreckungsvereitelung in Betracht.[425]

Allerdings ist dabei auch zu berücksichtigen, dass die (spätere) Insolvenzmasse bei einer Übertragung von Vermögenswerten auf den (vorläufigen) Insolvenzverwalter persönlich als Treuhänder einen entsprechenden Herausgabeanspruch, § 667 BGB, erlangt. Ob insofern, insbesondere in

---

420 Schönke/Schröder-Heine/Hecker, StGB, § 288, Rn. 5 ff.; vgl. auch MüKoStGB-Maier, StGB, § 288, Rn. 7.

421 So zumindest für § 89 InsO auch MüKoStGB-Maier, StGB, § 288, Rn. 14; Vgl. hierzu auch Kap. E.II.1 und 2.

422 Zum Tatbestandsmerkmal des Drohens vgl. etwa Schönke/Schröder-Heine/Hecker, StGB, § 288, Rn. 8 f.

423 Schönke/Schröder-Heine/Hecker, StGB, § 288, Rn. 3; MüKoStGB-Maier, StGB, § 288, Rn. 37.

424 Schönke/Schröder-Heine/Hecker, StGB, § 288, Rn. 3 m.w.N.

425 Näher zu den beiden Begehungsalternativen – auf die vor dem Hintergrund der Zielrichtung dieser Arbeit nicht näher eingegangen werden soll – vgl. etwa Schönke/Schröder-Heine/Hecker, StGB, § 288, Rn. 12 ff.

Ansehung der *ratio legis* – denn § 288 StGB dient letztlich dem Schutz und Erhalt des Gläubigervermögens[426] –, ein Beiseiteschaffen als Tathandlung des § 288 StGB überhaupt in Betracht kommt, erscheint zweifelhaft. Die Gläubiger des Insolvenzschuldners können – statt etwa in eine Forderung gegen die Bank des Schuldners – unmittelbar in den Herausgabeanspruch gegen den Treuhänder vollstrecken, was eine Vereitelung der Gläubigerbefriedigung zumindest fernliegend erscheinen lässt. Die Begehungsalternative des Veräußerns scheidet mangels Verringerung der Aktiva ohnehin aus.[427]

(ii) Subjektiv muss die Tathandlung – das Beiseiteschaffen oder Veräußern von Vermögen – zudem in der Absicht erfolgen, die Befriedigung des Vollstreckungsgläubigers allgemein und zumindest zeitweilig zu vereiteln, wobei es genügen soll, wenn der Täter dessen Benachteiligung als sichere und notwendige Folge seines Tuns erkennt und in seinen Willen aufnimmt.[428] Die Verwaltung von Geldmitteln der (späteren) Insolvenzmasse auf einem Treuhandkonto ist aber nicht auf eine Gläubigerbenachteiligung gerichtet. Sie dient vielmehr der Erfüllung der Aufgaben des Insolvenzverwalters und damit dem Verfahrensziel einer gleichmäßigen, bestmöglichen Gläubigerbefriedigung, § 1 InsO. Eine Vereitelung der Zwangsvollstreckung – sollte man den objektiven Tatbestand als erfüllt ansehen – scheidet jedenfalls mangels eines entsprechenden Vorsatzes des vorläufigen Insolvenzverwalters aus.

2.6. Vereinbarkeit der Vollrechtstreuhand mit der gesetzlichen Ermächtigungstreuhand

Schließlich und endlich besteht auch kein Widerspruch zwischen dem offenen Treuhandkonto bzw. der damit einhergehenden Vollrechtsinhaberschaft des Kontoinhabers und der gesetzlichen Ermächtigungstreuhand. Das gewillkürte Treuhandverhältnis, wie es einem offenen Treuhandkonto zu Grunde liegt, und das gesetzliche Treuhandverhältnis *qua* Amtes stehen, wie in den voranstehenden Kapiteln gezeigt, vielmehr harmonisch nebeneinander.

Nicht gefolgt werden kann etwa dem Einwand, das „Ermächtigungstreuhandkonto" sei „das von der Rechtsprechung entwickelte Leitbild eines Treuhandkontos für die

426 MüKoStGB-Maier, StGB, § 288, Rn. 1; Vgl. auch Schönke/Schröder-Heine/Hecker, StGB, § 288, Rn. 1.

427 MüKoStGB-Maier, StGB, § 288, Rn. 21, 23.

428 Schönke/Schröder-Heine/Hecker, StGB, § 288, Rn. 12; MüKoStGB-Maier, StGB, § 288, Rn. 36.

Verwaltung von Massegeldern".[429] Zunächst gibt es ein solches Leitbild nicht, wie auch an den Urteilen des BGH vom 20.09.2007, vom 18.12.2008 sowie vom 26.03.2015, auf die in Kapitel D.II.2.1.-2.3. detailliert eingegangen wird, deutlich wird. Zudem stellt das „Ermächtigungstreuhandkonto" nicht eine besondere Form des (Treuhand-)Kontos dar, sondern ist schlicht ein Schuldnerkonto, über das der (vorläufige) Insolvenzverwalter – je nach dessen Rechtsstellung – ohnehin verfügen darf oder aber hierzu vom Schuldner im Wege einer Kontovollmacht erst ermächtigt werden muss.[430]

Der (vorläufige) Insolvenzverwalter ist grundsätzlich berechtigt, offene Treuhandkonten als Verfahrenskonten einzurichten, sofern ihm das Insolvenzgericht die hierfür erforderlichen Befugnisse verliehen hat bzw. das Insolvenzverfahren bereits eröffnet ist. Dasselbe gilt für Konten auf Namen und Rechnung des Schuldners. Ob er solche errichten oder schließen, insbesondere aber hierüber verfügen darf, bemisst sich ebenfalls nach der Rechtsstellung des (vorläufigen) Insolvenzverwalters im jeweiligen Verfahren.

II. Möglichkeiten der Kontoführung im (vorläufigen) Insolvenzverfahren

Die nachfolgenden Kapitel befassen sich mit der Frage, welche Möglichkeiten der Kontoführung dem (vorläufigen) Insolvenzverwalter je nach Verfahrensstadium und je nach Anordnungen des Insolvenzgerichts konkret zur Verfügung stehen. Ein besonderes Augenmerk gilt dabei den verschiedenen Arten der Einzelermächtigung sowie den hieraus resultierenden Befugnissen des schwachen vorläufigen Insolvenzverwalters. Die Auswirkungen der Anordnung eines (vorläufigen) Insolvenzverfahrens sowie der Verfahrenseröffnung auf den Zahlungsdiensterahmenvertrag sowie, am Beispiel der Überweisung, auf einzelne Zahlungsdienste werden sodann in Kapitel E.I. näher dargestellt.

429 So unter Berufung auf BGH, Urteil vom 19.05.1988, III ZR 38/87, WM 1988, 1222, näher besprochen in Kap. C.I.3.4. (ii); Tiedemann/Wesiack, Pflichten bei Treuhandkonten, S. 312 f.

430 Vgl. hierzu Kap. A.II.2.1.3. (ii).

1. Ausgangslage bei Amtsübernahme

1.1. Interessenlage der Bank

In der Regel kündigt die kontoführende Bank mit Kenntnis der Antragstellung alle bestehenden Darlehen und Kredite[431] gem. Nummer 19 (3) 2. Spiegelstrich AGB-Banken bzw. Nummer 26 (2) lit. a) AGB-Sparkassen. Die Bank sieht jedoch häufig davon ab, die Geschäftsbeziehung insgesamt zu kündigen.[432] Dies hat verschiedene Gründe:

Zunächst soll Drittschuldnern – insbesondere im Falle einer Globalzession zugunsten der kontoführenden Bank – die Möglichkeit erhalten bleiben, unverändert auf die bekannten Konten des Schuldners zu leisten.[433]

Zwar führt ein Zahlungseingang im Falle eines Sollsaldos regelmäßig zu einer anfechtbaren und damit ggfs. wieder herauszugebenden Rückführung.[434] Jedoch ist der Zahlungseingang nicht *per se* für die Bank verloren: handelt es sich um eine Zahlung auf eine der Bank sicherungszedierte Forderung, kann der Insolvenzverwalter bzw. Sachwalter, vgl. § 280 InsO, den Zahlungseingang grundsätzlich nur unter den Voraussetzungen des § 130 InsO – da nach der Rechtsprechung des BGH ein Fall der kongruenten Deckung vorliegt[435] – und damit jedenfalls nicht ohne weiteres zur Masse heraus verlangen. Daneben mag es gar nicht erst zur Eröffnung des Insolvenzverfahrens kommen, so dass sich die Frage der Anfechtbarkeit gar nicht stellt.

Letztlich dasselbe gilt auch in dem Fall, dass aus den Zahlungseingängen ein Guthaben resultiert und die Bank hieran ihr Vertragspfandrecht nach Nummer 14 AGB-Banken bzw. Nummer 21 AGB-Sparkassen geltend macht. Dieses ist zwar regelmäßig

---

431 Der Begriff Kredit bezeichnet im Sprachgebrauch der Banken regelmäßig ein Darlehen mit kurzer oder ohne feste Laufzeit. Rechtlich liegt jedoch stets ein Darlehensvertrag gem. §§ 488 ff. BGB vor.

432 Vgl. hierzu auch Kuder, ZInsO 2009, 584 ff., 584.

433 Allerdings ist die Bank auch nach Beendigung des Zahlungsdiensterahmenvertrags, etwa gem. § 116 InsO infolge Verfahrenseröffnung, berechtigt, Zahlung für Rechnung des früheren Kunden entgegenzunehmen, BGH, Urteil vom 05.12.2006, XI ZR 21/06, WM 2007, 348 ff.; Vgl. hierzu auch Kap. E.I.2.2 (iv).

434 In diesem Zusammenhang ist darauf hinzuweisen, dass die Verrechnung von Zahlungseingängen im offenen Kontokorrent als kongruent anzusehen und zugleich als Bargeschäft i.S.d. § 142 InsO der Deckungsanfechtung grundsätzlich entzogen ist, soweit die Bank zugleich neue Abverfügungen zulässt, so dass allenfalls eine etwaige Saldendifferenz anfechtbar ist, vgl. etwa BGH, Urteil vom 11.10.2007, IX ZR 195/04, ZIP 2008, 237 ff.

435 Grundlegend BGH, Urteil vom 29.11.2007, IX ZR 30/07, ZIP 2008, 183 ff.; Vgl. etwa auch Obermüller, InsR i.d. Bankpraxis, Rn. 6.347 ff.

als inkongruentes Sicherungsrecht nach § 131 InsO anfechtbar,[436] jedoch setzt auch dies insbesondere die Eröffnung des Insolvenzverfahrens voraus.

In der Regel hat die Bank aber auch dann, wenn sie mit einer Insolvenzanfechtung etwaiger Zahlungseingänge rechnen muss, ein Interesse daran, dass die Bankverbindung zumindest bis auf weiteres erhalten bleibt. Dies erleichtert dem (vorläufigen) Insolvenzverwalter, ggfs. ebenso dem (vorläufigen) Eigenwalter, die im Eröffnungsverfahren grundsätzlich obligatorische Aufrechterhaltung des Geschäftsbetriebs und die Bank, zumindest wenn sie Gläubiger ist, kann an einem etwaigen Sanierungserfolg oder auch nur der Abwicklung einzelner bereits angearbeiteter Aufträge partizipieren.

1.2. Interessenlage des (vorläufigen) Insolvenzverwalters

Auch aus Sicht des (vorläufigen) Insolvenzverwalters – und im Vorgriff auf Kapitel C.II. auch des (vorläufigen) Eigenwalters bzw. (vorläufigen) Sachwalters – spricht viel dafür, bestehende Schuldnerkonten zunächst aufrecht zu erhalten. Dies gilt insbesondere, wenn die Mitteilung einer neuen Bankverbindung in Ansehung der Anzahl an Drittschuldnern oder etwa deren Sitz im Ausland zu einem hohen organisatorischen Aufwand führt. Hinzu tritt, dass etwaige Änderungen der Bankverbindung seitens der Drittschuldner oftmals nur zeitverzögert oder nicht konsequent notiert bzw. EDV-technisch umgesetzt werden. Zudem ist eine Beibehaltung bestehender Schuldnerkonten oft auch deshalb erforderlich, um Lastschriften weiterhin auf Grundlage bereits bestehender Lastschriftmandate einlösen zu können.[437]

Zugleich ist der (vorläufige) Insolvenzverwalter im Rahmen seiner Befugnisse zur Sicherung und zum Erhalt des schuldnerischen Vermögens und damit auch etwaig bestehender Kontoguthaben verpflichtet. Insbesondere muss der (vorläufige) Insolvenzverwalter die Banken des Schuldners von den konkreten Anordnungen des Insolvenzgerichts sowie der späteren Verfahrenseröffnung unverzüglich unterrichten. Ferner gehört es zu seinen Aufgaben, unberechtigte Zugriffsversuche der Insolvenzgläubiger, insbesondere im Wege der Zwangsvollstreckung, zu

---

436 BGH, Urteil vom 7.03.2002, IX ZR 223/01, ZIP 2002, 812 ff.; Obermüller, InsR i.d. Bankpraxis, Rn 6.145.

437 Zur Problematik der Ziehung von Lastschriften auf ein offenes Treuhandkonto vgl. bereits Kap. A.II.9. sowie Kap. D.V.; Vgl. hierzu auch Zuleger in Cranshaw/Paulus/Michel, BankenKomInsR, vor § 80, Rn. 4.

verhindern bzw. abzuwehren[438] und die für eine Betriebsfortführung erforderliche Liquidität, etwa durch den Einzug schuldnerischer Forderungen gegen Dritte, sicherzustellen[439] und ein effektives *cash management* zu implementieren. Wie in Kapitel B.I.2.4. gezeigt, eignet sich für diese Aufgaben das offene Treuhandkonto[440] regelmäßig deutlich besser als ein Schuldnerkonto. Insbesondere bei Betriebsfortführungen ergeben sich greifbare Vorteile, etwa wenn es um Zahlungszusagen gegenüber Lieferanten geht.[441]

In der Insolvenzpraxis ist aufgrund der aufgezeigten Vorteile sowohl des Schuldner- als auch des Treuhandkontos eine Kombination aus beiden Kontomodellen üblich. Zumeist wird, insbesondere bei Betriebsfortführungen, zumindest zunächst ein Schuldnerkonto beibehalten und zugleich ein offenes Treuhandkonto zur Sicherstellung der Liquidität als weiteres Verfahrenskonto eröffnet. Der entscheidende Vorteil des Treuhandkontos liegt dabei in der weitgehenden Separierung des Treuguts vom Vermögen des Schuldners im Übrigen.[442] Ob und unter welchen Voraussetzungen der (vorläufige) Insolvenzverwalter hierzu rechtlich in der Lage ist, soll nachstehend erörtert werden.

---

438 Uhlenbruck-Vallender, InsO, § 22, Rn. 22; Uhlenbruck-Mock, InsO, § 80, Rn. 74; So zumindest für das eröffnete Verfahren auch Smid, ZIP 2006, 1973 ff., 1973.

439 Uhlenbruck-Vallender, InsO, § 22, Rn. 18 sowie Uhlenbruck-Mock, InsO, § 80, Rn. 100 f.

440 Von dem im Rahmen dieser Arbeit untersuchten „einfachen" Treuhandkonto ist das sog. Treuhand(-konto)-modell, bei dem Geldmittel (teilweise auch Forderungen) des Schuldners im Rahmen einer Doppeltreuhand auf einen Treuhänder übertragen werden, um daraus während des Eröffnungsverfahrens entstandene (Fortführungs-) Kosten, insbesondere Lieferantenrechnungen, zu begleichen. Vgl. hierzu etwa A. Schmidt-Schröder, InsO, § 22, Rn. 98 ff.; Pannen in Runkel, AnwaltsHdB InsR, § 14, Rn. 84 ff. sowie Heye in Nerlich/Kreplin, Mü AnwaltsHdB Insolvenz, § 43, Rn. 25 f. und Uhlenbruck-Vallender, InsO, § 22, Rn. 242 ff. Soweit das Treuhandkonto abgelehnt wird, bezieht sich dies, soweit ersichtlich, regelmäßig auf das (umstrittene) Treuhand(konto)modell, vgl. etwa Frind, ZInsO 2003, 778 ff. sowie ZInsO 2005, 1296 ff.; Zum Treuhand(konto)modell vgl. auch Uhlenbruck-Vallender, InsO, § 22, Rn. 242 ff. sowie Leonhardt/Smid/Zeuner-Thiemann, InsO, § 22, 88.

441 Vgl. hierzu etwa Rechel, Aufsicht des Insolvenzgerichts, S. 435.

442 Vgl. hierzu etwa Kap. A.II.7.2.3. und D.I.1. für den Fall von Zwangszugriffsversuchen der Insolvenzgläubiger.

2. Möglichkeiten der Kontoführung im vorläufigen Insolvenzverfahren

Sowohl im vorläufigen als auch im eröffneten Insolvenzverfahren ist der Insolvenzverwalter sowohl bei der Wahl der Kontoform als auch der kontoführenden Bank grundsätzlich frei.[443] Einschränkungen ergeben sich jedoch durch das Gebot einer sicheren, zinsgünstigen Anlage der Mittel der (späteren) Insolvenzmasse[444] sowie durch die konkrete Rechtsstellung des Insolvenzverwalters im vorläufigen Insolvenzverfahren:

2.1. Einfacher schwacher vorläufiger Insolvenzverwalter

(i) Sofern weder ein Zustimmungsvorbehalt, § 21 Abs. 2 S. 1 Nr. 2 2. Alt. InsO, noch infolge bestimmter Einzelermächtigungen, § 22 Abs. 2 InsO, ein partielles oder gem. §§ 21 Abs. 2 S. 1 Nr. 2 1. Alt, 22 Abs. 1 InsO ein allgemeines Verfügungsverbot besteht, ist der Schuldner weiterhin allein und grundsätzlich uneingeschränkt berechtigt, sein Vermögen zu verwalten und hierüber zu verfügen. Für den vorläufigen Insolvenzverwalter[445] besteht keine Möglichkeit, auf die Vermögensgegenstände des Schuldners zuzugreifen oder Verfügungen des Schuldners hierüber zu verhindern.

(ii) Für die Kontoführung bedeutet dies, dass diese allein dem Schuldner zusteht. Dieser kann jedoch, sofern er dies wünscht, dem vorläufigen Insolvenzverwalter rechtsgeschäftlich Vollmacht erteilen, so dass dieser im Rahmen der ihm dergestalt übertragenen Befugnisse neben, jedoch nicht anstelle des Schuldners handeln kann. Insofern unterscheidet sich der schwache vorläufige Insolvenzverwalter in Ermangelung flankierender Anordnungen des Insolvenzgerichts nicht von einem Berater oder sonstigen Dritten, der dem Schuldner zur Seite steht.

---

443 Zuleger in Cranshaw/Paulus/Michel, BankenKomInsR, vor § 80, Rn. 1 m.w.N., 3 ff., der (zutreffend) herausstellt, dass es kein Konto auf Namen der (späteren) Insolvenzmasse geben kann. Rechtsträger der Insolvenzmasse ist der Schuldner, so dass dieser Inhaber des entsprechenden Kontos wäre. Dem (vorläufigen) Insolvenzverwalter stehen – im Rahmen seiner Befugnisse – mithin nur das Schuldner- sowie das offene Treuhandkonto, jeweils in seinen verschiedenen Ausprägungen, zur Wahl. Vgl. auch Fischbeck in Hellner/Steuer, BuB, Abschnitt F, Rn. 2/249.

444 Vgl. hierzu Kap. B.II.6.

445 Zur Verdeutlichung, dass kein Zustimmungsvorbehalt angeordnet ist, im Rahmen dieser Arbeit auch einfacher schwacher vorläufiger Insolvenzverwalter genannt.

Der einfache schwache vorläufige Insolvenzverwalter kann daher grundsätzlich weder über bestehende Konten verfügen noch diese kündigen oder neue Schuldnerkonten errichten. Vertragspartner der Bank ist allein der Schuldner, für welchen der schwache vorläufige Insolvenzverwalter nicht handeln kann.

(iii) Was Treuhandkonten anbelangt, so kann der schwache vorläufige Insolvenzverwalter – wie grundsätzlich jeder[446] – ein solches Konto auf eigenen Namen aber für Rechnung eines Dritten eröffnen. Da der Schuldner nicht Vertragspartner der Bank wird, ist weder dessen Zustimmung noch dessen Kenntnis hiervon erforderlich, sofern der vorläufige Insolvenzverwalter in der Lage ist, die für eine ordnungsgemäße Legitimation des wirtschaftlich Berechtigten erforderlichen Unterlagen beizubringen. Dem Insolvenzschuldner erwachsen aus der Kontoeröffnung allein keinerlei Rechte oder Pflichten.

Allerdings bleibt die Errichtung eines Treuhandkontos eher eine theoretische Übung, wenn der Schuldner dem vorläufigen Insolvenzverwalter keine Vermögenswerte zur Verwaltung anvertraut oder ihn zumindest zum Forderungseinzug auf ein Treuhandkonto ermächtigt (und ihm damit zumindest konkludent die treuhänderische Verwaltung der entsprechenden Gelder anträgt). Das Konto muss dann – will sich der vorläufige Insolvenzverwalter nicht rechtswidrig verhalten, indem er etwa Drittschuldner trotz fehlender Einziehungsbefugnis zur Zahlung auf das Treuhandkonto auffordert – ungenutzt bleiben. Dem schwachen vorläufigen Insolvenzverwalter fehlt die Rechtsmacht sowohl zum Abschluss der für die Nutzung des Treuhandkontos erforderlichen Treuhandabrede als auch zur Übertragung von Vermögenswerten des Schuldners auf das Konto, so dass die Errichtung eines Treuhandkontos für Rechnung des Insolvenzschuldners in diesen Fällen allenfalls vorsorglichen Charakter haben kann, etwa damit der schwache vorläufige Insolvenzverwalter umgehend handlungsfähig ist, sollte das Gericht eine entsprechende Anordnung treffen oder das Verfahren eröffnet werden.

(iv) Im Ergebnis bedeutet dies, dass der einfache schwache vorläufige Insolvenzverwalter rechtlich keinerlei Einfluss auf die Kontoführung nehmen kann, da diese vollumfänglich und – vorbehaltlich einer Kontovollmacht

---

446 Vgl. hierzu Kap. A.II.5.; Jedoch vorbehaltlich der Legitimation des wirtschaftlich Berechtigten, für die im Falle eines (vorläufigen) Insolvenzverwalters aber vereinfachte Anforderungen bestehen, vgl. Kap. B.II.4.2. (ii).

gem. §§ 164 ff. BGB – ausschließlich dem Schuldner zusteht, und er offene Treuhandkonten ohne dessen Mitwirkung zwar eröffnen, aber (noch) nicht nutzen kann.

2.2. Schwacher vorläufiger Insolvenzverwalter mit Zustimmungsvorbehalt

Die Anordnung eines Zustimmungsvorbehalts gem. § 21 Abs. 2 S. 1 Nr. 2 2. Alt InsO bewirkt, dass der Insolvenzschuldner über sein Vermögen nur noch mit Zustimmung, also vorheriger Einwilligung oder nachträglicher Genehmigung,[447] des vorläufigen Insolvenzverwalters rechtswirksam verfügen kann. Lässt die Bank gleichwohl Verfügungen des Schuldners zu und genehmigt der Insolvenzverwalter diese nicht, kann die Bank – denn in diesem Fall liegt eine nicht autorisierte Zahlung, § 675u BGB, vor – keinen Aufwendungsersatzanspruch geltend machen und muss dem Konto eine ggfs. bereits belastete Zahlung wiedergutbringen.[448]

Die Verfügungsbefugnis verbleibt mithin allein beim Schuldner, so dass der Insolvenzverwalter nicht mit Wirkung für oder gegen diesen handeln kann. Dies betrifft auch die Kontoführung. Der vorläufige Insolvenzverwalter kann über Konten des Schuldners weder verfügen noch solche kündigen oder neu eröffnen. Treuhandkonten dagegen kann er, siehe vorstehend in Kapitel B.II.2.1., zwar eröffnen, jedoch kann er hierauf ohne Mitwirkung des Schuldners (oder eine entsprechende Einzelermächtigung durch das Insolvenzgericht) kein Treugut übertragen. Ebenso fehlt ihm die Rechtsmacht zum Abschluss der für die Nutzung eines Treuhandkontos als Verfahrenskonto erforderlichen Treuhandabrede zwischen dem Insolvenzschuldner und ihm persönlich in seiner Eigenschaft als Kontoinhaber und Treuhänder.[449]

Interessant ist die Frage, ob § 181 BGB der Erteilung einer Zustimmung des vorläufigen Insolvenzverwalters zu einer Verfügung des Schuldners entgegen steht, wenn der Schuldner durch diese Verfügung dem Insolvenzverwalter persönlich in seiner Eigenschaft als gewillkürter Treuhänder und Kontoinhaber Geldmittel zur Verwaltung auf einem Treuhandkonto anvertraut. Dann nämlich stellt sich die Frage nach der Genehmigungskompetenz, die nach einer Ansicht beim Insolvenzgericht liegen soll, nach

---

447 Vgl. hierzu sowie zum Zustimmungsvorbehalt im Übrigen etwa Uhlenbruck-Vallender, InsO, § 21, Rn. 24 f.

448 Vortmann, BKR 2007, 449 ff., 451; Vgl. auch Mayen in Schimansky/Bunte/Lwowski, BankRHdB, § 50, Rn. 46; sowie Obermüller, InsR i.d. Bankpraxis, Rn. 3.32 ff.; Zu den Auswirkungen des Zustimmungsvorbehalts auf die einzelnen Zahlungsdienste am Beispiel der Überweisung vgl. Kap. E.I.2.

449 Vgl. auch Leohardt/Smid/Zeuner-Thiemann, § 21, Rn. 46.

wohl h.M. jedoch durch einen eigens zu bestellenden Sonderinsolvenzverwalter ausgeübt werden muss.[450]

Ein Genehmigungserfordernis ist indes nach wohl h.M. auch bei (doppelt) analoger Anwendung von § 181 BGB[451] jedenfalls bei Abgabe der Zustimmung gegenüber dem Insolvenzschuldner, vgl. § 182 Abs. 1 BGB, zu verneinen. In diesem Fall nämlich gibt der vorläufige Insolvenzverwalter die nach § 21 Abs. 2 S. 1 Nr. 2 2. Alt. InsO erforderliche Zustimmung nicht sich selbst gegenüber, sondern allein und unmittelbar gegenüber dem Schuldner als Erklärungsempfänger ab.[452] Er steht mithin nicht auf beiden Seiten desselben Rechtsgeschäfts, so dass § 181 BGB nicht Platz greift.

Das Verbot des Insichgeschäfts ist nur auf die Abgabe der Zustimmungserklärung als maßgebliches Rechtsgeschäft anwendbar, nicht jedoch auf das zustimmungsbedürftige Rechtsgeschäft selbst. Der vorläufige Insolvenzverwalter ist hieran zudem in seiner Eigenschaft als Amtswalter schon nicht beteiligt. Er tritt – vorbehaltlich der bereits untersuchten Zustimmung zu der Verfügung des Schuldners – in dieser Konstellation allein in seiner Eigenschaft als gewillkürter Treuhänder und damit nur auf einer Seite des entsprechenden Rechtsgeschäfts auf.[453] Unabhängig davon kommen die maßgeblichen Rechtsgeschäfte nicht zwischen Treugeber und Treuhänder, sondern i.d.R. zwischen Treugeber und der jeweils beteiligten Bank zu Stande, so dass jedenfalls deshalb § 181 BGB keine Anwendung findet.[454]

§ 181 BGB ist also – trotz (doppelter) Analogie – sowohl auf die Zustimmung zur Übertragung von Vermögenswerten des Schuldners auf den vorläufigen Insolvenzverwalter persönlich als auch zum Abschluss der erforderlichen Treuhandabrede – sofern man diese trotz ihres rein schuldrechtlichen Charakters als Verfügung i.S.d. § 21 Abs. 2 S. 1 Nr. 2 2. Alt. InsO ansieht – unanwendbar. Dabei ist der Abschluss des Treuhandvertrags *per se* zudem für den Schuldner lediglich rechtlich vorteilhaft bzw. jedenfalls ein Interessenkonflikt ausgeschlossen, so dass § 181 BGB auch deshalb keine Anwendung findet.[455]

---

450 Bork, NZI 2005, 530 ff., 530 m.w.N., der sich detailliert mit den rechtlichen Implikationen von § 181 BGB beim sog. Treuhandkontomodell (vgl. hierzu etwa Uhlenbruck-Vallender, InsO, § 22, Rn. 242 ff. sowie Leonhardt/Smid/Zeuner-Thiemann, InsO, § 22, 88) im Falle des schwachen vorläufigen Insolvenzverwalters mit Zustimmungsvorbehalt befasst.

451 Vgl. hierzu sowie zur Anwendbarkeit von § 181 BGB im Übrigen Kap. B.I.2.3.2.

452 Bork, NZI 2005, 530 ff., 531 m.w.N. und Hinweisen zur a.A.

453 So im Ergebnis auch Bork, NZI 2005, 530 ff., 532.

454 Vgl. hierzu bereits Kap. B.I.2.3.2. (iii).

455 Vgl. auch hierzu bereits Kap. B.I.2.3. (ii) sowie MüKoInsO-Füchsl/Weißhäupl/Jaffé, § 149, Rn. 15 sowie Bork, NZI 2005, 530 ff.

2.3. Starker vorläufiger Insolvenzverwalter

Sofern das Gericht dem Schuldner gem. §§ 21 Abs. 2 S. 1 Nr. 2 1. Alt., 22 Abs. 1 InsO bereits während des vorläufigen Insolvenzverfahrens die Verwaltungs- und Verfügungsbefugnis über sein Vermögen entzieht und diese damit dem vorläufigen Insolvenzverwalter überträgt, kann dieser grundsätzlich uneingeschränkt mit Wirkung für und gegen den Schuldner handeln. Der vorläufige Insolvenzverwalter ist daher insbesondere in der Lage, über bestehende Konten des Schuldners zu verfügen, diese zu kündigen oder neue Schuldnerkonten zu eröffnen.

Aufgrund des umfassenden Übergangs der Verwaltungs- und Verfügungsbefugnis kann der starke vorläufige Insolvenzverwalter zudem frei entscheiden, ob er die spätere Insolvenzmasse auf bereits bestehenden oder ggfs. neu zu errichtenden Schuldnerkonten oder – stattdessen oder zum Teil – auf einem offenen Treuhandkonto verwaltet und zu diesem Zweck mit sich persönlich als Treuhänder ein Treuhandverhältnis begründet.[456] Die Entscheidung obliegt allein dem vorläufigen Insolvenzverwalter, da er über das Schuldnervermögen – in den Grenzen insbesondere der Insolvenzzweckwidrigkeit – grundsätzlich frei verfügen kann.[457]

Der Insolvenzschuldner dagegen ist infolge des gerichtlichen Verfügungsverbots, §§ 21 Abs. 2 S. 1 Nr. 2 1. Alt., 22 Abs. 1 InsO, nicht mehr in der Lage, über seine Konten zu verfügen. Der starke vorläufige Insolvenzverwalter verdrängt den Schuldner vollumfänglich aus der Verwaltungs- und Verfügungsbefugnis über sein Vermögen und schließt diesen somit auch von der Kontoführung vollständig aus.

Um diese Verfügungsbeschränkung zu verdeutlichen, bietet es sich an, die Kontobezeichnung bei Schuldnerkonten um einen entsprechenden Zusatz, etwa nach dem Namen des Kontoinhabers „(vorläufiger) Insolvenzverwalter [Name des vorläufigen Insolvenzverwalters]" zu ergänzen.[458] Dasselbe gilt für das Eröffnungsverfahren im Falle eines Zustimmungsvorbehalts sowie bei einem Übergang der Verfügungsbefugnis über die Konten auf den vorläufigen Insolvenzverwalter infolge einer entsprechenden Einzelermächtigung oder bei einem starken vorläufigen Insolvenzverwalter. Alternativ wird vertreten, die Kontobezeichnung – unter Zugrundelegung der Amtstheorie – analog der Bezeichnung im Zivilprozess auszugestalten, mithin „[Name des vorläufigen

456 Vgl. zum Abschluss der erforderlichen Treuhandabrede im Innenverhältnis Kap. B.I.2.2.

457 Vgl. Fischbeck in Hellner/Steuer, BuB, Abschnitt F, Rn. 2/249; Vgl. auch Zuleger in Cranshaw/Paulus/Michel, BankenKomInsR, vor § 80, Rn. 1 m.w.N.

458 Kuder, ZInsO 2009, 584 ff., 584; Zuleger in Cranshaw/Paulus/Michel, BankenKomInsR, vor § 80, Rn. 3.

Insolvenzverwalters] in seiner Eigenschaft als vorläufiger Insolvenzverwalter über das Vermögen der [Name des Schuldners]".[459]

2.4. Schwacher vorläufiger Insolvenzverwalter mit Einzelermächtigung

Wenn und soweit das Insolvenzgericht dem vorläufigen Insolvenzverwalter durch einen Beschluss gem. § 22 Abs. 2 InsO einzelne Befugnisse überträgt, ist er im Rahmen dieser Einzelermächtigung dem starken vorläufigen Insolvenzverwalter gleichgestellt, vgl. § 22 Abs. 2 S. 2 InsO. Soweit das Insolvenzgericht dabei dem vorläufigen Insolvenzverwalter die Verwaltungs- und Verfügungsbefugnis über das Vermögen des Insolvenzschuldners überträgt, kann nur noch der Insolvenzverwalter rechtswirksam verfügen. Im Übrigen verbleibt die Verwaltungs- und Verfügungsbefugnis beim Schuldner.[460]

Für die Frage, welche Möglichkeiten der Kontoführung dem schwachen vorläufigen Insolvenzverwalter zur Verfügung stehen, kommt es also entscheidend auf die konkrete Ausgestaltung der jeweiligen Einzelermächtigung und damit auf die Entscheidung des Insolvenzgerichts an. Dieses hat es in der Hand, dem schwachen vorläufigen Insolvenzverwalter – ggfs. in Kombination mit anderen flankierenden Maßnahmen, etwa der Anordnung eines Zustimmungsvorbehalts – die Kontoführung zu übertragen und ihm die Führung offener Treuhandkonten als Verfahrenskonten, insbesondere zum Forderungseinzug oder sonstigen Liquiditätsbeschaffung, zu gestatten. Dem Insolvenzgericht kommt hier ein weiter Spielraum zu, der nur durch § 22 Abs. 2 S. 2 InsO begrenzt wird.[461] Ohne eine entsprechende Einzelermächtigung ist der schwache vorläufige Insolvenzverwalter weder zu Verfügungen über Schuldnerkonten, deren Errichtung oder Kündigung noch zur Einrichtung von Treuhandkonten als Verfahrenskonten berechtigt bzw. in der Lage.

Im Folgenden ist daher der Frage nachzugehen, welche der in der Praxis gängigen Einzelermächtigungen den vorläufigen Insolvenzverwalter berechtigen,

---

459 Schulte-Kaubrügger, ZIP 2011, 1400 ff., 1402.

460 Vgl. etwa Leonhardt/Smid/Zeuner-Thiemann, InsO, § 22, Rn. 82 ff., der deutlich herausarbeitet, dass es sich bei einer Einzelermächtigung i.d.R. (zugleich) um ein befugnisergänzendes, besonderes Verfügungsverbot handelt. Soweit das Insolvenzgericht daher dem vorläufigen Insolvenzverwalter Kompetenzen überträgt, geht damit grundsätzlich ein (unausgesprochenes) kongruentes Verfügungsverbot an den Schuldner einher, um konkurrierende Kompetenzen auszuschließen. Der Gerichtsbeschluss ist ggfs. in diesem Sinne auszulegen.

461 Uhlenbruck-Vallender, InsO, § 22, Rn. 8; vgl. auch Leonhardt/Smid/Zeuner-Thiemann, InsO, § 22, Rn. 84.

Bankgeschäfte für den Schuldner zu tätigen und ggfs. zu diesem Zweck Geldmittel des Schuldners auch auf einem offenen Treuhandkonto zu verwalten bzw. wie die entsprechende Einzelermächtigung hierfür konkret ausgestaltet werden kann.

2.4.1. Bloße Ermächtigung zum Forderungseinzug

(i) In der Praxis wird teilweise vertreten, dass die Ermächtigung, Forderungen des Schuldners einzuziehen, auch die Befugnis umfasse, die Forderungen nicht nur auf ein bereits bestehendes Schuldnerkonto einzuziehen, sondern ein solches ggfs. auch erst zu errichten und hierüber unter Ausschluss des Schuldners zu verfügen.[462] Begründet wird dies damit, dass der Forderungseinzug einerseits ein Konto, andererseits die Befugnis, die Zahlungen dem Schuldnervermögen zuzuführen, notwendigerweise voraussetze.[463]

Diese Argumentation verfängt nicht: zumindest ein Ausschluss des Schuldners von der Verfügungsbefugnis über das betreffende Konto ist für den Forderungseinzug weder rechtlich noch tatsächlich erforderlich. Dritte können vielmehr auch ohne dass der vorläufige Insolvenzverwalter auf das fragliche Konto zugreifen kann, hierauf leisten. Die entsprechenden Zahlungseingänge gelangen unabhängig von der Verfügungsbefugnis – denn für die rechtliche Zuordnung zum Vermögen des Schuldners kommt es allein auf dessen Kontoinhaberschaft an – in die spätere Insolvenzmasse. Ob und welche Zahlungseingänge erfolgen, kann der Insolvenzverwalter dabei durch die Geltendmachung seines Einsichtnahmerechts bzw. Auskunftsanspruchs gem. § 22 Abs. 3 S. 2, 3 InsO kontrollieren. Der Insolvenzverwalter ist für den bloßen Forderungseinzug nicht darauf angewiesen, dass er – zumal anstelle des Schuldners – über das Konto verfügen kann (wenngleich dies in der Praxis sicherlich wünschenswert ist).

Vor dem Hintergrund, dass eine Anordnung des Insolvenzgerichts i.d.R. spiegelbildlich die Befugnisse des Schuldners beschränkt, ist somit vielmehr ein ausdrücklicher Beschluss des Insolvenzgerichts, der dem schwachen vorläufigen Insolvenzverwalter die Kontoführung zuweist, erforderlich.[464]

---

462 So etwa Schulte-Kaubrügger, ZIP 2011, 1400 ff., 1403.

463 So etwa Schulte-Kaubrügger, ZIP 2011, 1400 ff., 1403, der jedoch zugleich – zutreffend – eine ausdrückliche Ermächtigung des Insolvenzgerichts anregt.

464 Vgl. Leonhardt/Smid/Zeuner-Thiemann, InsO, § 22, Rn. 82 ff. sowie bereits zuvor Fn. 455; Dabei ist zu unterscheiden, ob das Insolvenzgericht dem vorläufigen Insolvenzverwalter das Ansichziehen der Kassenführung lediglich gestattet oder ihm

Streng genommen bedarf es schon keines Kontos zur Bewerkstelligung des Forderungseinzugs. Dies mag zwar naheliegen, zwingend ist es indes nicht, da die drittschuldnerischen Zahlungen – wenig praxisgerecht – auch bar entgegen genommen und an den Schuldner weitergegeben werden könnten. Insofern erscheint bei einer Ermächtigung allein zum Forderungseinzug die Berechtigung des vorläufigen Insolvenzverwalters fraglich, hierfür ein Schuldnerkonto zu errichten, sollte ein solches bislang (atypischerweise) nicht vorhanden gewesen oder aber zwischenzeitlich gekündigt worden sein.

Diese Überlegungen überzeugen in der Praxis allerdings nicht, schon allein aufgrund der Gefahr einer missverständlichen Außenwirkung eines solchen „Bareinzugs", der den Insolvenzverwalter mitunter in die Nähe einer Straftat nach § 246 bzw. § 266 StGB rücken könnte. Ein Konto ist zur Abwicklung des Forderungseinzugs mithin regelmäßig unabdingbar. Die Einzelermächtigung soll den schwachen vorläufigen Insolvenzverwalter dabei grundsätzlich in die Lage versetzen, seine Aufgaben zu erfüllen, ohne hierfür rechtlich auf den Schuldner angewiesen zu sein. Insofern erscheint es zumindest fraglich, den Insolvenzverwalter für eine ggfs. erforderliche Kontoeröffnung auf den Schuldner zu verweisen.

Da aber weder dem vorläufigen Insolvenzverwalter noch der Bank das Risiko einer unzutreffenden Auslegung des Gerichtsbeschlusses aufgebürdet werden kann, obliegt es dem Insolvenzgericht – ggfs. aufgrund eines entsprechenden Hinweises des vorläufigen Insolvenzverwalters – für Rechtssicherheit zu sorgen und den Beschluss entsprechend klar zu fassen bzw. zu ergänzen. Erforderlichenfalls sollte auch die Bank, an welche der vorläufige Insolvenzverwalter mit einer unklaren Einzelermächtigung herantritt, auf eine solche Präzisierung bestehen.

Eine Einzelermächtigung allein zum Forderungseinzug berechtigt den schwachen vorläufigen Insolvenzverwalter also nicht, über bereits bestehende Konten des Schuldners zu verfügen oder neue Schuldnerkonten einzurichten. Dies gilt auch für diejenigen Konten, über die der Schuldner seinen Zahlungsverkehr abwickelt und auf welche somit die drittschuldnerischen Zahlungen eingehen. Um den Forderungseinzug überwachen zu können, ist der Insolvenzverwalter daher – vorbehaltlich eines Ergänzungsbeschlusses – auf die Unterstützung des Schuldners angewiesen. Dem trägt das Gesetz mit § 22 Abs. 3 S. 2, 3 InsO Rechnung.

(ii) Eindeutig ist die Rechtslage auch, was die Nutzung von offenen Treuhandkonten betrifft: einer Einzelermächtigung allein zum Forderungseinzug kann weder die Befugnis entnommen werden, Mittel der späteren Insolvenzmasse auf einen Treuhänder zu übertragen noch die hierfür erforderliche

---

diese überträgt. In ersterem Fall liegt es in dessen pflichtgemäßen Ermessen ob bzw. wann er die Kassenführung übernimmt, Uhlenbruck-Vallender, InsO, § 22, Rn. 10.

Treuhandabrede zu treffen. Der Insolvenzverwalter benötigt, will er den Forderungseinzug auf ein Treuhandkonto vornehmen, vielmehr eine weitergehende Einzelermächtigung durch das Insolvenzgericht. Dieses bestimmt über die Befugnisse des Insolvenzverwalters im Eröffnungsverfahren.

Häufig umfasst die Berechtigung zum Forderungseinzug auch ausdrücklich den Einzug von Forderungen gegen Banken, mithin insbesondere Kontoguthaben. Hier gilt nichts anderes: zwar ist der Einzug auf ein (anderes) Schuldnerkonto mitunter nicht zweckmäßig, dennoch folgt aus dem Umstand, dass ausdrücklich auch Forderungen gegen Banken in dem Gerichtsbeschluss genannt sind, für sich genommen nicht, dass der schwache vorläufige Insolvenzverwalter zumindest diese auf ein offenes Treuhandkonto einziehen darf. Auch hier ist ggfs. ein entsprechender Ergänzungsbeschluss erforderlich.

2.4.2. Ermächtigung zum Forderungseinzug auf ein Schuldner- oder Treuhandkonto

In der Praxis häufig anzutreffen ist die Ermächtigung des schwachen vorläufigen Insolvenzverwalters, Forderungen der späteren Insolvenzmasse entweder auf ein Schuldner- oder ein offenes Treuhandkonto[465] einzuziehen, zum Teil klarstellend auch mit der ausdrücklichen Ermächtigung, hierfür solche Konten im Bedarfsfall einzurichten.

(i) Im Falle eines Schuldnerkontos bedeutet dies allerdings zunächst nur, dass der Insolvenzverwalter berechtigt ist, ein solches ggfs. zu errichten und die Drittschuldner zur Leistung auf dieses Konto aufzufordern. Da er für den Forderungseinzug über das Konto aber wie gezeigt nicht zwingend – insbesondere nicht unter Ausschluss des Schuldners – verfügen können muss, ist dagegen auch hier fraglich, ob der vorläufige Insolvenzverwalter darüber hinaus auch zur Kontoführung, zumindest in Bezug auf das dem Forderungseinzug dienende Konto, ermächtigt sein soll. Aus den in Kapitel B.II.2.4.1. bereits dargestellten Gründen ist dies

465 Gelegentlich findet sich in den entsprechenden Gerichtsbeschlüssen auch die Ermächtigung, ein Anderkonto für den Forderungseinzug zu nutzen, obschon – vgl. Kap. B.II.7. sowie A.II.2.1.4. – das offene Treuhandkonto hierfür aus verschiedenen Gründen grundsätzlich besser geeignet ist. Nennt der Gerichtsbeschluss jedoch ausdrücklich das Anderkonto als Spezialfall des offenen Treuhandkontos, sollte sich der Insolvenzverwalter mit dem Insolvenzgericht ins Benehmen setzen bevor er in Abweichung von den Anordnungen des Insolvenzgerichts ein einfaches Treuhandkonto für den Forderungseinzug nutzt.

grundsätzlich abzulehnen und ggfs. ein Ergänzungsbeschluss des Insolvenzgerichts erforderlich.

(ii) Soll der Forderungseinzug nach den Anordnungen des Insolvenzgerichts dagegen auf ein offenes Treuhandkonto erfolgen, so beinhaltet dies neben der Ermächtigung, ein solches Konto zu errichten und für den Forderungseinzug zu nutzen, auch die Befugnis zum Abschluss der hierfür erforderlichen Treuhandabrede im Innenverhältnis zwischen Insolvenzschuldner und vorläufigem Insolvenzverwalter persönlich.[466] Diese ist zwingende Voraussetzung für die Nutzung des Treuhandkontos als Verfahrenskonto und daher in der entsprechenden Einzelermächtigung notwendigerweise enthalten.

Der entscheidende Unterschied zu dem vorbeschriebenen Fall einer ebenfalls nicht ausdrücklich angeordneten (ausschließlichen) Verfügungsbefugnis des vorläufigen Insolvenzverwalters über ein dem Forderungseinzug dienendes Schuldnerkonto liegt darin, dass der Abschluss der Treuhandabrede für die Nutzung des Treuhandkontos rechtlich zwingend ist. Der Forderungseinzug auf ein Schuldnerkonto ist dagegen unabhängig von der (ausschließlichen) Verfügungsbefugnis des vorläufigen Insolvenzverwalters möglich.

Da das Insolvenzgericht den schwachen vorläufigen Insolvenzverwalter regelmäßig in die Lage versetzen will, die ihm überantworteten Aufgaben zu erfüllen, können die hierfür rechtlich zwingend erforderlichen Befugnisse dem Gerichtsbeschluss – in den Grenzen des Wortlauts, andernfalls ist ein Ergänzungsbeschluss erforderlich – regelmäßig entnommen werden. Im Übrigen ist eine restriktive Herangehensweise geboten.

Anders als im Falle des Schuldnerkontos ist der vorläufige Insolvenzverwalter beim offenen Treuhandkonto in seiner Eigenschaft als Treuhänder bereits *qua* Kontoinhaberschaft berechtigt, in den Grenzen der Treuhandabrede, die u.a. durch den Zweck des Kontos, mithin den Forderungseinzug für den Insolvenzschuldner, bestimmt wird, über das Konto (allein) zu verfügen, so dass es hierfür keiner zusätzlichen Ermächtigung bedarf.

Gibt die Einzelermächtigung dem schwachen vorläufigen Insolvenzverwalter keine konkrete Kontoform vor, ermächtigt das Gericht ihn aber zum Forderungseinzug auf „ein Konto“, kann ob einer solchen offenen Formulierung nicht ohne weiteres auf ein Wahlrecht des Insolvenzverwalters geschlossen werden. Es liegt vielmehr im pflichtgemäßen Ermessen des vorläufigen Insolvenzverwalters – hilft der Wortlaut des Beschlusses im Übrigen nicht ab –, eine Klärung durch das Insolvenzgericht herbeizuführen.

466 Vgl. hierzu Kap. B.I.2.2.

2.4.3. *Ermächtigung zum Forderungseinzug bei gleichzeitigem Verbot, an den Schuldner zu zahlen*

Interessant ist der Fall, dass das Insolvenzgericht den schwachen vorläufigen Insolvenzverwalter zum Forderungseinzug ermächtigt und zugleich den Drittschuldnern untersagt, weiterhin an den Schuldner zu zahlen:

(i) Ein solcher Gerichtsbeschluss kann zumindest dem Wortlaut nach nicht anders verstanden werden als dass der Insolvenzverwalter den Forderungseinzug – geht man nicht davon aus, dass dieser in bar abgewickelt werden soll[467] – auf ein Treuhandkonto vornehmen muss, da jede Zahlung auf ein Schuldnerkonto – ungeachtet dessen, ob der Schuldner oder der Insolvenzverwalter über dieses verfügungsberechtigt ist – eine (verbotswidrige) Zahlung an den Schuldner darstellen würde. Entscheidend für die rechtliche Zuordnung eines Zahlungseingangs ist allein, wer Inhaber des entsprechenden Kontos ist. Auf die Verfügungsberechtigung kommt es nicht an. Ein Forderungseinzug auf ein Schuldnerkonto stünde damit in Widerspruch zu dem an die Drittschuldner gerichteten Verbot, an den Schuldner zu leisten und scheidet damit aus.

(ii) Ist der vorläufige Insolvenzverwalter zum Forderungseinzug ermächtigt und untersagt das Insolvenzgericht den Drittschuldnern zugleich, weiterhin an den Schuldner zu zahlen, beinhaltet diese Anordnung somit notwendigerweise auch die Ermächtigung, zum Zwecke des Forderungseinzugs ein offenes Treuhandkonto zu nutzen und die hierfür erforderliche Treuhandabrede im Innenverhältnis zu begründen.[468] Andernfalls liefe die gerichtliche Ermächtigung zum Forderungseinzug ins Leere, da der Insolvenzverwalter die Drittschuldner sonst auffordern müsste, entweder bar (an ihn persönlich, denn andernfalls fiele die Zahlung wiederum in das Schuldnervermögen) oder verbotswidrig auf ein Konto des Schuldners zu zahlen.

Erwägenswert erscheint eine – mit dem Wortlaut des Gerichtsbeschlusses je nach Einzelfall jedoch nur schwer vereinbare – Auslegung dahingehend, dass das Insolvenzgericht den Drittschuldnern lediglich eine Zahlung „unmittelbar" an den Schuldner untersagen will, eine Zahlung auf ein Schuldnerkonto – zumindest wenn über dieses allein der Insolvenzverwalter verfügen darf – jedoch zulässig bleiben soll. Es erscheint allerdings zweifelhaft, ob eine solche Auslegung einer gerichtlichen Überprüfung Stand hielte. Diese Frage betrifft insbesondere den

467 Vgl. hierzu Kap. B.II.2.4.3.

468 So im Ergebnis auch BGH, Urteil vom 20.09.2007, IX ZR 91/06, eingehend besprochen in Kap. D.II.2.1.

vorläufigen Insolvenzverwalter, der sich dann u.U. zumindest des Vorwurfs einer Pflichtverletzung i.S.d. § 60 InsO erwehren muss.

(iii) Was die Kontoführung im Übrigen anbelangt – insbesondere die Berechtigung, Schuldnerkonten zu eröffnen, zu kündigen und über sie zu verfügen, aber auch Treuhandkonten für andere Zwecke des Insolvenzverfahrens zu nutzen – kann einem solchen Beschluss keine Aussage entnommen werden. Erforderlichenfalls muss sich der Insolvenzverwalter um weitergehende Anordnungen des Insolvenzgerichts bemühen.

2.4.4. Ermächtigung zur Verwaltung des schuldnerischen Vermögens auf einem Treuhandkonto

Alternativ kann das Insolvenzgericht den schwachen vorläufigen Insolvenzverwalter auch ermächtigen, das schuldnerische (Geld-)Vermögen in Besitz zu nehmen, Forderungen gegen Dritte, insbesondere Banken, einzuziehen und die Geldmittel des Schuldners auf einem offenen Treuhandkonto zu verwalten. Der vorläufige Insolvenzverwalter ist dann zum Abschluss der entsprechenden Treuhandabrede im Innenverhältnis, zur Übertragung der vorgefundenen Geldmittel des Schuldners auf sich persönlich als Treuhänder und Kontoinhaber sowie zum Forderungseinzug auf das entsprechende Konto ermächtigt.

Über Konten des Schuldners kann der vorläufige Insolvenzverwalter dagegen allein aufgrund einer solchen Einzelermächtigung nicht verfügen. Ebenso kann er bestehende Schuldnerkonten weder kündigen noch solche neu errichten, wohl aber – Ermächtigung zum Forderungseinzug vorausgesetzt – ein darauf befindliches Guthaben zur Auskehr auf ein offenes Treuhandkonto anfordern.

2.4.5. Ermächtigung zur Kassen- und Kontoführung

Regelmäßig ist es zur Sicherung der späteren Insolvenzmasse erforderlich, dass das Insolvenzgericht dem Schuldner die Kassen- und Kontoführung entzieht und diese dem vorläufigen Insolvenzverwalter überträgt. Dies beinhaltet – da dies für die Kassen- und Kontoführung[469] nicht zwingend erforderlich ist – aber nicht notwendigerweise auch die Befugnis, hierfür offene Treuhandkonten zu nutzen. Vorbehaltlich einer weitergehenden Anordnung des Insolvenzgerichts muss es vielmehr bei der Nutzung bestehender bzw. neu zu eröffnender Schuldnerkonten verbleiben.[470]

469 Zum Begriff vgl. etwa Uhlenbruck-Vallender, InsO, § 22, Rn. 10.

470 Uhlenbruck-Vallender, InsO, § 22, Rn. 10; Dabei ist zu unterscheiden, ob das Insolvenzgericht dem vorläufigen Insolvenzverwalter das Ansichziehen der

Der Insolvenzverwalter ist, sofern ihm das Insolvenzgericht die Pflicht[471] zur Kassen- und Kontoführung überträgt – anders als im Fall des § 275 Abs. 2 InsO der (vorläufige) Sachwalter[472] –, allein verfügungsberechtigt.[473] Er kann frei entscheiden, ob er bereits bestehende Schuldnerkonten fortführt, kündigt oder neue Konten auf Namen und Rechnung des Schuldners errichtet. Im Verhältnis zur kontoführenden Bank kann der Schuldner insofern allein durch den Insolvenzverwalter handeln, der daher auch sämtliche zur Kassen- bzw. Kontoführung gehörende Rechte des Schuldners ausüben kann. Entsprechend ist auch in diesem Fall eine Ergänzung der Kontobezeichnung um einen entsprechenden Zusatz, der die Verfügungsbeschränkung zum Ausdruck bringt, sinnvoll.[474]

Der konkreten Ausgestaltung der Einzelermächtigung kommt, wie das Beispiel Kontoführung zeigt, besondere Bedeutung zu. Das Insolvenzgericht bestimmt dadurch – soweit es nicht ein allgemeines Verfügungsverbot gem. § 21 Abs. 2 S. 1 Nr. 2 1. Alt. InsO anordnet –, welche Aufgaben und Pflichten es dem vorläufigen Insolvenzverwalter überträgt und damit auch dessen Befugnisse während des Eröffnungsverfahrens. Für den Schuldner folgt daraus regelmäßig ein spiegelbildlicher Verlust seiner Verwaltungs- und Verfügungsbefugnis und damit seiner Rechtsmacht.[475] Daher haben sowohl der Insolvenzverwalter – denn dieser muss, auch vor dem Hintergrund der § 21 Abs. 2 S. 1 Nr. 1, § 60 InsO, seinen Pflichtenkreis und seine Befugnisse genau kennen – als auch der Schuldner ein Interesse daran, dass der entsprechende Gerichtsbeschluss die Rechtsstellung des vorläufigen Insolvenzverwalters möglichst präzise festlegt. Dasselbe gilt auch für das Insolvenzgericht, das die Tätigkeit des vorläufigen Insolvenzverwalters beaufsichtigt, § 21 Abs. 2 S. 1 Nr. 1 i.V.m. § 58 InsO, sowie den Rechtsverkehr im Übrigen, der ebenso jederzeit erkennen können muss, welche Befugnisse noch beim Schuldner oder bereits beim vorläufigen Insolvenzverwalter liegen. Bestehen ernsthafte

---

Kassenführung lediglich gestattet oder ihm diese überträgt. In ersterem Fall liegt es in dessen pflichtgemäßen Ermessen ob bzw. wann der Kassenführung übernimmt, Uhlenbruck-Vallender, InsO, § 22, Rn. 10.

471 Für den Fall, dass das Insolvenzgericht dem vorläufigen Insolvenzverwalter lediglich die Befugnis einräumt, die Kassen- und Kontoführung an sich zu ziehen vgl. Uhlenbruck-Vallender, InsO, § 22, Rn. 10.

472 Vgl. hierzu Kap. C.I.2.

473 Uhlenbruck-Vallender, InsO, § 22, Rn. 10 m.w.N.; Vgl. auch Leonhardt/Smid/Zeuner-Thiemann, InsO, § 22, Rn. 82 ff. sowie bereits zuvor Fn. 455.

474 Kuder, ZInsO 2009, 584 ff., 584.

475 So auch Leonhardt/Smid/Zeuner-Thiemann, InsO, § 22, Rn. 82 ff.; Vgl. auch bereits zuvor Fn. 455.

Zweifel an Inhalt und Reichweite einer Einzelermächtigung, ist stets eine Klärung mit dem Insolvenzgericht und ggfs. ein Ergänzungsbeschluss angeraten.[476]

3. Möglichkeiten der Kontoführung im eröffneten Insolvenzverfahren

Mit Eröffnung des Insolvenzverfahrens geht die Verwaltungs- und Verfügungsbefugnis endgültig auf den Insolvenzverwalter über, § 80 Abs. 1 InsO. Für die Kontoführung bedeutet dies zunächst, dass der Insolvenzverwalter die Mittel der Masse nach seiner Wahl sowohl auf einem Schuldner- als auch einem offenen Treuhandkonto verwalten kann:

(i) Infolge des Übergangs der Verwaltungs- und Verfügungsbefugnis ist er berechtigt, Verträge mit Wirkung für und gegen die Insolvenzmasse abzuschließen und über diese zu verfügen. Daher kann der Insolvenzverwalter nach Verfahrenseröffnung sowohl den für die Nutzung von offenen Treuhandkonten als Verfahrenskonto erforderlichen Treuhandvertrag begründen als auch Gelder der Masse auf sich persönlich als Treuhänder übertragen.[477] Dasselbe gilt für die Eröffnung bzw. Fortführung von Konten auf Namen und für Rechnung des Insolvenzschuldners. Die Entscheidung über die Art und Weise der Kontoführung obliegt dabei allein dem Insolvenzverwalter.[478]

Häufig wird die Weichenstellung, welche Konten als Verfahrenskonten dienen – auch da regelmäßig Kontinuität in der Person des (vorläufigen) Insolvenzverwalters herrscht –, bereits im Eröffnungsverfahren getroffen. In der Praxis entscheidet sich der vorläufige Insolvenzverwalter dabei – entsprechende Befugnis vorausgesetzt – zumeist von Anfang an für ein offenes Treuhandkonto, jedoch oftmals in Kombination mit zumindest einem Schuldnerkonto. Dabei handelt es sich regelmäßig um dasjenige Konto, über welches der Schuldner bislang seinen Zahlungsverkehr abgewickelt hat, um einerseits den Drittschuldnern zunächst noch eine Zahlung unter Verwendung der bisherigen Bankverbindung zu ermöglichen – denn regelmäßig vergeht einige Zeit bis diese von der Umstellung auf das Treuhandkonto Kenntnis erhalten bzw. sie diese in ihren Systemen umsetzen – und andererseits, um nach

476 Zum Ganzen etwa Uhlenbruck-Vallender, InsO, § 22, Rn. 8 ff. sowie Leonhardt/Smid/Zeuner-Thiemann, InsO, § 22, Rn. 82 ff. Bei evidenten Unklarheiten besteht zudem das Risiko eines unwirksamen Gerichtsbeschlusses.

477 Zum Einwand eines Verstoßes gegen § 181 BGB vgl. bereits Kap. B.I.2.3.

478 Hierzu sowie zum Ganzen vgl. Zuleger in Cranshaw/Paulus/Michel, BankenKomInsR, vor § 80, Rn. 1 m.w.N.; Fischbeck in Hellner/Steuer, BuB, Abschnitt F, Rn. 2/249.

außen hin eine gewisse Kontinuität in der Geschäftsbeziehung zu demonstrieren. Nach Verfahrenseröffnung dagegen sind Schuldnerkonten eher die Ausnahme.[479]

(ii) Gem. §§ 116 S. 1, 115 Abs. 1 InsO erlischt der Kontovertrag, genauer der Zahlungsdiensterahmenvertrag, als Geschäftsbesorgungsvertrag mit Eröffnung des Insolvenzverfahrens[480] und auch die Kontokorrentabrede als antizipierte Verfügungsvereinbarung[481] endet aufgrund der Sperrwirkung des § 91 InsO.[482] D.h., der Insolvenzverwalter, der bestehende Schuldnerkonten auch nach Verfahrenseröffnung weiterhin nutzen will, muss mit der kontoführenden Bank die Fortgeltung des bisherigen Zahlungsdiensterahmenvertrags nebst Kontokorrentabrede vereinbaren und mit dieser daher einen neuen Vertrag abschließen. Rechtsprechung und Literatur lassen es dabei genügen, wenn dies konkludent geschieht,[483] etwa indem der Insolvenzverwalter nach Verfahrenseröffnung Zahlungsdienste in Anspruch nimmt oder sonst zu erkennen gibt, dass er das Konto fortführen möchte. Bei der kontoführenden Bank wird man regelmäßig den Willen, ein solches konkludentes Angebot des Insolvenzverwalters anzunehmen, unterstellen können. Dieser manifestiert sich spätestens in der Ausführung entsprechender Weisungen des Insolvenzverwalters.

Anders liegt es dagegen bei Konten, die der vorläufige Insolvenzverwalter eröffnet hat, da §§ 116, 115 Abs. 1 InsO eine Rechtshandlung des Schuldners selbst voraussetzen.[484] Der (vorläufige) Insolvenzverwalter, der im Rahmen seiner ihm durch das Insolvenzgericht verliehenen Befugnisse handelt, verpflichtet durch sein Handeln zwar den Insolvenzschuldner. Gleichwohl liegt keine Rechtshandlung des Schuldners vor. Entsprechend

479 So auch Kuder, ZInsO 2009, 584 ff., 585.

480 BGH, Urteil vom 02.02.1972, VIII ZR 152/70, BGHZ 58, 108 ff., 111; BGH, Urteil vom 13.11.1990, XI ZR 217/89, WM 1991, 60 ff., 61; Obermüller, InsR i.d. Bankpraxis, Rn. 3.46 m.w.N.; Müller-Christmann in Langenbucher/Bliesener/Spindler, BankRKom, 1. Kap., Rn. 184; Kuder, ZInsO 2009, 584 ff., 584 m.w.N.

481 Zum Begriff vgl. Müller-Christmann in Langenbucher/Bliesener/Spindler, BankRKom, 1. Kap., Rn. 204 m.w.N.

482 BGH, Urteil vom 04.05.1979, I ZR 127/77, WM 1979, 719 ff., 720; Kuder, ZInsO 2009, 584 ff., 584 f. m.w.N.

483 BGH, Urteil vom 13.11.1990, VI ZR 217/89, WM 1991, 60 ff., 60; Fischbeck in Hellner/Steuer, BuB, Abschnitt F, Rn. 2/3; Obermüller, InsR i.d. Bankpraxis, Rn. 2.117; Müller-Christmann in Langenbucher/Bliesener/Spindler, BankRKom, 1. Kap., Rn. 184; Kuder, ZInsO 2009, 584 ff., 585 m.w.N.

484 So zumindest für den Fall des §§ 21 Abs. 2 Nr. 2 1. Alt, 22 Abs. 1 InsO etwa auch Uhlenbruck-Sinz, InsO, § 116, Rn. 6 m.w.N.

endet im Falle eines während des vorläufigen Insolvenzverfahrens neu errichteten Schuldnerkontos die Vertragsbeziehung nur dann mit Verfahrenseröffnung, wenn das in Rede stehende Konto noch vom Schuldner selbst errichtet wurde, etwa da das Insolvenzgericht nur einen Zustimmungsvorbehalt angeordnet hatte. Allerdings greift die Sperrwirkung des § 91 Abs. 1 InsO unabhängig von einem Handeln des Schuldners und damit auch in diesem Fall ein, so dass zumindest in Bezug auf die Kontokorrentabrede ein neuer (konkludenter) Vertragsschluss zwischen Bank und Insolvenzverwalter erforderlich ist.[485]

Führt der Insolvenzverwalter nach Verfahrenseröffnung bestehende Schuldnerkonten fort oder eröffnet er während des eröffneten Verfahrens neue Schuldnerkonten, ist es Bankpraxis, die Verfahrenseröffnung durch einen entsprechenden Zusatz in der Bezeichnung des Kontoinhabers, etwa „in Insolvenz" oder „i.I." nach außen erkennbar zu machen.[486] Alternativ kommt in Betracht, die Bezeichnung des Kontoinhabers analog der Bezeichnung im Zivilprozess auf „[Name des Insolvenzverwalters] in seiner Eigenschaft als Insolvenzverwalter über das Vermögen des [Name des Insolvenzschuldners]" zu ändern.[487]

(iii) Entscheidet sich der Insolvenzverwalter gegen eine weitere Nutzung noch bestehender Konten des Insolvenzschuldners, so ist infolge des Erlöschens der Kontokorrentabrede, § 91 Abs. 1 InsO, ein außerordentlicher Rechnungsabschluss zum Stichtag der Verfahrenseröffnung zu erstellen. Dabei erfolgt eine sofortige Verrechnung aller in das Kontokorrent eingestellter Forderungen, die unmittelbar zu einem kausalen Saldo führt, ohne dass es eines gesonderten Saldoanerkenntnisses bedarf.[488] § 355 Abs. 3 HGB gilt für den Fall der Beendigung der Kontokorrentabrede infolge Verfahrenseröffnung entsprechend. Der festgestellte Schlusssaldo ist daher, jedenfalls aber wegen § 41 Abs. 1 InsO, sofort fällig, stellt aber, sofern es sich um einen Sollsaldo handelt, regelmäßig nur eine einfache Insolvenzforderung dar.[489]

---

485 Vgl. zum Ganzen etwa Obermüller, InsR i.d. Bankpraxis, Rn. 2.105, 2116 f. sowie Mayen in Schimansky/Bunte/ Lwowski, BankRHdB, § 47, Rn. 103.

486 Obermüller, InsR i.d. Bankpraxis, Rn. 2.116; Vgl. auch Kuder, ZInsO 2009, 584 ff., 585.

487 Schulte-Kaubrügger, ZIP 2011, 1400 ff., 1402.

488 Zum Begriff des kausalen Saldos sowie zum Kontokorrent vgl. bereits eingehend in Kap. A.II.7.1.2.

489 Vgl. zum Ganzen etwa Müller-Christmann und Kalomiris in Langenbucher/Bliesener/Spindler, BankRKom, 1. Kap., Rn. 213 m.w.N. sowie 9. Kap., Rn. 5.

4. Legitimation des (vorläufigen) Insolvenzverwalters

4.1. Schuldnerkonten

Für die Legitimationspflichten der Bank ist zwischen dem (einfacheren) Fall der Fortführung bereits bestehender Schuldnerkonten und einer Neuerrichtung zu unterscheiden:

4.1.1. Fortführung bestehender Schuldnerkonten

Entscheidet sich der Insolvenzverwalter, bereits bestehende Schuldnerkonten auch nach Verfahrenseröffnung aufrecht zu erhalten, genügt es, wenn er der kontoführenden Bank sein Amt durch Vorlage des entsprechenden Gerichtsbeschlusses nachweist. Eine Legitimation des Insolvenzverwalters persönlich ist nicht erforderlich, da er in seiner Eigenschaft als Amtswalter lediglich für den Kontoinhaber, mithin den Insolvenzschuldner, handelt und insofern nur ein Wechsel in der Verfügungsbefugnis, nicht jedoch in der Person des Kontoinhabers stattfindet (weswegen dieser grundsätzlich auch nicht erneut legitimiert werden muss).[490] Dasselbe gilt für den Fall eines Einrückens in die Verfügungsbefugnis schon während des vorläufigen Insolvenzverfahrens, da auch dann der Kontoinhaber unverändert bleibt. Nach dem GwG ist nur die Legitimation des Vertragspartners, nicht aber der jeweils verfügungsberechtigten Person erforderlich.

Zwar wäre gem. § 154 AO eine Legitimation des Verfügungsberechtigten erforderlich, jedoch regelt Nr. 7 S. 4 lit. c des Anwendungserlasses zu § 154 AO, dass die kontoführende Bank auf eine Legitimation von Parteien kraft Amtes verzichten kann.[491] Anders läge es daher im Fall einer rechtsgeschäftlich erteilten Vollmacht, da der Anwendungserlass zu § 154 AO keinen entsprechenden Ausnahmetatbestand enthält.

4.1.2. Eröffnung neuer Schuldnerkonten

Soweit dagegen erstmals Schuldnerkonten bei der jeweiligen Bank eröffnet werden sollen, ist es erforderlich, dass entweder der (vorläufige) Insolvenzverwalter, sofern dieser – entsprechende Befugnis vorausgesetzt – die Kontoeröffnung vornimmt oder der Schuldner, sofern er trotz der Anordnungen des Insolvenzgerichts hierzu noch berechtigt ist, alle für die Legitimation des Kontoinhabers, mithin des Insolvenzschuldners, als Vertragspartner der Bank gem. den einschlägigen Bestimmungen des GwG sowie gem. § 154 AO erforderlichen

---

490 So auch Fischbeck in Hellner/Steuer, BuB, Abschnitt F, Rn. 2/250.

491 Fischbeck in Hellner/Steuer, BuB, Abschnitt F, Rn. 2/250.

Nachweise erbringt.[492] Dabei können die umfassenden Legitimationspflichten zu erheblichen Verzögerungen führen, etwa wenn dem (vorläufigen) Insolvenzverwalter die offenzulegenden Organisations- und Kontrollstrukturen des Schuldners nicht bekannt bzw. diese nicht aufklärbar sind oder, im Falle einer natürlichen Person, sich diese im Ausland aufhält oder sonst nicht mitwirkungswillig oder -fähig ist.

Eine umfassende Legitimationsprüfung ist grundsätzlich nur erforderlich, wenn der Schuldner nicht bereits zuvor anlässlich der Begründung einer noch andauernden Geschäftsbeziehung legitimiert wurde. Gleichwohl mag die Bank mit Rücksicht auf etwaige zwischenzeitliche Änderungen das (vorläufige) Insolvenzverfahren zum Anlass nehmen, bestimmte Informationen und Nachweise trotz bereits bestehender Geschäftsbeziehung (erneut) anzufordern, insbesondere vor dem Hintergrund der Pflicht zur kontinuierlichen Überwachung der Geschäftsbeziehung gem. § 3 Abs. 1 Nr. 4 GwG.

4.2. Treuhandkonten

Für die Legitimation des (vorläufigen) Insolvenzverwalters als Kontoinhaber und Vertragspartner der Bank sowie die Identifizierung des Insolvenzschuldners als wirtschaftlich Berechtigten gelten zunächst die bereits unter Kapitel A II.2.2.1. (ii) dargestellten Grundsätze, auf die an dieser Stelle zur Vermeidung von Wiederholungen verwiesen werden kann. Daneben bestehen die nachfolgenden Besonderheiten:

(i) Zunächst ist festzuhalten, dass es sich für den (vorläufigen) Insolvenzverwalter aus rein tatsächlichen Erwägungen anbietet, sämtliche Treuhandkonten bei einer Bank zu bündeln, da nach der erstmaligen Legitimation seiner Person – denn der (vorläufige) Insolvenzverwalter wird persönlich und nicht in seiner Eigenschaft als (vorläufiger) Insolvenzverwalter Kontoinhaber – keine erneute Legitimation für die Errichtung weiterer Treuhandkonten bei neu hinzukommenden Insolvenzverfahren erforderlich ist.

(ii) Zugleich ist bei Treuhandkonten eines (vorläufigen) Insolvenzverwalters der wirtschaftlich Berechtigte zwar zu benennen, nicht aber zu legitimieren,[493] so dass der Aufwand für den (vorläufigen) Insolvenzverwalter insbesondere

---

492 Vgl. hierzu im Detail Fischbeck in Hellner/Steuer, BuB, Abschnitt F, Rn. 2/250b mit Verweis auf Rn. 2/34 ff. und 2/60 sowie Fischbeck in Schimansky/Bunte/Lwowski, BankRHdB, § 42, Rn. 139 ff.

493 Vgl. Fischbeck in Hellner/Steuer, BuB, Abschnitt F, Rn. 2/251b; Zur Verpflichtung der Bank, den wirtschaftlich Berechtigten zu legitimieren vgl. Fischbeck in Schimansky/Bunte/Lwowski, BankRHdB, § 42, Rn. 200.

in der oft zeitkritischen Phase des vorläufigen Insolvenzverfahrens deutlich geringer ist. Diese besondere Privilegierung ist in Nr. 39b der sog. „Auslegungs- und Anwendungshinweise der DK [Deutschen Kreditwirtschaft] zur Verhinderung von Geldwäsche, Terrorismusfinanzierung und sonstigen strafbaren Handlungen" geregelt.[494] Diese Auslegungs- und Anwendungshinweise werden zwischen der Deutschen Kreditwirtschaft, dem Bundesministerium der Finanzen und der Bundesanstalt für Finanzdienstleistungsaufsicht (BaFin), zuletzt zum 01.01.2014, vereinbart und konkretisieren deren Verwaltungspraxis.

Der Grund für diese Erleichterung liegt darin, dass der Insolvenzschuldner (und damit auch dessen etwaige wirtschaftliche Eigentümer, insbesondere die Gesellschafter) infolge des (partiellen) Übergangs der Verfügungsbefugnis auf den (vorläufigen) Insolvenzverwalter insoweit keinen Einfluss mehr auf die Art und Weise der Verwaltung des schuldnerischen Vermögens nehmen können.[495] Dies gilt jedenfalls dann, wenn sich der (vorläufige) Insolvenzverwalter rechtmäßig verhält[496] und ihm daher entweder im Wege der Einzelermächtigung oder allgemein das schuldnerische Vermögen durch das Insolvenzgericht oder *qua* Verfahrenseröffnung entsprechend zur alleinigen Verwaltung überantwortet ist.

(iii) Die Vorlage des Gerichtsbeschlusses, aus dem sich die Befugnis des (vorläufigen) Insolvenzverwalters zur Führung von Treuhandkonten als Verfahrenskonto und ggfs. zur Entgegennahme von Zahlungen Dritter ergibt, ist rechtlich nicht erforderlich,[497] zumal die Bank bei Eröffnung eines Treuhandkontos die Berechtigung ihres Kunden, hierauf Gelder Dritter zu verwahren, nicht prüfen muss. Allerdings wird der Gerichtsbeschluss von der Bank regelmäßig zu Erfassung des wirtschaftlich Berechtigten herangezogen.[498]

494 Abrufbar über die Internet-Präsenz der Bundesanstalt für Finanzdienstleistungsaufsicht www.bafin.de.

495 Vgl. hierzu Fischbeck in Hellner/Steuer, BuB, Abschnitt F, Rn. 2/251b, insbesondere Fn. 8 m.w.N.

496 Zur Berechtigung des (vorläufigen) Insolvenzverwalters offene Treuhandkonten als Verfahrenskonten zu nutzen, vgl. bereits Kap. B.II.2 und 3.

497 Fischbeck in Hellner/Steuer, BuB, Abschnitt F, Rn. 2/251a; vgl. auch Kap. A.II.5.

498 Alternativ kann sich die Bank die erforderlichen Informationen auch durch einen Abruf der allgemein zugänglichen Datensätze auf www.insolvenzbekanntmachungen.de beschaffen. Die dortige Veröffentlichung der (vorläufigen) Insolvenzverfahren und damit auch der näheren Angaben zum Insolvenzschuldner als wirtschaftlich Berechtigten erfolgt auf Grundlage von § 9 InsO i.V.m. § 2 der Verordnung zu öffentlichen

Die vorstehenden Ausführungen gelten – allerdings mit Ausnahme der besonderen Privilegierung des (vorläufigen) Insolvenzverwalters bei der Legitimierung des wirtschaftlich Berechtigten – ebenso für den Fall des gem. § 275 Abs. 2 InsO kassenführenden, (vorläufigen) Sachwalters.[499]

5. Informationspflichten des (vorläufigen) Insolvenzverwalters

(i) Die Verfügungsbefugnis richtet sich, wie in Kapitel B.II.2. dargestellt, im Eröffnungsverfahren bei einem Schuldnerkonto nach den Anordnungen des Insolvenzgerichts. Ab Verfahrenseröffnung jedenfalls geht sie auf den Insolvenzverwalter über. Zugleich aber ist die kontoführende Bank nicht verpflichtet, die Verfügungsberechtigung der ihr gegenüber als (gesetzlich oder rechtsgeschäftlich) vertretungsberechtigt benannten Personen fortlaufend zu überprüfen. Vielmehr sehen die entsprechenden bankvertraglichen Regelungen vor, dass – auch bei Registerpublizität – der Bank unverzügliche jede Änderung der Vertretungsberechtigung mitzuteilen ist und bis zu einer solchen Mitteilung, die aus Beweisgründen stets schriftlich erfolgen sollte, im Verhältnis zur Bank die ihr benannten Personen unverändert als vertretungsberechtigt gelten. Eine entsprechende Regelung findet sich bereits in Nummer 11 (1) AGB-Banken bzw. Nummer 4 (1) AGB-Sparkassen und wird regelmäßig in den Vertragstexten der Bank zur Kontoeröffnung bzw. Erfassung der vertretungsberechtigten Personen konkretisiert.

Für den Fall der Anordnung des vorläufigen Insolvenzverfahrens und damit einhergehender Änderungen in der Verfügungsbefugnis über die Konten des Schuldners bedeutet dies – wie es auch gängige Praxis ist – dass der (vorläufige) Insolvenzverwalter die Banken des Schuldners unverzüglich über die Anordnungen des Insolvenzgerichts unterrichten muss. Dasselbe gilt hinsichtlich der Verfahrenseröffnung jedenfalls dann, sollte die Verfügungsbefugnis dem Schuldner nicht bereits im Eröffnungsverfahren zumindest in Bezug auf die Konten entzogen gewesen sein. Daran ändert auch die Möglichkeit einer eigenständigen Kenntnisnahme durch die Bank über www.insolvenzbekanntmachungen.de nichts.

Bekanntmachungen in Insolvenzverfahren im Internet vom 12.02.2002, BGBl. I, 2012, 677. Seit dem 01.12.2001 ist die Veröffentlichung in einem elektronischen Informations- und Kommunikationssystem für die amtlichen Insolvenzbekanntmachungen zugelassen und seit dem 01.07.2007 besteht ausschließliche Internetpublizität.

499 Zu den Möglichkeiten der Kontoführung durch den (vorläufigen) Sachwalter vgl. sogleich in Kap. C.II.

Die entsprechenden bankvertraglichen Regelungen, insbesondere Nummer 11 (1) der AGB-Banken bzw. Nummer 4 (1) AGB-Sparkassen, sehen regelmäßig eine Mitteilungspflicht unabhängig von einer etwaigen (online-)Publizität vor. Zudem ist nach der Rechtsprechung des BGH[500] eine Bekanntmachung auf www.insolvenzbekanntmachungen.de nicht geeignet, der Bank (in dem zu entscheidenden Fall vor dem Hintergrund einer Insolvenzanfechtung) nach Treu und Glauben zu versagen, sich auf ihre Unkenntnis von den dort veröffentlichten Tatsachen zu berufen. Es besteht nach zutreffender Auffassung des BGH weder eine Obliegenheit noch eine Verpflichtung der Bank, die dortigen Datensätze mit denen ihrer Kunden abzugleichen.

(ii) Unterlässt der Insolvenzverwalter entgegen Nummer 11 (1) der AGB-Banken bzw. Nummer 4 (1) AGB-Sparkassen eine unverzügliche Mitteilung an die Bank und kommt es deshalb zu einer unberechtigten Verfügung des Schuldners, haftet die Bank – sofern ihr die Änderung der Verfügungsbefugnis nicht aus anderem Grund bekannt war – grundsätzlich nicht für einen sich hieraus ggfs. ergebenden Schaden. Der Geltendmachung von Schadenersatzansprüchen steht der Pflichtverstoß des Insolvenzverwalters, § 254 BGB, dem Einwand der nicht autorisierten Zahlung i.d.R. § 82 InsO entgegen.[501] Der (vorläufige) Insolvenzverwalter ist vielmehr auf etwaige Herausgabe- bzw. Schadenersatzansprüche gegen die handelnden Personen beschränkt.[502]

Zugleich stellt sich die Frage nach einer persönlichen Haftung des (vorläufigen) Insolvenzverwalters nach § 60 InsO, wenn dieser es unterlässt, die Bank von den Anordnungen des Insolvenzgerichts bzw. der Verfahrenseröffnung unverzüglich zu informieren. Dabei wird dem (vorläufigen) Insolvenzverwalter auch hier eine angemessene Einarbeitungszeit zuzubilligen sein, die je nach Einzelfall unterschiedlich zu bemessen ist. Als Kriterien hierfür kommen insbesondere der Zustand der vorgefundenen Buchhaltung und die Auskunftsbereitschaft des Schuldners bzw. seiner Mitarbeiter in Betracht.[503] Nach Ablauf der

---

500 BGH, Urteil vom 15.04.2010, IX ZR 62/09, WM 2010, 940 f., 941.

501 Vgl. hierzu Sonnenhol/Merz in Hellner/Steuer, BuB, Abschnitt B, Rn. 1/297; Vgl. für die Überweisung etwa Uhlenbruck-Mock, § 82, Rn. 41 m.w.N. sowie Obermüller, InsR i.d. Bankpraxis, Rn. 3.25 ff. (differenzierend zwischen einem debitorisch und einem kreditorisch geführten Konto).

502 Ggfs. kommen auch Ansprüche gegen Dritte, § 816 BGB sowie §§ 129 ff. InsO, in Betracht.

503 Vgl. BGH, Urteil vom 26.06.2014, IX ZR 162/13, NZI 2014, 757 ff., 758, in welchem der BGH dem Insolvenzverwalter einzelfallabhängig eine Einarbeitungszeit von bis zu sechs Wochen zubilligt, um sich einen Überblick über die zur Insolvenzmasse

entsprechenden Zeitspanne, ist jedoch davon auszugehen, dass der (vorläufige) Insolvenzverwalter regelmäßig schuldhaft eine insolvenzspezifische Pflicht verletzt, wenn er die Bank nicht unverzüglich von der entsprechenden Änderung der Verfügungsbefugnis in Kenntnis setzt.

6. Pflicht zur zinsgünstigen Anlage, insbesondere BGH, Urteil vom 26.06.2014, IX ZR 162/13

Der (vorläufige) Insolvenzverwalter ist, da er fremdes Vermögen verwaltet, verpflichtet, dieses im Interesse des Insolvenzschuldners, insbesondere aber der Gläubigerschaft bestmöglich zu verwalten. D.h., er muss sich – sollte die (spätere) Insolvenzmasse größere Geldmittel umfassen, die zumindest für einen gewissen Zeitraum nicht benötigt werden – auch um eine entsprechend zinsgünstige, zugleich aber sichere Anlage bemühen. Der BGH hatte erstmals mit Urteil vom 26.06.2014, IX ZR 162/13,[504] Gelegenheit, diese Verpflichtung näher zu konkretisieren:

(i) Nach Auffassung des BGH ergibt sich die Pflicht zur zinsgünstigen Anlage aus § 148 Abs. 1 InsO und damit aus der Pflicht, das zur Insolvenzmasse gehörende Vermögen des Schuldners *lege artis* zu verwalten. Diese gelte für bereits vorhandene, für im Verfahrensgang neu hinzuerworbene und für durch Verwertungshandlungen in die Insolvenzmasse fließende Gelder gleichermaßen, wobei der wirtschaftlich zu erzielende Erfolg grundsätzlich in angemessener Relation zu den dem Insolvenzverwalter abzuverlangenden Anstrengungen stehen müsse. Ausgangslage sind dabei regelmäßig diejenigen inländischen, marktüblichen Zinserträge, die auf einem durch das – so wird man den BGH verstehen dürfen – deutsche Einlagensicherungssystem gedeckten Tagesgeldkonto jeweils erzielbar sind. Eine umfassende (online-)Recherche ist dem Verwalter nach Auffassung des BGH nicht zuzumuten. Er genügt seinen Pflichten bereits dann, wenn er sich wegen der Anlage an seine oder die Bank des Schuldners wendet, sofern diese markgängige, nicht außergewöhnlich schlechte Konditionen anbietet. Mithin besteht ein gewisses „Hausbankprivileg".

---

gehörenden Gelder zu verschaffen. In Bezug auf eine bloße Bestandsaufnahme hinsichtlich der bestehenden Bankbeziehungen wird man dagegen regelmäßig eine deutliche kürzere Einarbeitungszeit annehmen müssen, zumal die Sicherung der (späteren) Insolvenzmasse grundsätzlich Priorität genießt.

504 BGH, Urteil vom 26.06.2014, IX ZR 162/13, NZI 2014, 757 ff.; Vgl. auch die Anmerkung von Cranshaw, jurisPR-InsR 16/2014 sowie Wagner, NZI 2014, 760 f.

(ii) Der BGH orientiert sich in der Urteilsbegründung letztlich am gesetzlichen Leitbild eines ordentlichen und gewissenhaften Insolvenzverwalters und damit auch an den handels- und gesellschaftsrechtlichen Sorgfaltsanforderungen an eine ordnungsgemäße Verwaltung. Es ist daher davon auszugehen, dass die vorbeschriebene Pflicht zur zinsgünstigen Anlage gleichermaßen im Eröffnungsverfahren besteht, soweit dem vorläufigen Insolvenzverwalter bereits Geldmittel der späteren Insolvenzmasse zur Verwaltung anvertraut sind. Dies betrifft den starken vorläufigen Insolvenzverwalter, aber auch den schwachen vorläufigen Insolvenzverwalter, dem das Gericht *qua* Einzelermächtigung die Verwaltung der Geldmittel des Insolvenzschuldners ganz oder teilweise überantwortet hat.[505]

(iii) Weiter stellt der BGH in dem vorzitierten Urteil heraus, dass eine Verletzung der Pflicht zur zinsgünstigen, gleichermaßen jedoch auch sicheren Anlage eine persönliche Haftung des Insolvenzverwalters gem. § 60 InsO begründen kann. Dies sowohl gegenüber dem Schuldner, wie in dem streitgegenständlichen Fall, als auch gegenüber den Gläubigern; allerdings billigt der BGH dem Verwalter dabei – neben dem „Hausbankprivileg" – eine einzelfallabhängige Einarbeitungszeit, regelmäßig beginnend mit Amtsantritt und damit ggfs. bereits mit Bestellung zum vorläufigen Insolvenzverwalter (unabhängig von dessen konkreter Rechtsstellung im jeweiligen Verfahren), von bis zu sechs Wochen zu.[506] Die Länge der Einarbeitungszeit wird sich regelmäßig nach Größe und Komplexität des Verfahrens, insbesondere aber Zustand und Qualität der schuldnerischen Buchhaltung, bemessen.

Eine interessante Frage war bislang auch, ob der (vorläufige) Insolvenzverwalter Mittel der (späteren) Insolvenzmasse ins Ausland verbringen muss, um dort höhere Zinserträge zu generieren. Nach einer (älteren) Ansicht sollte der (vorläufige) Insolvenzverwalter verpflichtet sein, Geldmittel der (späteren) Insolvenzmasse zumindest bei ausländischen Niederlassungen deutscher Banken anzulegen, sofern sich dadurch ein entsprechend hoher Mehrertrag generieren ließ.[507] Dem war jedoch schon damals entgegen zu halten, dass der (vorläufige) Insolvenzverwalter nicht nur zur Mehrung, sondern vor allem zum Schutz der Insolvenzmasse verpflichtet ist. Unbotmäßige Risiken, wie einen hinter dem deutschen Einlagensicherungssystem

505 a.A. Cranshaw, jurisPR-InsR 16/2014, der dies nur bei einem starken vorläufigen Verwalter für denkbar hält.

506 BGH, Urteil vom 26.06.2014, IX ZR 162/13, NZI 2014, 757 ff., 758.

507 Vgl. Paulus, WM 2008, 473 ff., 475 m.w.N.

zurückbleibenden Schutz oder wie sie auch sonst typischerweise mit höheren Erträgen einhergehen, darf er nicht in Kauf nehmen.[508]

(iv) Werden mithin erhebliche Mittel für einen längeren Zeitraum – regelmäßig mehrere Monate und im Falle einer Betriebsfortführung unter Zugrundelegung der vom (vorläufigen) Insolvenzverwalter zu erstellenden Liquiditätsplanung – nicht benötigt, hat er diese, soweit nicht gem. § 187 Abs. 2 InsO Abschlagszahlungen an die Insolvenzgläubiger vorzunehmen sind,[509] zinsgünstig anzulegen. Dabei ist nur eine risikoarme, grundsätzlich täglich verfügbare Geldanlage, insbesondere auf Tagesgeldkonten, zulässig. Der BGH[510] billigt dem (vorläufigen) Insolvenzverwalter dabei sowohl bei der Einschätzung des Liquiditätsbedarfs als auch bei der Wahl der Anlageform sowie der kontoführenden Bank unter Beachtung des Grundsatzes der Wirtschaftlichkeit einen erheblichen, letztlich kaum zu überprüfenden Beurteilungs- und Ermessensspielraum zu.[511] Insbesondere hat der BGH hervorgehoben, dass der (vorläufige) Insolvenzverwalter nicht zur umfassenden Erholung von Vergleichsangeboten verpflichtet ist. Es genügt vielmehr, wenn er sich einen gewissen Marktüberblick verschafft und zu marktgängigen Konditionen anlegt, ohne dabei unter Beiziehung von Online-Vergleichen stets das zinsgünstigste Angebot ermitteln zu müssen.

Dasselbe gilt auch für den (vorläufigen) Sachwalter, der die Kassenführung nach § 275 Abs. 2 InsO an sich zieht, da auch dieser fremdes Vermögen verwaltet. Er ist ebenso wie der (vorläufige) Insolvenzverwalter zu einer zinsgünstigen Anlage verpflichtet.[512]

7. Exkurs: Geeignetheit von Anderkonten als Verfahrenskonto

Vor dem Hintergrund der noch immer weit verbreiteten Praxis, statt offener Treuhandkonten Anderkonten als Verfahrenskonten zu verwenden, soll in Bezug auf die Möglichkeiten der Kontoführung im (vorläufigen) Insolvenzverfahren abschließend noch auf die Geeignetheit des Anderkontos als Verfahrenskonto eingegangen werden:

---

508 So auch Cranshaw, jurisPR-InsR 16/2014, zugleich kritisch und vertiefend zum Postulat einer durch das deutsche Einlagensicherungssystem gedeckten Anlage.

509 Vgl. auch Cranshaw, jurisPR-InsR 16/2014.

510 BGH, Urteil vom 26.06.2014, IX ZR 162/13, NZI 2014, 757 ff.

511 So auch Cranshaw, jurisPR-InsR 16/2014.

512 Wimmer-Foltis, InsO, § 275, Rn. 31.

(i) In der Literatur wird teilweise vertreten, dass Anderkonten grundsätzlich nicht zur Verwaltung der (späteren) Insolvenzmasse geeignet seien.[513] Zur Begründung wird zunächst angeführt, dass der (vorläufige) Insolvenzverwalter nicht in seiner Eigenschaft als Rechtsanwalt – so er denn dieser Berufsgruppe, wie zumeist, angehört – tätig werde, sondern in seiner Funktion als (vorläufiger) Insolvenzverwalter. In dieser unterliegt er jedoch nicht der Aufsicht der zuständigen Rechtsanwaltskammer, sondern untersteht gem. § 58 Abs. 1 S. 1 InsO der Aufsicht des Insolvenzgerichts sowie der Gläubiger. Die standesrechtliche Aufsicht ist aber ein Charakteristikum der verkammerten Berufsgruppen, an das auch die Anderkontobedingungen anknüpfen.[514] Bereits aus dieser Tatsache wird gefolgert, dass die Verwaltung von Geldmitteln der (späteren) Insolvenzmasse auf Anderkonten grundsätzlich unzulässig sei.[515]

(ii) Daneben wird vorgebracht, dass insbesondere Nummer 13 der Anderkontobedingungen für den (vorläufigen) Insolvenzverwalter nicht passend sei.[516] Darin ist geregelt, dass im Falle des Todes des Kontoinhabers die zuständige Rechtsanwaltskammer bzw. ein von der Landesjustizverwaltung bestellter Abwickler[517] Kontoinhaber wird, ohne dass es eines besonderen Übertragungsakts oder einer Kontoumschreibung bedarf. Der Nachfolger im Amt kann nicht unmittelbar auf das Konto zugreifen, sondern ist darauf beschränkt, von der Rechtsanwaltskammer bzw. dem Kanzleiabwickler Herausgabe des Treuguts zu verlangen.[518]

Teilweise wird vor dem Hintergrund der nur bedingten Eignung des Anderkontos sogar vertreten, dass ein Anderkonto regelmäßig in ein offenes Treuhandkonto umzudeuten sei, wenn der kontoführenden Bank bei Kontoeröffnung und damit bei Vereinbarung der Anderkontobedingungen bekannt war, dass der Kontoinhaber zugleich (vorläufiger) Insolvenzverwalter in dem Insolvenzverfahren über

---

513 Kuder, ZInsO 2009, 584 ff., 585; Fischbeck in Hellner/Steuer, BuB, Abschnitt F, Rn. 2/252.

514 Vgl. hierzu sowie grundsätzlich zum Anderkonto Kap. A.II.1.4.

515 Fischbeck in Hellner/Steuer, BuB, Abschnitt F, Rn. 2/252; Vgl. auch Obermüller, InsR i.d. Bankpraxis, Rn. 2.246 und 2.254.

516 Fischbeck in Hellner/Steuer, BuB, Abschnitt F, Rn. 2/252; So auch Kuder, ZInsO 2009, 584 ff., 586.

517 Tatsächlich wird der Kanzleiabwickler jedoch gem. § 55 Abs. 1 BRAO von der zuständigen Rechtsanwaltskammer bestellt.

518 So auch Kuder, ZInsO 2009, 584 ff., 586 m.w.N.

das Vermögen des Treugebers ist, da die insolvenzrechtlichen Regelungen mit den Anderkontobedingungen teilweise kollidieren würden.[519]

(iii) In der Praxis ist es zudem häufig so, dass der (vorläufige) Insolvenzverwalter einzelnen Mitarbeitern Kontovollmacht erteilen möchte. Gem. Nummer 7 der Anderkontobedingungen darf der Kontoinhaber jedoch ausschließlich Personen, die selbst ebenfalls einer der dort genannten, anderkontofähigen Berufsgruppen angehören, Kontovollmacht erteilen. Kaufmännischen Angestellten des (vorläufigen) Insolvenzverwalters kann daher regelmäßig keine Kontovollmacht erteilt werden. Dies spricht *per se* zwar nicht gegen die Zulässigkeit eines Anderkontos als Verfahrenskonto, lässt dies jedoch wenig praxisgerecht erscheinen.

Allerdings wird diese Regelung teils dadurch umgangen, dass der Kontoinhaber Dritten die Nutzung seines Online-Zugangs gestattet und dadurch auch Personen, die keinen Zugriff auf das Anderkonto erhalten dürfen, unter der Nutzerkennung des Kontoinhabers gleich einem Bevollmächtigten über das Konto verfügen können. Dass dies freilich unzulässig ist und ggfs. auch zu Schadenersatzansprüchen von verschiedenen Seiten führen kann, liegt auf der Hand und bedarf an dieser Stelle keiner näheren Erörterung.

(iv) Ein anderes Argument, das gegen die Nutzung von Anderkonten als Verfahrenskonten eingewandt wurde, hat dagegen infolge der Aufhebung von § 149 Abs. 2 InsO a.F.[520] seine Berechtigung verloren: gem. § 149 Abs. 2 InsO a.F. bestand in bestimmten Fällen ein weitreichendes Erfordernis zur Mitzeichnung eines Mitglieds des Gläubigerausschusses. Unterstellt, dass es sich bei dem auserkorenen Mitglied des Gläubigerausschusses, wie zumeist, nicht um einen Angehörigen einer der in Nummer 7 der Anderkontobedingungen genannten Berufsgruppen handelte, wäre eine Umsetzung dieser Mitzeichnungspflicht jedenfalls dann nicht darstellbar gewesen, wenn diese nicht nur im Innenverhältnis, sondern auch im Außenverhältnis zur Bank Voraussetzung für eine Ausführung des jeweiligen Zahlungsauftrags sein sollte.[521] Dann nämlich hätte stets nur ein Angehöriger der entsprechenden Berufsgruppen zum Mitzeichnenden bestimmt werden können.

---

519 So im Ergebnis Kuder, ZInsO 2009, 584 ff., 586 f. unter Verweis auf BGH, Urteil vom 19.05.1988, III ZR 38/87, ZIP 1988, 1136, näher besprochen in Kap. C.I.3.4. (ii).

520 Aufgehoben durch das Gesetz zur Vereinfachung des Insolvenzverfahrens vom 13.07.2007, BGBl. I 2007, S. 509 ff. in Kraft getreten am 01.07.2007; Allerdings wurde dies in der Literatur noch nicht konsequent erkannt, vgl. etwa Vortmann in Mohrbutter/Ringstmeier, HdB InsVw, Kap. 27, Rn. 44, 47.

521 Vgl. hierzu Kuder, ZInsO 2009, 584 ff., 586 m.w.N.

(v) Interessant ist vor diesem Hintergrund § 149a Abs. 1 GAVI-InsO[522]. Mit dem „Gesetz zur Verbesserung und Vereinfachung der Aufsicht in Insolvenzverfahren" wollte der Gesetzgeber auf verschiedene Untreuefälle in Insolvenzverfahren reagieren und eine effektivere Kontrolle des Insolvenzverwalters, insbesondere der Verwaltung der Insolvenzmasse, erreichen.[523] Dabei sollte nach § 149 InsO a.F. folgender § 149a InsO eingefügt werden:

§ 149 a
Anderkontenführung, Bargeschäfte

(1) [...]
(2) *Geld, Wertpapiere und Kostbarkeiten, die zur Insolvenzmasse gehören, sind stets von anderen Sondervermögen oder vom Vermögen des Insolvenzverwalters getrennt zu verwalten, Geld ist unverzüglich einem Sonderkonto für fremde Gelder (Anderkonto) zuzuführen. Für jede verwaltete Masse ist ein gesondertes Anderkonto zu führen. Das Anderkonto darf nur zur Abwicklung des Zahlungsverkehrs genutzt werden, der im Zusammenhang mit dem Insolvenzverfahren steht. Für Depots gelten die vorstehenden Vorschriften entsprechend (Anderdepots).*
(3) *Der Insolvenzverwalter hat ein Verzeichnis der Kreditinstitute zu führen, bei denen Anderkonten oder Anderdepots eingerichtet sind (Anderkontenliste).* [...]
(4) [...]

Durch diese Regelung sollten die Anforderungen an die Kontoführung in der Insolvenz gesetzlich normiert werden. Die (karge) Gesetzesbegründung stellt dabei insbesondere die Unzulässigkeit von sog. Poolkonten, also Konten, auf welchen die Mittel mehrerer Insolvenzverfahren zusammen verwaltet werden, heraus, um dadurch eine bessere Nachvollziehbarkeit der Zahlungsströme zu erreichen.[524] Daneben sah der Entwurf vor, dass Gelder der Insolvenzmasse unverzüglich einem Anderkonto zuzuführen sind. Ob dadurch zugleich die Fortführung bestehender Konten des Schuldners, wie sie auch damals bereits anerkannt war,[525] ausgeschlossen werden sollte,

522 BT-Drucks. 16/7251 vom 21.11.2007.
523 Zur gesetzgeberischen Intention und dem Gang des Gesetzgebungsverfahrens vgl. Rechel, Aufsicht des Insolvenzgerichts, S. 419 ff.
524 BT-Drucks. 16/7251 vom 21.11.2007, S. 26; Vgl. hierzu auch Paulus, WM 2008, 473 ff., 475, der die Führung von Sammel(ander)konten für mehrere Insolvenzverfahren für zulässig erachtet.
525 Rechel, Aufsicht des Insolvenzgerichts, S. 434 m.w.N.

blieb allerdings unklar.[526] Jedenfalls sollte gesetzlich verankert werden, dass der Insolvenzverwalter zur Führung von Anderkonten als Verfahrenskonten zumindest berechtigt ist.

Obschon also rechtliche Erschwernisse für eine effektive Verwaltung der Mittel des Schuldners auf einem Anderkonto bestehen, sah der Gesetzesentwurf gerade dies als Regelfall, zumindest soweit es um die Verwaltung von Mitteln außerhalb von Schuldnerkonten ging, vor. Aus den bereits genannten Gründen wäre allerdings das damals noch nicht allgemein verbreitete offene Treuhandkonto wohl die bessere Wahl gewesen.[527]

(vi) Auch vor dem Hintergrund des vorgenannten Gesetzentwurfs ist die teilweise Ablehnung von Anderkonten als Verfahrenskonten kritisch zu sehen:

- Das rein praktische Argument, dass bei einem Anderkonto – anders als bei einem offenen Treuhandkonto – Nichtberufsträgern keine Kontovollmacht erteilt werden kann, Nummer 7 der Anderkontobedingungen, ist für die rechtliche Geeignetheit eines Anderkontos zur Verwaltung von Mitteln der (späteren) Insolvenzmasse ohne Bedeutung.
- Dasselbe gilt für Nummer 13 der Anderkontobedingungen: auch bei einem offenen Treuhandkonto, das – entsprechende Befugnis des (vorläufigen) Insolvenzverwalters vorausgesetzt – unzweifelhaft als Verfahrenskonto genutzt werden darf, kann der Nachfolger im Amt nicht unmittelbar auf das Kontoguthaben zugreifen. Vielmehr muss er auch dort, dann allerdings von den Erben, das Treugut zunächst herausverlangen.[528]
- Auch der Umstand, dass gem. § 56 Abs. 1 S. 1 InsO grundsätzlich jede persönlich und fachlich geeignete Person zum (vorläufigen) Insolvenzverwalter bestellt werden kann und damit nicht stets ein Angehöriger der entsprechenden Berufsgruppen bestellt wird, vermag nicht zu begründen, warum derjenige (vorläufige) Insolvenzverwalter, der einer anderkontofähigen Berufsgruppe angehört, nicht auch ein Anderkonto – trotz der praktischen Nachteile – als Verfahrenskonto nutzen dürfte. Entscheidend ist auch hier, dass der (vorläufige) Insolvenzverwalter nicht in seiner Eigenschaft als (vorläufiger) Insolvenzverwalter und damit als gesetzlicher Treuhänder *qua* Amtes, sondern als gewillkürter Treuhänder Kontoinhaber wird. Eröffnet der (vorläufige) Insolvenzverwalter das

526 So auch Rechel, Aufsicht des Insolvenzgerichts, S. 438.

527 Vgl. zuvor bereits unter (iii) sowie Kap. A.II.2.1.4.

528 Vgl. hierzu sowie zu den praktischen Folgen und alternativen Gestaltungsmöglichkeiten Kap. D.III.2.

Verfahrenskonto als Anderkonto, gibt er damit lediglich zu erkennen, dass er in seiner Eigenschaft als Rechtsanwalt Kontoinhaber und damit gewillkürter Treuhänder sein will. Beachtet er dabei die Anderkontobedingungen, kann er mithin durchaus auch ein Anderkonto – entsprechende Befugnis vorausgesetzt[529] – als Verfahrenskonto einrichten.

Fungiert der (vorläufige) Insolvenzverwalter in seiner Eigenschaft als Rechtsanwalt als Kontoinhaber und damit als gewillkürter Treuhänder, unterliegt er in dieser Funktion nicht der Aufsicht des Insolvenzgerichts, sondern, da er mit Errichtung eines Anderkontos erkennbar als Berufsträger tätig wird, allein der Aufsicht der zuständigen Kammer. Letztlich dasselbe – jedoch ohne berufsrechtliche Aufsicht – gilt für das offene Treuhandkonto, da auch dort der (vorläufige) Insolvenzverwalter nicht als Amtswalter, sondern persönlich Kontoinhaber und Treuhänder ist.

Allerdings resultiert daraus in beiden Fällen keine Schutzlücke zulasten des Insolvenzschuldners bzw. der sonstigen Verfahrensbeteiligten, da der (vorläufige) Insolvenzverwalter jedenfalls in seiner Eigenschaft als Treugeber der Aufsicht des Insolvenzgerichts unterliegt und für eine geeignete Ausgestaltung der Treuhandabrede sowie eine laufende Kontrolle des Treuhänders Sorge zu tragen hat. Dies ist entscheidend, denn auch die zuständige Rechtsanwaltskammer könnte, so denn ein Anderkonto vorliegt, die Kontoführung nicht überwachen.

Die Argumente der Gegner eines Anderkontos als Verfahrenskonto verfangen demnach nicht. Auch hat der BGH, soweit ersichtlich, die Führung eines Anderkontos zur Verwaltung des Vermögens des Schuldners bzw. der Insolvenzmasse als solches nicht beanstandet, obschon er insbesondere anlässlich der jüngsten Entscheidungen zu den Folgen einer Fehlüberweisung auf ein Verfahrenskonto mehrfach Gelegenheit hierzu gehabt hätte.[530]

Im Ergebnis ist festzuhalten, dass der (vorläufige) Insolvenzverwalter, der einer anderkontofähigen Berufsgruppe angehört, gleichermaßen berechtigt ist, Gelder des Insolvenzschuldners auf einem offenen Treuhandkonto wie auch auf einem Anderkonto als dessen Spezialform zu verwalten. Allerdings streitet

529 Vgl. hierzu Kap. A.II.2.1.4; In Bezug auf die Einrichtung eines Anderkontos als Verfahrenskonto gelten dieselben Erfordernisse wie für das offene Treuhandkonto. In beiden Fällen handelt es sich rechtlich um ein offenes Treuhandkonto, nur dass beim Anderkonto der Kontoinhaber in seiner Eigenschaft als Berufsträger gewillkürter Treuhänder und Kontoinhaber ist. Entsprechend finden insoweit die einschlägigen berufsrechtlichen Regelungen, etwa die BRAO, Anwendung.

530 So auch Paulus, WM 2008, 473 ff., 474 für BGH, Urteil vom 20.09.2007, IX ZR 91/06, eingehend besprochen in Kap. D.II.2.1.; Vgl. im Übrigen Kap. D.II.2.2 und 2.3.

insbesondere mit Nummer 7 der Anderkontobedingungen ein praktisches Argument dafür, dem offenen Treuhandkonto den Vorzug zu geben, zumal der BGH beiden Kontoformen dieselben „Privilegien" etwa bei Zwangsvollstreckung[531] oder Insolvenz[532] zubilligt. Der (vorläufige) Insolvenzverwalter kann jedoch – entsprechende Befugnis vorausgesetzt – frei entscheiden, welcher Kontoform er den Vorzug geben möchte. Eine Verpflichtung zur Nutzung von Anderkonten besteht auch für den als Rechtsanwalt zugelassenen (vorläufigen) Insolvenzverwalter nicht.[533]

Eine andere Frage ist, ob ein Rechtsanwalt, der in dieser Eigenschaft als Kontoinhaber und Treuhänder fungiert, nicht berufsrechtlich verpflichtet ist, für diese Tätigkeit ein Entgelt zu Lasten der (späteren) Insolvenzmasse in Rechnung zu stellen. Dies würde die insolvenzrechtliche Zulässigkeit des Anderkontos zumindest insofern in Frage stellen, als dass mit dem offenen Treuhandkonto eine gleichwertige, masseschonende Alternative zur Verfügung steht. Dieser vergütungsrechtlichen Frage ist vor dem Hintergrund der Zielsetzung dieser Arbeit jedoch nicht weiter nachzugehen.[534]

531 Vgl. Kap. A.II.7.2 sowie D.I.1.

532 Vgl. Kap. A.II.8.2.

533 Kuder, ZInsO 2009, 584 ff., 586 m.w.N; Zuleger in Cranshaw/Paulus/Michel, BankenKomInsR, vor § 80, Rn. 10 m.w.N.; Vgl. hierzu auch Schulte-Kaubrügger, ZIP 2011, 1400 ff., 1401 unter Hinweis auf etwaige standesrechtliche Einschränkungen.

534 An dieser Stelle ist darauf hinzuweisen, dass die Verwaltung von Geldmitteln der (späteren) Insolvenzmasse auf einem offenen Treuhandkonto den Vergütungsanspruch des (vorläufigen) Insolvenzverwalters insofern nicht schmälert, als dass das Treugut zwar rechtlich nicht zur (späteren) Insolvenzmasse gehört, diese jedoch einen Herausgabe- bzw. Rückübertragungsanspruch, § 667 BGB, in selber Höhe erwirbt, der entsprechend den Wert der (späteren) Insolvenzmasse erhöht.

C. Rechtsstellung des (vorläufigen) Sachwalters und Möglichkeiten der Kontoführung

Auch bei Anordnung (vorläufiger) Eigenverwaltung[535] nach §§ 270, 270a InsO, ggfs. ergänzt durch die Anordnung eines Schutzschirmverfahrens nach § 270b InsO, besteht regelmäßig ein Bedürfnis nach einer bankmäßigen Abwicklung des Zahlungsverkehrs des Schuldners, insbesondere des Forderungseinzugs, sowie ggfs. nach einer separaten Verwaltung zumindest bestimmter Geldmittel. Dies betrifft insbesondere den Fall, dass der (vorläufige) Sachwalter die Kassenführung an sich zieht und sodann – gegenüber dem Insolvenzgericht, aber auch gegenüber den Gläubigern und dem Insolvenzschuldner – für die Kontoführung einzustehen hat.

Vor diesem Hintergrund werden nachfolgend zunächst die Rechtsstellung des (vorläufigen) Sachwalters und darauf aufbauend dessen Befugnis, über bestehende Konten des eigenverwaltenden Schuldners zu verfügen, solche zu schließen und ggfs. neu einzurichten, untersucht. Sodann wird der Frage nachgegangen, ob und unter welchen Voraussetzungen auch der (vorläufige) Sachwalter offene Treuhandkonten zur Erfüllung seiner Aufgaben nutzen kann.

I. Rechtsstellung des (vorläufigen) Sachwalters, insbesondere Ansichziehen der Kassenführung gem. § 275 Abs. 2 InsO

1. Rechtsstellung des (vorläufigen) Sachwalters

Anders als im Regelinsolvenzverfahren sieht das Gesetz bei Eigenverwaltung selbst im eröffneten Verfahren grundsätzlich keinen (partiellen) Übergang der Verwaltungs- und Verfügungsbefugnis auf den (vorläufigen) Sachwalter vor, vgl. § 270 Abs. 1 S. 1 InsO. Die Abwicklung des Insolvenzverfahrens obliegt, auch bei zusätzlicher Anordnung eines Schutzschirmverfahrens, grundsätzlich allein dem (vorläufigen) Eigenwalter, mithin dem Schuldner selbst. Der (vorläufige) Sachwalter erfüllt im Wesentlichen eine beratende, aber auch überwachende Funktion und soll dergestalt eine ordnungsgemäße Verfahrensdurchführung sicherstellen. § 274 Abs. 2 InsO gewährt dem (vorläufigen) Sachwalter dabei i.V.m.

535 Zur (vorläufigen) Eigenverwaltung detailliert etwa Landry in Mohrbutter/Ringstmeier, HdB InsVw, Kap. 15.

§ 22 Abs. 3 InsO umfassende Einsichtsrechte, erlegt ihm aber auch, zusammen mit § 274 Abs. 3 sowie §§ 281 und 283 InsO, weitgehende Pflichten auf.[536]

Die Rechtsstellung und Befugnisse des Sachwalters sind an die des früheren Vergleichsverwalters gem. §§ 39, 40 VerglO angelehnt und in §§ 274–285 InsO näher geregelt, wobei § 274 und § 275 InsO über § 270a Abs. 1 S. 2 InsO auch für den vorläufigen Sachwalter gelten. Der (vorläufige) Sachwalter ist dabei, da ihm primär eine beratende und überwachende Funktion zukommt, weder Amtstreuhänder noch gesetzlicher Vertreter des Schuldners.[537] Dies gilt auch insofern, als dass ihm gem. § 280 InsO über die Rechtsstellung des früheren Vergleichsverwalters hinaus besondere Befugnisse, die im Regelinsolvenzverfahren dem Insolvenzverwalter zustehen – insbesondere die Insolvenzanfechtung –, zur eigenständigen Wahrnehmung übertragen sind.[538]

2. Ansichziehen der Kassenführung und Auswirkungen insbesondere auf die Kontoführung

(i) Der (vorläufige) Sachwalter kann gem. § 275 Abs. 2 InsO die Kassenführung durch einseitige Erklärung gegenüber dem Schuldner – und somit ohne Gerichtsbeschluss sowie ohne und auch gegen den Willen des eigenverwaltenden Schuldners – an sich ziehen. Sinn und Zweck dieser Regelung ist es, dem (vorläufigen) Sachwalter, der die Geschäftsführung des Schuldners fortlaufend überwachen soll, vgl. auch § 275 Abs. 1 InsO, zum Schutz insbesondere der Insolvenzgläubiger die Möglichkeit zu geben, rechtswidrige Geldabflüsse zu verhindern und den Zahlungsverkehr zu übernehmen.[539] Ob der (vorläufige) Sachwalter die Kassenführung an

536 Hofmann, Eigenverwaltung, S. 119; Pape/Uhlenbruck/Voigt-Salus, InsR, Kap. 39, Rn. 19; Vgl. zu den Aufgaben des (vorläufigen) Sachwalters Haas/Kahlert in Gottwald, InsRHdB, § 89, Rn. 30 ff.; Landry in Mohrbutter/Ringstmeier, HdB InsVw, Kap. 15, Rn. 112 ff.; Frank in Runkel, AnwaltsHdB InsR, § 13, Rn. 469 ff. sowie Pape/Uhlenbruck/Voigt-Salus, InsR, Kap. 39, Rn. 26 ff.; K. Schmidt-Undritz, InsO, § 274, Rn. 8 ff.; Uhlenbruck-Zipperer, InsO, § 274, Rn. 14 f, 16 f. und A. Schmidt-Fiebig, InsO, § 274, Rn. 8 ff.

537 Hofmann, Eigenverwaltung, S. 114.

538 Hofmann, Eigenverwaltung, S. 114.

539 Wimmer-Foltis, InsO, § 275, Rn. 17; MüKoInsO-Tetzlaff/Kern, § 275, Rn. 18; Blersch in Breutigam/Blersch/ Goetsch, InsO, § 275, Rn. 8; Hofmann, Eigenverwaltung, S. 126 m.w.N; Uhlenbruck-Zipperer, InsO, § 275, Rn. 7.

sich zieht, liegt dabei nach allgemeiner Meinung in seinem pflichtgemäßen Ermessen und ist damit eine Frage des Einzelfalls.[540]

(ii) Umstritten ist, ob ein konkreter Anlass bzw. eine bestimmte Besorgnis zu verlangen ist,[541] damit der (vorläufige) Sachwalter die Kassenführung an sich ziehen darf. Hierfür spricht, dass der Gesetzgeber dem eigenverwaltenden Schuldner seine Befugnisse möglichst umfassend belassen bzw. mit Anordnung der Eigenverwaltung – entgegen den allgemeinen Wirkungen der Verfahrenseröffnung, § 80 InsO – rückübertragen wollte. Das Ansichziehen der Kassenführung schränkt den (vorläufigen) Eigenwalter in der Verwaltung seines Vermögens erheblich ein.

Die wohl h.M. lehnt ein solches Erfordernis indes ab. Zur Begründung wird angeführt, dass der (vorläufige) Sachwalter schon allein zur Begrenzung seines Haftungsrisikos, insbesondere aus § 274 Abs. 2 InsO, jederzeit und ohne besonderen Anlass in der Lage sein müsse, von seinem Recht nach § 275 Abs. 2 InsO Gebrauch zu machen. Ferner gehe auch der Gesetzgeber davon aus, dass die (vorläufige) Eigenverwaltung mit erheblichen Risiken, insbesondere für die Gläubiger, verbunden ist, die eine umfassende Aufsicht des (vorläufigen) Sachwalters erforderlich machen. Hierfür müsse der (vorläufige) Sachwalter anlassunabhängig in der Lage sein, die Kassenführung jederzeit an sich zu ziehen.[542] Dem ist zuzustimmen.

(iii) Nach der überzeugenden h.M. ist der (vorläufige) Sachwalter somit jederzeit berechtigt – und bei konkret zu besorgenden Nachteilen sogar verpflichtet –, die Kassenführung an sich zu ziehen.[543] Macht der (vorläufige) Sachwalter von seinem Recht Gebrauch, erstarkt er in diesem Umfang zum gesetzlichen Vertreter des Schuldners.[544] Er ist dann insbesondere berechtigt, in fremdem

540 Wimmer-Foltis, InsO, § 275, Rn. 17 f.; Haas/Kahlert in Gottwald, InsRHdB, § 89, Rn. 33; K. Schmidt-Undritz, InsO, § 275, Rn. 6; Uhlenbruck-Zipperer, InsO, § 275, Rn. 7; MüKoInsO-Tetzlaff/Kern, § 275, Rn. 18.

541 So Hofmann, Eigenverwaltung, S. 126 f. und wohl auch Uhlenbruck-Zipperer, InsO, § 275, Rn. 7.

542 Landry in Mohrbutter/Ringstmeier, HdB InsVw, Kap. 15, Rn. 116; Wimmer-Foltis, InsO, § 275, Rn. 18 m.w.N.; MüKoInsO-Tetzlaff/Kern, § 275, Rn. 18.

543 Landry in Mohrbutter/Ringstmeier, HdB InsVw, Kap. 15, Rn. 116; Wimmer-Foltis, InsO, § 275, Rn. 18 m.w.N.; MüKoInsO-Tetzlaff/Kern, § 275, Rn. 18.

544 Wimmer-Foltis, InsO, § 275, Rn. 23 m.w.N.; Hofmann, Eigenverwaltung, S. 126; MüKoInsO-Tetzlaff/Kern, § 275, Rn. 18; Landry in Mohrbutter/Ringstmeier, HdB InsVw, Kap. 15, Rn. 115; Blersch in Breutigam/Blersch/ Goetsch, InsO, § 275,

Namen über dessen Konten zu verfügen sowie Zahlungen entgegen zu nehmen bzw. zu leisten.[545]

In der Praxis muss der (vorläufige) Sachwalter der kontoführenden Bank das Ansichziehen der Kassenführungsbefugnis zunächst in geeigneter Form nachweisen,[546] etwa durch eine Kopie desjenigen Schreibens, mit dem er gegenüber dem Schuldner das Ansichziehen der Kassenführung erklärt hat.

Gleichwohl ist der Schuldner neben dem (vorläufigen) Sachwalter rechtlich unverändert in der Lage, Zahlungen wirksam entgegen- bzw. vorzunehmen. Das Ansichziehen der Kassenführung wirkt lediglich zwischen (vorläufigem) Eigenwalter und (vorläufigem) Sachwalter, mithin rein intern bzw. relativ, und beschränkt damit nicht das rechtliche Können, sondern nur das rechtliche Dürfen. Der (vorläufige) Sachwalter kann den eigenverwaltenden Schuldner also auch im Rahmen von § 275 Abs. 2 InsO nicht mit absoluter Wirkung von der Verwaltungs- und Verfügungsbefugnis ausschließen, so dass die Gefahr konkurrierender Verfügungen besteht.[547]

Erhält die kontoführende Bank Kenntnis vom Ansichziehen der Kassenführungsbefugnis, kann sie zwar bei den Konten des Schuldners einen Sperrvermerk setzen, um ggfs. den (vorläufigen) Eigenwalter darauf hinzuweisen, dass er – im Verhältnis zum (vorläufigen) Sachwalter – nicht mehr verfügen darf. Da der Schuldner jedoch nach dem Willen des Gesetzgebers im Außenverhältnis uneingeschränkt verfügungsberechtigt ist, muss die Bank dessen Weisungen, insbesondere Zahlungsaufträge, gleichwohl ausführen, § 675o Abs. 2 BGB. Insbesondere liegt kein Fall des § 134 BGB vor, da das Verfügungsverbot nur im Verhältnis zum (vorläufigen) Sachwalter Platz greift. Es handelt sich um ein einseitiges Verbot, das die Wirksamkeit des entsprechenden Rechtsgeschäfts nach ständiger Rechtsprechung des BGH

Rn. 8; Uhlenbruck-Zipperer, InsO, § 275, Rn. 8 m.w.N.; Für § 57 Abs. 2 VglO so auch Bley/Mohrbutter, VglO, § 57, Rn. 29 m.w.N.

545 Landry in Mohrbutter/Ringstmeier, HdB InsVw, Kap. 15, Rn. 115; Kreft-Landfermann, InsO, § 275, Rn. 7 m.w.N.; MüKoInsO-Tetzlaff/Kern, § 275, Rn. 19; A. Schmidt-Fiebig, InsO, § 275, Rn. 13; K. Schmidt-Undritz, InsO, § 275, Rn. 6; Uhlenbruck-Zipperer, InsO, § 275, Rn. 8; Detailliert bei Wimmer-Foltis, InsO, § 275, Rn. 28 f.

546 So auch A. Schmidt-Fiebig, InsO, § 275 Rn. 13.

547 Landry in Mohrbutter/Ringstmeier, HdB InsVw, Kap. 15, Rn. 116 m.w.N.; Wimmer-Foltis, InsO, § 275, Rn. 19; MüKoInsO-Tetzlaff/Kern, § 275, Rn. 20; Blersch in Breutigam/Blersch/Goetsch, InsO, § 275, Rn. 9; A. Schmidt-Fiebig, InsO, § 275, Rn. 14; Hofmann, Eigenverwaltung, S. 128; Uhlenbruck-Zipperer, InsO, § 275, Rn. 8; So wohl auch Kreft-Landfermann, InsO, § 275, Rn. 7; Für § 57 Abs. 2 VglO so auch Bley/Mohrbutter, VglO, § 57, Rn. 27 f.

regelmäßig nicht berührt.[548] Da der Schuldner zudem selbst verfügt, greifen auch die von der Rechtsprechung entwickelten Grundsätze für den Missbrauch der Vertretungsmacht nicht ein. Diese greifen allenfalls im Verhältnis zwischen Schuldner und den für diesen handelnden Personen, etwa dem Geschäftsführer, Platz.

Keine Ausführungspflicht besteht allenfalls dann, wenn die kontoführende Bank positiv weiß, dass der (vorläufige) Eigenwalter eine insolvenzzweckwidrige Handlung vornimmt und dadurch insbesondere seine Gläubiger schädigt. Dabei ist allerdings zu beachten, dass die Bank schon allein aufgrund der Massenhaftigkeit der Geschäftsvorgänge zur Überwachung des Zahlungsverkehrs grundsätzlich weder verpflichtet noch in der Lage ist.[549]

Um einen umfassenden Schutz zu erreichen, wird daher regelmäßig parallel zum Ansichziehen der Kassenführung auch ein Zustimmungsvorbehalt nach § 277 Abs. 1 InsO erforderlich sein.[550] Dieser bewirkt – ebenso wie im Regelinsolvenzverfahren –, dass die Willenserklärungen des Eigenwalters vorbehaltlich der Zustimmung des (vorläufigen) Sachwalters (schwebend) unwirksam sind und die Bank – vorbehaltlich Nummer 11 (1) der AGB-Banken bzw. Nummer 4 (1) AGB-Sparkassen[551] – dessen Weisungen nicht ausführen darf.[552] Allerdings kann anders als im Regelinsolvenzverfahren kein genereller Zustimmungsvorbehalt angeordnet werden, § 277 Abs. 1 S. 1 InsO, was die praktische Handhabung – auch für den Rechtsverkehr – erheblich erschwert. Da zudem § 270a InsO nicht auf § 277 InsO verweist, besteht diese Möglichkeit nur im eröffneten Verfahren.[553]

Nach anderer Ansicht[554] soll der (vorläufige) Sachwalter dem eigenverwaltenden Schuldner die Verfügungsbefugnis über sein Geldvermögen entziehen und insoweit eine „Beschlagswirkung" herbeiführen können. Dies soll aber wohl nicht dazu führen, dass der Schuldner von der Verfügungsbefugnis, insbesondere über seine Konten, gänzlich ausgeschlossen wird. Vielmehr sollen Verfügungen dann nur noch gemeinschaftlich zulässig

548 Vgl. statt vieler etwa Palandt-Ellenberger, BGB, § 134, Rn. 9 m.w.N.

549 Vgl. bereits Kap. A.II.3.2.3. (iii).

550 Blersch in Breutigam/Blersch/Goetsch, InsO, § 275, Rn. 2; Hofmann, Eigenverwaltung, S. 128; Vgl. zu den Voraussetzungen und Rechtswirkungen auch Haas/Kahlert in Gottwald, InsRHdB, § 89, Rn. 35 f.

551 Diese konkretisieren die Mitteilungspflichten des Bankkunden gegenüber der kontoführenden Bank, die aufgrund der dortigen Regelungen vom Fortbestehen einer ihr einmal mitgeteilten Verfügungsberechtigung bis zu einer gegenteiligen Mitteilung ausgehen darf. Dies gilt selbst bei (Register-)Publizität.

552 Vgl. hierzu auch Kap. B.II.2.2. zum Zustimmungsvorbehalt im Regelinsolvenzverfahren.

553 Ehlers, ZInsO, 1417 ff., 1418 m.w.N.

554 Leonhardt/Smid/Zeuner-Wehdeking, InsO, § 275, Rn. 11 f.

sein und die Konten (mit Zustimmung des Schuldners) als Und-Konten fortgeführt werden.

Dies würde jedoch zum einen eine Mitwirkungspflicht des Schuldners bei der hierfür erforderlichen Änderung der bestehenden Bankverträge voraussetzen. Zum anderen hätte die Fortführung als Und-Konto bankrechtlich zur Folge, dass der (vorläufige) Sachwalter Mitinhaber der Forderung gegen die kontoführende Bank würde,[555] was nicht gewollt sein kann. Folgt man diesem Ansatz indes dahingehend, dass der (vorläufige) Eigenwalter nur mit Zustimmung des (vorläufigen) Sachwalters über seine Konten verfügen können soll, führte dies zu einem durchaus interessengerechten Ergebnis. Allerdings hat sich der Gesetzgeber für ein nur relativ wirkendes Verfügungsverbot entschieden und im Übrigen mit § 277 InsO den Gläubigern die Möglichkeit gegeben, für bestimmte Rechtsgeschäfte einen Zustimmungsvorbehalt zu beantragen.

(iv) Im Ergebnis bedeutet dies, dass im Falle des § 275 Abs. 2 InsO sowohl der (vorläufige) Sachwalter als auch der (vorläufige) Eigenwalter über Schuldnerkonten rechtswirksam verfügen können. Allerdings ist allein der (vorläufige) Sachwalter hierzu auch berechtigt. Erfährt der (vorläufige) Sachwalter von Verfügungen des Schuldners, muss er dies dem Gläubigerausschuss sowie dem Insolvenzgericht grundsätzlich unverzüglich anzeigen, § 274 Abs. 3 InsO. Denn in dem verbotswidrigen Handeln des Schuldners wird man regelmäßig Umstände erkennen müssen, die erwarten lassen, dass die Fortsetzung der (vorläufigen) Eigenverwaltung zu Nachteilen für die Gläubiger führt. Diese zu verhindern ist ratio der §§ 274, 275 InsO.

3. Berechtigung des (vorläufigen) Sachwalters zur Führung von offenen Treuhandkonten

Vor dem Hintergrund der umfassenden Überwachungspflichten des (vorläufigen) Sachwalters sowie dem Sinn und Zweck insbesondere des § 275 Abs. 2 InsO, aber auch eingedenk der haftungsrechtlichen Risiken für den (vorläufigen) Sachwalter – denn die §§ 274, 275 InsO begründen insolvenzspezifische Pflichten i.S.d. § 60 InsO,[556] wobei § 60 InsO über § 274 Abs. 1, § 270a Abs. 1 S. 2 InsO auf den (vorläufigen) Sachwalter Anwendung findet – stellt sich die Frage, ob dieser im Falle des Ansichziehens der Kassenführung berechtigt ist, die Gelder des

555 Zur Rechtsnatur des Und-Kontos vgl. etwa Hadding/Häuser in Schimansky/Bunte/Lwowski, § 35, Rn. 3, 16.

556 Uhlenbruck-Zipperer, InsO, § 274, Rn. 8 f.

Schuldners auch auf offenen Treuhandkonten zu verwalten und ggfs. hierüber den Zahlungsverkehr des Schuldners abzuwickeln.[557]

In Bezug auf die Haftung des (vorläufigen) Sachwalters ist regelmäßig ein an dessen Rechtsstellung angepasster Haftungsmaßstab anzulegen. Dies gilt jedenfalls, soweit es allein um eine Verletzung seiner allgemeinen Prüfungs- und Überwachungspflichten geht. Eine deutlich strengere Haftung kommt dagegen in Betracht, soweit dem (vorläufigen) Sachwalter bestimmte Aufgaben zur selbständigen Wahrnehmung zugewiesen sind.[558] Nichts anderes kann gelten, wenn er solche Aufgaben, namentlich die Kassenführung, an sich zieht. Daher begründen auch die sich aus der Kassenführung ergebenden Aufgaben insolvenzspezifische Pflichten i.S.v. § 60 InsO und damit ein entsprechendes Haftungsrisiko.[559]

3.1. *Ausgangslage*

(i) Der (vorläufige) Eigenwalter ist, wie vorstehend gezeigt, nach dem Willen des Gesetzgebers auch im Falle des § 275 Abs. 2 InsO rechtlich weiterhin in der Lage – wenn auch im Verhältnis zum (vorläufigen) Sachwalter nicht berechtigt –, über seine Konten wirksam zu verfügen. Die kontoführende Bank ist grundsätzlich verpflichtet, im Übrigen ordnungsgemäß erteilte Zahlungsaufträge auszuführen, § 675o Abs. 2 BGB, und den (vorläufigen) Eigenwalter als Kontoinhaber verfügen zu lassen. Dies ist, insbesondere wenn dem Ansichziehen der Kassenführung ein konkreter Anlass zugrunde liegt und man sich zugleich vergegenwärtigt, dass auch unberechtigte Verfügungen des (vorläufigen) Eigenwalters wirksam und damit – vorbehaltlich der §§ 129 ff. InsO – irreversibel sind,[560] erkennbar unbefriedigend.

Zudem steht dieses Ergebnis im Widerspruch zu der gesetzgeberischen Intention, dem (vorläufigen) Sachwalter durch das Ansichziehen der Kassenführung die Möglichkeit zu geben, zumindest insolvenzzweckwidrige

557 Zieht der (vorläufige) Sachwalter die Kassenführung nicht nach § 275 Abs. 2 InsO an sich, ist hierfür weder eine besondere Rechtsgrundlage noch ein Bedürfnis erkennbar. Der eigenverwaltende Schuldner kann dem (vorläufigen) Sachwalter in diesem Fall jedoch privatautonom durch Abschluss eines entsprechenden Treuhandvertrags zum Treuhänder machen und ihm Geldmittel zur Verwaltung, etwa auf einem Treuhandkonto, anvertrauen.

558 K. Schmidt-Undritz, InsO, § 274, Rn. 6; Detailliert zur Haftung des (vorläufigen) Sachwalters vgl. Pape/Uhlenbruck/Voigt-Salus, InsR, Kap. 39, Rn. 22 ff.; Uhlenbruck-Zipperer, InsO, § 274, Rn. 8 f. sowie K. Schmidt-Undritz, InsO, § 274, Rn. 5 f.; Vgl. auch A. Schmidt-Fiebig, InsO, § 274, Rn. 21 ff.

559 K. Schmidt-Undritz, InsO, § 275, Rn. 7; Uhlenbruck-Zipperer, InsO, § 274, Rn. 9.

560 So im Ergebnis auch Blersch in Breutigam/Blersch/Goetsch, InsO, § 275, Rn. 7.

Mittelabflüsse zum Nachteil der Verfahrensbeteiligten, insbesondere der Gläubiger, zu verhindern. Diesem Ziel wird die bloße Hinweispflicht des § 274 Abs. 3 InsO nicht gerecht. Zwar begründet die Gefahr eines solchen Hinweises an den Gläubigerausschuss bzw. das Insolvenzgericht ein gewisses Druckmittel, da der Gläubigerausschuss daraufhin die Aufhebung der (vorläufigen) Eigenverwaltung und damit die Überleitung in ein Regelinsolvenzverfahren beantragen kann, § 272 Abs. 1 Nr. 1, Abs. 2 InsO.[561] Allerdings ist dies regelmäßig erst dann möglich, wenn der Schuldner bereits unberechtigte Verfügungen vorgenommen hat und ggfs. ein erheblicher, mitunter irreversibler Vermögensabfluss eingetreten ist.

(ii) Das Ansichziehen der Kassenführung bedingt, dass sich der (vorläufige) Eigenwalter entsprechender Verfügungen, insbesondere über den Barbestand sowie etwaige Kontoguthaben, zu enthalten hat. Ferner gehört auch der Forderungseinzug zur Kassenführung und fällt damit allein in den Zuständigkeitsbereich des (vorläufigen) Sachwalters. Entsprechend hat der Schuldner vorhandene und künftig gleichwohl empfangene Gelder an den (vorläufigen) Sachwalter herauszugeben und ist verpflichtet, alle Erklärungen abzugeben, die erforderlich sind, um dem (vorläufigen) Sachwalter die Kassenführung zu ermöglichen.[562]

Eine Herausgabe auf Konten, über die der (vorläufige) Eigenwalter gleichwohl wirksam verfügen kann – wenn auch nicht darf – ist jedoch unbehelflich, vor allem wenn dem Ansichziehen der Kassenführung ein konkreter Anlass zugrunde liegt. Nur wenn der (vorläufige) Sachwalter ausschließlich verfügungsberechtigt ist, kann tatsächlich von einem Ansichziehen der Kassenführung i.e.S. die Rede sein und eine effektive Kontrolle der Geschäftsführung des Schuldners, wie sie §§ 274, 275 InsO bezwecken, gelingen. Eine Separierung vom Vermögen des Schuldners im Übrigen erscheint mithin regelmäßig geboten.

Da der (vorläufige) Sachwalter eine solche Separierung aber ohne die Mitwirkung des Schuldners – dazu sogleich – nicht realisieren kann, besteht keine Verpflichtung des (vorläufigen) Sachwalters, offene Treuhandkonten als Verfahrenskonten einzurichten. Allerdings kann, je nachdem, welchen Hintergrund das Ansichziehen der Kassenführung hat, eine Hinweispflicht nach § 274 Abs. 3 InsO bestehen, wenn der Schuldner der Verwaltung seines Geldvermögens auf einem offenen Treuhandkonto nicht zustimmt und deshalb eine effektive Kontrolle der Geschäftsführung, insbesondere des Zahlungsverkehrs, zum Schutze der Verfahrensbeteiligten nicht (mehr) gewährleistet ist.

561 Vgl. Blersch in Breutigam/Blersch/Goetsch, InsO, § 274, Rn. 18.
562 Wimmer-Foltis, InsO, § 275, Rn. 20.

3.2. Erforderlichkeit eines Mitwirkens des Schuldners

(i) Wie gezeigt spricht viel dafür, dass der kassenführende (vorläufige) Sachwalter die Geldmittel des Schuldners auf einem offenen Treuhandkonto verwahrt, zumindest wenn dem Ansichziehen der Kassenführung konkrete Vorkommnisse oder Bedenken zugrunde liegen. Nur dann ist dem (vorläufigen) Eigenwalter der unmittelbare Zugriff auf diese Mittel zuverlässig verwehrt.[563] Allerdings bedarf es hierfür sowohl der Begründung einer entsprechenden Treuhandabrede zwischen dem Schuldner und dem Inhaber des Treuhandkontos als auch einer entsprechenden Übertragung von Vermögenswerten bzw. der Gestattung des Forderungseinzugs auf das Treuhandkonto.

Im Fall der Anordnung (vorläufiger) Eigenverwaltung ist hierfür – trotz Ansichziehens der Kassenführung gem. § 275 Abs. 2 InsO – jedoch ein Mitwirken des Schuldners erforderlich: zum einen ist der (vorläufige) Sachwalter im Rahmen des § 275 Abs. 2 InsO gesetzlicher Vertreter des Schuldners, was – soweit er in dieser Eigenschaft Rechtsgeschäfte mit sich persönlich, mithin als Kontoinhaber und Treuhänder, tätigen will – gem. § 181 BGB zunächst die Zustimmung des Vertretenen, mithin des (vorläufigen) Eigenwalters, erforderlich macht. Diesbezüglich jedoch kann auf die Ausführungen in Kapitel B.I.2.3. verwiesen werden, wonach ein solches Zustimmungserfordernis – trotz direkter Anwendbarkeit von § 181 BGB auf den kassenführenden (vorläufigen) Sachwalter – regelmäßig nicht besteht.

Zum anderen aber gehört die Nutzung von offenen Treuhandkonten als Verfahrenskonten, da sie zwar regelmäßig geboten, rechtlich aber nicht zwingend ist, nicht zur Kassenführung i.S.v. § 275 Abs. 2 InsO. Schon bestimmte notwendige Hilfsgeschäfte sollen nicht unter die Kassenführung fallen.[564] Für den Abschluss eines Treuhandvertrags, die Übertragung von

563 Gleichwohl kann er ggfs. nach Maßgabe des Treuhandvertrags Herausgabe verlangen, § 667 BGB, bzw. diesen widerrufen bzw. kündigen.

564 Letztlich ist die Rechtslage umstritten. Es spricht aber viel dafür, dem kassenführenden Sachwalter die unmittelbar zum Forderungseinzug erforderlichen Handlungen wie Zahlungsaufforderungen, Mahnungen sowie die Erteilung von Quittungen zuzubilligen, da dieser andernfalls seine Aufgaben nicht erfüllen kann. Andere Geschäfte wie die Aufrechnung oder den Erlass einer Forderung aber auch die Prozessführung wird man dagegen dem eigenverwaltenden Schuldner belassen müssen, da sie nicht unmittelbar zur Kassenführung gehören, vgl. MüKoInsO-Tetzlaff/Kern, § 275, Rn. 18 sowie Uhlenbruck-Zipperer, InsO, § 275, Rn. 8.

Geldmitteln des Schuldners auf einen Treuhänder sowie die Gestattung des Forderungseinzugs auf ein Treuhandkonto gilt dies erst recht. Folgt man dieser Auffassung, wofür einiges spricht, fehlt es dem (vorläufigen) Sachwalter insoweit an einer (gesetzlichen) Vertretungsberechtigung und damit an der erforderlichen Rechtsmacht, für den Schuldner zu handeln. Der (vorläufige) Sachwalter könnte – vorbehaltlich einer rechtsgeschäftlichen Vollmacht – allenfalls als *falsus procurator* auftreten und bedürfte dann nur umso mehr der Mitwirkung des Schuldners, nämlich dessen Genehmigung, § 177 Abs. 1 BGB.

Entsprechend muss der Schuldner grundsätzlich selbst mit dem (vorläufigen) Sachwalter persönlich die entsprechende Treuhandabrede vereinbaren sowie diesem den Einzug der Forderungen, insbesondere gegen die Banken des Schuldners, auf ein Treuhandkonto gestatten bzw. diesem Geldmittel zur Verwaltung übertragen. Treugeber ist damit auch hier der Schuldner, Treuhänder der (vorläufige) Sachwalter persönlich.

Wie auch im Falle des (vorläufigen) Insolvenzverwalters, vgl. Kapitel B.I.2.2., wird man dabei eine konkludente Vereinbarung zwischen Treugeber und Treuhänder genügen lassen können. Regelmäßig dürfte sich aber eine entsprechende Dokumentation der Treuhandabrede sowie ggfs. zumindest der korrespondierenden Ermächtigung zum Forderungseinzug auf das Treuhandkonto – denn § 275 Abs. 2 InsO berechtigt den (vorläufigen) Sachwalter nur zum Einzug auf ein Konto des Schuldners – empfehlen, insbesondere um gegenüber den übrigen Verfahrensbeteiligten die rechtliche Ausgliederung der entsprechenden Vermögenswerte aus dem Vermögen des Schuldners rechtfertigen zu können.

Was die kontoführende Bank anbelangt, so ist diese – denn mit dem Treugeber besteht keinerlei Vertrags- oder vertragsähnliche Beziehung[565] – nicht verpflichtet, sich das Bestehen des entsprechenden Treuhandverhältnisses nachweisen zu lassen. Die Bank muss allein die ihr nach dem GwG und der AO auferlegten Legitimations- und Identifizierungspflichten, vgl. hierzu auch Kapitel A.II.2.2.1. (ii), erfüllen.

(ii) Der Schuldner ist, wenn der (vorläufige) Sachwalter die Kassenführung an sich gezogen hat, grundsätzlich verpflichtet, alle Erklärungen abzugeben, die erforderlich sind, um dem (vorläufigen) Sachwalter die Kassenführung

565 Hadding/Häuser in Schimansky/Bunte/Lwowski, BankRHdB, § 37, Rn. 20, 57; Vortmann, BKR 2007, 449 ff., 450; Für das Anderkonto so auch Neth-Unger in Fandrich/Karper, Mü. AnwaltsHdB Bank- und KapMarktR, § 3, Rn. 82; Vgl. hierzu auch Servatius in Langenbucher/Bliesener/Spindler, BankRKom, 35. Kap., Rn. 46.

zu ermöglichen.[566] Die Übertragung der Geldmittel des Schuldners auf ein offenes Treuhandkonto ist allerdings zwar regelmäßig zumindest empfehlenswert, rechtlich jedoch nicht zwingend. Der Gesetzgeber sah es vielmehr als ausreichend an, dem kassenführenden (vorläufigen) Sachwalter lediglich Zugriff auf die Konten des Schuldners zu gewähren. Die Verwaltungs- und Verfügungsbefugnis im Übrigen beließ er indes dem (vorläufigen) Eigenwalter.

Es erscheint daher nur schwer begründbar, dass der kassenführende (vorläufige) Sachwalter vom Schuldner verlangen kann, dass dieser die für die Nutzung offener Treuhandkonten als Verfahrenskonten erforderlichen Willenserklärungen abgibt. Vielmehr muss der (vorläufige) Eigenwalter – auch eingedenk der vorgenannten Aufgaben und Pflichten des (vorläufigen) Sachwalters und damit im Interesse einer Beibehaltung der (vorläufigen) Eigenverwaltung – *sponte sua*, mithin freiwillig, in den Abschluss der Treuhandabrede einwilligen und dem (vorläufigen) Sachwalter erlauben, die entsprechenden Vermögenswerte auf ein offenes Treuhandkonto zu verbringen und dort zu verwalten. Dies entspricht dem Wesen der (vorläufigen) Eigenverwaltung als kooperatives Verfahren, aber auch dem Grundsatz, dass die Verwaltungs- und Verfügungsbefugnis weitestgehend dem Schuldner verbleiben soll. Für die Überlegungen des (vorläufigen) Eigenwalters mag es dabei auch eine Rolle spielen, dass das Treuhandkonto dem Zwangszugriff seiner Gläubiger grundsätzlich entzogen ist und damit zur Aufrechterhaltung des Zahlungsverkehrs besonders geeignet ist.[567]

3.3. Aufwendungsersatzanspruch des Treuhänders als Masseverbindlichkeit

Entscheiden sich die Beteiligten mithin einvernehmlich für die Nutzung eines Treuhandkontos als Verfahrenskonto, so ist zu beachten, dass insbesondere in dem Fall, dass das Konto als Zahlungsverkehrskonto genutzt wird, dem Treuhänder ein Aufwendungsersatzanspruch in Höhe der jeweils für Rechnung des Schuldners vorgenommenen Zahlungen zusteht, § 670 BGB, der dem Herausgabe- bzw. Rückgewähranspruch des Treugebers, § 667 BGB, gegenüber steht und diesen entsprechend verringert. Der Treuhänder hat nur dasjenige herauszugeben, was er aus dem Treuhandverhältnis unter Berücksichtigung aller

566 Wimmer-Foltis, InsO, § 275, Rn. 20.
567 Vgl. hierzu Kap. A.II.7.2. sowie D.I.1.

berechtigten Aufwendungen, insbesondere pflichtgemäßer Zahlungen für Rechnung des Treugebers, *qua* Vollrechtsinhaberschaft rechtlich erlangt:

(i) Das Treuhandverhältnis stellt rechtlich entweder einen Auftrag, §§ 662 ff. BGB, oder einen Geschäftsbesorgungsvertrag, § 675 BGB, dar. In beiden Fällen findet § 670 BGB, ggfs. über § 675 Abs. 1 BGB, Anwendung. Diese Norm trägt dem Umstand Rechnung, dass derjenige, der fremdnützig den Auftrag eines Dritten erfüllt bzw. dessen Geschäft besorgt, keine wirtschaftlichen Nachteile aus einer pflichtgemäßen Aufgabenerfüllung erleiden soll.[568] Die Fremdnützigkeit rechtfertigt dabei, insbesondere bei Unentgeltlichkeit, eine generelle Risikoverteilung zulasten des Auftraggebers bzw. Geschäftsherrn,[569] so dass unter bestimmten Voraussetzungen – entgegen der Definition der Aufwendung als freiwilliges Vermögensopfer – auch ein Ersatzanspruch bei unfreiwillig erlittenen Vermögenseinbußen, insbesondere bei sog. Zufallsschäden, in Betracht kommt.[570]

Ein Aufwendungsersatzanspruch besteht bei Vermögenseinbußen, die notwendige Folge des Auftragsverhältnisses bzw. der Geschäftsbesorgung sind, worunter insbesondere sämtliche Aufwendungen auf Geheiß des Auftraggebers bzw. Geschäftsherrn fallen.[571] Übertragen auf das Treuhandverhältnis bedeutet dies, dass der Treuhänder zumindest für solche Aufwendungen Ersatz verlangen kann, die er unmittelbar aufgrund der Treuhandabrede bzw. einer entsprechenden Weisung des Treugebers und damit für dessen Rechnung macht. Dies umfasst insbesondere übliche Bankentgelte sowie alle Zahlungen an Dritte, die im Einklang mit der zugrunde liegenden Treuhandabrede bzw. auf Weisung des Treugebers erfolgen.[572] Es handelt sich insoweit bereits um freiwillige, zweckgerichtete Vermögensopfer, die der Treuhänder in Erfüllung seiner Aufgaben aus dem

568 Vgl. etwa Staudinger-Martinek, BGB, § 670 BGB, Rn. 1, 7 sowie Soergel-Beuthien, BGB, § 670 BGB, Rn. 1.

569 Staudinger-Martinek, BGB, § 670 BGB, Rn. 3.

570 Die Details, insbesondere die rechtsdogmatische Begründung, sind umstritten, vgl. hierzu etwa Staudinger-Martinek, BGB, § 670 BGB, Rn. 17 ff. sowie Soergel-Beuthien, BGB, § 670 BGB, Rn. 14 ff.

571 Staudinger-Martinek, BGB, § 670 BGB, Rn. 7 m.w.N; Soergel-Beuthien, BGB, § 670 BGB, Rn. 2 m.w.N.

572 In Abhängigkeit von der Rechtsstellung des (vorläufigen) Insolvenzverwalters bzw. Sachwalters durch diesen, ansonsten durch den (eigenverwaltenden) Insolvenzschuldner selbst.

Treuhandverhältnis auf sich nimmt.[573] Den hieraus resultierenden Aufwendungsersatzanspruch, § 670 BGB, kann der Treuhänder folglich dem Herausgabeanspruch des Treugebers, § 667 BGB, entgegensetzen, so dass diese beiden Ansprüche regelmäßig miteinander zu saldieren sind.

Bei unfreiwilligen Vermögensopfern, insbesondere soweit es um den Ersatz von erlittenen Schäden geht, ist in Rechtsprechung und Literatur allgemein anerkannt (wenn auch mit unterschiedlicher Begründung), dass der Beauftragte bzw. Geschäftsbesorger regelmäßig Anspruch auf Ersatz eines sog. Zufallsschadens hat, für dessen Eintritt weder der Auftraggeber bzw. Geschäftsherr noch der Beauftragte bzw. Geschäftsbesorger verantwortlich sind.[574] Voraussetzung ist, dass die Vermögenseinbuße nicht lediglich bei Gelegenheit des jeweiligen Geschäfts, sondern *ex causa mandati*, mithin allein wegen der Auftragserfüllung bzw. Geschäftsbesorgung eingetreten ist.[575] Diese Grundsätze finden ebenso auf einen fremdnützigen Treuhandvertrag Anwendung.

(ii) Unklar ist die Rechtslage jedoch, wenn der Treuhänder, etwa infolge einer Fehlüberweisung auf das Treuhandkonto – hierzu eingehend in Kapitel D.II. – bereicherungsrechtlich zur Herausgabe verpflichtet ist, da es sich insofern nicht um einen Schaden i.e.S. handelt. Hier erscheinen zwei Lösungsansätze denkbar:

- Da der Treuhänder das Konto in Übereinstimmung mit der entsprechenden Treuhandabrede und allein zur Erfüllung seiner Aufgaben als Treuhänder nutzt, mithin auch in dieser Eigenschaft Bereicherungsschuldner ist, könnte man argumentieren, dass insbesondere die Rückabwicklung zu Unrecht auf das Treuhandkonto eingegangener Zahlungen – zumal der Kontoinhaber diese für Rechnung des Treugebers entgegen nimmt – Bestandteil seiner Aufgaben als Treuhänder ist und die Herausgabe des für Rechnung des Treugebers Erlangten mithin unmittelbar einen Aufwendungsersatzanspruch gem. § 670 BGB begründet.
- Lehnt man diesen Ansatz ab, so erscheint ein Rückgriff auf die Argumentation beim sog. Zufallsschaden geeignet: zwar handelt es sich bei der

573 Vgl. Soergel-Beuthien, BGB, § 670 BGB, Rn. 2 m.w.N.

574 Die Details, insbesondere die rechtsdogmatische Begründung, sind umstritten, vgl. hierzu etwa Staudinger-Martinek, BGB, § 670 BGB, Rn. 17 ff. sowie Soergel-Beuthien, BGB, § 670 BGB, Rn. 14 ff.

575 Staudinger-Martinek, BGB, § 670 BGB, Rn. 11; Vgl. auch Soergel-Beuthien, BGB, § 670 BGB, Rn. 17 ff.

bereicherungsrechtlichen Herausgabepflicht nicht um einen Schaden i.e.S., jedoch entsteht der Anspruch, der sich gegen den Treuhänder als Kontoinhaber und somit rechtlich Bereicherten richtet,[576] ebenso unverschuldet und allein aufgrund und im Rahmen der Tätigkeit als Treuhänder. Ebenso wie beim Zufallsschaden trifft den Treuhänder hinsichtlich der Entstehung des gegen ihn gerichteten Anspruchs kein Verschulden, da er an der ursächlichen Überweisung als bloßer Zahlungsempfänger nicht beteiligt ist. Dabei gilt aufgrund der Fremdnützigkeit des Treuhandverhältnisses auch hier die allgemeine Risikoverteilung zulasten des Auftraggebers bzw. Geschäftsherrn, weswegen der Beauftragte bzw. Geschäftsbesorger, mithin der Treuhänder, aus einer pflichtgemäßen Aufgabenerfüllung keine Nachteile zu erleiden hat.[577] Entsprechend erscheint jedenfalls eine Gleichbehandlung mit sog. Zufallsschäden geboten.

Unabhängig davon, welchem Ansatz der Vorzug gebührt, im Ergebnis ist dem Treuhänder auch in dem Fall, dass er bereicherungsrechtlich, insbesondere infolge einer Fehlüberweisung, zur Herausgabe des für Rechnung des Treugebers Erlangten verpflichtet ist, ein Aufwendungsersatz gem. § 670 BGB (analog) zuzubilligen, den er dem Herausgabeanspruch des Treugebers entsprechend entgegenhalten kann.

Lehnte man einen Aufwendungsersatzanspruch des Treuhänders ab, käme noch eine Nichtleistungskondiktion nach § 812 Abs. 1 S. 1 2. Alt. BGB in Betracht, da der Treugeber in diesem Fall auf Kosten des Treuhänders – denn dieser ist dem Bereicherungsgläubiger zur Herausgabe verpflichtet, obschon er zwar rechtlich, nicht jedoch wirtschaftlich etwas erlangt hat – rechtsgrundlos bereichert wäre. Für eine Eingriffskondiktion fehlt es jedoch an einem Eingriff des Treugebers in den Zuweisungsgehalt eines entsprechenden Rechts des Treuhänders.

(iii) Dabei muss der Treuhänder im eigenen Interesse dafür Sorge tragen, dass es sich bei dem Aufwendungsersatzanspruch um eine Masseverbindlichkeit i.S.d. § 55 Abs. 2 S. 1 bzw. § 55 Abs. 1 Nr. 1 InsO handelt, da er andernfalls – insbesondere im Falle eines Fehlbetrages, etwa infolge eines rechtsgrundlos eingegangenen, aber bereits für Rechnung der (späteren) Insolvenzmasse verbrauchten Zahlungseingangs, vgl. hierzu Kapitel D.II.7. – Gefahr läuft, vom eigenverwaltenden Schuldner auf eine einfache Insolvenzforderung verwiesen zu werden. Der (vorläufige) Eigenwalter muss mithin bei

576 Vgl. hierzu Kap. D.II.

577 Vgl. etwa Staudinger-Martinek, BGB, § 670 BGB, Rn. 1 ff., 7 sowie Soergel-Beuthien, BGB, § 670 BGB, Rn. 1.

Abschluss des Treuhandvertrags in der Lage und willens sein, zumindest hinsichtlich des Aufwendungsersatzspruchs des Treuhänders – ggfs. auch hinsichtlich einer etwaig vereinbarten Vergütung – Masseverbindlichkeiten zu begründen. Dabei führen nur nach Verfahrenseröffnung vorgenommene Rechtshandlungen des eigenverwaltenden Schuldners ohne weiteres zu Masseverbindlichkeiten i.S.v. § 55 Abs. 1 S. 1 InsO.[578] Bei lediglich vorläufiger Eigenverwaltung dagegen bedarf es einer entsprechenden Einzelermächtigung durch das Insolvenzgericht, die jedoch nur für das Schutzschirmverfahren gesetzlich explizit geregelt ist, § 270b Abs. 3 InsO. Im Fall des § 270a InsO ist die Rechtslage dagegen in Literatur und Rechtsprechung unverändert umstritten und letztlich ungeklärt.[579]

Im Regelinsolvenzverfahren besteht dieses Problem dagegen nicht – weswegen der Aufwendungsersatzanspruch des Treuhänders erst an dieser Stelle thematisiert wird –, da entweder der (vorläufige) Insolvenzverwalter bei Abschluss der Treuhandvereinbarung (auch hinsichtlich des Aufwendungsersatzanspruchs des Treuhänders) ohnehin Masseverbindlichkeiten begründet, da die Verwaltungs- und Verfügungsbefugnis bereits auf ihn übergegangen ist, § 21 Abs. 2 S. 1 Nr. 2 1. Alt. i.V.m. § 55 Abs. 2 S. 1 InsO bzw. § 80 i.V.m. § 55 Abs. 1 Nr. 1 InsO, oder aber er für die Begründung der Treuhandvereinbarung sowie die Übertragung von Vermögenswerten des Schuldners auf sich persönlich als Treuhänder bzw. den Forderungseinzug auf ein Treuhandkonto einer entsprechenden Einzelermächtigung des Insolvenzgerichts bedarf. Diese enthält notwendigerweise – denn der Aufwendungsersatzanspruch des Treuhänders ist grundlegender Bestandteil der für die Nutzung eines offenen Treuhandkontos erforderlichen Treuhandabrede – auch die Befugnis, hinsichtlich des aus der Einrichtung eines solchen Kontos als Verfahrenskonto resultierenden Aufwendungsersatzanspruchs Masseverbindlichkeiten zu begründen, so dass es keiner zusätzlichen Anordnung des Insolvenzgerichts bedarf.[580]

Andernfalls nämlich käme man zu dem Ergebnis, dass der (vorläufige) Insolvenzverwalter persönlich dem Herausgabeanspruch der (späteren) Insolvenzmasse insbesondere für deren Rechnung vorgenommene Zahlungen nur in Höhe einer etwaigen Quote entgegenhalten könnte. Dies ist erkennbar weder sachlich gerechtfertigt noch

578 Voraussetzung ist zudem, dass es sich um Verbindlichkeiten handelt, die gem. § 275 Abs. 1 InsO dem Geschäftsbetrieb des Schuldners zugeordnet werden können. Hierzu gehören grundsätzlich alle Verbindlichkeiten, die zum Zwecke der Verwaltung und Verwertung der Insolvenzmasse begründet werden, MüKoInsO-Tetzlaff, § 270, Rn. 160 f.; Uhlenbruck-Zipperer, InsO, § 270, Rn. 13.

579 Vgl. etwa Uhlenbruck-Zipperer, InsO, § 270b, Rn. 66 ff. bzw. § 270a, Rn. 15 ff.

580 Vgl. hierzu auch Kap. D.II.7. sowie zu den verschiedenen Erscheinungsformen der Einzelermächtigung Kap. B.II.2.4. Grundsätzlich ist eine Klarstellung in dem entsprechenden Gerichtsbeschluss jedoch erstrebenswert.

von den Beteiligten – insbesondere auch dem Insolvenzgericht – gewollt und wäre im Übrigen fraglos grob unbillig. Gleichwohl erscheint eine Klarstellung im Rahmen des Gerichtsbeschlusses, insbesondere im Interesse des (vorläufigen) Insolvenzverwalters persönlich, erstrebenswert.

3.4. Unzulässigkeit von Anderkonten, insbesondere BGH, Urteil vom 19.05.1988, III ZR 38/87

(i) Die Insolvenzordnung enthält – ebenso wie die frühere VglO – keine Aussage dazu, wie der (vorläufige) Sachwalter bzw. Vergleichsverwalter die vereinnahmten Gelder zu verwalten hat. Gleichwohl wurde zu § 57 Abs. 2 VglO vertreten, dass der Vergleichsverwalter die Gelder des Schuldners auf bereits bestehenden oder neu zu eröffnenden Schuldnerkonten zu verwalten habe, die dann zu sperren seien.[581]

Zumindest im Falle des § 275 Abs. 2 InsO ist eine Sperre der Konten des Schuldners zugunsten des (vorläufigen) Sachwalters vor dem Hintergrund, dass nach dem Willen des Gesetzgebers der Schuldner neben dem (vorläufigen) Sachwalter in der Lage sein soll, über seine Konten – trotz Ansichziehens der Kassenführung – zu verfügen, nicht möglich. § 275 Abs. 2 InsO begründet nur ein relatives Verfügungsverbot, welches allein im Verhältnis zum (vorläufigen) Sachwalter Platz greift.

Ferner wurde die Entgegennahme und Verwaltung von Geldmitteln des Schuldners auf einem Anderkonto generell als unzulässig angesehen.[582] Gestützt wurde dies, soweit ersichtlich, auf die bereits in Kapitel A.II.2.1.4 sowie B.II.7. dargestellten Besonderheiten des Anderkontos, die grundsätzliche Bedenken gegen die Geeignetheit von Anderkonten als Verfahrenskonten rechtfertigen. Nach hier vertretener Auffassung ist die Einrichtung von Anderkonten als Verfahrenskonten jedoch gleichwohl zulässig, wenn auch nicht empfehlenswert. Stattdessen ist dem offenen Treuhandkonto der Vorzug zu geben.

(ii) Diese Literaturmeinung wurde vom BGH in seinem – vereinzelt gebliebenen – Urteil vom 19.05.1988, III ZR 38/87,[583] aufgegriffen und dieses Urteil wiederum von der Literatur zur Bestätigung der eigenen Auffassung herangezogen. Die Ablehnung des Anderkontos wurde sodann wegen der weitgehenden Übereinstimmung von § 57 Abs. 2 VglO

581 Bley/Mohrbutter, VglO, § 57, Rn. 39.
582 Bley/Mohrbutter, VglO, § 57, Rn. 39.
583 Abgedruckt etwa in ZIP 1988, 1136 ff.

und § 275 Abs. 2 InsO in die heutige Kommentarliteratur übernommen.[584] Dies gibt Anlass, das vorgenannte Urteil näher zu untersuchen:

Dem Urteil des BGH lag folgender Sachverhalt zugrunde: Der Beklagte war zum vorläufigen Vergleichsverwalter einer GmbH bestellt worden und beantragte daraufhin bei der klagenden Sparkasse – obschon Betriebswirt – auf dem Formular für Rechtsanwalts-Anderkonten die Eröffnung eines Verfahrenskontos. Dabei unterschrieb der Beklagte das Formular mit dem Zusatz „vorl. Vergleichsverwalter".

Der Beklagte nutzte das Konto nach Eröffnung des Anschlusskonkurses zur Abwicklung des Zahlungsverkehrs des Gemeinschuldners, wobei das Konto erheblich ins Soll geriet. Die Sparkasse erwirkte daraufhin zunächst gegen den Beklagten in seiner Eigenschaft als Konkursverwalter einen Vollstreckungsbefehl, verlangte dann aber von diesem persönlich Zahlung. Als es darüber zum Streit kam, erhob die Sparkasse zunächst erfolglos Klage zum LG, obsiegte jedoch in der Berufungsinstanz.

Der BGH hatte sich also mit der Frage zu befassen, wer vor dem Hintergrund der widersprüchlichen Erklärungen der Beteiligten für den Sollsaldo auf dem Konto haftet und damit dessen Rechtsnatur aufzuklären. Im Ergebnis kam der BGH zu dem Schluss, dass kein Anderkonto, sondern ein „Sonderkonto"[585] vereinbart gewesen sei und der Beklagte nicht persönlich für den verbliebenen Sollsaldo hafte.

Streitentscheidend war also die Auslegung der Willenserklärungen der Beteiligten unter besonderer Berücksichtigung des verwendeten Kontoantragsformulars. Soweit sich der BGH im Rahmen des Urteils *en passant* zur Kontoführung des Vergleichs- und Konkursverwalters äußerte, blieb dies – zumindest im Hinblick auf das „Sonderkonto" – begrifflich unklar und geschah ohne nähere Auseinandersetzung mit den (bank-)rechtlichen Hintergründen. Nur knapp führt der BGH unter Hinweis auf die Literaturmeinung aus: „*Ihnen* [Vergleichs- bzw. Konkursverwaltern] *anvertraute Gelder eignen sich ihrer Natur nach nicht zur Anlage auf einem Anderkonto. Bei einem gesetzlichen Treuhänder ist vielmehr die Einrichtung eines Sonderkontos angebracht und üblich, beim Vergleichsverwalter als Fremdkonto auf den Namen des Schuldners, beim Konkursverwalter als Konto auf seinen*

584 Wimmer-Fotis, InsO, § 275, Rn. 32 m.w.N.; Ebenso aber etwas differenzierter, Uhlenbruck-Zipperer, InsO, § 275, Rn. 7.

585 Zum Begriff sogleich sowie grundlegend in Kap. E.V.

Namen mit der zusätzlichen Bezeichnung als Sonderkonto für eine bestimmte Konkursmasse."

Offenbar versteht der BGH im Falle des Konkursverwalters unter dem Begriff des Sonderkontos ein Konto auf Namen des Konkursverwalters. Zugleich soll im Fall des Vergleichsverwalters auch ein Konto auf Namen des Schuldners ein Sonderkonto sein. Dem Begriff Sonderkonto kann mithin keine Unterscheidungskraft abgerungen werden. Gemeint ist offenbar keine bestimmte Kontoform, sondern eine Zweckbestimmung im weitesten Sinne.

Die Einrichtung von Anderkonten als Verfahrenskonten lehnt der BGH dabei, jedoch ohne hierfür konkrete Gründe zu nennen, ab. Zugleich aber fordert das Urteil für den Konkursverwalter ein Konto auf dessen Namen, was aber – denn es handelt sich um Fremdgelder – nur ein offenes Treuhandkonto sein kann. Mehr kann den eher beiläufigen Äußerungen des BGH nicht entnommen werden.

(iii) In der Literatur findet dies, soweit ersichtlich, nur an einer Stelle Widerhall, wobei dem (vorläufigen) Sachwalter dort ein Wahlrecht zugebilligt wird, ein „*Sonder- bzw. Anderkonto für Rechnung des Schuldners zur Abwicklung des Zahlungsverkehrs einzurichten*" oder als gesetzlicher Vertreter des Schuldners über dessen Konten zu verfügen.[586] Der Begriff Sonderkonto wird hier wiederum nicht näher spezifiziert.

Hier zeigt sich die Gefahr, die von der weit verbreiteten begrifflichen Unschärfe sowie der allgemeinen Verunsicherung über die (bank-)rechtlichen Hintergründe der verschiedenen Kontoformen ausgeht: Über zwei Jahrzehnte wurde – gestützt auf das vorgenannte Urteil, dem nach einer Ansicht eine solche Aussage schon gar nicht entnommen werden kann,[587] das diese jedenfalls aber nur am Rande und ohne nähere inhaltliche Auseinandersetzung mit der Materie trifft – vertreten, dass ein Anderkonto zur Verwaltung der Geldmittel des Schuldners im Rahmen von § 57 Abs. 2 VglO bzw. nunmehr § 275 Abs. 2 InsO unzulässig sei.

Nachdem vorstehend – sowie grundlegend in Kapitel A.II.2.1.4. und B.II.7. – die rechtlichen Hintergründe des Anderkontos sowie die gegen dieses als Verfahrenskonto vorgebrachten Bedenken eingehend untersucht wurden, kann der Einschätzung, dass ein Anderkonto als Verfahrenskonto generell ausscheide, nicht gefolgt werden. Auch der (vorläufige) Sachwalter,

---

586 Vgl. Blersch in Breutigam/Blersch/Goetsch, InsO, § 275, Rn. 8 a.E.

587 So, soweit ersichtlich bislang als Einziger, auch A. Schmidt-Fiebig, InsO, § 275, Rn. 15.

der gem. § 275 Abs. 2 InsO die Kassenführung an sich zieht, ist berechtigt, ein Anderkonto zur Erfüllung der ihm zugewiesen Aufgaben zu nutzen,[588] sofern er einer anderkontofähigen Berufsgruppe angehört. Entscheidend ist vielmehr, dass der (vorläufige) Eigenwalter zum Abschluss der entsprechenden Treuhandabrede sowie zur Überantwortung des Treuguts bereit ist. Gleichwohl ist das offene Treuhandkonto fraglos besser geeignet. Es ist dabei auch dem Schuldnerkonto aus verschiedenen Gründen – etwa was den Schutz vor unberechtigten Zugriffsversuchen der Gläubiger des Insolvenzschuldners anbelangt –, insbesondere aber vor dem Hintergrund der nur relativen Wirkung der Verfügungsbeschränkung des § 275 Abs. 2 InsO vorzuziehen. Nur so kann der (vorläufige) Sachwalter die Kassenführung effektiv übernehmen und die ihm vom Gesetzgeber zugewiesene Kontrollfunktion, vgl. insbesondere § 274 Abs. 2 InsO, umfassend ausüben.

4. Partielles Ansichziehen der Kassenführung

Ob und in welchem Umfang der kassenführende (vorläufige) Sachwalter dem Schuldner – der ja gerade trotz des Ansichziehens der Kassenführung weiterhin in der Lage, wenn auch gegenüber dem (vorläufigen) Sachwalter nicht berechtigt ist, über seine Konten zu verfügen – die Teilnahme am Zahlungsverkehr überlässt, soll nach einer Ansicht im pflichtgemäßen Ermessen des (vorläufigen) Sachwalters stehen. Es handle sich allein um eine Frage der Praktikabilität bzw. der Verfahrensgröße.[589] Da § 275 Abs. 2 InsO zu einem nur relativen Verfügungsverbot führt, das nur gegenüber dem (vorläufigen) Sachwalter besteht, mag es überzeugen, dessen Reichweite zur Disposition des (vorläufigen) Sachwalters zu stellen. Vor dem Hintergrund der Haftungsrisiken für den (vorläufigen) Sachwalter,[590] den dann, soweit er die Kassenführung nachträglich wieder aus den Händen gibt – je nach Hintergrund des Ansichziehens derselben –, ggfs. (gesteigerte) Überwachungspflichten treffen, erscheint in der Praxis jedoch Zurückhaltung angebracht.

Eine andere Frage, die, soweit ersichtlich, in Literatur und Rechtsprechung bislang noch nicht aufgegriffen wurde, ist, ob der (vorläufige) Sachwalter von Anfang an die Kassenführung nur partiell an sich ziehen kann, also etwa nur die Kontoführung oder diese gar nur betreffend bestimmter Konten. Da dem

---

588 So, soweit ersichtlich, neben Blersch in Breutigam/Blersch/Goetsch, InsO, § 275, Rn. 8, wohl auch A. Schmidt-Fiebig, InsO, § 275, Rn. 15.

589 Wimmer-Foltis, InsO, § 275, Rn. 25.

590 Vgl. hierzu bereits Kap. C.I.2 (ii) sowie C.I.3.

(vorläufigen) Sachwalter im Rahmen von § 275 Abs. 2 InsO ein weites Ermessen zukommt und es sich um ein Recht, das der (vorläufige) Sachwalter einseitig ausüben kann, handelt, erscheint dies durchaus vertretbar. Allerdings dürfte dieser Überlegung in Ansehung der bereits in Kapitel C.I.2. dargestellten *ratio legis* sowie den damit einhergehenden haftungsrechtlichen Fragen ebenfalls nur geringe Praxisrelevanz zukommen.

II. Möglichkeiten der Kontoführung durch den (vorläufigen) Sachwalter

Nachdem die Rechtsstellung des (vorläufigen) Sachwalters sowie deren Bedeutung und Folgen für die Kontoführung, insbesondere im Fall des § 275 Abs. 2 InsO, bereits Gegenstand des vorstehenden Kapitels waren, soll an dieser Stelle nur noch ein zusammenfassender Überblick über die Möglichkeiten der Kontoführung durch den (vorläufigen) Sachwalter gegeben werden.

Hinsichtlich der Auswirkungen der Anordnung des vorläufigen Insolvenzverfahrens – denn auch die vorläufige Eigenverwaltung, auch bei gleichzeitiger Anordnung eines Schutzschirmverfahrens, ist rechtlich ein vorläufiges Insolvenzverfahren – auf den Zahlungsdiensterahmenvertrag sowie einzelne Zahlungsdienste kann auf Kapitel E.I.1. bzw. für den Fall der Verfahrenseröffnung auf Kapitel E.I.2. verwiesen werden, wobei die Besonderheit besteht, dass auch im eröffneten Verfahren unverändert der Schuldner verwaltungs- und verfügungsberechtigt und damit zur Kontoführung berechtigt bzw. im Falle des § 275 Abs. 2 InsO jedenfalls in der Lage ist.

1. Möglichkeiten der Kontoführung bei (vorläufiger) Eigenverwaltung

1.1. Kein Ansichziehen der Kassenführungsbefugnis

Zieht der (vorläufige) Sachwalter die Kassenführung nicht an sich, ist er – außer im Falle einer entsprechenden rechtsgeschäftlichen Vollmacht – weder im vorläufigen noch im eröffneten Verfahren berechtigt, über bestehende Konten des Schuldners zu verfügen, solche zu eröffnen oder zu kündigen. Er ist von der Kontoführung gänzlich ausgeschlossen.

Zwar könnte der (vorläufige) Sachwalter offene Treuhandkonten für Rechnung des Schuldners eröffnen, denn hierfür bedarf es, außer ggfs. im Rahmen der Legitimationsprüfung, zunächst keiner Mitwirkung des potentiellen Treugebers. Allerdings kann er diese ohne entsprechende Handreichung des Schuldners selbst im Fall des § 275 Abs. 2 InsO nicht nutzen, da dies den Abschluss eines Treuhandvertrags sowie eine Übertragung von

Treugut auf das Konto bzw. eine entsprechende Einziehungsbefugnis voraussetzt. Sofern der Schuldner nicht zur Mitwirkung bereit ist, kann die Eröffnung des Treuhandkontos daher allenfalls vorsorglichen Charakter, insbesondere bei bevorstehender Überleitung in ein Regelinsolvenzverfahren, haben.

Entsprechend ist allein der (vorläufige) Eigenwalter zur Kontoführung berechtigt. Sowohl im eröffneten, § 270 Abs. 1 S. 1 InsO, als auch im vorläufigen Verfahren – sofern das Insolvenzgericht nicht ausnahmsweise eine abweichende Anordnung trifft –, § 270a Abs. 1 Nr. 1 InsO, ist dieser allein verwaltungs- und verfügungsberechtigt.

1.2. *Ansichziehen der Kassenführungsbefugnis*

(i) Zieht der (vorläufige) Sachwalter dagegen gem. § 275 Abs. 2 InsO die Kassenführung an sich, kann er nicht nur über bestehende Schuldnerkonten verfügen, sondern auch neue Schuldnerkonten errichten.[591] Vor dem Hintergrund, dass dem (vorläufigen) Sachwalter nur bestimmte, unmittelbar zur Kassenführung gehörende Hilfsgeschäfte zuzubilligen sind[592] und die Kündigung bestehender Konten für die Kassenführung nicht zwingend erforderlich ist, dürften Kontokündigungen allerdings dem (vorläufigen) Eigenwalter vorbehalten sein.

Da das Ansichziehen der Kassenführungsbefugnis durch eine einseitige Erklärung des (vorläufigen) Sachwalters gegenüber dem Schuldner erfolgt, wird sich die kontoführende Bank dies regelmäßig nachweisen lassen. In Betracht kommt hierfür insbesondere eine Bestätigung des Schuldners, dass der (vorläufige) Sachwalter die Kassenführung an sich gezogen hat und dass dies insbesondere die Kontoführung umfasst. Alternativ kann die Bank auch eine Kopie des entsprechenden Schreibens des (vorläufigen) Sachwalters an den Schuldner genügen lassen.

Im Übrigen ist der Eigenwalter ohnehin verpflichtet, der Bank jede Änderung der Verfügungsbefugnis mitzuteilen.[593] Dies folgt bereits aus Nummer 11 (1) AGB-Banken bzw. Nummer 4 (1) AGB-Sparkassen und gilt sowohl für den Fall, dass der (vorläufige) Sachwalter die Kassenführung an sich zieht als auch dass er diese ggfs. an den Schuldner rücküberträgt, so dass künftig wieder nur dieser verfügungsberechtigt ist.

---

591 Vgl. Fischbeck in Hellner/Steuer, BuB, Abschnitt F, Rn. 2/250e.

592 Vgl. MüKoInsO-Tetzlaff/Kern, § 275, Rn. 18 sowie Uhlenbruck-Zipperer, InsO, § 275, Rn. 8 sowie Fn. 559.

593 Vgl. hierzu Kap. B.II.5.

Zu beachten ist dabei, dass der (vorläufige) Sachwalter den Insolvenzschuldner nur im Innenverhältnis von der Kassen- und damit der Kontoführung verdrängt, während dieser nach dem Willen des Gesetzgebers unverändert in der Lage sein soll, über sein Vermögen wirksam zu verfügen. Die Bank muss deshalb, § 675o Abs. 2 BGB, im Übrigen ordnungsgemäß erteilte Weisungen des eigenverwaltenden Schuldners unverändert ausführen.[594]

Daneben kommt die Anordnung eines Zustimmungsvorbehalts gem. § 277 InsO für zumindest bestimmte Bankgeschäfte in Betracht. Diesbezüglich kann auf die Ausführungen unter Kapitel B.II.2.2. zum Zustimmungsvorbehalt im Regeleröffnungsverfahren verwiesen werden.

(ii) Der (vorläufige) Sachwalter ist ferner auch zur Nutzung von (offenen) Treuhandkonten – auch Anderkonten, vgl. Kapitel C.I.3.4. – berechtigt. Dies setzt jedoch eine umfassende Mitwirkung des (vorläufigen) Eigenwalters voraus, da die Einrichtung von offenen Treuhandkonten als Verfahrenskonten für die Kassenführung nicht erforderlich und damit von der gesetzlichen Vertretungsmacht des kassenführenden (vorläufigen) Sachwalters nicht erfasst ist. Daher muss der Schuldner selbst sowohl die entsprechende Treuhandabrede mit dem (vorläufigen) Sachwalter persönlich – denn dieser wird Kontoinhaber und fungiert somit als (Vollrechts-) Treuhänder – abschließen als auch dem Treuhänder das Treugut zur Verwaltung übertragen bzw. diesen entsprechend zum Forderungseinzug ermächtigen. § 275 Abs. 2 InsO versetzt den (vorläufigen) Sachwalter nur in die Lage, Forderungen auf Konten des Schuldners einzuziehen, was aber aus den bereits aufgezeigten Gründen regelmäßig unbehelflich ist.

2. Legitimation des (vorläufigen) Sachwalters

Betreffend die Legitimation des (vorläufigen) Sachwalters kann zunächst auf die Grundsätze der Legitimation des (vorläufigen) Insolvenzverwalters, vgl. Kapitel B.II.4., verwiesen werden:

2.1. Schuldnerkonten

Zieht der (vorläufige) Sachwalter die Kassenführung an sich, genügt es, wenn er der kontoführenden Bank seine Bestellung zum (vorläufigen) Sachwalter gem. § 270c bzw. § 270a Abs. 1 S. 2 InsO anzeigt und dieser – sofern die Bank dies

594 Vgl. hierzu Kap. C.I.2 (iii).

verlangt – das Ansichziehen der Kassenführung nachweist. Da es sich nur um eine Änderung bei der Verfügungsberechtigung und nicht um einen Wechsel des Vertragspartners handelt – denn der (vorläufige) Sachwalter ist insofern gesetzlicher Vertreter des Kontoinhabers –, ist eine Legitimation des (vorläufigen) Sachwalters grundsätzlich nicht erforderlich.[595]

2.2. Treuhandkonten

Auch für den Fall, dass der (vorläufige) Sachwalter zum Zwecke der Kassenführung – Mitwirken des Schuldners, vgl. Kapitel C.I.3.2. vorausgesetzt – offene Treuhandkonten errichtet, kann auf die Ausführungen zum (vorläufigen) Insolvenzverwalter, vgl. Kapitel B.II.4.2., verwiesen werden. Entscheidend ist, dass der (vorläufige) Sachwalter in seiner Eigenschaft als Treuhänder und damit persönlich Kontoinhaber, also Vertragspartner der kontoführenden Bank wird und daher entsprechend – sofern nicht bereits erfolgt – legitimiert werden muss. Auch hier bietet sich zur Vermeidung unnötigen Aufwands die Bündelung der Treuhandkonten bei einer Bank an.

Zu beachten ist aber, dass bei (vorläufiger) Eigenverwaltung – anders als im Regelinsolvenzverfahren – der wirtschaftlich Berechtigte nicht nur zu benennen, sondern auch zu legitimieren ist. Die besondere Privilegierung von Nr. 39b der sog. „Auslegungs- und Anwendungshinweise der DK [Deutschen Kreditwirtschaft] zur Verhinderung von Geldwäsche, Terrorismusfinanzierung und sonstigen strafbaren Handlungen" gilt nur für den Fall des (vorläufigen) Insolvenzverwalters. Dies ist insofern auch zutreffend, als dass diese an den (partiellen) Verlust der Verwaltungs- und Verfügungsbefugnis an den (vorläufigen) Insolvenzverwalter anknüpft, was auf den (vorläufigen) Sachwalter gerade nicht zutrifft.[596]

3. Informationspflichten des (vorläufigen) Sachwalters

Außer in dem Fall, dass das Insolvenzgericht einen (auch) bestimmte Bankgeschäfte betreffenden Zustimmungsvorbehalt angeordnet hat, § 277 InsO, ist der eigenverwaltende Schuldner im Verhältnis zur kontoführenden Bank selbst im Falle des § 275 Abs. 2 InsO weiterhin verfügungsberechtigt. Das Ansichziehen der Kassenführung bewirkt lediglich im Verhältnis zum (vorläufigen) Sachwalter, dass der Schuldner nicht mehr über seine Konten verfügen darf. Dritten

595 Vgl. hierzu Kap. B.II.4.1.1.

596 Vgl. hierzu Kap. C.I.

gegenüber kann der (vorläufige) Sachwalter den eigenverwaltenden Schuldner indes nicht von der Verfügungsbefugnis über sein Vermögen ausschließen.[597] Insofern besteht eine Informationspflicht nach Nummer 11 (1) AGB-Banken bzw. Nummer 4 (1) AGB-Sparkassen sowie etwaigen weiteren vertraglichen Regelungen grundsätzlich nur, wenn und soweit das Insolvenzgericht (ausnahmsweise) einen Zustimmungsvorbehalt angeordnet hat. Der Nachweis über das Ansichziehen der Kassenführung liegt dagegen allein im Interesse des (vorläufigen) Sachwalters, da dieser andernfalls nicht über die Konten des Schuldners verfügen kann.[598]

Sofern es zu einer Überleitung in ein Regelinsolvenzverfahren kommt, gelten die bereits in B.II.5. dargestellten Grundsätze. Der neu bestellte (vorläufige) Insolvenzverwalter muss die Bank, vgl. Nummer 11 (1) AGB-Banken bzw. Nummer 4 (1) AGB-Sparkassen, unverzüglich unterrichten, wenn und soweit die Verfügungsbefugnis hinsichtlich der schuldnerischen Konten auf ihn übergeht oder das Insolvenzgericht einen Zustimmungsvorbehalt anordnet.

4. Pflicht zur zinsgünstigen Anlage

Auch der (vorläufige) Sachwalter, der die Kassenführung nach § 275 Abs. 2 InsO an sich zieht, ist im Interesse der Verfahrensbeteiligten zur zinsgünstigen Anlage verpflichtet.[599] Hierzu kann vollumfänglich auf die Ausführungen in Kapitel B.II.6. verwiesen werden.

597 Vgl. hierzu Kap. C.I.2. (iii).
598 Vgl. hierzu Kap. C.I.2. (iii).
599 Wimmer-Foltis, InsO, § 275, Rn. 31.

D. Insolvenzspezifische Besonderheiten bei Treuhandkonten

Nachdem vorstehend die Voraussetzungen und Möglichkeiten der Kontoführung in der Insolvenz sowohl für den (vorläufigen) Insolvenzverwalter als auch den (vorläufigen) Sachwalter dargestellt wurden, stellt sich nun die Frage, welche insolvenzspezifischen Besonderheiten bei der Nutzung von offenen Treuhandkonten sowie von Schuldnerkonten – hierzu sodann in Kapitel E – als Verfahrenskonten zu beachten sind. Gegenstand der nachfolgenden Untersuchungen sind dabei unter anderem die Pfändung von Verfahrenskonten, die rechtlichen Folgen darauf eingehender Fehlüberweisungen sowie eines Wechsels in der Person des (vorläufigen) Insolvenzverwalters bzw. Sachwalters.

I. Kontopfändung

An dieser Stelle ist zunächst auf die umfassenden Ausführungen in Kapitel A.II.7 zu verweisen. Dort wurden bereits die rechtlichen Grundlagen der Zwangsvollstreckung in Kontokorrentkonten sowie die Voraussetzungen und Folgen einer Pfändung von offenen Treuhandkonten eingehend untersucht. Dabei wurde u.a. herausgearbeitet, dass und warum eine Kontopfändung, die nicht ausdrücklich auf Konten für Rechnung des Vollstreckungsschuldners beschränkt ist, auch Konten für Rechnung Dritter erfasst sowie, dass eine Kontopfändung nach der herrschenden (gemischt) öffentlich-privatrechtlichen Theorie zur Entstehung eines Pfändungspfandrechts und zugleich zur staatlichen Beschlagnahme der gepfändeten Konten bzw. Forderungen führt. Weiter wurde gezeigt, dass die kontoführende Bank die von einer Pfändung betroffenen Konten – unabhängig von der Höhe des Betrages, wegen dessen die Zwangsvollstreckung betrieben wird – grundsätzlich sämtlich und in vollem Umfang gesperrt halten muss und welche rein tatsächlichen wie rechtlichen Möglichkeiten den Beteiligten zu Gebote stehen, einen Zwangszugriff auf offenen Treuhandkonten abzuwehren. Dabei wurde auch dargestellt, ob und ggfs. welche Pflichten in diesem Zusammenhang den Vollstreckungsschuldner als Kontoinhaber und Treuhänder, den Vollstreckungsgläubiger sowie den Treugeber und die kontoführende Bank treffen. Sämtliche in Kapitel A.II.7 gefundenen Ergebnisse gelten vollumfänglich auch für als Verfahrenskonten genutzte Treuhandkonten, so dass nachstehend nur noch auf einzelne Besonderheiten einzugehen ist.

1. Kontopfändung durch Gläubiger des Insolvenzschuldners

Ausgangspunkt ist auch hier, dass es sich bei einem als Treuhandkonto ausgestalteten Verfahrenskonto um ein Konto auf Namen des (vorläufigen) Insolvenzverwalters bzw. Sachwalters persönlich handelt, das dieser für Rechnung der (späteren) Insolvenzmasse führt. Der Schuldner ist lediglich wirtschaftlich, nicht aber auch rechtlich Berechtigter. Dies folgt zum einen aus der Rechtsstellung des Treuhänders als Kontoinhaber, zum anderen aus der dinglichen Übertragung des Treuguts auf den Treuhänder bzw. dem Einzug schuldnerischer Forderungen auf das Konto.[600]

Aufgrund der rechtlichen Zuordnung des Treuguts zum Vermögen allein des Treuhänders können die Gläubiger des Insolvenzschuldners nicht unmittelbar auf das Kontoguthaben zugreifen, da es hierfür eines Titels gegen den Kontoinhaber bedarf.[601] Deshalb kommt es – anders als beim Schuldnerkonto[602] – nicht fortwährend zu Kontosperrungen infolge von zumeist ohnehin unzulässigen[603] Pfändungsversuchen seitens der Insolvenzgläubiger. Darin liegt einer der wesentlichen Vorteile des offenen Treuhandkontos als Verfahrenskonto.

Die Übertragung von Geldmitteln der (späteren) Insolvenzmasse auf ein offenes Treuhandkonto und damit den Treuhänder persönlich stellt keinen Fall der Rechtsnachfolge i.S.d. § 727 ZPO dar, so dass die Gläubiger des Insolvenzschuldners keine Umschreibung des Vollstreckungstitels auf den Treuhänder erwirken können. Eine Rechtsnachfolge setzt den Übergang des Gläubigerrechts bzw. der Schuldnerverpflichtung voraus. Die Übertragung einzelner (oder auch aller) Vermögenswerte auf einen Treuhänder führt jedoch nicht zu einem Einrücken des Treuhänders in die Rechtsstellung als Schuldner, insbesondere liegt keine befreiende Schuldübernahme vor.[604]

Auch eine Titelumschreibung auf den (vorläufigen) Insolvenzverwalter in seiner Eigenschaft als Amtstreuhänder – sofern dem nicht insbesondere § 89 InsO entgegensteht – bringt keinen Gewinn, denn als solcher ist er nicht Konto- und damit nicht Rechtsinhaber. Dasselbe gilt für den (vorläufigen) Sachwalter, der jedoch bei Ansichziehen der Kassenführung lediglich gesetzlicher Vertreter des Schuldners ist.

Die Gläubiger des Schuldners sind mithin darauf beschränkt, den schuldrechtlichen Herausgabeanspruch des Schuldners aus dem Innenverhältnis zum

---

600 Vgl. hierzu Kap. bereits Kap. A.II.2.1. sowie zur Rspr. sogleich auch Kap. D.II.2.1 – 2.3.

601 Vgl. hierzu Kap. A.II.7.2.3.

602 Vgl. nachfolgend in Kap. E.II. sowie allgemein zu den Rechtsfolgen einer Kontopfändung Kap. A.II.7.1.

603 Vgl. hierzu sogleich Kap. E.II.1 sowie E.II.2.2.

604 Vgl. zum Ganzen etwa Zöller-Stöber, ZPO, § 727, Rn. 14 ff.

Treuhänder zu pfänden.[605] Ein Zugriff auf das Kontoguthaben selbst ist von vornherein ausgeschlossen, da dieses rechtlich nicht zur (späteren) Insolvenzmasse gehört. Der Pfändung des Herausgabeanspruchs wiederum steht ggfs. ein etwaig gerichtlich angeordnetes Vollstreckungsverbot gem. § 21 Abs. 2 S. 1 Nr. 3 InsO bzw. die Verfahrenseröffnung, §§ 88, 89 InsO, entgegen.[606]

Das AG Hamburg, Urteil vom 25.09.2007, 903a M 1240/07,[607] entschied indes, dass im Falle eines als Verfahrenskonto genutzten Anderkontos der Rückzahlungsanspruch des Schuldners nicht durch § 21 Abs. 2 S. 1 Nr. 3 InsO vor Zugriffsversuchen der Insolvenzgläubiger geschützt sei. Zur Begründung führte das Gericht aus, die künftige Insolvenzmasse sei von der Pfändung des Herausgabeanspruchs gar nicht erst betroffen, da lediglich ein Anspruch gepfändet sei, der nur in dem Fall, dass das Insolvenzverfahren nicht eröffnet wird, bestünde.

Dies begegnet Bedenken, da der Rückzahlungsanspruch dem gewillkürten und nicht dem gesetzlichen Treuhandverhältnis entspringt.[608] Er entsteht mithin unabhängig von der Verfahrenseröffnung, sobald das Treuhandkonto ein entsprechendes Guthaben aufweist. Die Fälligkeit wiederum bestimmt sich nach dem zugrunde liegenden Treuhandvertrag, wobei im Zweifel von einer jederzeitigen Fälligkeit, § 271 Abs. 1 BGB, auszugehen ist.

2. Kontopfändung durch Gläubiger des (vorläufigen) Insolvenzverwalters bzw. Sachwalters persönlich

(i) Auch hier ist die fiduziarische Vollrechtsinhaberschaft des Kontoinhabers Grundlage der rechtlichen Beurteilung: die Gläubiger können die Zwangsvollstreckung grundsätzlich in das gesamte Vermögen des Vollstreckungsschuldners betreiben. Zu diesem gehören auch dessen Konten, und zwar auch solche, die wirtschaftlich einem Dritten zugeordnet sind.[609] In Bezug auf die Gläubiger des (vorläufigen) Insolvenzverwalters bzw. Sachwalters persönlich bedeutet dies, dass diese auch in als Treuhandkonten geführte Verfahrenskonten vollstrecken können. Die dortigen Guthaben sind rechtlich allein dem Kontoinhaber zugeordnet und somit nicht Bestandteil der (späteren) Insolvenzmasse. Nur der schuldrechtliche Herausgabeanspruch

605 Stöber, Forderungspfändung, Rn. 403; Sudergat, Kontopfändung, Rn. 432; Kuder, ZInsO 2009, 584 ff., 585; Zuleger in Cranshaw/Paulus/Michel, BankenKomInsR, vor § 80, Rn. 9 m.w.N.; Vgl. auch Kap. A.II.7.2.3.

606 Vgl. zu den Auswirkungen der Anordnung eines vorläufigen Vollstreckungsverbots sowie der Verfahrenseröffnung im Detail in Kap. E.II.1 bis 2.3.

607 AG Hamburg, Urteil vom 25.09.2007, 903a M 1240/07, NZI 2007, 669 f., 669.

608 Zu dieser Unterscheidung sowie deren Bedeutung vgl. Kap. bereits B.I.2.

609 Vgl. hierzu bereits Kap. A.II.7.2.1.

aus dem Innenverhältnis zwischen dem (vorläufigen) Insolvenzverwalter bzw. Sachwalter persönlich und dem Insolvenzschuldner als Treugeber, § 667 BGB, ist ggfs. dem Zugriff der Gläubiger des (vorläufigen) Insolvenzverwalters bzw. Sachwalters persönlich entzogen.

Sofern der Pfändungs- und Überweisungsbeschluss daher – wie freilich insbesondere bei Angehörigen bestimmter Berufsgruppen anzuraten – nicht unter ausdrücklicher Beschränkung auf Konten für Rechnung des Vollstreckungsschuldners beantragt bzw. erlassen wird, erfasst dieser auch Konten für Rechnung der Insolvenzschuldner, so dass auch diese infolge der staatlichen Beschlagnahme grundsätzlich gesperrt zu halten sind. Dabei ist die kontoführende Bank rechtlich zwar nicht verpflichtet, den Vollstreckungsgläubiger im Rahmen der Drittschuldnererklärung – sofern dieser, wie zumeist, eine solche anfordert – darauf hinzuweisen, dass die Pfändung auch Konten in fremder Rechnung betrifft. Gleichwohl ist dies, ggfs. auch außerhalb der Drittschuldnererklärung, gängige Praxis. Allerdings hat die Bank auch hier das Bankgeheimnis zu wahren und darf i.d.R. nur einen entsprechend allgemeinen Hinweis erteilen.[610]

(ii) Erlangt der Vollstreckungsgläubiger davon Kenntnis, dass auch Konten für Rechnung Dritter gepfändet sind, schränkt dieser die Pfändung regelmäßig umgehend ein und erklärt insoweit einen Verzicht i.S.d. § 843 ZPO.[611] Reagiert der Vollstreckungsgläubiger indes nicht, ist es an dem wirtschaftlich Berechtigten, mithin dem Insolvenzschuldner, für eine Beseitigung der Pfändung zu sorgen. Da das auf einem Treuhandkonto verwahrte Treugut wirtschaftlich nicht dem Vollstreckungsschuldner, sondern – mit nach der Rechtsprechung des BGH quasi-dinglicher Wirkung[612] – dem Treugeber zugeordnet ist, steht diesem wegen einer Zwangsvollstreckung in das Treugut die Drittwiderspruchsklage gem. § 771 ZPO und damit auch ein Antrag auf einstweilige Einstellung der Zwangsvollstreckung nach §§ 771 Abs. 3, 769 ZPO zu Gebote.[613]

---

610 Vgl. hierzu bereits Kap. A.II.7.2.2.3. sowie auch Kuder, ZInsO 2009, 584 ff., 585.

611 Vgl. hierzu bereits Kap. A.II.7.2.1.1. sowie A.II.7.2.2.4. Zu Inhalt und Form einer solchen Freigabeerklärung vgl. etwa Zöller-Stöber, § 843, Rn. 2.

612 Vgl. hierzu bereits in Kap. A.II.8.2. (i).

613 Vgl. hierzu bereits Kap. A.II.7.2.2.; So auch Kuder, ZInsO 2009, 584 ff., 585; Ebenso etwa BFH, Beschluss vom 12.08.2013, VII B 188/12, ZIP 2013, 2370 f., 2370 unter Verweis auf BGH, Urteil vom 05.11.1953, IV ZR 95/53, BGHZ 11, 37 = NJW 1954, 190 ff.

Bemerkenswert deutlich hat der BFH in seinem Beschluss vom 12.08.2013, VII B 188/12[614] die Rechtslage zusammengefasst: „*Die Frage, ob die auf dem Anderkonto eingehenden Gelder dem Privatvermögen des Anwalts zuzuordnen sind mit der Folge, dass dessen Gläubiger darauf zugreifen können,* [...] *beantwortet sich* [...] *aus der rechtlichen Ausgestaltung der Anderkonten als offene Vollrechtstreuhandkonten, aus denen ausschließlich der das Konto eröffnende Rechtsanwalt persönlich berechtigt und verpflichtet ist, während wirtschaftlich die auf dem Konto verwalteten Gelder dem Schuldnervermögen bzw. der Masse zugehören. Daraus folgt, dass der Kläger* [in seiner Eigenschaft als Amtswalter] *gegen eine Vollstreckung seiner eigenen Gläubiger in das Anderkonto Widerspruchsklage nach § 711 der Zivilprozessordnung erheben kann* [...]."

Für den Fall, dass die Verwaltungs- und Verfügungsbefugnis zumindest insoweit bereits auf den (vorläufigen) Insolvenzverwalter übergegangen ist, muss dieser als Amtswalter gegen die Kontopfändung vorgehen. Im Falle etwa einer Einzelermächtigung allein zum Forderungseinzug auf ein Treuhandkonto oder bei (vorläufiger) Eigenverwaltung, bei welcher der (vorläufige) Sachwalter nur in Bezug auf die Kassenführung gesetzlicher Vertreter des Schuldners ist, muss dagegen der Insolvenzschuldner selbst – nach einem entsprechenden Hinweis durch den (vorläufigen) Insolvenzverwalter bzw. Sachwalter als Treuhänder[615] – tätig werden.

Durch die Möglichkeit notfalls[616] gerichtlich gegen die Pfändung vorzugehen, ist der Treugeber und damit die (spätere) Insolvenzmasse umfassend gegen Zugriffsversuche Dritter geschützt. Der Treugeber selbst hat es in der Hand, die Pfändung mit der Drittwiderspruchsklage anzugreifen bzw. die einstweilige Einstellung der Zwangsvollstreckung zu beantragen. Daneben kann er, sollte es atypischerweise zur Auskehr des Treuguts an den Vollstreckungsgläubiger kommen, von diesem Herausgabe gem. § 812 Abs. 1 S. 1 2. Alt. BGB verlangen.[617]

Da das Kontoguthaben nicht zur (späteren) Insolvenzmasse gehört, kann sich dagegen weder der Insolvenzschuldner als Treugeber noch der Kontoinhaber als Treuhänder dabei auf ein etwaig gerichtlich angeordnetes Vollstreckungsverbot nach § 21 Abs. 2 S. 1 Nr. 3 oder §§ 89, 88 InsO stützen.[618]

---

614 BFH, Beschluss vom 12.08.2013, VII B 188/12, ZIP 2013, 2370 f., 2370.

615 Zu den Pflichten des Treuhänders im Falle einer Kontopfändung vgl. Kap. A.II.7.2.2.2.

616 Denn hier geht es um den seltenen Ausnahmefall, dass Zwangsvollstreckungsmaßnahmen gegen den (vorläufigen) Insolvenzverwalter bzw. Sachwalter persönlich ausgebracht werden und zugleich der Vollstreckungsgläubiger trotz des regelmäßig erteilten allgemeinen Hinweises, dass die Pfändung auch Konten für Rechnung Dritter erfasst, an der Pfändung festhält.

617 Vgl. hierzu bereits Kap. A.II.7.2.2.1. (ii).

618 Vgl. zu den Auswirkungen der Anordnung eines vorläufigen Vollstreckungsverbots sowie der Verfahrenseröffnung im Detail in Kap. E.II.

II. Fehlüberweisungen auf ein als Treuhandkonto geführtes Verfahrenskonto

Die nachfolgenden Untersuchungen befassen sich mit dem seltenen aber gleichwohl überaus praxisrelevanten Fall, dass auf einem als Treuhandkonto geführten Verfahrenskonto Zahlungen aufgrund einer Fehlüberweisung eingehen und der Zahler bzw. dessen Bank den Zahlbetrag sodann zurückfordert.

1. Zivilrechtliche Ausgangslage

(i) Die Rechtsfolgen einer Fehlüberweisung bestimmen sich nach den bereicherungsrechtlichen Vorschriften und sind zugleich durch das Regime der §§ 675c ff. BGB determiniert. Bereicherungsrecht und Zahlungsverkehrsrecht standen dabei – hierzu sogleich – seit Umsetzung des zivilrechtlichen Teils der Zahlungsdiensterichtlinie[619] lange Zeit in einem gewissen Spannungs- bzw. Konkurrenzverhältnis, das die Beantwortung der ohnehin komplexen Rechtsfragen im Mehrpersonenverhältnis zusätzlich erschwerte.[620]

Bei fehlerhaften Überweisungen sind zunächst die verschiedenen Rechtsverhältnisse zwischen den einzelnen Beteiligten zu unterscheiden: das Valutaverhältnis zwischen Anweisendem (Zahler) und Anweisungsempfänger (Zahlungsempfänger), etwa ein Kaufvertrag, das Deckungsverhältnis zwischen Anweisendem und Angewiesenem (Bank des Zahlers) sowie das Zuwendungsverhältnis zwischen Angewiesenem (Bank des Zahlers) und Anweisungsempfänger (Zahlungsempfänger).[621] Die Rückabwicklung fehlerhaft erbrachter Leistungen erfolgt entsprechend den allgemeinen Grundsätzen vorrangig entlang der jeweils fehlerhaften Leistungsbeziehung, soweit nicht die §§ 675c ff. BGB – hierzu ebenfalls sogleich – „Sperrwirkung" entfalten. Die Nichtleistungskondiktion ist dagegen subsidiär. Mithin ist stets zuerst zu prüfen, ob und ggfs. in welchem Verhältnis der Beteiligten zueinander die fragliche Zahlung eine Leistung darstellt.

---

619 Richtlinie 2007/64/EG des Europäischen Parlaments und des Rates vom 13. November 2007, vgl. Fn. 13.

620 Vgl. etwa Kropf, WM 2016, 67 ff. sowie Mayen in Schimansky/Bunte/Lwowski, BankRHdB, § 50, Rn. 3 ff., 11 ff. sowie 19 ff.

621 Auf das inter-Banken-Verhältnis soll an dieser Stelle nicht eingegangen werden; Vgl. hierzu etwa Mayen in Schimansky/Bunte/Lwowski, BankRHdB, § 49, Rn. 158 ff. sowie 133 ff.

(ii) Die Rechtsprechung hat anhand bestimmter Wertungsgesichtspunkte, insbesondere einem etwaig gesetzten Rechtsschein, eine umfassende Kasuistik entwickelt, wann – über den bereicherungsrechtlichen Leistungsbegriff der bewussten und zweckgerichteten Mehrung fremden Vermögens hinaus[622] – eine Fehlüberweisung eine Leistung des Zahlers darstellen soll (sog. Veranlasserprinzip). Dabei war die Rechtslage für den Fall einer nicht autorisierten Zahlung seit Umsetzung der Zahlungsdiensterichtlinie sowohl in der Literatur als auch der instanzgerichtlichen Rechtsprechung umstritten, kann jedoch seit dem Urteil des BGH vom 16.06.2015, XI ZR 243/13,[623] als geklärt angesehen werden.[624] Mit diesem Urteil vollzog der BGH eine klare Abkehr von seiner bisherigen Rechtsprechung, wonach dem Zahler in bestimmten Fällen eine nicht autorisierte Zahlung gleichwohl als seine Leistung zugerechnet wurde.

Bei einer nicht autorisierten Zahlung scheidet eine Leistung des Zahlers nach Auffassung des BGH nunmehr stets aus, so dass der Vorrang der Leistungskondiktion nicht Platz greift: im Deckungsverhältnis zwischen Zahler und dessen Bank ist aufgrund der „Sperrwirkung" der §§ 675j, 675u BGB kein Raum für eine Leistungskondiktion. Bei nicht autorisierten Zahlungen besteht kein Aufwendungsersatzanspruch der Bank, so dass diese eine etwaig bereits erfolgte Belastungsbuchung unverzüglich wiedergutzubringen hat. Im Valutaverhältnis liegt ebenfalls keine Leistung vor, da die Zahlung nicht autorisiert ist und dem Zahler deshalb nicht als dessen Leistung – auch nicht unter Wertungsgesichtspunkten – zugerechnet werden kann. Schließlich scheidet auch im Zuwendungsverhältnis eine Leistung aus, da die Bank regelmäßig allein ihre vermeintliche Leistungspflicht im Verhältnis zum Zahler erfüllen will. Einen weitergehenden Leistungswillen hat sie nicht. Somit ist Raum für eine Nichtleistungskondiktion, § 812 Abs. 1 S. 1 2. Alt. BGB, die – da wegen § 675u BGB allein die Bank entreichert ist, während zugleich der Zahlungsempfänger in Höhe des Zahlbetrags rechtsgrundlos bereichert ist – im Zuwendungsverhältnis stattfindet.

---

622 Vgl. statt vieler Palandt-Sprau, § 812, Rn. 14 ff. sowie MüKoBGB-Schwab, § 812, Rn. 41 ff.

623 BGH, Urteil vom 16.06.2015, XI ZR 243/13, WM 2015, 1631 ff.

624 Eingehend zu den verschiedenen Fallkonstellationen sowie zum Meinungsstand bis zum Urteil des BGH vom 16.06.2015, XI ZR 243/13 etwa Kropf, WM 2016, 67 ff. sowie auch Mayen in Schimansky/Bunte/Lwowski, BankRHdB, § 50, Rn. 3 ff., 11 ff. sowie 19 ff.

Diese Rechtsprechungsänderung stützt der BGH auf die mit Umsetzung der Zahlungsdiensterichtlinie neu geschaffenen §§ 675j und 675u BGB, mit welchen der Gesetzgeber die Rechtsfolgen nicht autorisierter Zahlungen insoweit vorrangig geregelt hat.[625] Die Folge ist, dass sich die Bank bei einer nicht autorisierten Zahlung nunmehr stets an den Zahlungsempfänger halten muss und damit – statt wie bisher ggfs. das ihres Kunden – dessen Delkredererisiko trägt. Zugleich hat sich damit auch die bisherige Unterscheidung zwischen anfänglich nicht autorisierten Zahlungen und solchen, bei denen die Autorisierung erst später entfällt, erledigt, die vor allem beim Widerruf von Daueraufträgen differenziertere Ergebnisse zuließ.[626] Bei nicht autorisierten Zahlungen kommt nunmehr allein eine Nichtleistungskondiktion der Bank gegenüber dem Zahlungsempfänger, mithin dem Inhaber des Zielkontos, in Betracht.

(iii) Mit der Ausführung einer autorisierten Zahlung dagegen erbringt die Bank des Zahlers im Deckungsverhältnis eine Leistung in Gestalt des konkreten Zahlungsdiensts. Daraus resultiert ein Aufwendungsersatzanspruch in Höhe des Zahlbetrags, den die Bank in das Kontokorrent einstellen darf, § 675c Abs. 1 i.V.m. § 670 BGB. Zugleich ist die Zahlung im Valutaverhältnis regelmäßig als Leistung zu qualifizieren, da der Zahler das Vermögen des Zahlungsempfängers bewusst und zielgerichtet mehrt. Erfolgt diese Leistung fehlerhaft, etwa da die Verpflichtung zur Leistungserbringung im Valutaverhältnis *ex tunc* entfällt oder gar nicht erst bestand, vollzieht sich der bereicherungsrechtliche Ausgleich entlang der betroffenen Leistungsbeziehung, mithin zwischen Zahler und Zahlungsempfänger. Im Deckungsverhältnis führt die Bank dagegen eine autorisierte Zahlung aus und erfüllt dadurch ihre Pflichten gem. §§ 675c ff. BGB. Der Zahler muss sich mithin unmittelbar an den Zahlungsempfänger, den Inhaber des Zielkontos, halten. Anders als im Fall einer unautorisierten Zahlung, bei der grundsätzlich ein Anspruch gem. § 675u BGB gegen die – wie zu unterstellen ist – solvente Bank besteht, trägt der Zahlende das Delkredererisiko, was insbesondere im Falle einer Überweisung auf ein Schuldnerkonto[627] von Bedeutung ist.

In der Praxis kommen auch Fälle vor, die auf ein Vertun des Zahlers bei der Angabe des zu überweisenden Betrags oder der Bankverbindung

---

625 BGH, Urteil vom 16.06.2015, XI ZR 243/13, WM 2015, 1631 ff., 1633 f.

626 BGH, Urteil vom 16.06.2015, XI ZR 243/13, WM 2015, 1631 ff., 1634; Eingehend Kropf, WM 2016, 67 ff., 71 f.

627 Vgl. Kap. E.III.

zurückgehen. In diesen Fällen handelt es sich ebenfalls um autorisierte Zahlungen, so dass sich der Zahler auch hier an den Zahlungsempfänger wenden muss. Dasselbe gilt im Fall einer versehentlichen Mehrfachüberweisung, sofern diese nicht auf einen Fehler der Bank zurückgeht. Bei nicht autorisierten Zahlungen nämlich obliegt es der Bank, vom Bereicherungsschuldner Herausgabe zu verlangen. In all diesen Konstellationen stellt sich jedoch stets dieselbe Frage, nämlich wer Bereicherungsschuldner ist: die (spätere) Insolvenzmasse oder der (vorläufige) Insolvenzverwalter bzw. Sachwalter persönlich.

2. Schuldner des Bereicherungsanspruchs bei einem als Treuhandkonto geführten Verfahrenskonto

Die Frage, wer Schuldner des Bereicherungsanspruchs bei Fehlüberweisungen auf ein als offenes Treuhand- bzw. Anderkonto geführtes Verfahrenskonto ist, war in der Praxis lange Zeit unklar. Vielfach ging die Verwalterschaft, aber auch die instanzgerichtliche Rechtsprechung[628] davon aus, dass das Guthaben auf einem solchen Konto Bestandteil der (späteren) Insolvenzmasse sei und deshalb der (vorläufige) Insolvenzverwalter bzw. Sachwalter persönlich nicht für den Bereicherungsanspruch hafte. Aufgrund der nachstehend besprochenen Urteile des BGH, zuletzt vom 26.03.2015, kann die Rechtslage heute indes als geklärt gelten.

2.1. Urteil des BGH vom 20.09.2007, IX ZR 91/06

(i) In seinem Urteil vom 20.09.2007[629] hatte sich der BGH mit folgendem Fall zu befassen: Der beklagte Insolvenzverwalter war mit Anordnung des vorläufigen Insolvenzverfahrens zum schwachen vorläufigen Insolvenzverwalter mit Zustimmungsvorbehalt bestellt worden. Daneben enthielt der Gerichtsbeschluss folgende Anordnungen: *„Den Schuldnern der Schuldnerin (Drittschuldner) wird verboten, an die Schuldnerin zu zahlen. Der vorläufige Insolvenzverwalter wird ermächtigt, Bankguthaben und sonstige Forderungen der Schuldnerin einzuziehen sowie eingehende Gelder entgegenzunehmen. Die Drittschuldner werden aufgefordert, nur noch unter Beachtung dieser Anordnung zu leisten (§ 23 Abs. 1 S. 3 InsO).“*

---

628 Dies betrifft beispielshalber die Argumentation in den Vorinstanzen zu den nachfolgend dargestellten Urteilen des BGH.

629 Abgedruckt etwa in ZInsO 2007, 1228 ff.

Der Insolvenzverwalter erteilte den Drittschuldnern daraufhin auf den von ihm versandten Rechnungen folgenden Hinweis: *„Zahlung mit schuldbefreiender Wirkung nur noch auf Insolvenz-Anderkonto […]“*. Die Klägerin erhielt eine solche Rechnung über EUR 86,25. Infolge eines Eingabefehlers beim Onlinebanking überwies die Klägerin jedoch EUR 8625,00 statt EUR 86,25 auf das vom Insolvenzverwalter benannte Konto. Nach Ausführung der Zahlung und späterer Verfahrenseröffnung zeigte der Beklagte Masseunzulänglichkeit an.

Die Klägerin begehrte zunächst von dem Insolvenzverwalter persönlich, nach Klageabweisung in erster Instanz sodann unter entsprechender Klageerweiterung vom Insolvenzverwalter auch in dieser Eigenschaft Rückzahlung des überzahlten Betrags. Das Berufungsgericht urteilte, dass der Klägerin gegen den Insolvenzverwalter ein Rückzahlungsanspruch gem. § 812 Abs. 1 S. 1 1. Alt. BGB zustehe, der infolge der späteren Verfahrenseröffnung nunmehr eine Masseverbindlichkeit i.S.d. § 55 Abs. 1 Nr. 3 InsO darstelle. Der Insolvenzverwalter hafte daher, soweit er diese nicht erfüllen könne, gem. § 61 S. 1 InsO im Wege des Schadenersatzes persönlich. Gegen diese Entscheidung wandte sich der Beklagte sowohl persönlich als auch in seiner Eigenschaft als Insolvenzverwalter.

(ii) Der BGH stellt in seinem Urteil zunächst heraus, dass die Rechtsmeinung des Berufungsgerichts, ein Anspruch aus ungerechtfertigter Bereicherung stelle auch dann eine Masseverbindlichkeit i.S.d. §§ 55 Abs. 1 Nr. 3 InsO dar, wenn der entsprechende Betrag der späteren Insolvenzmasse bereits vor Verfahrenseröffnung zugeflossen ist, falsch ist. Sodann befasste sich der BGH mit der Frage, gegen wen sich der Bereicherungsanspruch der Klägerin richtet. Dabei stellt der BGH zunächst auf die vorstehend zitierten Anordnungen des Insolvenzgerichts ab und führt hierzu aus: *„Im Hinblick auf das vom Insolvenzgericht ausgesprochene Verbot, an die Schuldnerin zu leisten, und die dem vorläufigen Insolvenzverwalter – im Verhältnis zur Schuldnerin – erteilte Einziehungsbefugnis sind alle Zahlungen der Drittschuldner als solche an den Verwalter, nicht an die Schuldnerin, anzusehen […]. Denn die Drittschuldner haben aufgrund der Einziehungsermächtigung an den vorläufigen Insolvenzverwalter anstatt an die Schuldnerin geleistet.“*

Der BGH folgert also aus dem Umstand, dass das Insolvenzgericht den Drittschuldnern verboten hatte, an die Schuldnerin zu zahlen, und zugleich den Insolvenzverwalter zum Forderungseinzug ermächtigt hatte, dass die Drittschuldner fortan ausschließlich an den Insolvenzverwalter persönlich als Treuhänder zahlen durften. Dieser Schluss ist, wie bereits in Kapitel B.II.2.4.3. dargestellt, im Ergebnis konsequent und zutreffend.[630]

Der BGH führt sodann weiter aus: „*Bei dem vom Beklagten zu 1 eingerichteten Anderkonto handelt es sich um ein Treuhandkonto; daher fiel es nicht in das Schuldnervermögen. Daran hat sich durch den Beschluss der Gläubigerversammlung* [das Konto nach Verfahrenseröffnung als Hinterlegungskonto i.S.d. § 149 InsO fortzuführen] *nichts geändert; der Beklagte zu 1 blieb Vollrechtsinhaber.*" Relativ knapp und eher ergänzend zu den vorstehenden Ausführungen greift der BGH in seinem Urteil damit die bankrechtlichen Hintergründe auf, indem er klarstellt, dass es sich bei einem Anderkonto um ein offenes Treuhandkonto handelt, bei dem der (vorläufige) Insolvenzverwalter persönlich Kontoinhaber und damit Vollrechtsinhaber wird. Entsprechend ist er persönlich Schuldner des Bereicherungsanspruchs.

2.2. *Urteil des BGH vom 18.12.2008, IX ZR 192/07*

(i) Ein ähnlich gelagerter Sachverhalt liegt auch dem Urteil des BGH vom 18.12.2008[631] zugrunde: Die beklagte Rechtsanwältin war vom Insolvenzgericht zur Treuhänderin im vereinfachten Insolvenzverfahren bestellt worden. Für die Verfahrensabwicklung eröffnete die Beklagte ein Anderkonto. Nach Eröffnung des Insolvenzverfahrens forderte die Beklagte die Klägerin, eine Landesbank, auf, alle bei ihr geführten Schuldnerkonten zu schließen und etwaige Guthaben auf ein Anderkonto auszukehren. Daraufhin überwies die Klägerin infolge einer Verwechslung der Schuldnerin mit einem anderen Kunden gleichen Namens einen Betrag von EUR 3.692,20 auf das Anderkonto der Beklagten. Nachdem die Klägerin ihren Fehler erkannt hatte, forderte sie die Beklagte zur Rückzahlung des Überweisungsbetrags auf. Die Beklagte lehnte dies ab und verwies die Klägerin auf die Insolvenzmasse. Sodann zeigte die Beklagte gegenüber dem Insolvenzgericht Masseunzulänglichkeit an.

Die Klägerin drang in erster Instanz mit ihrer Rechtsaufassung, die Beklagte persönlich sei Schuldnerin des bereicherungsrechtlichen Herausgabeanspruchs, durch. Auf Berufung der Beklagten hin änderte das LG das erstinstanzliche Urteil jedoch ab und gab dem Antrag der Beklagten auf

630 Zu den verschiedenen Arten der Einzelermächtigung vgl. bereits Kap. B.II.2.4.; Zu den Voraussetzungen, unter welchen Zahlungen von Drittschuldnern auf ein Treuhandkonto Erfüllungswirkung haben, vgl. Kap. D.IV.

631 Abgedruckt etwa in ZIP 2009, 531 ff.

Klageabweisung statt, da es der Auffassung war, der Anspruch richte sich nicht gegen die Beklagte, sondern gegen die Insolvenzmasse, weswegen auch §§ 55 Abs. 1 Nr. 3, 209 InsO zu beobachten seien.

Zur Begründung führte das Berufungsgericht aus, dass die Beklagte als Kontoinhaberin zwar im Verhältnis zur kontoführenden Bank Vollrechtsinhaberin in Bezug auf das Kontoguthaben geworden sei. Entscheidend sei aber, dass die Klägerin mit der Überweisung allein die Insolvenzmasse zweck- und zielgerichtet als fremdes Vermögen mehren wollte und sich die Überweisung deshalb als eine Leistung nicht an die Beklagte, sondern an die Insolvenzmasse darstelle. Dies ergebe sich daraus, dass die Klägerin auf die entsprechende Aufforderung der Beklagten hin geleistet habe und es sich dabei um eine Vereinnahmung des Schuldnervermögens i.S.d. §§ 148 ff. InsO gehandelt habe. Weiterhin, so die Kammer in ihrem Urteil, wäre ein anderes Ergebnis mit den Besonderheiten des Insolvenzverfahrens nicht vereinbar, da andernfalls den Regelungen der § 55 Abs. 1 Nr. 3, 209 InsO kaum noch ein praktischer Anwendungsbereich verbliebe.

(ii) Der BGH gab der vom Berufungsgericht zugelassenen Revision der Klägerin statt. Dabei folgt der BGH dem berufungsgerichtlichen Urteil noch insoweit, als dass er zunächst feststellt, dass es sich bei Anderkonten um einen Spezialfall des offenen Treuhandkontos handelt, bei welchem allein der Kontoinhaber Vollrechtsinhaber der entsprechenden Guthabenforderung gegen die kontoführende Bank ist: *„Zutreffend ist das Berufungsgericht davon ausgegangen, dass die Beklagte Vollrechtsinhaberin des von ihr eingerichteten Anderkontos geworden ist. Anderkonten sind offene Vollrechtstreuhandkonten, aus denen ausschließlich der das Konto eröffnende Rechtsanwalt persönlich der Bank gegenüber berechtigt und verpflichtet ist […].“*

Sodann führt der BGH aus – was aber durchaus zu hinterfragen ist[632] –, dass es für die Frage der Kontoinhaberschaft beim Anderkonto auf den Partei- bzw. Kundenwillen nicht ankomme: *„Die Rechtsprechung, wonach für die Forderungsberechtigung gegenüber der Bank maßgeblich ist, wer nach dem erkennbaren Willen des die Kontoeröffnung beantragenden Kunden Gläubiger der Bank werden soll, ist im Hinblick auf die rechtliche Ausgestaltung eines anwaltlichen Anderkontos hierauf* [auf das Anderkonto] *nicht übertragbar.“*

Der BGH stellt damit nochmals klar, dass allein die Beklagte persönlich als Inhaberin des in Rede stehenden Kontos in Betracht kommt und der

632 Vgl. Kap. A.II.2.1.3. (iv).

Umstand, dass das Konto als Verfahrenskonto in einem Insolvenzverfahren eröffnet und genutzt wurde, nicht geeignet ist, ein anderes Ergebnis zu rechtfertigen. Das Kontoguthaben, mithin die Forderung gegen die kontoführende Bank, steht allein dem Kontoinhaber zu. In diesem entscheidenden Punkt widerspricht der Senat dem Urteil des Berufungsgerichts und führt hierzu aus: *„Nach § 35 InsO erfasst das Insolvenzverfahren das gesamte Vermögen, das dem Schuldner zur Zeit der Eröffnung des Verfahrens gehört und das er während des Verfahrens erlangt. Die während des Insolvenzverfahrens auf das Anderkonto der Beklagten eingegangene Zahlung hat der Schuldner nicht erworben."*

Bezugnehmend u.a. auf das vorbesprochene Urteil vom 20.09.2007 führt der Senat sodann weiter aus: *„In der höchstrichterlichen Rechtsprechung und im Schrifttum ist anerkannt, dass Zahlungen, die auf ein von einem Rechtsanwalt als Insolvenzverwalter oder Treuhänder eingerichtetes Anderkonto eingehen, nicht in das Schuldnervermögen fallen. Dass die Beklagte mit ihrem Schreiben [...] Schuldnervermögen habe vereinnahmen wollen [...] rechtfertigt keine andere Beurteilung."* Diese Feststellungen ergänzt der BGH um zwei weitere Sätze, wovon der erste in der Insolvenzpraxis zu erheblicher Verunsicherung geführt hat: *„Die Zahlungen fallen aber – anders als bei solchen auf ein Sonderkonto – auch nicht in die Masse [...]. Die Masseunzulänglichkeit ist daher unerheblich."*

(iii) Zweifelsohne zutreffend ist die Feststellung, dass Zahlungseingänge auf ein Anderkonto nicht in die (spätere) Insolvenzmasse fallen, da der Kontoinhaber hinsichtlich aller auf das Konto eingehender Zahlungen Vollrechtsinhaber ist. Die (spätere) Insolvenzmasse erwirbt lediglich einen entsprechenden Herausgabeanspruch gegen den Kontoinhaber, der aus dem zwischen Insolvenzmasse und Kontoinhaber bestehenden Treuhandverhältnis folgt, § 667 BGB.

Entsprechend richtet sich der bereicherungsrechtliche Herausgabeanspruch des Zahlers nicht gegen die Insolvenzmasse, sondern gegen den Kontoinhaber persönlich. Allein dieser ist Inhaber der (um den Überweisungsbetrag erhöhten) Guthabenforderung gegen die kontoführende Bank, so dass auch allein dieser etwas im bereicherungsrechtlichen Sinne erlangt hat. Der Kontoinhaber kann sich somit auch nicht auf Massearmut berufen, sondern schuldet persönlich und regelmäßig in voller Höhe Herausgabe. § 55 Abs. 1 Nr. 3 InsO betrifft allein Forderungen gegen den Schuldner, nicht aber solche gegen den (vorläufigen) Insolvenzverwalter bzw. Sachwalter persönlich. Auf die Frage, ob die Zahlung vor oder nach Verfahrenseröffnung auf das Konto einging, kommt es somit nicht an.[633]

(iv) Rechtlich schwieriger einzuordnen ist die Aussage des Senats, dass Zahlungen auf ein Verfahrenskonto außer im Falle eines „*Sonderkontos*" nicht in die Insolvenzmasse fallen. Nahezu reflexartig kam nach Bekanntwerden der Entscheidungsgründe die Frage nach der Rechtsnatur eines solchen Kontos auf. Da das offene Treuhandkonto, auch in der Spezialform des Anderkontos, stets dazu führt, dass der Kontoinhaber persönlich Schuldner des bereicherungsrechtlichen Herausgabeanspruchs ist, verbleibt nur ein Schuldner-, mithin ein einfaches Eigenkonto, als ein solches Sonderkonto. Nur bei diesem – denn die Frage, ob eine eingehende Zahlung in die Insolvenzmasse fällt, entscheidet sich gerade nach der Kontoinhaberschaft – wäre allein die (spätere) Insolvenzmasse Schuldnerin des Herausgabeanspruchs und nur bei diesem wäre dem Insolvenzverwalter der Einwand der Masseunzulänglichkeit bzw. der Rangfolge des § 209 InsO nicht verwehrt.[634]

2.3. *Urteil des BGH vom 26.03.2015, IX ZR 302/13*

(i) Dem Urteil des BGH vom 26.03.2015[635] lag folgender Sachverhalt zugrunde: Der Beklagte wurde zum vorläufigen Insolvenzverwalter über das Vermögen einer GmbH bestellt. Dabei ermächtigte ihn das Insolvenzgericht, die Forderungen der Schuldnerin auf ein von ihm einzurichtendes Anderkonto einzuziehen. Die Schuldnerin führte zu diesem Zeitpunkt Geschäftskonten bei drei verschiedenen Banken, unter anderem bei der späteren Klägerin. Dieses Konto befand sich im Soll, die Konten bei den anderen Banken im Haben. Der vorläufige Insolvenzverwalter erklärte sodann gegenüber allen Banken einen pauschalen „Lastschriftwiderruf" und bat um Überweisung der gesamten Guthaben auf das von ihm zwischenzeitlich eingerichtete Verfahrenskonto.

Auf die frühere Möglichkeit eines „Lastschriftwiderrufs" soll an dieser Stelle nicht vertieft eingegangen werden, jedoch ist zum besseren Verständnis der Hintergründe dieses Urteils eine kurze Erläuterung geboten: Bis zur AGB-mäßigen Vereinbarung neuer Lastschriftbedingungen im Jahr 2012, die auf die beiden abgestimmten

---

633 Dazu für den Fall des Schuldnerkontos sogleich in Kap. E.III.1. sowie E.III.2.
634 Zum Begriff des Sonderkontos vgl. eingehend Kap. E.V.
635 Abgedruckt etwa in ZIP 2015, 1179 ff.

Urteile des IX. und des XI. Senats des BGH vom 20.07.2010[636] zurückgeht, war der (vorläufige) Insolvenzverwalter nach ständiger Rechtsprechung des BGH[637] – in Abhängigkeit vom Verfahrensstadium bzw. den Anordnungen des Insolvenzgerichts – in der Lage, Belastungsbuchungen auf Konten des Insolvenzschuldners aufgrund eingelöster Lastschriften zu „widerrufen", indem er die für die Wirksamkeit der entsprechenden Belastungsbuchung erforderliche Genehmigung bzw. bei Anordnung eines bloßen Zustimmungsvorbehalts seine Zustimmung zu einer etwaigen Genehmigung des Schuldners ausdrücklich verweigerte. Dies war unabhängig davon möglich, ob dem Insolvenzschuldner eine sachliche Einwendung zustand. Die Genehmigung, § 684 Abs. 2 BGB a.F., war erforderlich, da nach der damals herrschenden Genehmigungstheorie[638] die endgültige Einstellung des von der Bank geltend gemachten Aufwendungsersatzanspruchs in das Kontokorrent von der Genehmigung der Belastungsbuchung durch den Kontoinhaber abhängig war.

Seit der AGB-mäßigen Vereinbarung der neuen Lastschriftbedingungen besteht diese Möglichkeit nicht mehr, da die entsprechende Belastungsbuchung nicht mehr durch den Kontoinhaber genehmigt werden muss, sondern eine sog. Vorautorisierung vorliegt. Der Kontoinhaber stimmt der korrespondierenden Belastungsbuchung bereits im Rahmen der Erteilung des Lastschriftmandats zu, das zugleich die Weisung an seine Bank beinhaltet, die entsprechende Lastschrift einzulösen.[639] Da es keiner Genehmigung mehr bedarf, kann der (vorläufige) Insolvenzverwalter der Einlösung der Lastschrift nicht mehr „widersprechen", also seine Genehmigung bzw. die Zustimmung zur Genehmigung durch den Schuldner nicht mehr verweigern. Dies gilt unabhängig von den Anordnungen des Insolvenzgerichts bzw. der Rechtsstellung des (vorläufigen) Insolvenzverwalters.

Nachdem ein „Lastschriftwiderruf" mithin nicht mehr möglich ist, verbleibt – für den regelmäßig vorliegenden Fall einer autorisierten Lastschrift – allein der Anspruch auf Rückerstattung des Lastschriftbetrags gemäß § 675x Abs. 2, 4 BGB, den die Banken in ihre Lastschriftbedingungen entsprechend aufgenommen haben. Dieser Anspruch kann allerdings nicht durch den (vorläufigen) Insolvenzverwalter,

636 BGH, Urteile vom 20.07.2010, IX ZR 37/09, WM 2010, 1543 ff. und XI ZR 236/07, WM 2010, 1546 ff.; Mit diesen Urteilen vereinheitlichte der BGH seine Rechtsprechung zum „Lastschriftwiderruf" und stellte u.a. heraus, dass eine Vorautorisierung von Lastschriften rechtlich zulässig ist (so dass es keiner Genehmigung der entsprechenden Belastungsbuchung mehr bedarf), allerdings hierfür eine Anpassung der Bedingungen für den Lastschriftverkehr erforderlich war. §§ 675j und 675x BGB bieten, so der BGH, hinreichenden Schutz vor nicht autorisierten Lastschrifteinzügen.

637 Vgl. etwa BGH, Urteil vom 04.11.2004, IX ZR 22/03, WM 2482 ff. sowie BGH, Urteil vom 25.10.2007, IX ZR 217/06, WM 2007, 2246 ff.

638 Vgl. etwa Werner in Rigler in Langenbucher/Bliesener/Spindler, BankRKom, 4. Kap, Rn. 18 ff. sowie Mayen in Schimansky/Bunte/Lwowski, BankRHdB, § 57, Rn. 8 ff.

639 Vgl. hierzu bereits Kap. A.II.9.

sondern ausschließlich durch den Schuldner geltend gemacht werden, da der Erstattungsanspruch des Kunden nach Auffassung des BGH[640] in entsprechender Anwendung von § 377 Abs. 1 BGB nicht Bestandteil der (späteren) Insolvenzmasse sein soll, § 36 Abs. 1 S. 1 InsO. Hintergrund ist, dass der Schuldner mit der Vorautorisierung die Befriedigung des Gläubigers bereits vor Verlust der Verwaltungs- und Verfügungsbefugnis in Gang gesetzt und damit entsprechend verfügt hat.[641] Es verbleibt aber die Möglichkeit einer Anfechtung der Zahlungen gegenüber deren Empfänger, §§ 129 ff. InsO.

Infolge dieses „Widerrufs" wurden auch Lastschrifteinzüge zugunsten des bei der Klägerin geführten Kontos, die zulasten der bei den beiden anderen Banken geführten Schuldnerkonten erfolgten, zurückgebucht und die entsprechenden Gutschriften seitens der betreffenden Banken auf das Verfahrenskonto überwiesen. Später wurde das Insolvenzverfahren eröffnet und der Beklagte zum Insolvenzverwalter bestellt.

Die Banken forderten vom Insolvenzverwalter die Herausgabe dieser Lastschriftbeträge, insgesamt EUR 124.648,00 zzgl. Zinsen. Die anderen Banken traten sodann ihre Ansprüche an die Klägerin ab, die daraufhin sowohl aus eigenem als auch aus abgetretenem Recht gegen den Insolvenzverwalter vorging. In den Vorinstanzen blieb der Klage der Erfolg versagt.

(ii) Der BGH gab der Revision statt und verurteilte den Beklagten antragsgemäß. Zur Begründung hob der BGH auf die Rechtsnatur des streitgegenständlichen Anderkontos als Treuhandkonto ab und stellte wiederum heraus, dass bei Treuhandkonten allein der Kontoinhaber, mithin der Beklagte persönlich, gegenüber der kontoführenden Bank berechtigt und verpflichtet wird: „*Entscheidend ist, dass es sich unbestritten um ein offenes Treuhandkonto handelte, aus dem allein der Beklagte persönlich gegenüber der kontoführenden Bank berechtigt und verpflichtet war, mithin um ein Vollrechts- und nicht lediglich um ein Ermächtigungstreuhandkonto*[642]."

Daher, so der BGH weiter, gelangt eine Zahlung auf ein Verfahrenskonto, das rechtlich als offenes Treuhandkonto – vorliegend als Anderkonto – ausgestaltet ist, nicht in das Vermögen des Insolvenzschuldners bzw. die

---

640 BGH, Urteil vom 20.07.2010, Az. XI ZR 236/07, WM 2010, 1546 ff., 1551.

641 Vgl. auch Obermüller, InsR i.d. Bankpraxis, Rn. 3.708; So auch Einsele, WM 2015, 1125 ff., 1133 f., die unter kritischer Würdigung der BGH-Rspr. (überzeugend) postuliert, dass (jedenfalls nach Verfahrenseröffnung) der Insolvenzverwalter den Erstattungsanspruch nach § 675x Abs. 2, 4 BGB geltend machen kann.

642 Zu diesem – zumindest missverständlichen – Begriff vgl. Kap. A.II.2.1.3. (ii) sowie B.I.2.6.

(spätere) Insolvenzmasse, sondern in das Vermögen des (vorläufigen) Insolvenzverwalters persönlich. Entsprechend entschied der BGH, dass sich der in Rede stehende Herausgabeanspruch nicht gegen die Insolvenzmasse richtet: „*Geld, das Drittschuldner auf ein solches Vollrechtstreuhandkonto einzahlen, fällt nicht in das Vermögen des späteren Insolvenzschuldners und nach Eröffnung auch nicht in die Insolvenzmasse. Durch die Überweisungen der beiden Banken an den Beklagten hat die Schuldnerin deshalb nichts erlangt, was nach Bereicherungsrecht herauszugeben wäre.*"

Die in Rede stehenden Überweisungen sah der Senat entsprechend als Leistungen an den Beklagten persönlich, mithin in seiner Eigenschaft als gewillkürter Treuhänder an. Daher gelangte der Senat zu dem Ergebnis, dass allein der Insolvenzverwalter persönlich Bereicherungsschuldner ist und er die Klägerin nicht auf die Insolvenzmasse verweisen kann: „*Die Klägerin kann deshalb hinsichtlich ihres Rückforderungsanspruches aus abgetretenem Recht der beiden Banken nicht auf das Insolvenzverfahren verwiesen werden. Das Leistungsverhältnis, in dem eine bereicherungsrechtliche Rückabwicklung zu erfolgen hat, ist in diesem Fall das Verhältnis zwischen der überweisenden Bank und dem vorläufigen Insolvenzverwalter als Inhaber des Treuhandkontos.*"

Dabei stellt der BGH erneut deutlich heraus, dass der Umstand, dass die Banken durch die jeweilige Zahlung einen vermeintlichen Anspruch der Schuldnerin erfüllen und deren Vermögen mehren wollten, nicht zu einem anderen Ergebnis führen kann: „*Der Umstand, dass die Banken durch die Überweisung einen Auszahlungsanspruch der Schuldnerin erfüllen und letztlich deren Vermögen mehren wollten, rechtfertigt keine andere Beurteilung. Denn auf Grund der dem Beklagten vom Insolvenzgericht erteilten Ermächtigung, Forderungen der Schuldnerin einzuziehen, konnten die Banken durch die Zahlung an den Beklagten ihre vermeintliche Verbindlichkeit gegenüber der Schuldnerin erfüllen.*"

Das Insolvenzgericht hatte den vorläufigen Insolvenzverwalter durch Einzelermächtigung mit dem Forderungseinzug auf ein Anderkonto betraut. Diese Einzelermächtigung[643] berechtigte diesen nicht nur zur

643 Zur Bedeutung der Einzelermächtigung für die Berechtigung des schwachen vorläufigen Insolvenzverwalters zur Errichtung und Nutzung von offenen Treuhandkonten als Verfahrenskonten vgl. bereits Kap. B.II.2.4.

Begründung des entsprechenden Treuhandverhältnisses,[644] sondern auch zum Einzug der schuldnerischen Forderungen auf das Treuhandkonto.[645]

Gegen die Rechtsprechung des BGH wurde bis zu diesem Urteil vereinzelt angeführt, dass es auf den Willen des Zahlenden ankomme, der nicht an den (vorläufigen) Insolvenzverwalter bzw. Sachwalter persönlich, sondern an diesen als Amtswalter bzw. gesetzlichen Vertreter des Schuldners leisten wolle.[646]

Dem ist entgegen zu halten, dass der Zahlende regelmäßig keine Vorstellung darüber haben wird, ob er an diesen in seiner Eigenschaft als gewillkürter Treuhänder oder in seiner Eigenschaft als (vorläufiger) Insolvenzverwalter leistet.[647] Zudem ist es verbreitete Praxis, die Drittschuldner – in Abhängigkeit von den konkreten Anordnungen des Insolvenzgerichts mitunter zumindest fraglich – dahin gehend anzuschreiben, dass Zahlungen mit schuldbefreiender Wirkung künftig nur noch auf das benannte Treuhand- bzw. Anderkonto möglich sind, wodurch der (vorläufige) Insolvenzverwalter dem Drittschuldner das Treuhandverhältnis *de facto* offenlegt.

(iii) Der Vollständigkeit halber ist noch die Begründung des bereicherungsrechtlichen Herausgabeanspruchs nachzureichen: infolge dessen, dass die Schuldnerin sowohl Inhaberin des Zahlungseingangskontos als auch des Zahlkontos war, bedurften die Lastschrifteinlösungen nicht der späteren Genehmigung. Denn der Zahlungsvorgang erfolgte – aufgrund der Personenidentität – von Anfang an mit Zustimmung auch der Zahlerin. Der „Lastschriftwiderruf" war mithin ausgeschlossen, da der „Widerruf" in der Verweigerung der Genehmigung liegt, derer es infolge der anfänglichen Zustimmung jedoch nicht bedurfte. Die das Zahlkonto führende Bank erwarb daher unmittelbar mit Einlösung der Lastschrift einen Aufwendungsersatzanspruch in Höhe des Lastschriftbetrags. Der vom Insolvenzverwalter geltend gemachte Anspruch auf Wiedergutschrift der entsprechenden Belastungsbuchung bestand folglich nicht, so dass der Einzug dieser tatsächlich nicht bestehenden Forderungen bzw. der entsprechenden Beträge auf das Verfahrensanderkonto rechtsgrundlos erfolgte.

3. Berufung auf Masseunzulänglichkeit gem. § 208 InsO

Da eine Zahlung auf ein offenes Treuhandkonto nicht in die (spätere) Insolvenzmasse, sondern allein in das Vermögen des Kontoinhabers persönlich gelangt,

644 Vgl. hierzu im Detail Kap. B.II.2.4.

645 Vgl. hierzu Kap. B.I.2.2.

646 Schulte-Kaubrügger, ZIP 2011, 1400 ff., 1401.

647 So aber auch Schulte-Kaubrügger, ZIP 2011, 1400 ff., 1401.

ist allein dieser Schuldner des bereicherungsrechtlichen Herausgabeanspruchs. Entsprechend ist dem Kontoinhaber, auch wenn dieser das Konto als Verfahrenskonto führt, die Berufung auf Masseinsuffizienz gem. § 208 InsO bzw. die Verteilungsrangfolge des § 209 InsO verwehrt.[648]

Das Guthaben auf einem als Treuhandkonto geführtem Verfahrenskonto unterfällt also, da es rechtlich allein dem Kontoinhaber zugeordnet ist, nicht den Verteilungsregeln der InsO.[649] Die (spätere) Insolvenzmasse ist aber Inhaberin eines entsprechenden Herausgabe- bzw. Rückübertragungsanspruchs gegen den Kontoinhaber aufgrund des im Innenverhältnis bestehenden Treuhandverhältnisses, § 667 BGB. Dieser Anspruch bzw. der darauf an die Insolvenzmasse gezahlte Betrag unterfällt § 209 InsO und der Insolvenzverwalter muss diese Mittel gemäß den Bestimmungen der InsO verwenden.

4. Berufung auf Entreicherung gem. § 818 Abs. 3 BGB

Zu beleuchten ist weiterhin die Frage, ob sich der (vorläufige) Insolvenzverwalter bzw. Sachwalter, der in seiner Eigenschaft als Kontoinhaber persönlich Bereicherungsschuldner ist, auf Entreicherung nach § 818 Abs. 3 BGB berufen kann, wenn er den Überweisungsbetrag für Rechnung der (späteren) Insolvenzmasse verbraucht hat. Voraussetzung wäre zunächst eine tatsächlich eingetretene Entreicherung, so dass sich kein Äquivalent der rechtsgrundlos erhaltenen Zahlung mehr in seinem Vermögen befinden darf. Dies bedarf einer näheren Betrachtung:

(i) Verfügt der Kontoinhaber über das Guthaben auf einem Treuhandkonto und beachtet er dabei pflichtgemäß dessen treuhänderische Bindung, so dass insbesondere kein Fall der Untreue vorliegt,[650] kommen nur Zahlungen im Auftrag des Treugebers bzw. auf Grundlage der Treuhandabrede in Betracht. Der Insolvenzschuldner, ggfs. handelnd durch den (vorläufigen) Insolvenzverwalter,[651] bedient sich mithin des Treuhänders zur Verwaltung seines Vermögens und damit regelmäßig auch zur Erfüllung seiner

---

648 Vgl. die vorbesprochenen Urteile des BGH in Kap. D.II.2.1 – 2.3. sowie etwa Kreft-Lohmann, InsO, § 209, Rn. 5 und Zuleger in Cranshaw/Paulus/Michel, BankenKomInsR, vor § 80, Rn. 11.

649 Vgl. insofern auch Ries, Anmerkung zu BGH, Urteil vom 12.05.2011, IX ZR 133/10, NZI 2011, 587 ff., 587, eingehend besprochen in Kap. D.IV.

650 Vgl. hierzu Kap. A.II.4.1.2.

651 Treugeber ist der Insolvenzschuldner, der im Regelinsolvenzverfahren jedoch je nach Verfahrensstadium und Anordnungen des Insolvenzgerichts nur durch den (vorläufigen) Insolvenzverwalter bzw. mit dessen Zustimmung handeln kann, vgl. Kap. B.II.2 -3. Für den Fall der Anordnung (vorläufiger) Eigenverwaltung dagegen vgl. Kap. C.I.

Verbindlichkeiten. Dies betrifft die Bezahlung von Lieferantenforderungen oder die Rückzahlung eines Massedarlehens ebenso wie die Zahlung der vom Insolvenzgericht festgesetzten Vergütung des (vorläufigen) Insolvenzverwalters bzw. Sachwalters, da auch diese der Insolvenzmasse zu entnehmen ist und damit ebenfalls eine Forderung gegen den Insolvenzschuldner als deren Rechtsträger darstellt. Dabei wird nicht der Kontoinhaber als Treuhänder, mithin der (vorläufige) Insolvenzverwalter bzw. Sachwalter persönlich, sondern der Insolvenzschuldner von der zugrundeliegenden Verbindlichkeit frei,[652] da die Zahlung für dessen Rechnung erfolgt, während zugleich der Kontoinhaber, da das Kontoguthaben rechtlich allein ihm zugeordnet ist, in der jeweiligen Höhe zunächst entreichert ist.

(ii) Allerdings erwirbt der Treuhänder, wie in Kapitel C.I.3.3. gezeigt, mit jeder pflichtgemäßen Zahlung für Rechnung des Treugebers einen gegen diesen gerichteten Aufwendungsersatzanspruch in entsprechender Höhe, § 670 BGB, da der einem Treuhandkonto zugrunde liegende Treuhandvertrag rechtlich als Auftrag bzw. Geschäftsbesorgungsvertrag zu qualifizieren ist.[653] Aufgrund des Entstehens dieser betraggleichen Gegenforderung ist der Treuhänder nicht entreichert, sondern wird vielmehr in derselben Höhe von der Pflicht zur Herausgabe des Treuguts an den Treugeber und damit von einer (eigenen) Verbindlichkeit frei. Das Entstehen des Aufwendungsersatzanspruchs als Äquivalent zur erlittenen Vermögensminderung schließt mithin eine Entreicherung aus, so dass sich der Treuhänder nicht nach § 818 Abs. 3 BGB auf Entreicherung berufen kann.

Geht man gedanklich einen Schritt weiter, schließt sich hieran die Frage nach einer ungerechtfertigten Bereicherung des Treugebers, mithin der (späteren) Insolvenzmasse an. Denn der Treuhänder nimmt die auf dem Konto eingehenden Zahlungen ausschließlich für Rechnung des Treugebers entgegen, auch wenn diese rechtsgrundlos erfolgen. Sie erhöhen damit zunächst den Herausgabeanspruch des Treugebers gegen den Treuhänder, § 667 BGB, so dass zunächst auch der Treugeber etwas erlangt.

Allerdings wird man davon ausgehen dürfen, dass der Treuhänder rechtsgrundlos für Rechnung des Treugebers vereinnahmte Zahlungen mit Wirkung auch gegen den Treugeber herausgeben darf bzw. muss, wenn der Bereicherungsgläubiger zurecht einen entsprechenden Herausgabeanspruch geltend macht, da es sich

652 Zum umgekehrten Fall des Freiwerdens durch Zahlung auf ein als Treuhandkonto geführtes Verfahrenskonto vgl. sogleich Kap. D.IV.

653 Vgl. etwa Hadding/Häuser in Schimansky/Bunte/Lwowski, BankRHdB, § 37, Rn. 13 m.w.N. sowie Palandt-Sprau, BGB, § 675, Rn. 27 m.w.N.

insofern – hierzu bereits in Kapitel C.I.3.3. – um notwendige Aufwendungen i.S.d. § 670 BGB handelt. Der Treuhänder ist allein *qua* Kontoinhaberschaft und allein in seiner Funktion als Treuhänder – und folglich auch nur rechtlich, nicht aber wirtschaftlich – bereichert. Deshalb verringert sich auch in diesem Fall der Herausgabeanspruch des Treugebers, § 667 BGB, entsprechend, da diesem ein Aufwendungsersatzanspruch des Treuhänders gem. § 670 BGB (analog) in Höhe des an den Bereicherungsgläubiger herausgegebenen Betrags gegenübersteht.[654]

Die Herausgabe des durch eine Fehlüberweisung Erlangten verringert also den Anspruch des Treugebers auf Herausgabe des Treuguts in selber Höhe. Insofern laufen die Höhe des Kontoguthabens und die Höhe der Forderung des Treugebers gegen den Treuhänder bei einem Treuhandkonto als regelmäßig rein kreditorisch geführtem Konto stets parallel. Schwierigkeiten ergeben sich aber – dazu sogleich in Kapitel D.II.7. –, wenn das Kontoguthaben, da es für Rechnung des Treugebers verbraucht wurde, nicht mehr zur Befriedigung des Bereicherungsgläubigers ausreicht und zugleich der Fehlbetrag die Aktiva der (späteren) Insolvenzmasse[655] übersteigt.[656]

Der (vorläufige) Insolvenzverwalter bzw. Sachwalter kann sich also grundsätzlich auch dann, wenn er den aus einer Fehlüberweisung resultierenden Zahlungseingang für Rechnung der (späteren) Insolvenzmasse verbraucht hat, nicht auf Entreicherung gem. § 818 Abs. 3 BGB berufen, da er infolge des korrespondierenden Aufwendungsersatzanspruchs nicht entreichert ist. In dessen Höhe verringert sich vielmehr seine Verpflichtung zur Herausgabe bzw. Rückübertragung des Treuguts an die (spätere) Insolvenzmasse.

Ebenso scheidet Entreicherung auch in den Fällen aus, in welchen der entsprechende Betrag zwar nicht mehr auf dem in Rede stehenden Treuhandkonto, aber noch auf einem anderen Konto des (vorläufigen) Insolvenzverwalters bzw. Sachwalters persönlich – egal ob Eigen- oder Treuhandkonto – vorhanden ist.[657]

---

654 Lehnte man einen Aufwendungsersatzanspruch des Treuhänders ab, käme eine Nichtleistungskondiktion des Treuhänders gegen den Treugeber nach § 812 Abs. 1 S. 1 2. Alt. BGB in Betracht, da der Treugeber auf Kosten des Treuhänders – denn dieser ist dem Bereicherungsgläubiger gegenüber zur Herausgabe verpflichtet, obschon er zwar rechtlich, nicht jedoch wirtschaftlich etwas erlangt hat – rechtsgrundlos bereichert wäre.

655 Zur Qualifizierung als Masseverbindlichkeit sogleich Kap. D.II.7. (i); Vgl. auch bereits Kap. C.I.3.3.

656 Zur Vermeidung dieser Problematik sogleich in Kap. D.II.7. (ii); Besteht kein werthaltiger Aufwendungsersatzanspruch stellt sich ggfs. erneut die Frage nach einer Entreicherung i.S.d. § 818 Abs. 3 BGB.

657 BGH, Urteil vom 12.05.2011, IX ZR 133/10, ZInsO, 1151 ff., 1152, eingehend besprochen in Kap. D.IV.

Unabhängig von der Frage, ob sich der Kontoinhaber auf Entreicherung berufen kann, ist freilich der Bereicherungsgläubiger gut beraten, den Zahlungsempfänger unverzüglich aufzuklären, da dies rein tatsächlich eine Herausgabe deutlich erleichtert. Zugleich wird der Bereicherungsschuldner dadurch (höchstvorsorglich) bösgläubig, § 819 Abs. 1 BGB.

5. Bereicherungsrechtliche Haftung der kontoführenden Bank

Festzustellen ist abschließend noch, dass – anders als in der Bankpraxis häufig geltend gemacht – kein Anspruch gegen die Bank des Zahlungsempfängers besteht. Diese fungiert im Rahmen des Zahlungsdiensts allein als Zahlstelle, mithin als Leistungsmittler. Sie besorgt ein Geschäft eines Dritten, nämlich des Kontoinhabers, indem sie für diesen die Zahlung entgegennimmt und dessen Konto gutschreibt. Da die Bank daher selbst nichts erlangt, hat sie auch nichts herauszugeben.

6. Zwischenergebnis

Die vorbesprochenen Urteile des neunten Zivilsenats sind, zumal der BGH in seinen Urteilen vom 18.12.2008 sowie vom 26.03.2015 ausdrücklich hervorhebt, dass es sich auch bei einem Anderkonto um einen Fall des Vollrechtstreuhandkontos handelt und dies zur Begründung ausdrücklich heranzieht, nicht auf Anderkonten als Spezialfall des offenen Treuhandkontos beschränkt. Vielmehr sind die vom BGH herausgearbeiteten Grundsätze auf das Vollrechtstreuhandkonto schlechthin anzuwenden. Dabei darf man die Aussage, dass das Guthaben auf einem als Treuhandkonto geführten Verfahrenskonto rechtlich nicht dem schuldnerischen Vermögen, sondern allein dem Vermögen des Kontoinhabers persönlich zugeordnet ist und etwaig rechtsgrundlos auf ein solches Konto gelangte Beträge mithin von diesem und nicht von der (späteren) Insolvenzmasse zurückgefordert werden müssen, nunmehr als ständige Rechtsprechung bezeichnen.[658]

Bereicherungsgläubiger ist im Fall einer autorisierten Zahlung der Zahler selbst, bei nicht autorisierten Zahlungen dessen Bank.[659] Die entsprechende Vermögensmehrung tritt dabei *qua* Kontoinhaberschaft, mithin allein und unmittelbar in der Person des (vorläufigen) Insolvenzverwalters bzw. Sachwalters persönlich ein.[660] Auf die Unterscheidung, ob der Bereicherungsanspruch im

658 So bereits BFH, Beschluss vom 12.08.2013, VII B 188/12, ZIP 2013, 2370 f., 2370.

659 Vgl. bereits Kap. D.II.1.

660 Neben den drei vorbesprochenen Urteilen des BGH ebenso Kuder, ZInsO 2009, 584 ff., 588; Fischbeck in Hellner/Steuer, BuB, Abschnitt F, Rn. 2/251c; Pape/Graeber, Insolvenzverwalterhaftung, § 2, Rn. 386.

vorläufigen oder im eröffneten Verfahren entstanden ist, kommt es nicht an. § 55 Abs. 2 InsO ist weder unmittelbar noch analog anwendbar.[661] Dasselbe gilt für §§ 208 f. InsO. Es liegt weder eine Insolvenz- noch eine Masseforderung vor, denn der Anspruch richtet sich allein gegen den Kontoinhaber persönlich.[662]

7. Regress des Treuhänders und Praxishinweise

Der (vorläufige) Insolvenzverwalter bzw. Sachwalter, der Treuhandkonten (oder trotz der in Kapitel A.II.2.1.4. sowie B.II.7. dargestellten praktischen wie rechtlichen Bedenken Anderkonten) als Verfahrenskonten nutzt – was in der Praxis erhebliche Vorteile mit sich bringt und mitunter auch alternativlos erscheint[663] – muss sich stets der rechtlichen Hintergründe des Treuhandkontos bewusst sein. Dies gilt in besonderem Maße bei hierauf eingehenden (Fehl-)Überweisungen, da er persönlich Schuldner des bereicherungsrechtlichen Herausgabeanspruchs ist:

(i) Schlagend wird dies bei einer Fehlüberweisung auf ein Treuhandkonto insbesondere dann, wenn das Konto kein hinreichendes Guthaben mehr aufweist, um den Anspruch des Bereicherungsgläubigers zu erfüllen, insbesondere da das aus einer Fehlüberweisung Erlangte bereits für Rechnung der (späteren) Insolvenzmasse verbraucht wurde. Dann nämlich muss der Kontoinhaber als Bereicherungsschuldner den Fehlbetrag aus seinem sonstigen Vermögen herausgeben und haftet insofern auch wirtschaftlich persönlich.

Dabei erwächst dem Treuhänder zwar auch insoweit ein Aufwendungsersatzanspruch aus dem Treuhandverhältnis, § 670 BGB (analog), als dass das Kontoguthaben zur Befriedigung des Bereicherungsgläubigers nicht ausreicht, da er *qua* Kontoinhaberschaft und somit allein aufgrund seiner Rechtsstellung als Treuhänder Bereicherungsschuldner ist.[664] Allerdings stellt sich die Frage, ob es sich dabei um eine Insolvenzforderung oder eine Masseverbindlichkeit handelt und ob dieser Anspruch ggfs. auch tatsächlich in voller Höhe realisiert werden kann:

Fungiert ein (vorläufiger) Insolvenzverwalter als Treuhänder, wird, wie in Kapitel C.I.3.3., gezeigt, dessen Aufwendungsersatzanspruch regelmäßig

661 BGH, Urteil vom 20.09.2007, IX ZR 91/06, eingehend besprochen in Kap. D.II.2.1; Pape/Graeber, Insolvenzverwalterhaftung, § 2, Rn. 386 m.w.N.

662 Neben den drei vorbesprochenen Urteilen des BGH ebenso Kuder, ZInsO 2009, 584 ff., 588; Vgl. auch Fischbeck in Hellner/Steuer, BuB, Abschnitt F, Rn. 2/251c; Pape/Graeber, Insolvenzverwalterhaftung, § 2, Rn. 386.

663 Vgl. Kap. B.II.1.2. sowie C.I.3.1.

664 Vgl. hierzu bereits Kap. C.I.3.3. sowie Kap. D.II.2.

als Masseverbindlichkeit zu qualifizieren sein. Anders liegt es dagegen beim (vorläufigen) Sachwalter, da dort der eigenverwaltende Schuldner aufgrund der ihm vom Gesetzgeber bzw. dem Insolvenzgericht belassenen Verwaltungs- und Verfügungsbefugnis selbst die zugrunde liegende Treuhandabrede mit dem (vorläufigen) Sachwalter als Treuhänder abschließen muss. Dabei ist zwischen dem vorläufigen und dem eröffneten Verfahren zu differenzieren: nach Verfahrenseröffnung begründet der Schuldner stets Masseverbindlichkeiten gem. § 55 Abs. 1 S. 1 InsO, jedenfalls sofern das entsprechende Rechtsverhältnis dem Geschäftsbetrieb des Schuldners zuzurechnen, mithin insbesondere nicht insolvenzzweckwidrig ist.[665] Im vorläufigen Verfahren dagegen ist der eigenverwaltende Schuldner zunächst nicht in der Lage, Masseverbindlichkeiten zu begründen. Es bedarf vielmehr einer entsprechenden Anordnung des Insolvenzgerichts wie sie das Gesetz jedoch nur für das Schutzschirmverfahren ausdrücklich vorsieht, § 270b Abs. 3 InsO. Im Übrigen ist die Rechtslage unverändert unklar wie auch an der instanzgerichtlichen Rechtsprechung deutlich wird.[666] Sofern aber der Aufwendungsersatzanspruch des Treuhänders keine Masseverbindlichkeit darstellt, kann dieser grundsätzlich nur in Höhe einer etwaigen Quote realisiert werden. Aber auch wenn es sich um eine Masseverbindlichkeit handelt, bietet dies vor dem Hintergrund der §§ 208 f. InsO keine Gewähr, dass die Insolvenzmasse zu deren vollständiger Erfüllung ausreicht.

(ii) Um diesen Problemkreis von Anfang an zu vermeiden, sollte der als Treuhänder fungierende (vorläufige) Insolvenzverwalter bzw. Sachwalter Zahlungseingänge – jedenfalls ab Erreichen eines bestimmten, nach Verfahrensgröße und Anzahl der Geschäftsvorfälle festzusetzenden Schwellenwerts – stets auf ihre Berechtigung hin prüfen, bevor er über den hieraus erlangten Betrag für Rechnung des Schuldners verfügt. So lässt sich das Risiko zumindest minimieren, wobei fraglos eine fortlaufende Überwachung sämtlicher Geschäftsvorfälle den Vorzug verdient.

Dabei ist zu beachten, dass der (vorläufige) Insolvenzverwalter bzw. Sachwalter einerseits mit der Sorgfalt eines ordentlichen Treuhänders das Konto zu führen hat, denn in dieser Eigenschaft ist er Kontoinhaber. Zum anderen ist er auch vor dem Hintergrund der Genehmigungsfiktion von Nummer 7 (2) AGB-Banken bzw. Nummer 7 (3) AGB-Sparkassen sowie seiner sonstigen Sorgfaltspflichten als

665 Uhlenbruck-Zipperer, InsO, § 270, Rn. 13 m.w.N.; MüKoInsO-Tetzlaff, § 270, Rn. 73.
666 Eingehend zum Streitstand sowie den verschiedenen Auffassungen in Rechtsprechung und Literatur vgl. etwa Uhlenbruck-Zipperer, InsO, § 270a, Rn. 16 ff.

Kontoinhaber zumindest im eigenen Interesse gehalten, die über das Konto abgebildeten Geschäftsvorfälle fortlaufend zu beobachten.

Daneben ist der (vorläufige) Insolvenzverwalter, der die Geldmittel der (späteren) Insolvenzmasse einem Dritten, mithin sich persönlich, zur Verwaltung anvertraut, zur Kontrolle der Geschäftsführung des Treuhänders verpflichtet, so dass er auch deshalb an sich als Treuhänder und Kontoinhaber entsprechende Anforderungen zu stellen hat.

III. Wechsel in der Person des (vorläufigen) Insolvenzverwalters oder Sachwalters

Interessante Rechtsfragen stellen sich vor dem Hintergrund der fiduziarischen Vollrechtsinhaberschaft auch bei einem Wechsel in der Person des (vorläufigen) Insolvenzverwalters bzw. Sachwalters. Hier kommen regelmäßig zwei Konstellationen, die ebenso selten wie praxisrelevant sind, in Betracht: der (vorläufige) Insolvenzverwalter bzw. Sachwalter wird durch das Insolvenzgericht abberufen oder er verstirbt vor Verfahrensende. In beiden Fällen muss ein Nachfolger bestellt werden, der dann – in Abhängigkeit von den konkreten Anordnungen des Insolvenzgerichts – die Aufgaben des bisherigen (vorläufigen) Insolvenzverwalters bzw. Sachwalters übernimmt. Dabei knüpfen die Folgen für die Kontoführung unmittelbar an die rechtliche Einordnung des jeweiligen Verfahrenskontos als Schuldner- oder Treuhandkonto an.

1. Abberufung des (vorläufigen) Insolvenzverwalters bzw. Sachwalters

An dieser Stelle soll nicht näher auf die Hintergründe einer Abberufung des (vorläufigen) Insolvenzverwalters bzw. Sachwalters eingegangen werden. Dass es solche Fälle gibt und dass diese ganz unterschiedliche Hintergründe – von persönlichen Gründen über einen Wechsel auf Betreiben der Gläubigerschaft bis hin zu Straftaten – haben, bedarf an dieser Stelle keiner weiteren Ausbreitung.[667] In all diesen Fällen aber, in welchen der (vorläufige) Insolvenzverwalter bzw. Sachwalter abberufen und ein Nachfolger bestellt wird, stellen sich in Bezug auf das oder die Verfahrenskonten stets dieselben Fragen, insbesondere: wer ist verfügungsberechtigt?

---

667 Zur Amtsbeendigung vgl. etwa Leonhardt/Smid/Zeuner-Rechel, InsO, § 57, Rn. 3 ff, 8ff. und § 59, Rn. 2 ff., Klopp/Kluth in Gottwald, InsRHdB, § 22, Rn. 19 sowie Rechel, ZInsO, 2012, 1641 ff.

Während bei einem Schuldnerkonto ein Wechsel in der Person des Amtswalters bzw. im Falle des § 275 Abs. 2 InsO des gesetzlichen Vertreters schlicht zu einer Änderung der Verfügungsbefugnis führt[668] – denn Kontoinhaber ist unverändert der Insolvenzschuldner – ist die Rechtslage im Falle eines Treuhandkontos komplexer:

(i) Ausgangspunkt ist auch hier die in Kapitel A.II.2.1. bereits umfassend dargestellte fiduziarische Vollrechtsinhaberschaft. Das Konto bzw. die darüber abgebildeten Forderungen gegen die kontoführende Bank sind rechtlich allein dem Vermögen des Kontoinhabers und damit dem (vorläufigen) Insolvenzverwalter bzw. Sachwalter persönlich zugeordnet, der das Konto in seiner Eigenschaft als gewillkürter Treuhänder für die (spätere) Insolvenzmasse führt. Das Kontoguthaben gehört nur wirtschaftlich, nicht aber auch rechtlich zur (späteren) Insolvenzmasse. Der Insolvenzschuldner ist lediglich Inhaber eines entsprechenden schuldrechtlichen Herausgabe- bzw. Rückübertragungsanspruchs gegen den Treuhänder, § 667 BGB, der unmittelbar aus der Treuhandabrede zwischen dem Insolvenzschuldner und dem (vorläufigen) Insolvenzverwalter bzw. Sachwalter persönlich folgt.[669]

Für einen Wechsel in der Person des (vorläufigen) Insolvenzverwalters bzw. Sachwalters,[670] beispielshalber im Falle einer Abberufung gem. §§ 59, 56 InsO, bedeutet dies, dass der Nachfolger im Amt nicht bereits aufgrund seiner Bestellung zum neuen (vorläufigen) Insolvenzverwalter bzw. Sachwalter Zugriff auf das Kontoguthaben erlangt, sondern er bzw. der Schuldner dieses vom Treuhänder zunächst herausverlangen muss.[671]

Sofern bislang ein (vorläufiger) Sachwalter bestellt war und mit dessen Abberufung nicht zugleich in das Regelinsolvenzverfahren übergeleitet wird – denn dann wäre, je nach Anordnungen des Insolvenzgerichts bzw. Verfahrensstadium, der (vorläufige) Insolvenzverwalter berechtigt, mit Wirkung für den Schuldner Herausgabe des Treuguts zur verlangen – ist zunächst nur der (vorläufige) Eigenwalter berechtigt, das Treugut vom bisherigen (vorläufigen) Sachwalter herauszuverlangen.

---

668 Vgl. hierzu näher Kap. B.II.4.1. sowie C.II.2.1. sowie Kuder, ZInsO 2009, 584 ff., 585.

669 Zum Herausgabeanspruch des Treugebers vgl. bereits BGH, Urteil vom 05.11.1953, IV ZR 95/53, NJW 1954, 190 ff., 192 sowie BGH, Beschluss vom 22.04.2010, VII ZR 15/09, WM 2010, 1271 ff., 1272 sowie etwa auch Palandt-Sprau, BGB, § 675, Rn. 27.

670 Für den Sachwalter gelten gem. § 274 Abs. 1 InsO u.a. §§ 56 bis 60 sowie 62 bis 65 InsO entsprechend, wobei § 274 InsO wiederum gem. § 270a Abs. 1 S. 2 für den vorläufigen Sachwalter entsprechend gilt.

671 So auch Kuder, ZInsO 2009, 584 ff., 587.

Der neue (vorläufige) Sachwalter dagegen ist nicht bereits *qua* Bestellung, sondern erst und nur nach Ansichziehen der Kassenführung gem. § 275 Abs. 2 InsO berechtigt, Forderungen des Schuldners gegen Dritte einzuziehen.[672] Unklar ist dabei, ob er auch berechtigt ist, die Treuhandabrede zu widerrufen bzw. kündigen[673] – sollte diese nicht gem. § 158 Abs. 2 BGB mit Abberufung seines Vorgängers automatisch enden – und damit die für den Forderungseinzug grundsätzlich erforderliche Fälligkeit des Anspruchs herzustellen. Der kassenführende (vorläufige) Sachwalter ist nur zur Vornahme von unmittelbar zur Kassenführung gehörenden Hilfsgeschäften berechtigt,[674] was gegen die Ausübung eines Widerrufs- bzw. Kündigungsrechts durch den (vorläufigen) Sachwalter spricht. Die Herstellung der Fälligkeit einer Forderung gehört nicht zur Kassenführung i.e.S., sondern unterfällt vielmehr der dem Schuldner belassenen Geschäftsführung im Übrigen.

Die Kontoinhaberschaft des bisherigen (vorläufigen) Insolvenzverwalters bzw. Sachwalters wird – anders als i.d.R. das zugrundeliegende Treuhandverhältnis – von dessen Ausscheiden aus dem Amt des (vorläufigen) Insolvenzverwalters bzw. der Abberufung als (vorläufiger) Sachwalter nicht berührt. Er ist persönlich und nicht in seiner Eigenschaft als Amtswalter bzw. gesetzlicher Vertreter des Schuldners Kontoinhaber und als solcher aus dem Konto bzw. dem Vertragsverhältnis mit der kontoführenden Bank allein berechtigt und verpflichtet.

(ii) Entsprechend ist die Bank gegenüber dem Nachfolger bzw. dem Insolvenzschuldner weder zur Herausgabe des Kontoguthabens noch zur Auskunftserteilung berechtigt oder gar verpflichtet:[675] der Herausgabe des Kontoguthabens steht dessen rechtliche Zuordnung allein zum Vermögen des Kontoinhabers entgegen, der Auskunftserteilung das mit dem Kontoinhaber als alleinigem Vertragspartner der Bank vereinbarte Bankgeheimnis, Nummer 2 (1) AGB-Banken bzw. Nummer 1 (1) AGB-Sparkassen.[676]

Eine Durchbrechung des Bankgeheimnisses[677] zugunsten des Treugebers – oder mit Blick auf § 58 InsO des Insolvenzgerichts – kommt allenfalls in Ausnahmefällen

---

672 Zur Rechtsstellung des (vorläufigen) Sachwalters vgl. Kap. C.I.

673 Vgl. hierzu sogleich auch Fn. 680.

674 Vgl. MüKoInsO-Tetzlaff/Kern, § 275, Rn. 18 sowie Uhlenbruck-Zipperer, InsO, § 275, Rn. 8 sowie Fn. 559.

675 Für das Anderkonto ist dies – rein deklaratorisch – auch in Nummer 8 der Anderkontobedingungen geregelt.

676 Es besteht, vgl. Kap. A.II.5., keine Vertrags- oder *quasi*-vertragliche Beziehung zwischen kontoführender Bank und Treugeber, insbesondere kein Vertrag zugunsten oder mit Schutzwirkung zugunsten des Treugebers.

677 Vgl. hierzu Weber/Hoffmann in Hellner/Steuer, BuB, Rn. 1/41 ff., 54 ff.

in Betracht. Voraussetzung ist zumindest, dass die schutzwürdigen Interessen des Insolvenzschuldners das Vertraulichkeitsinteresse des Treuhänders als Vertragspartner der Bank weit überwiegen und sich dies der Bank – denn sie trägt das Schadenersatz- und Reputationsrisiko – geradezu aufdrängt. Dies ist letztlich nur im Fall einer offensichtlichen Untreue zulasten der (späteren) Insolvenzmasse denkbar.

Die Bank kann ein strafbares Verhalten ihrer Kunden nur in den seltensten Fällen belastbar erkennen und ist insbesondere weder in der Lage noch verpflichtet, das Geschäftsgebaren ihrer Kunden zu überwachen.[678] Letztlich wird man daher verlangen müssen, dass derjenige, der von der Bank entgegen dem Bankgeheimnis Auskunft verlangt, liquide beweisen können muss, dass sich der Kontoinhaber zulasten der (späteren) Insolvenzmasse strafbar gemacht hat. Dies gilt sowohl für den neuen (vorläufigen) Insolvenzverwalter bzw. Sachwalter wie auch den Schuldner oder das Insolvenzgericht. In einem solchen Fall wird jedoch ohnehin die Staatsanwaltschaft um Auskunft ersuchen,[679] so dass das Informationsbedürfnis über eine dortige Akteneinsicht ggfs. unproblematisch befriedigt werden kann, was zugleich rechtlich wie tatsächlich gegen eine Durchbrechung des Bankgeheimnisses im Übrigen spricht.[680]

Ohne eine entsprechende Entbindung vom Bankgeheimnis, die alleine der Kontoinhaber als Geheimnisherr erteilen kann, ist die kontoführende Bank rechtlich gehindert, Auskunft zu erteilen. Die Bank muss den Anfragenden an den Kontoinhaber verweisen, wobei der Insolvenzschuldner als Treugeber und damit – je nach Rechtsstellung im konkreten Fall – der (vorläufige) Insolvenzverwalter gem. § 666 BGB Anspruch auf Rechnungslegung und ggfs. weitergehende Auskunftserteilung aus der zugrundeliegenden Treuhandabrede hat.[681] Bei Anordnung (vorläufiger) Eigenverwaltung kann jedenfalls der Schuldner, im Falle des § 275 Abs. 2 InsO auch der (vorläufige) Sachwalter, Auskunft verlangen. Dieser muss, da einerseits der Forderungseinzug, andererseits auch die Ermittlung des „Kassenbestands“ zu seinem Aufgabenkreis gehört, von den Drittschuldnern – zu diesen gehört aufgrund des Herausgabe- bzw. Rückübertragungsanspruchs gem.

678 Vgl. hierzu bereits Kap. A.II.4.2.1. sowie etwa Vortmann, BKR 2007, 449 ff., 452.

679 Die Bank darf sich dann bereits im Ermittlungsverfahren nicht auf das Bankgeheimnis berufen, vgl. etwa Krepold in Schimansky/Bunte/Lwowoski, BankRHdB, § 39, Rn. 220 ff., 102 ff.

680 Vgl. zum Ganzen etwa Weber/Hoffmann in Hellner/Steuer, BuB, Rn. 1/54 ff. sowie auch Krepold in Schimansky/Bunte/Lwowoski, BankRHdB, § 39, Rn. 86 ff.

681 Vgl. etwa Staudinger-Martinek, BGB, § 675, Rn. B 214 sowie auch Palandt-Sprau, BGB, § 675, Rn. 27.

§ 667 BGB auch der Treuhänder – Auskunft über den Forderungsbestand sowie erforderlichenfalls auch weitergehende Rechnungslegung verlangen können. Es handelt sich dabei nicht um ein bloßes Hilfsgeschäft, das ggfs. dem eigenverwaltenden Schuldner vorbehalten wäre, sondern um einen wesentlichen Bestandteil der Kassenführungsbefugnis.[682] Das Insolvenzgericht wiederum kann seine Aufsicht ausüben, § 58 Abs. 1 S. 2 InsO, und auf diesem Wege – zumindest über den auskunftsberechtigten Nachfolger im Amt – Einblick in die Kontoführung des Abberufenen erlangen.

In der Praxis ist es aus Sicht aller Beteiligten ratsam, in die bankvertraglichen Vereinbarungen für den Fall einer Abberufung des Kontoinhabers aus dem Amt als (vorläufiger) Insolvenzverwalter bzw. einer Entlassung aus den Aufgaben des (vorläufigen) Sachwalters eine Regelung aufzunehmen, wonach die kontoführende Bank unter bestimmten Voraussetzungen zumindest dem Nachfolger gegenüber umfassend zur Auskunftserteilung berechtigt ist.

(iii) Hieran schließt sich die Frage nach dem Schicksal der Treuhandabrede zwischen dem Insolvenzschuldner und dem (vorläufigen) Insolvenzverwalter bzw. Sachwalter persönlich an, die wie in Kapitel B.I.2.2 gezeigt, Grundlage der Nutzung eines offenen Treuhandkontos als Verfahrenskonto ist. Soweit ersichtlich hat sich bislang weder die Rechtsprechung noch das Schrifttum mit dieser Frage befasst. Dies gibt Anlass zu einer näheren Untersuchung:

- Mit Abberufung des (vorläufigen) Insolvenzverwalters bzw. Sachwalters entfällt die Geschäftsgrundlage für eine Verwaltung der Geldmittel der (späteren) Insolvenzmasse auf dem jeweiligen Treuhandkonto. Die schuldnerischen Vermögenswerte waren dem (vorläufigen) Insolvenzverwalter bzw. Sachwalter persönlich allein deshalb anvertraut, da er in dem jeweiligen Verfahren bestellt war. Mit dem Verlust der Rechtsstellung als (vorläufiger) Insolvenzverwalter bzw. Sachwalter entfällt damit zugleich der mit der (konkludenten) Begründung des Treuhandverhältnisses verfolgte Zweck, nämlich die Sicherstellung des Zahlungsverkehrs des Schuldners durch den Abberufenen. In Bezug auf das Insolvenzverfahren ist dieser nunmehr nur noch unbeteiligter Dritter.
  Die Personenidentität von Kontoinhaber und – wenn auch in anderer Funktion – (vorläufigem) Insolvenzverwalter bzw. Sachwalter ist als *conditio sine qua non* und somit Geschäftsgrundlage i.S.d. § 313 BGB für den Abschluss der Treuhandabrede anzusehen. Da jedenfalls dem

682 Vgl. zur Zuständigkeit für Hilfsgeschäfte bereits Fn. 559 sowie allg. MüKoInsO-Tetzlaff/Kern, § 275, Rn. 18 und Uhlenbruck-Zipperer, InsO, § 275, Rn. 8.

Insolvenzschuldner als Treugeber eine Vertragsanpassung nicht zumutbar ist – denn regelmäßig liegt den Fällen der §§ 57 sowie 59, 60 InsO ein Sachverhalt zu Grunde, der auch eine Fortsetzung der Aufgaben als gewillkürter Treuhänder in Frage stellt –, besteht ein außerordentlich-fristloses Kündigungsrecht zumindest des Treugebers, das jedenfalls aus § 313 Abs. 3 BGB folgt.[683] Dessen Ausübung steht – je nach Verfahrensart und -stand – entweder dem neuen (vorläufigen) Insolvenzverwalter oder dem Schuldner zu. Der neue (vorläufige) Sachwalter, auch wenn er gem. § 275 Abs. 2 InsO die Kassenführung an sich zieht, ist dagegen nicht berechtigt, das Treuhandverhältnis zu kündigen, da dies über die Kassenführung i.e.S. hinausgeht. Zu Hilfsgeschäften ist er nur berechtigt, wenn diese unmittelbar für die Kassenführung erforderlich sind.[684] Dabei wohnt dem Verlangen nach der sofortigen Herausgabe des gesamten Treuguts regelmäßig eine Kündigungserklärung inne, § 133 BGB.

Ob der rechtlichen Unsicherheiten über die Reichweite der Befugnisse des (vorläufigen) Sachwalters empfiehlt es sich fraglos, dass die Kündigung zumindest auch vom (vorläufigen) Eigenwalter ausgesprochen wird.

- Aus denselben Gründen lässt sich aber auch vertreten, dass die Treuhandabrede von Anfang an unter der auflösenden Bedingung, § 158 Abs. 2 BGB, einer Entlassung des Treuhänders aus seinen Pflichten als (vorläufiger) Insolvenzverwalter bzw. Sachwalter steht und deshalb mit dessen Abberufung *ipso facto* endet. Vorzugswürdig erscheint jedoch, dem Treugeber – sofern keine gegenteiligen Anhaltspunkte bestehen – ein entsprechendes Gestaltungsrecht und damit Wahlfreiheit zuzuerkennen.

683 Daneben – abhängig davon ob das Treuhandverhältnis im konkreten Fall als unentgeltlicher Auftrag oder als entgeltlicher Geschäftsbesorgungsvertrag ausgestaltet ist, besteht ohnehin ein Recht zum jederzeitigen Widerruf, § 671 Abs. 1 BGB, bzw. ein Recht zur außerordentlich-fristlosen Kündigung gem. § 627 Abs. 1 BGB (ggfs. jedenfalls aber gem. § 626 BGB). Der Treuhänder erbringt, ohne in einem dauernden Dienstverhältnis mit festen Bezügen zu stehen, im Rahmen eines besonderen Vertrauensverhältnisses Dienste höherer Art, vgl. etwa MüKoBGB-Hensler, § 627, Rn. 17 ff. sowie 20 ff. Dies gilt – aufgrund der im Außenverhältnis überschießenden Rechtsmacht, vgl. Kap. A.II.2.1.1. – zumindest bei Vereinbarung einer Vollrechtstreuhand.

684 Vgl. MüKoInsO-Tetzlaff/Kern, § 275, Rn. 18 sowie Uhlenbruck-Zipperer, InsO, § 275, Rn. 8 sowie Fn. 559.

Mit dem Ende der Treuhandabrede entsteht ein Anspruch des Treugebers auf detaillierte, auch beleghafte Rechnungslegung, § 666 BGB, sowie unverzügliche Herausgabe bzw. Rückübertragung des Treuguts, § 667 BGB.[685] Diese Verpflichtung besteht – da sie aus dem vertraglich vereinbarten Treuhandverhältnis herrührt – neben der gesetzlichen Pflicht des aus seinem Amt entlassenen (vorläufigen) Insolvenzverwalters[686] bzw. dem die Kassenführung abgebenden (vorläufigen) Sachwalters[687] zur Rechnungslegung gem. § 66 InsO. Dabei ist der frühere (vorläufige) Insolvenzverwalter[688] bzw. Sachwalter[689] auch verpflichtet, alle nach bzw. wegen seiner Entlassung noch erforderlichen Handlungen zur Abwicklung der Kassenführung vorzunehmen, insbesondere alle in seinem Besitz befindlichen Unterlagen sowie die von ihm verwalteten Geldmittel der (späteren) Insolvenzmasse herauszugeben.

(iv) Verweigert der bisherige Treuhänder entgegen §§ 666 f. BGB Auskunft, Rechnungslegung und insbesondere Herausgabe des Treuguts, stellt dies regelmäßig eine Pflichtwidrigkeit dar, die nach den allgemeinen Grundsätzen zu Schadenersatzansprüchen gegen den (früheren) Treuhänder und damit den ehemaligen (vorläufigen) Insolvenzverwalter bzw. Sachwalter persönlich führen kann. Inhaber des Schadenersatzanspruches ist der Treugeber und damit die (spätere) Insolvenzmasse. Anspruchsgrundlage sind §§ 280 ff. BGB, so dass insbesondere ein Verzögerungsschaden – und damit auch Rechtsverfolgungskosten oder, im Falle eines notwendig gewordenen Massedarlehens, Finanzierungskosten – gem. § 280 Abs. 1, 2 i.V.m. § 286 BGB geltend gemacht werden können. Daneben mag im Einzelfall auch ein Anspruch gem. § 826 BGB oder gem. § 823 Abs. 2 BGB i.V.m. § 266 StGB in Betracht kommen – je nachdem, welche Hintergründe das Verhalten des Treuhänders hat.

Parallel dazu kommt ein Schadenersatzanspruch nach § 60 InsO in Betracht, wenn der Treuhänder nicht alleine seine vertraglichen Pflichten aus der Treuhandabrede, sondern zugleich auch die vorstehend dargestellten (Amts-)Pflichten als

685 Vgl. etwa Staudinger-Martinek, BGB, § 675, Rn. B 214 sowie auch Palandt-Sprau, BGB, § 675, Rn. 27.

686 Leonhardt/Smid/Zeuner-Smid/Leonhardt, InsO, § 66, Rn. 4; Jaeger-Walter/Gerhardt, InsO, § 59, Rn. 21; Rechel, ZInsO 2012, 1641 ff., 1647 f.

687 Wimmer-Foltis, InsO, § 275, Rn. 31.

688 Rechel, ZInsO 2012, 1641 ff., 1647.

689 Wimmer-Foltis, InsO, § 275, Rn. 34 m.w.N.

abberufener (vorläufiger) Insolvenzverwalter bzw. Sachwalter verletzt. Daneben stellt sich auch die Frage, ob das Insolvenzgericht den früheren (vorläufigen) Insolvenzverwalter bzw. Sachwalter nicht in (entsprechender) Anwendung von § 58 Abs. 2, 3 InsO durch Androhung eines Zwangsgeldes zur Herausgabe des Treuguts veranlassen kann.[690]

Im Ergebnis ist festzuhalten, dass eine Abberufung des (vorläufigen) Insolvenzverwalters bzw. Sachwalters zwar die Rechtsstellung als Konto- und damit Vollrechtsinhaber, i.d.R. nicht aber die als gewillkürter Treuhänder unberührt lässt. Das Treuhandverhältnis endet mit Abberufung entweder *ipso facto* oder ist zumindest gem. § 313 Abs. 3 BGB außerordentlich-fristlos kündbar.[691] Dabei hat der Treugeber gegenüber dem bisherigen Treuhänder Anspruch auf unverzügliche Herausgabe des Treuguts sowie auf umfassende Rechnungslegung. In Abhängigkeit von der Verfahrensart und ggfs. der Rechtsstellung des vorläufigen Insolvenzverwalters können dieser Anspruch sowie alle etwaigen Sekundäranspüche durch den neuen (vorläufigen) Insolvenzverwalter oder den Insolvenzschuldner geltend gemacht werden. Die kontoführende Bank dagegen ist ohne eine entsprechende Weisung des Kontoinhabers weder zur Herausgabe des Kontoguthabens noch zur Auskunftserteilung berechtigt, es sei denn, es gibt eine entsprechende bankvertragliche Vereinbarung zwischen dem Kontoinhaber und der Bank.

2. Tod des (vorläufigen) Insolvenzverwalters bzw. Sachwalters

Da die Forderung gegen die kontoführende Bank rechtlich Bestandteil des Vermögens des Kontoinhabers ist, fällt das Guthaben auf einem Treuhandkonto – trotz dessen wirtschaftlicher Zuordnung zum Treugeber – zunächst in die Erbmasse. Dies ist unmittelbare Folge der Vollrechtsinhaberschaft sowie der gesetzlichen Universalsukzession nach § 1922 BGB. Mithin gehen alle Rechte und Pflichten aus dem Konto, genauer dem Zahlungsdiensterahmenvertrag, auf die Erben über. Diese rücken in die Rechtsstellung des Kontoinhabers ein und werden Gläubiger der Guthabenforderung gegen die Bank.[692] Dasselbe gilt für

---

690 Vgl. Haarmeyer/Wutzke/Förster-Frind, InsO, § 58, Rn. 15.

691 Daneben – abhängig davon ob das Treuhandverhältnis im konkreten Fall als Auftragsverhältnis oder als Geschäftsbesorgungsvertrag ausgestaltet ist, besteht ohnehin ein Recht zum jederzeitigen Widerruf gem. § 671 Abs. 1 BGB, bzw. ein Recht zur außerordentlich-fristlosen Kündigung gem. § 627 Abs. 1 BGB (ggfs. jedenfalls aber gem. § 626 BGB), vgl. auch Fn. 678.

692 Müller-Christmann in Langenbucher/Bliesener/Spindler, BankRKom, 1. Kap., Rn. 185.

eine etwaige Debetforderung oder sonstige Verbindlichkeiten aus der Geschäftsbeziehung, etwa Kontoführungsentgelte.

Infolge der Universalsukzession sind die Erben berechtigt – im Falle einer Erbengemeinschaft grundsätzlich nur gemeinschaftlich, § 2039 BGB –, von der Bank Auskunft zu verlangen,[693] so dass sie sich über vorgefundene Konten detailliert erkundigen können und jedenfalls dergestalt Kenntnis von der Eigenschaft als offenes Treuhandkonto sowie der Person des jeweiligen wirtschaftlich Berechtigten, mithin des Treugebers, erhalten.[694] Diesem sind die Erben, die – eine Annahme der Erbschaft vorausgesetzt – nicht nur in die Rechte, sondern auch die Pflichten des Erblassers einrücken, zur Rechnungslegung, § 666 BGB, sowie Herausgabe des Treuguts, § 667 BGB, verpflichtet. Ebenso wie bei Abberufung des Kontoinhabers endet das Treuhandverhältnis dabei mit dem Tod des Treuhänders entweder *ipso facto*, § 158 Abs. 2 BGB, oder es besteht zumindest ein außerordentlich-fristloses Kündigungsrecht des Treugebers, § 313 Abs. 3 BGB.[695] Diesbezüglich sowie wegen der weiteren Folgen kann auf die vorstehenden Ausführungen zur Abberufung des (vorläufigen) Insolvenzverwalters bzw. Sachwalters verwiesen werden.

Verstirbt der Kontoinhaber, kann dies im Einzelfall trotz klarer Rechtslage gleichwohl zu Schwierigkeiten führen, insbesondere sollte zwischen verschiedenen Erbprätendenten Streit über die Erbenstellung bestehen, mehrere Erben untereinander zerstritten oder diese aus anderen Gründen nicht zur Herausgabe bereit sein. Regelmäßig allerdings wird ein (deutlicher) Hinweis auf die Rechtslage, insbesondere mögliche schadenersatzrechtliche Folgen, genügen, um die betreffenden Personen zur Mitwirkung zu veranlassen. Daneben kommt ggfs. – soweit dies nicht zu einer unzulässigen Vorwegnahme der Hauptsache führt – eine einstweilige Verfügung in Betracht.

---

693 Zur Rechnungslegung – dies betrifft insbesondere Kontoauszüge und Rechnungsabschlüsse – ist die Bank jedoch nur verpflichtet, soweit sie ihrer diesbezüglichen Pflicht, § 675c Abs. 1 i.V.m. § 666 BGB, nicht bereits gegenüber dem Erblasser genügt hat. Allerdings werden, ggfs. gegen Entgelt, i.d.R. Zweitschriften etc. erteilt.

694 Im Übrigen ist davon auszugehen, dass eine entsprechende Buchhaltung vorhanden ist und zudem der neue (vorläufige) Insolvenzverwalter bzw. Sachwalter oder auch der Schuldner die Erben darauf hinweist, dass der Erblasser in dem jeweiligen Insolvenzverfahren offene Treuhandkonten als Verfahrenskonten genutzt hat.

695 Daneben – abhängig davon, ob das Treuhandverhältnis im konkreten Fall als unentgeltliches Auftragsverhältnis oder als entgeltlicher Geschäftsbesorgungsvertrag ausgestaltet ist, besteht ohnehin ein Recht zum jederzeitigen Widerruf gem. § 671 Abs. 1 BGB bzw. ein Recht zur außerordentlich-fristlosen Kündigung gem. § 627 Abs. 1 BGB (ggfs. jedenfalls gem. § 626 BGB), vgl. auch Fn. 678.

Solchen Schwierigkeiten sollte im Interesse einer zügigen Verfahrensfortführung aber vorgebeugt werden. Dies kann etwa dadurch geschehen, dass in die bankvertraglichen Vereinbarungen eine Regelung aufgenommen wird, wonach die Bank im Todesfalle bei einem als Verfahrenskonto genutzten Treuhandkonto berechtigt ist, das Kontoguthaben an den vom Insolvenzgericht bestellten Nachfolger bzw. den Schuldner auszukehren und diesem sowie ggfs. auch dem Insolvenzgericht umfassend Auskunft zu erteilen.

IV. Erfüllungswirkung von Zahlungen auf ein als offenes Treuhandkonto geführtes Verfahrenskonto

Vor dem Hintergrund, dass bei einem offenen Treuhandkonto die (spätere) Insolvenzmasse lediglich wirtschaftlich berechtigt ist, stellt sich die Frage, ob und unter welchen Voraussetzungen Zahlungen der Drittschuldner auf ein solches Konto im Verhältnis zum Insolvenzschuldner Erfüllungswirkung haben. Ausgangspunkt der Untersuchung ist dabei ein neueres Urteil des BGH:

1. Urteil des BGH vom 12.05.2011, IX ZR 133/10

(i) Der BGH hatte sich in seinem Urteil vom 12.05.2011[696] mit folgendem Sachverhalt zu befassen: Der Beklagte war Insolvenzverwalter im eröffneten Insolvenzverfahren über das Vermögen einer GmbH. Das Verfahren wurde nach rechtskräftiger Bestätigung des Insolvenzplans durch das Insolvenzgericht aufgehoben. Nach Aufhebung des Verfahrens überwies ein Drittschuldner auf noch offene Forderungen der früheren Insolvenzschuldnerin einen Betrag in Höhe von EUR 28.364,96 auf das von dem Beklagten für dieses Insolvenzverfahren eingerichtete Anderkonto. In der Folgezeit zahlte der Beklagte zu Lasten dieses Kontos einen Betrag von EUR 15.000,00 an die frühere Insolvenzschuldnerin aus und buchte des Weiteren einen Betrag von EUR 18.777,00 als Vergütung für seine Tätigkeit als Insolvenzverwalter auf ein Eigenkonto um.

Nur wenige Monate später eröffnete das Insolvenzgericht ein weiteres Mal das Insolvenzverfahren über das Vermögen der GmbH und bestellte einen anderen Rechtsanwalt zum Insolvenzverwalter. Dieser verlangte von dem Beklagten, dem früheren Insolvenzverwalter, die Herausgabe des auf sein Anderkonto vereinnahmten Betrages von EUR 28.364,96. Der Beklagte überwies dem Insolvenzverwalter daraufhin das auf dem Anderkonto noch befindliche Restguthaben in Höhe von EUR 3.182,97, leistete im Übrigen jedoch keine Zahlung.

696 Abgedruckt etwa in ZInsO 2011, 1151 ff.

Der Insolvenzverwalter ließ sich daraufhin von dem Drittschuldner, der ursprünglich den Betrag von EUR 28.364,96 auf das Anderkonto des früheren Insolvenzverwalters überwiesen hatte, sämtliche, insbesondere bereicherungsrechtliche Rückgewähransprüche abtreten und verklagte daraufhin den früheren Insolvenzverwalter auf Zahlung in Höhe des Differenzbetrages aus EUR 28.364,96 und den bereits erhaltenen EUR 3.182,97. Das LG wies die Klage kostenpflichtig ab. In der Berufungsinstanz verfolgte der Kläger seinen Anspruch, nunmehr jedoch um den an die Schuldnerin bereits ausgekehrten Betrag in Höhe von EUR 15.000,00 verringert, weiter. Das OLG gab der Klage statt, ließ aber die Revision zu. Nach Einlegung der Revision wurde der klagende Insolvenzverwalter aus seinem Amt entlassen. Der Nachfolger im Amt setzte den Prozess fort.

(ii) Der BGH entschied unter ausdrücklichem Hinweis auf sein Urteil vom 18.12.2008, IX ZR 192/07,[697] gegen den früheren Insolvenzverwalter und bestätigte das Urteil des Berufungsgerichts. In der Urteilsbegründung stellt der Senat zunächst heraus, dass der Drittschuldner durch die Überweisung auf das Anderkonto nicht an den Insolvenzschuldner bzw. die (spätere) Insolvenzmasse, sondern an den früheren Insolvenzverwalter persönlich geleistet hat: *„Die Drittschuldnerin hat durch die Überweisung auf das Anderkonto des Beklagten an diesen und nicht an die Schuldnerin oder die Masse geleistet. Der Beklagte war Vollrechtsinhaber des von ihm eingerichteten Anderkontos. Anderkonten sind offene Treuhandkonten, aus denen ausschließlich der das Konto eröffnende Rechtsanwalt persönlich der Bank gegenüber berechtigt und verpflichtet ist […]. Auf das […] Anderkonto eingehende Zahlungen gehören nicht zur Insolvenzmasse i.S.d. § 35 InsO.“*

Entsprechend kam der BGH zu dem Ergebnis, dass durch die streitgegenständliche Zahlung allein der Kontoinhaber, mithin der Beklagte persönlich, und nicht die (spätere) Insolvenzmasse bereichert ist. Nachdem der Senat das Vorliegen einer Leistung i.S.d. § 812 Abs. 1 S. 1 1. Alt BGB bejahen konnte, setzte er sich im Folgenden mit der Frage der Rechtsgrundlosigkeit auseinander. Dabei sah es der Senat als streitentscheidend an, dass die drittschuldnerische Zahlung erst nach rechtskräftiger Planbestätigung, § 258 Abs. 1 InsO, erfolgte während zugleich die Verfahrensaufhebung gem. § 259 Abs. 1 InsO zur Folge hat, dass das Amt des Insolvenzverwalters und mit ihm auch die Verwaltungs- und Verfügungsbefugnis über das schuldnerische Vermögen erlischt, so dass der Beklagte nicht mehr *qua* Amtes

---

697 Abgedruckt etwa in ZIP 2009, 531 ff. und ausführlich besprochen in Kap. D.II.2.2.

zum Forderungseinzug berechtigt war. Weiter führt der BGH aus: „*Nur wenn der Beklagte mit der Schuldnerin vereinbart hätte, dass über das Anderkonto weiterhin die Alt- oder Neuforderungen der Schuldnerin eingezogen werden sollten, läge darin zugleich die Ermächtigung zur Entgegennahme der Gelder. Eine solche Vereinbarung eines Forderungseinzugs über das Anderkonto hätte auch konkludent getroffen werden können […].*" Dabei umfasst die Vereinbarung des Forderungseinzugs auf ein Treuhand- bzw. Anderkonto zugleich auch die hierfür erforderliche Treuhandabrede.

Da der Beklagte im vorliegenden Fall weder Forderungsinhaber war noch über eine entsprechende Einziehungsbefugnis verfügte, war er rechtsgrundlos bereichert. Zugleich war der Drittschuldner auch entreichert, da er durch die streitgegenständliche Zahlung auf das Anderkonto nicht von seiner Leistungspflicht frei wurde: der Drittschuldner erbrachte seine Leistung an den Beklagten persönlich, nicht aber zur Insolvenzmasse. Der Drittschuldner wäre, so der BGH weiter, nur dann frei geworden, wenn entweder die Schuldnerin als Forderungsinhaberin den Drittschuldner zur Leistungsbewirkung gegenüber dem früheren Insolvenzverwalter aufgefordert hätte, §§ 362 Abs. 2, 185 Abs. 1 BGB, die Schuldnerin die Leistung an den Beklagten nachträglich genehmigt hätte, §§ 362 Abs. 2, 185 Abs. 2 BGB oder sie den Beklagten zum Forderungseinzug ermächtigt hätte oder der Drittschuldner gutgläubig in Unkenntnis der Verfahrensaufhebung an den nicht mehr empfangsberechtigten Beklagten geleistet hätte, § 82 InsO analog. Keiner dieser Fälle lag vor.

Auch auf Entreicherung, § 818 Abs. 3 BGB, konnte sich der Beklagte nach Auffassung des Senats nicht stützen, da er keinen entsprechenden Sachverhalt vorgetragen hatte. Was die Umbuchung eines Betrages in Höhe von EUR 18.777,00 auf ein Eigenkonto des Beklagten als Vergütung für dessen Verwaltertätigkeit betrifft, urteilte der Senat, dass insofern schon rein tatsächlich keine Entreicherung vorläge: der entsprechende Betrag befand sich vor und nach der entsprechenden Umbuchung im Vermögen des Beklagten, da er Inhaber sowohl des streitgegenständlichen Eigenkontos als auch des aufnehmenden Anderkontos war. In beiden Fällen stand die entsprechende Guthabenforderung gegen die kontoführende Bank allein dem Beklagten zu.

Ebenso wie in den bereits in Kapitel D.II. besprochenen Urteilen zu Fehlüberweisungen auf ein Treuhandkonto stellt der BGH auch an dieser Stelle heraus, dass ein als Verfahrenskonto genutztes Treuhand- bzw. Anderkonto – anders als von vielen Praktikern lange Zeit angenommen – nicht aufgrund eines „besonderen insolvenzrechtlichen Einschlags" rechtlich anders als sonstige Treuhandkonten zu behandeln ist. Der Umstand, dass das Konto der Abwicklung eines

Insolvenzverfahrens dient, in welchem der Kontoinhaber zum (vorläufigen) Insolvenzverwalter bzw. Sachwalter bestellt wurde, ist insofern unerheblich.

2. Zahlung mit Erfüllungswirkung

(i) Zunächst ist festzuhalten, dass der Einzug von Forderungen des Treugebers auf ein Treuhandkonto nicht zu einem Verstoß gegen das Unmittelbarkeitsprinzip führt.[698] Dies setzt jedoch eine Einziehungsbefugnis des Treuhänders, mithin des Kontoinhabers voraus. Kontoinhaber ist der (vorläufige) Insolvenzverwalter bzw. Sachwalter persönlich.

(ii) Dasselbe gilt, soweit es um die Erfüllungswirkung einer Zahlung auf ein als offenes Treuhandkonto geführtes Verfahrenskonto geht: dieses ist rechtlich allein dem Vermögen des Kontoinhabers zugeordnet. Zahlt der Drittschuldner mithin auf ein Treuhandkonto, gelangt die Zahlung in Gestalt der korrespondierenden Gutschrift nicht in das Vermögen des Forderungsinhabers, sondern in das Vermögen des Treuhänders, also des (vorläufigen) Insolvenzverwalters bzw. Sachwalters persönlich. Erfüllung setzt gem. § 362 Abs. 1 BGB jedoch die Bewirkung der geschuldeten Leistung an den Gläubiger voraus.

Der Abschluss der der Nutzung eines offenen Treuhandkontos als Verfahrenskonto zugrunde liegenden Treuhandabrede beinhaltet regelmäßig keine Zession der schuldnerischen Forderungen an den Treuhänder. Damit kommen – wie auch vom BGH in dem vorstehend unter D.IV.1. dargestellten Urteil ausgeführt – für die Praxis letztlich nur zwei Alternativen in Betracht: entweder fordert der Insolvenzschuldner als Forderungsinhaber – regelmäßig handelnd durch den (vorläufigen) Insolvenzverwalter (entsprechende Befugnis vorausgesetzt) bzw. den kassenführenden (vorläufigen) Sachwalter[699] – die Drittschuldner zur Leistung an den (vorläufigen) Insolvenzverwalter bzw. Sachwalter persönlich, insbesondere auf ein auf dessen Namen lautendes Treuhandkonto auf, oder der Insolvenzschuldner – ggfs. wiederum in Gestalt des (vorläufigen) Insolvenzverwalters[700] –

---

698 Vgl. hierzu bereits Kap. A.II.3.2.2.

699 Dies dürfte durch die Kassenführungsbefugnis, zu der auch der Forderungseinzug (außer bei entsprechender Gestattung durch den Schuldner jedoch nur auf ein Schuldnerkonto) gehört, vgl. Kap. C.I.2., noch gedeckt sein.

700 Der kassenführende (vorläufige) Sachwalter dagegen ist im Regelfall wohl nicht berechtigt, den Forderungseinzug an Dritte zu delegieren, da dies über die Kassenführung i.e.S. hinausgeht.

erteilt dem (vorläufigen) Insolvenzverwalter bzw. Sachwalter persönlich (ggfs. konkludent), insbesondere im Rahmen der Treuhandvereinbarung, eine rechtsgeschäftliche Einzugsermächtigung und dieser fordert die Drittschuldner selbst zur Zahlung an sich bzw. auf das entsprechende Verfahrensander- bzw. -treuhandkonto auf.[701] In beiden Fällen liegt ein Fall des § 362 Abs. 2 BGB i.V.m. § 185 Abs. 1 BGB vor, da die Leistung an den Dritten, mithin den (vorläufigen) Insolvenzverwalter bzw. Sachwalter als Kontoinhaber und gewillkürtem Treuhänder, mit Einwilligung des Forderungsinhabers, mithin des Insolvenzschuldners erfolgt.

(iii) Zahlungen auf ein als Treuhandkonto geführtes Verfahrenskonto gehen in das Treugut und somit – denn sie erhöhen die Forderung des Treugebers gegen den Treuhänder auf Herausgabe des Treuguts, § 667 BGB[702] – mittelbar in das Vermögen des Schuldners ein. Sofern der Insolvenzschuldner – ggfs. in Gestalt des (vorläufigen) Insolvenzverwalters bzw. kassenführenden Sachwalters – die Drittschuldner zur Leistung auf das Treuhandkonto und damit den (vorläufigen) Insolvenzverwalter bzw. Sachwalter persönlich auffordert oder dieser über eine Einziehungsermächtigung verfügt, werden die Drittschuldner mit Zahlung auf das Treuhandkonto auch von ihrer Leistungspflicht frei, § 362 Abs. 2 i.V.m. § 185 Abs. 1 BGB.[703]

Andernfalls läge eine Leistung an einen Nichtberechtigten vor, die mangels Einwilligung des Forderungsinhabers keine Erfüllungswirkung hätte. Zugleich läge eine rechtsgrundlose Zahlung vor, so dass diese gem. § 812 Abs. 1 S. 1 1. Alt. BGB (bzw. im Falle einer analogen Anwendbarkeit von § 82 InsO, vgl. zuvor unter (i), gem. § 816 Abs. 2 BGB, dann jedoch seitens des früheren Insolvenzschuldners) kondizierbar wäre, so dass der (vorläufige) Insolvenzverwalter bzw. Sachwalter persönlich diese wieder herauszugeben hätte.[704]

Daher muss der (vorläufige) Insolvenzverwalter bzw. Sachwalter stets darauf achten – insbesondere wenn gegen Verfahrensende noch Zahlungseingänge zu erwarten stehen und das Treuhandkonto nicht spätestens zum Stichtag der Verfahrensaufhebung abgerechnet und geschlossen ist –, dass er sich unverzüglich vom früheren Insolvenzschuldner, unter Fortsetzung des bestehenden Treuhandverhältnisses, auch

701 So auch BGH, Urteil vom 12.05.2011, IX ZR 133/10, ZInsO 2011, 1151 ff., vorstehend besprochen unter (i).

702 Vgl. auch etwa auch Palandt-Sprau, BGB, § 675, Rn. 27.

703 So auch BGH, Urteil vom 12.05.2011, IX ZR 133/10, ZInsO 2011, 1151 ff., vorstehend besprochen unter (i).

704 Die Situation ist mit dem Fall einer entsprechenden Fehlüberweisung vergleichbar, so dass ergänzend auf die Ausführungen in Kap. D.II.1. verwiesen werden kann.

weiterhin zum Forderungseinzug ermächtigen lässt,[705] wobei eine solche Vereinbarung nach dem BGH ausdrücklich auch konkludent getroffen werden kann,[706] oder er die empfangenen Beträge bis zu einer Klärung, insbesondere einer Genehmigung des früheren Insolvenzschuldners, § 185 Abs. 2 BGB, noch nicht an diesen auskehrt.

V. Ziehung von Lastschriften auf ein Treuhandkonto des (vorläufigen) Insolvenzverwalters bzw. Sachwalters

Wie bereits in Kapitel A.II.9. dargestellt, setzt die Einlösung von Lastschriften zugunsten eines Treuhandkontos ein Lastschriftmandat zugunsten des Treuhänders als Kontoinhaber voraus. Denn mit der Erteilung des Lastschriftmandats gestattet der Zahler allein dem darin bezeichneten Zahlungsempfänger, über dessen Bank den jeweiligen Betrag zulasten seines Kontos einzuziehen. Der Zahler autorisiert auch seiner Bank gegenüber nur eine Zahlung an den in dem jeweiligen Lastschriftmandat bezeichneten Zahlungsempfänger. Dieser muss deshalb Inhaber desjenigen Kontos sein, auf das die Zahlung erfolgen soll. Die lediglich wirtschaftliche Zuordnung des Kontos zum Vermögen des Inhabers des Lastschriftmandats genügt nicht.

Sofern mithin der (vorläufige) Insolvenzverwalter bzw. Sachwalter zum Forderungseinzug auf ein Treuhandkonto berechtigt ist[707] und dafür das Lastschriftverfahren nutzen möchte, muss er einerseits bei der Bundesbank eine eigene Gläubigeridentifikationsnummer beantragen und andererseits entsprechende SEPA-Lastschriftmandate bei den betreffenden Drittschuldnern erholen. In der Praxis ist dies – insbesondere in Verfahren, in denen typischerweise das Lastschriftverfahren von Bedeutung ist, also insbesondere bei Beteiligung einer Vielzahl an Endkunden – regelmäßig mit einem erheblichen Aufwand verbunden, da der (vorläufige) Insolvenzverwalter bzw. Sachwalter jeden Drittschuldner einzeln um Erteilung eines neuen Lastschriftmandats bitten, den Rücklauf überwachen sowie in seiner Buchhaltung erfassen muss.

In den meisten Fällen wird es daher bei einer Einlösung auf Grundlage der bestehenden Lastschriftmandate – diese bestehen unabhängig von den Anordnungen des Insolvenzgerichts bzw. einer zwischenzeitlichen Verfahrenseröffnung

705 So auch Römermann, BGH EWiR, § 812 BGB 1/11, 29 ff, 530.

706 BGH, Urteil vom 12.05.2011, IX ZR 133/10, ZInsO 2011, 1151 ff., 1152, eingehend besprochen in Kap. D.IV.; Vgl. auch Römermann, BGH EWiR, § 812 BGB 1/11, 29 ff., 530.

707 Zu den Voraussetzungen für die Nutzung eines Treuhandkontos als Verfahrenskonto (und damit, je nach Einzelfall, auch des Forderungseinzugs auf ein Treuhandkonto), vgl. Kap. B.II.2., 3. sowie Kap. C.I.3.2 und C.II.

fort[708] – und somit auf ein Schuldnerkonto bleiben. Dabei steht es dem (vorläufigen) Insolvenzverwalter bzw. Sachwalter – entsprechende Befugnis vorausgesetzt[709] – jedoch frei, die Erlöse aus dem Forderungseinzug sodann auf ein Treuhandkonto zu überweisen und so vom Schuldnervermögen im Übrigen zu separieren.

Vor Verbrauch der Mittel für die (spätere) Insolvenzmasse ist zu beachten, dass der Zahler innerhalb von acht Wochen seit Lastschrifteinlösung seinen gesetzlichen Erstattungsanspruch gem. § 675x Abs. 1, 3 und 4 BGB geltend machen kann, sofern es sich nicht um eine SEPA-Firmenlastschrift[710] handelt. Dieser Erstattungsanspruch des Zahlers besteht, obschon es sich um eine autorisierte[711] Zahlung handelt und ohne dass es hierfür eines besonderen Grunds bedarf,[712] so dass der Zahlungseingang insofern „unter Vorbehalt" steht.[713] Der (vorläufige) Insolvenzverwalter bzw. Sachwalter ist daher gut beraten, Zahlungseingänge aus Lastschrifteinlösungen erst dann für die (spätere) Insolvenzmasse zu verwenden, wenn die für jede SEPA-Basislastschrift gesondert zu bestimmende Frist des § 675x BGB abgelaufen ist.[714]

---

708 Dies schon deshalb, da das Mandat nicht vom Insolvenzschuldner als Zahlungsempfänger, sondern vom Zahler erteilt wird. Vgl. hierzu detailliert etwa Obermüller, IndR i.d. Bankpraxis, Rn. 3.750 ff.

709 Vgl. hierzu Kap. B.II.2.2. und 2.3. für den (vorläufigen) Insolvenzverwalter sowie Kap. C.I.3.2. und C.II. für den (vorläufigen) Sachwalter.

710 Zu den Unterschieden zwischen einer SEPA-Basislastschrift und einer SEPA-Firmenlastschrift vgl. etwa Rigler in Langenbucher/Bliesener/Spindler, BankRKom, 11. Kap, Rn. 181 ff.

711 Bei nicht autorisierten Zahlungen beträgt die Frist sogar 13 Monate, § 676b BGB.

712 Im Fall einer nicht autorisierten Zahlung bestimmen sich die Rechte des Zahlers nach § 675u BGB, so dass die kontoführende Bank den bereits belasteten Zahlungsbetrag wiedergutzubringen hat. Zu beachten ist die 13-Monatsfrist des § 676b Abs. 2 BGB.

713 Der Zahler kann sich dadurch aber nicht seiner Verpflichtung zur Zahlung entledigen, sondern muss die geschuldete Zahlung – i.d.R. zuzüglich Verzugszinsen – ggfs. auf anderem Wege erbringen.

714 In diesem Zusammenhang ist auch auf das Urteil des BGH vom 26.03.2015, IX ZR 302/13, das in Kap. D.II.2.3. ausführlich untersucht wird, sowie auf Kap. C.I.3.3., D.II.4 (ii) sowie D.II.7. zum Aufwendungsersatzanspruch des Treuhänders hinzuweisen.

E. Insolvenzspezifische Besonderheiten beim Schuldnerkonto

I. Auswirkungen des (vorläufigen) Insolvenzverfahrens auf den Zahlungsdiensterahmenvertrag sowie einzelne Zahlungsdienstverträge

In Kapitel B.II. sowie C.II. wurde bereits umfassend dargestellt, welche Alternativen dem (vorläufigen) Insolvenzverwalter bzw. Sachwalter hinsichtlich der Kontoführung im Insolvenzverfahren zu Gebote stehen und welche Voraussetzungen hierfür jeweils erfüllt sein müssen. Eine Möglichkeit ist die Fortführung bestehender bzw. die Einrichtung neuer Schuldnerkonten als Verfahrenskonten.

Dieses Kapitel befasst sich nun mit der Frage, wie sich die Anordnung des vorläufigen Insolvenzverfahrens mitsamt etwaiger flankierender Anordnungen des Insolvenzgerichts, etwa ein Zustimmungsvorbehalt, sowie die spätere Verfahrenseröffnung auf die entsprechenden Bankverträge auswirken. Dies betrifft zum einen den Zahlungsdiensterahmenvertrag nach §§ 675c ff. BGB und damit das Konto selbst, zum anderen aber auch die einzelnen Zahlungsdienste wie etwa die Überweisung. Deren Schicksal soll *par exemplum* – denn die Darstellung der Auswirkungen auf den gesamten Zahlungsverkehr würde den Umfang dieser Arbeit sprengen – nachstehend näher betrachtet werden. Dabei ist insbesondere danach zu differenzieren, wer den Überweisungsauftrag erteilt hat und wann dieser der Bank zugegangen, mithin wirksam geworden ist, so dass sich eine Vielzahl rechtlich unterschiedlich zu behandelnder, überaus praxisrelevanter Konstellationen ergibt. Dabei kann vor dem Hintergrund der Komplexität der Materie auch insoweit nur eine knappe Darstellung erfolgen, so dass insbesondere auf eine Aufarbeitung der anfechtungsrechtlichen Folgen verzichtet werden muss.

1. Anordnung des vorläufigen Insolvenzverfahrens

1.1. Auswirkungen auf den Zahlungsdiensterahmenvertrag

(i) Die Anordnung des vorläufigen Insolvenzverfahrens lässt den Zahlungsdiensterahmenvertrag, der die Bank insbesondere zur Einrichtung und

Führung des Kontos verpflichtet, grundsätzlich unberührt. Dasselbe gilt für die Kenntnis der Bank vom Vorliegen eines Insolvenzgrundes.[715]

Gem. Nummer 19 (3) AGB-Banken bzw. Nummer 26 (2) AGB-Sparkassen ist die Bank allerdings regelmäßig zur Kündigung des Zahlungsdiensterahmenvertrags aus wichtigem Grund berechtigt. Macht sie von diesem Recht jedoch keinen Gebrauch, besteht dieser unabhängig davon, ob und ggfs. welche flankierenden Anordnungen das Insolvenzgericht bei Anordnung des vorläufigen Insolvenzverfahrens trifft, zunächst fort.

(ii) Die Anordnung eines Zustimmungsvorbehalts nach § 21 Abs. 2 S. 1 Nr. 2 2. Alt. InsO ändert an diesem Ergebnis nichts. Der Zahlungsdiensterahmenvertrag – und mit ihm die Kontokorrentabrede – besteht gleichwohl unverändert fort.[716] Lediglich unter dem Zahlungsdiensterahmenvertrag erteilte Weisungen bedürfen als Verfügung zulasten des Kontos der Zustimmung des vorläufigen Insolvenzverwalters.

(iii) Umstritten dagegen ist, wie sich die Anordnung eines (partiellen, auch die Kontoführung betreffenden) Verfügungsverbots nach §§ 21 Abs. 2 S. 1 Nr. 2 1. Alt., 22 Abs. 1 InsO bzw. nach § 22 Abs. 2 InsO auswirkt. Nach einer Ansicht soll der Zahlungsdiensterahmenvertrag zusammen mit der Kontokorrentabrede unverändert fortbestehen.[717] Die Gegenmeinung geht indes davon aus, dass zwar der Zahlungsdiensterahmenvertrag, nicht aber die Kontokorrentabrede fortbesteht.[718] Im Ergebnis kommt diesem Meinungsstreit aber kaum praktische Bedeutung zu, da in beiden Fällen unverändert Gutschriften erteilt werden können, während Belastungsbuchungen infolge des (partiellen, auch die Kontoführung betreffenden) Verfügungsverbots ohnehin nur noch in Ausnahmefällen zulässig sind und im Übrigen das Institut der Insolvenzanfechtung hinreichenden Schutz vor Schmälerungen der künftigen Insolvenzmasse bietet.[719]

---

715 Obermüller, InsR i.d. Bankpraxis, Rn. 2.6 sowie Rn. Rn. 3.28; Vortmann in Mohrbutter/Ringstmeier, HdB InsVw, Kap. 27, Rn. 1, 22 m.w.N.

716 Obermüller, InsR i.d. Bankpraxis, Rn. 3.28; Vortmann in Mohrbutter/Ringstmeier, HdB InsVw, Kap. 27, Rn. 31.

717 Obermüller/Kuder in Gottwald, InsRHdB, § 98, Rn. 6; So jedenfalls für den Fall des § 21 Abs. 2 Nr. 2 auch Kalomiris in Langenbucher/Bliesener/Spindler, BankRKom, 9. Kap., Rn. 2 und 6 m.w.N.

718 Mayen in Schimansky/Bunte/Lwowski, BankRHdB, § 50, Rn. 36; Vortmann in Mohrbutter/Ringstmeier, HdB InsVw, Kap. 27, Rn. 22 m.w.N.

719 Obermüller, InsR i.d. Bankpraxis, Rn. 2.17.

(iv) Optiert der Schuldner mit Erfolg für ein Verfahren nach § 270a oder § 270b InsO, mithin eine vorläufige Eigenverwaltung mit oder ohne zusätzlicher Anordnung eines Schutzschirmverfahrens, verbleibt die Verwaltungs- und Verfügungsbefugnis über das schuldnerische Vermögen beim Eigenwalter. Zwar kann der vorläufige Sachwalter nach § 275 Abs. 2 InsO die Kassenführung an sich ziehen, jedoch schließt dies im Außenverhältnis rechtswirksame Verfügungen des Eigenwalters – auch soweit diese der Kassenführung zuzurechnen sind – nicht aus.[720] Allerdings betrifft die Frage der Verfügungsbefugnis ohnehin nur die einzelnen Zahlungsdienste, nicht aber den Zahlungsdiensterahmenvertrag als solchen. Dessen Bestehenlassen allein stellt keine Verfügung des Schuldners dar. Er bleibt folglich von der Anordnung einer (vorläufigen) Eigenverwaltung – auch im (seltenen) Fall der Anordnung eines Zustimmungsvorbehalts nach § 277 Abs. 1 InsO – unberührt.

Herauszustellen ist aber, dass bankseitig auch bei vorläufiger Eigenverwaltung, ebenso bei zusätzlicher Anordnung eines Schutzschirmverfahrens, eine Kündigung des Zahlungsdiensterahmenvertrags aus wichtigem Grund gem. Nummer 19 (3) AGB-Banken bzw. Nummer 26 (2) AGB-Sparkassen ebenso wie bei einem vorläufigen Regelinsolvenzverfahren möglich ist. Ausschlaggebend für das Kündigungsrecht sind die wirtschaftliche Lage des Schuldners und die damit für die Bank verbundenen Gefahren, nicht die Art des Insolvenzverfahrens.

1.2. *Auswirkungen auf einzelne Zahlungsdienste am Beispiel der Überweisung*

(i) Die bloße Anordnung des vorläufigen Insolvenzverfahrens hat ebenso wie die Kenntnis der Bank von einer (drohenden) Zahlungsunfähigkeit i.S.d. §§ 17, 18 InsO oder Überschuldung, § 19 InsO, keine Auswirkung auf die Verfügungsbefugnis des Kontoinhabers. Dieser kann unverändert über das Konto verfügen und der Bank entsprechende Weisungen, etwa zur Vornahme einer Überweisung, erteilen. Entsprechend kann der vorläufige Insolvenzverwalter keine Zahlungen zulasten des schuldnerischen Kontos autorisieren.[721]

Geht der Bank ein wirksam erteilter Überweisungsauftrag zu und besteht der Zahlungsdiensterahmenvertrag unverändert fort, ist die

720 Vgl. hierzu Kap. C.I.2.

721 Mayen in Schimansky/Bunte/Lwowski, BankRHdB, § 50, Rn. 37; Vortmann in Mohrbutter/Ringstmeier, HdB InsVw, Kap. 27, Rn. 50.

kontoführende Bank gesetzlich zur Ausführung der Überweisung verpflichtet. Die Bank ist, vgl. § 675o Abs. 2 BGB, nicht berechtigt, die Ausführung einer autorisierten Zahlung abzulehnen, wenn die im Zahlungsdiensterahmenvertrag festgelegten Ausführungsbedingungen (in der Praxis sind dies die Bedingungen für den Überweisungsverkehr[722]) erfüllt sind, insbesondere hinreichende Deckung besteht, und die Ausführung nicht gegen sonstige Rechtsvorschriften verstößt.[723] D.h., selbst wenn die Bank Kenntnis von einer (drohenden) Zahlungsunfähigkeit, Überschuldung oder Insolvenzantragsstellung hat, muss sie einen ordnungsgemäß erteilten Überweisungsauftrag ausführen, wenn die entsprechenden Voraussetzungen vorliegen.[724] Insbesondere ist auch ein nach Autorisierung gerichtlich angeordnetes (partielles) Verfügungsverbot keine sonstige Vorschrift im Sinne des § 675o Abs. 2 BGB und kann die Bank daher nicht von ihrer gesetzlichen Verpflichtung zur Ausführung eines noch vor Erlass der entsprechenden Anordnung nach §§ 21 Abs. 2 S. 1 Nr. 2 1. Alt., 22 Abs. 1 InsO bzw. § 22 Abs. 2 InsO wirksam gewordenen Überweisungsauftrags entbinden.[725]

Ist dagegen kein ausreichendes Kontoguthaben vorhanden und besteht auch keine (ungekündigte, hinreichend freie) Kreditlinie, kann die Bank die Ausführung der Überweisung indes verweigern, § 675o Abs. 2 BGB i.V.m. Nummer 1.7 (1) und 1.6 (1) der Bedingungen für den Überweisungsverkehr. Dies wird sie regelmäßig auch tun – ggfs. nach vorheriger Kündigung einer etwaig bestehenden Kreditlinie nach Nummer 19 (3) AGB-Banken bzw. Nummer 26 (2) AGB-Sparkassen –, da sie aus einer dennoch ausgeführten Überweisung regelmäßig i.d.R. nur noch eine einfache Insolvenzforderung erwirbt.[726]

Durch die Ausführung des Überweisungsauftrags erwirbt die Bank in Höhe des Zahlbetrages einen Aufwendungsersatzanspruch gem. § 675c Abs. 1 i.V.m.

722 Abgedruckt etwa bei Bunte, ABG-Banken, Kap. 5.

723 Vortmann in Mohrbutter/Ringstmeier, HdB InsVw, Kap. 27, Rn. 50; Mayen in Schimansky/Bunte/Lwowski, BankRHdB, § 50, Rn. 39.

724 Mayen in Schimansky/Bunte/Lwowski, BankRHdB, § 50, Rn. 39; Kalomiris in Langenbucher/Bliesener/ Spindler, BankRKom, 9. Kap., Rn. 2 und 9.; Vgl. detailliert Obermüller, InsR i.d. Bankpraxis, Rn. 3.9 ff.

725 Kalomiris in Langenbucher/Bliesener/Spindler, BankRKom, 9. Kap., Rn. 14 m.w.N; ebenso aber krit. Obermüller, InsR i.d. Bankpraxis, Rn. 3.35 f.

726 Kalomiris in Langenbucher/Bliesener/ Spindler, BankRKom, 9. Kap., Rn. 9; Mayen in Schimansky/Bunte/ Lwowski, BankRHdB, § 50, Rn. 38; Vgl. auch Vortmann in Mohrbutter/Ringstmeier, HdB InsVw, Kap. 27, Rn. 51.

§ 670 BGB. Dieser wird in das Kontokorrent eingestellt und entsprechend in die Verrechnung einbezogen. Dabei kommt eine Insolvenzanfechtung gegenüber der Bank regelmäßig nicht in Betracht, wenn die Bank aufgrund von § 675o BGB (wie mangels Deckung ggfs. nicht) verpflichtet ist, den Überweisungsauftrag auszuführen.[727] Was den Zahlbetrag selbst betrifft, ist die Bank nur Leistungsmittlerin, nicht aber Leistungsempfängerin. Die Anfechtung der Zahlung ist daher gegen den Zahlungsempfänger zu richten.

(ii) Die Anordnung eines bloßen Zustimmungsvorbehalts, § 21 Abs. 2 S. 1 Nr. 2 2. Alt InsO, ändert an der Verfügungsbefugnis des Kontoinhabers nichts. Der Kontoinhaber kann der kontoführenden Bank unverändert Überweisungsaufträge erteilen, die diese – Zustimmung des vorläufigen Insolvenzverwalters vorausgesetzt – entsprechend § 675o BGB i.V.m. den Bedingungen für den Überweisungsverkehr ausführen muss.[728]

Führt die Bank einen Überweisungsauftrag allerdings ohne Zustimmung des vorläufigen Insolvenzverwalters aus, handelt es sich um eine nicht autorisierte Zahlung i.S.d. § 675u BGB, da die Erteilung eines Überweisungsauftrags eine Verfügung i.S.d. § 21 Abs. 2 S. 1 Nr. 2 2. Alt. InsO darstellt und ohne die Zustimmung des vorläufigen Insolvenzverwalters unwirksam ist. In diesem Fall hat die Bank keinen Anspruch auf Erstattung ihrer Aufwendungen und muss dem Kontoinhaber den Zahlungsbetrag unverzüglich erstatten und das Zahlungskonto wieder auf den Stand bringen, den es ohne die fragliche Zahlung haben würde, mithin den Überweisungsbetrag wiedergutschreiben.[729]

Die Bank muss sich dann unmittelbar an den Zahlungsempfänger wenden und von diesem Herausgabe des Erlangten, mithin des Überweisungsbetrags, verlangen. Es handelt sich um einen Fall der Nichtleistungskondiktion, § 812 Abs. 1 S. 1 2. Alt. BGB, da die Bank, vgl. hierzu bereits Kapitel D.II.1., nur gegenüber ihrem Kunden eine Leistung erbringen will. Die Bank trägt in beiden Fällen insbesondere das Risiko, dass sich der Zahlungsempfänger auf Entreicherung, § 818 Abs. 3 BGB, berufen kann oder sonst nicht zur Herausgabe bereit oder in der Lage ist.

(iii) Hat das Insolvenzgericht dagegen entweder mit der Erteilung einer entsprechenden Einzelermächtigung dem Schuldner ein auch die

727 Kalomiris in Langenbucher/Bliesener/Spindler, BankRKom, 9. Kap., Rn. 10; vgl. auch Obermüller, InsR i.d. Bankpraxis, Rn. 3.9 ff, 3.19.

728 Obermüller, InsR i.d. Bankpraxis, Rn. 3.32 m.w.N.; Mayen in Schimansky/Bunte/Lwowski, BankRHdB, § 50, Rn. 46 m.w.N.

729 Vgl. auch Obermüller, InsR i.d. Bankpraxis, Rn. 3.30 sowie auch Vortmann, BKR 2007, 449 ff., 451.

Kontoführung betreffendes partielles, § 22 Abs. 2 InsO, oder ein allgemeines, §§ 21 Abs. 2 S. 1 Nr. 2 1. Alt., 22 Abs. 1 InsO, Verfügungsverbot angeordnet, kann der Schuldner nicht mehr rechtswirksam über das Konto verfügen und insbesondere keine neuen Überweisungsaufträge erteilen bzw. Zahlungen autorisieren, § 675j Abs. 1 BGB.[730] Stattdessen kann, infolge des (partiellen) Übergangs der Verfügungsbefugnis auf den vorläufigen Insolvenzverwalter, nur noch dieser wirksame Überweisungsaufträge erteilen, zu deren Ausführung die Bank dann gem. § 675o i.V.m. den Bedingungen für den Überweisungsverkehr ggfs. verpflichtet ist.

(iv) Sofern das Insolvenzgericht weder einen Zustimmungsvorbehalt noch einen (partiellen) Übergang der Verwaltungs- und Verfügungsbefugnis anordnet, ist der Schuldner, wie bereits ausgeführt, auch weiterhin uneingeschränkt verfügungsberechtigt. Daher kann er in diesem Fall unverändert wirksame Überweisungsaufträge erteilen, welche die Bank – insbesondere hinreichende Deckung vorausgesetzt – gem. § 675o BGB trotz Anordnung des vorläufigen Insolvenzverfahrens ausführen muss.

Dies gilt jedoch nur, wenn der Bank der Überweisungsauftrag noch vor Eröffnung des Insolvenzverfahrens und damit vor Verlust der Verwaltungs- und Verfügungsbefugnis an den Insolvenzverwalter zugeht. Auch deshalb ist im Eröffnungsbeschluss nicht nur der Tag, sondern auch die Stunde anzugeben, § 27 Abs. 2 Nr. 3 InsO. Gem. § 675n Abs. 1 S. 1 BGB werden Zahlungsaufträge erst mit Zugang beim Zahlungsdienstleister wirksam, wobei gem. § 675n Abs. 1 S. 2 BGB der Tag des tatsächlichen Zugangs mit dem Wirksamwerden des Zahlungsauftrags unter bestimmten Voraussetzungen auseinander fallen kann: fällt der Zeitpunkt des Zugangs nicht auf einen Geschäftstag des Zahlungsdienstleisters i.S.d. § 675n Abs. 1 S. 4 BGB, gilt der Zahlungsauftrag als erst am folgenden Geschäftstag zugegangen, § 675n Abs. 1 S. 2 BGB, so dass er auch erst an diesem Tag wirksam wird.

Daneben kann der Zahlungsdienstleister gem. § 675n Abs. 1 S. 3 BGB festlegen, vgl. Nummer 1.4 (3) der Bedingungen für den Überweisungsverkehr, dass bei einem Zugang ab einer bestimmten Uhrzeit nahe des Endes des jeweiligen Geschäftstags der Zahlungsauftrag als am folgenden Geschäftstag zugegangen gilt. Dies gilt nach dem ausdrücklichen Wortlaut des § 675n Abs. 1 S. 3 BGB jedoch nur für die Bestimmung der Ausführungsfrist gem. § 675s Abs. 1 BGB, nicht jedoch für das Wirksamwerden des Zahlungsauftrages nach § 675n Abs. 1 S. 1 BGB.

---

730 Mayen in Schimansky/Bunte/Lwowski, BankRHdB, § 50, Rn. 43; Obermüller, InsR i.d. Bankpraxis, Rn. 3.31.

Diese Unterscheidung zwischen Erteilung und Wirksamwerden des Überweisungsauftrags betrifft im Übrigen nicht nur durch den bis Verfahrenseröffnung ausnahmsweise noch uneingeschränkt verfügungsberechtigten Schuldner „rechtzeitig“ vor Verfahrenseröffnung erteilte Überweisungsaufträge. Sie gilt vielmehr auch für alle noch vor Anordnung eines Zustimmungsvorbehalts oder eines (partiellen) Verfügungsverbots ordnungsgemäß erteilte und der Bank ggfs. „rechtzeitig“ zugegangene Überweisungsaufträge des Schuldners. Auch hier kommt es darauf an, ob diese der Bank noch vor Erlass der entsprechenden Anordnung des Insolvenzgerichts und damit vor dem Verlust der uneingeschränkten Verfügungsbefugnis zugegangen, mithin wirksam geworden sind. Nur sofern dies der Fall ist, ist die Bank noch zur Ausführung berechtigt bzw. gem. §§ 675j, 675o BGB verpflichtet.[731]

Insbesondere kann der vorläufige Insolvenzverwalter Überweisungsaufträge aus der Zeit vor Erlass der entsprechenden Anordnungen des Insolvenzgerichts nach richtiger Ansicht regelmäßig nicht widerrufen, § 675p BGB.[732] Es gelten vielmehr auch hier die allgemeinen Regeln: geht der Überweisungsauftrag der Bank noch vor Erlass der Anordnung zu, § 675n BGB, ist die Bank – entsprechende Deckung vorausgesetzt – zur Ausführung verpflichtet. Es handelt sich um eine autorisierte Zahlung, die gem. § 675o Abs. 2 BGB grundsätzlich auszuführen ist.

(v) Im Falle einer (vorläufigen) Eigenverwaltung ist danach zu differenzieren, ob der (vorläufige) Sachwalter gem. § 275 Abs. 2 InsO die Kassenführung an sich gezogen hat: ist dies nicht der Fall, ist der eigenverwaltende Schuldner ohnehin unverändert allein verfügungsberechtigt und kann entsprechend rechtswirksame Überweisungsaufträge erteilen. Dies gilt auch nach Verfahrenseröffnung, sofern das Konto und damit regelmäßig auch der Zahlungsdiensterahmenvertrag (zumindest konkludent) fortgeführt werden.[733]

Zieht der (vorläufige) Sachwalter die Kassenführung an sich, erstarkt er zum gesetzlichen Vertreter des Schuldners. Er ist dann, sowohl vor als auch nach Verfahrenseröffnung, berechtigt, über die Konten des Schuldners zu verfügen und z.B. auch Überweisungsaufträge zu erteilen. Allerdings schließt der (vorläufige) Sachwalter auch im Falle des § 275 Abs. 2 InsO

731 Mayen in Schimansky/Bunte/Lwowski, BankRHdB, § 50, Rn. 44 mit Hinweis zur a.A. (Obermüller).

732 Mayen in Schimansky/Bunte/Lwowski, BankRHdB, § 50, Rn. 45; Kalomiris in Langenbucher/Bliesener/Spindler, BankRKom, 9. Kap., Rn. 12; Vgl. auch Kropf, WM 2016, 67 ff.

733 Vgl. hierzu Kap. B.II.3. (ii).

den Eigenwalter gegenüber Dritten nicht von der Verfügungsbefugnis aus. Daher muss die Bank einen im Übrigen ordnungsgemäß erteilten Überweisungsauftrag des Eigenwalters gem. § 675o Abs. 2 BGB grundsätzlich ausführen. Die Bank kann die Ausführung nicht unter Verweis auf § 275 Abs. 2 InsO als sonstige Rechtsvorschrift i.S.d. § 675o Abs. 2 BGB verweigern. Der Gesetzgeber hat sich gerade dafür entschieden, dem eigenverwaltenden Schuldner im Außenverhältnis die volle Verfügungsbefugnis zu belassen, sofern nicht das Insolvenzgericht ausnahmsweise einen Zustimmungsvorbehalt nach § 277 Abs. 1 InsO anordnet.[734]

Für den Fall des § 277 Abs. 1 InsO kann auf die Ausführungen in Kapitel B.II.2.2. bzw. vorstehend unter (ii) verwiesen werden. Vom Schuldner nach dessen Anordnung gleichwohl vorgenommene Verfügungen sind absolut (schwebend) unwirksam, sofern der Sachwalter sie nicht genehmigt.[735]

(vi) Die Entgegennahme von Zahlungen per Überweisung ist auch nach Anordnung des vorläufigen Insolvenzverfahrens unverändert möglich. Auch etwaige Beschränkungen der Verfügungsbefugnis sind an dieser Stelle nicht von Bedeutung. Ausreichend – aber nicht zwingend erforderlich[736] – ist vielmehr, dass der Zahlungsdiensterahmenvertrag in dem Zeitpunkt, in dem die kontoführende Bank Deckung erlangt, noch besteht. Diese ist dann zur Gutschrift verpflichtet.[737]

Zum Teil wird eine Warnpflicht der Bank des Überweisungsempfängers gegenüber dem Überweisenden diskutiert. Dabei soll die Bank des Zahlungsempfängers im Einzelfall verpflichtet sein, den Überweisungsbetrag nicht bzw. erst nach Rücksprache mit dem Zahler gutzuschreiben.[738] So hat der BGH eine Warnpflicht der Überweisungsbank in dem Fall angenommen, dass dieser der unmittelbar bevorstehende wirtschaftliche Zusammenbruch des Überweisungsempfängers positiv bekannt ist.[739] Das vorzitierte Urteil stammt jedoch aus einer Zeit lang vor Inkrafttreten des

734 Vgl. hierzu bereits eingehend in Kap. C.I.2. sowie C.I.3.1 (iii).

735 Uhlenbruck-Zipperer, InsO, § 277, Rn. 6 m.w.N.

736 Die Bank ist auch nach Beendigung des Zahlungsdiensterahmenvertrags berechtigt, Zahlung für Rechnung des früheren Kunden entgegenzunehmen, vgl. etwa BGH, Urteil vom 05.12.2006, XI ZR 21/06, WM 2007, 348 ff.

737 Mayen in Schimansky/Bunte/Lwowski, BankRHdB, § 50, Rn. 51 m.w.N; Kalomiris in Langenbucher/Bliesener/Spindler, BankRKom, 9. Kap., Rn. 18 m.w.N.

738 Vgl. hierzu detailliert Vortmann, Aufklärungs- und Beratungspflichten der Banken, Rn. 440 ff., 446 ff. m.w.N.; Kalomiris in Langenbucher/Bliesener/Spindler, BankRKom, 9. Kap., Rn. 19.

739 BGH, Urteil vom 20.10.1960, II ZR 141/59, WM 1960, 1321 ff., 1322.

gegenwärtigen Zahlungsverkehrsrechts mit dessen grundsätzlicher Ausführungspflicht, § 675o BGB, sowie den engen Fristen der §§ 675s, 675t BGB, die letztlich kaum Raum für eine solche Warnpflicht lassen. Zudem wird die Bank allein zum Zwecke eines technisch einwandfreien Zahlungsverkehrs tätig und hat sich nach der Rechtsprechung des BGH schon deshalb nicht um die Interessen ihrer Kunden zu kümmern. Sie muss sich vielmehr streng innerhalb der Grenzen des ihr erteilten formalen Auftrags halten.[740]

Ohnehin ist aber zu berücksichtigen, dass die am Überweisungsverkehr Beteiligten unterschiedlichste Interessen verfolgen, die der Bank regelmäßig weder bekannt noch erkennbar sind. So mag es etwa sein, dass der Zahler, da er die vertraglich geschuldete Leistung bereits erhalten hat, trotz drohender Insolvenz des Vertragspartners ein Interesse an einer unmittelbaren Ausführung seiner Weisung hat, etwa um Verzugsfolgen zu vermeiden. Auch vor diesem Hintergrund ist die Bank grundsätzlich verpflichtet, autorisierte Zahlungen ohne Nachfrage auszuführen.[741]

Eine Warnpflicht könnte allenfalls in Betracht kommen, wenn die schutzwürdigen Belange des Zahlers das Interesse des Zahlungsempfängers, den Zahlbetrag zur freien Verfügung zu erlangen (und damit die vertragliche Verpflichtung der Bank aus dem Zahlungsdiensterahmenvertrag zur Entgegennahme und Gutschrift des Überweisungsbetrags) zumindest erheblich überwiegen. In die hierfür erforderliche wertende Gesamtbetrachtung ist auch mit einzustellen, dass der Bank des Überweisungsempfängers, die an dem der Überweisung zugrunde liegenden Kausalgeschäft nicht beteiligt ist und allein als Zahlstelle, mithin bloßer Leistungsmittler fungiert, eine Rechtspflicht oktroyiert werden soll, entgegen dem bestehenden Zahlungsdiensterahmenvertrag die Überweisung dem Konto ihres Kunden nicht bzw. jedenfalls nicht fristgemäß gut zu bringen. Sollte die Bank den Überweisungsbetrag dabei zu Unrecht nicht bzw. nicht rechtzeitig gutschreiben, macht sie sich gegenüber ihrem Kunden schadenersatzpflichtig, da sie gem. § 675t Abs. 1 BGB zur Gutschrift binnen eines Geschäftstags verpflichtet ist. In jedem Fall aber setzt sie sich einem erheblichen Reputationsrisiko aus und läuft Gefahr, „zwischen die Stühle" zu geraten.

Diese Risiken können der Bank allenfalls dann zugemutet werden, wenn sich der Bank des Zahlungsempfängers ein nach den Umständen des Einzelfalls schlechterdings nicht hinnehmbares Ergebnis geradezu aufdrängt. Dies kommt allenfalls dann in Betracht, wenn der Bank in Bezug auf die konkrete Zahlung ein strafbares Verhalten des Überweisungsempfängers positiv bekannt ist (beispielsweise eine Insolvenzstraftat) und die Bank zugleich erkennt, dass dem Zahler aus der Überweisung mit Sicherheit ein erheblicher Nachteil erwächst, etwa da er den Überweisungsbetrag rechtsgrundlos (wegen Strafbarkeit nichtiges Kausalgeschäft, § 134 BGB) leistet und

740 St. Rspr., vgl. etwa BGH, Urteil vom 22.06.2004, XI ZR 90/03, ZIP 2004, 1742 ff., 1743 m.w.N.; Vgl. auch Kuder, ZInsO 2009, 584 ff., 588.

741 Krit. daher auch Vortmann, Aufklärungs- und Beratungspflichten der Banken, Rn. 446 ff.

eine Rückforderung nur in Höhe einer späteren Insolvenzquote in Betracht kommt. Dies auch deshalb, da zugleich eine ausnahmsweise Durchbrechung des Bankgeheimnisses erforderlich ist, damit die Bank den Zahler über die ihr im Rahmen der Geschäftsbeziehung zum Zahlungsempfänger bekannt gewordenen Tatsachen und Wertungen überhaupt unterrichten darf.[742]

2. Eröffnung des Insolvenzverfahrens

2.1. Auswirkungen auf den Zahlungsdiensterahmenvertrag

Eine Besonderheit, die es im Rahmen des Insolvenzverfahrens zu beachten gilt, ist, dass gem. § 116 S. 1 i.V.m. § 115 InsO Geschäftsbesorgungsverträge mit Eröffnung des Insolvenzverfahrens – sei es als Regelinsolvenzverfahren oder in Eigenverwaltung – *ipso iure* enden. Der Kontovertrag, genauer der Zahlungsdiensterahmenvertrag nach § 675f Abs. 2 i.V.m. §§ 675c ff. BGB, ist ein solcher Geschäftsbesorgungsvertrag. Er endet daher zusammen mit der Kontokorrentabrede als antizipierte Verfügungsvereinbarung, § 91 InsO, mit Verfahrenseröffnung ohne dass es eines Zutuns der Beteiligten, insbesondere in Form einer Kündigung, bedarf oder dies eine Kenntnis der kontoführenden Bank von der Verfahrenseröffnung voraussetzt.[743] Dies gilt allerdings nicht, wenn der Vertrag nicht mit dem Schuldner, sondern kraft Amtes mit dem vorläufigen Insolvenzverwalter geschlossen wurde.[744]

Ein Wahlrecht des Insolvenzverwalters gem. § 103 InsO besteht nicht, da §§ 115 f. InsO insofern *leges speciales* zu § 103 InsO sind. Er kann jedoch Konten des Schuldners weiterhin nutzen und (konkludent) mit der Bank einen neuen Zahlungsdiensterahmenvertrag und damit auch eine entsprechende Kontokorrentabrede vereinbaren.[745] § 116 S. 3 InsO betrifft nach dem klaren Wortlaut der

742 Vgl. hierzu Weber/Hoffmann in Hellner/Steuer, BuB, Rn. 1/41 ff., 54 ff. sowie auch Kap. D.III.1 (ii). So im Ergebnis auch Vortmann, Aufklärungs- und Beratungspflichten der Banken, Rn. 454 f. m.w.N.

743 Obermüller, InsR i.d. Bankpraxis, Rn. 2.105 m.w.N; Kalomiris in Langenbucher/Bliesener/Spindler, BankRKom, 9. Kap., Rn. 2, 5 und 16 f. m.w.N.; Vortmann in Mohrbutter/Ringstmeier, HdB InsVw, Kap. 27, Rn. 2; Obermüller/Kuder in Gottwald, InsRHdB, § 98, Rn. 5.

744 Dann nämlich fehlt es insoweit an einer Rechtshandlung des Schuldners selbst. So zumindest für den Fall des §§ 21 Abs. 2 Nr. 2 1. Alt, 22 Abs. 1 InsO etwa auch Uhlenbruck-Sinz, InsO, § 116, Rn. 6 m.w.N.

745 Obermüller, InsR i.d. Bankpraxis, Rn. 2.116; Vortmann in Mohrbutter/Ringstmeier, HdB InsVw, Kap. 27, Rn. 46; Obermüller/Kuder in Gottwald, InsRHdB, § 98, Rn. 19;

Norm nur einzelne, bereits wirksam erteilte Zahlungsaufträge, nicht aber den Zahlungsdiensterahmenvertrag.

Unabhängig davon ist mit Eröffnung des Insolvenzverfahrens infolge des Erlöschens sowohl des Zahlungsdiensterahmenvertrags als auch der Kontokorrentabrede regelmäßig ein außerordentlicher Rechnungsabschluss zum Stichtag der Verfahrenseröffnung zu erstellen. Dabei erfolgt eine sofortige Verrechnung aller in das Kontokorrent eingestellten Forderungen, die zu einem kausalen Saldo führt, ohne dass es – wie sonst – eines gesonderten Saldoanerkenntnisses bedarf. § 355 Abs. 3 HGB gilt für den Fall der Beendigung der Kontokorrentabrede infolge Verfahrenseröffnung entsprechend. Der festgestellte Schlusssaldo ist daher, jedenfalls aber wegen der Fiktion § 41 Abs. 1 InsO, sofort fällig. Jedoch stellt dieser, sofern es sich um einen Sollsaldo handelt, nur eine einfache Insolvenzforderung dar.[746]

Im Falle eines Verfahrens nach §§ 270 ff. InsO steht dem Schuldner trotz Verfahrenseröffnung die Verwaltungs- und Verfügungsbefugnis über sein Vermögen zu, so dass er anstelle des Insolvenzverwalters – oder im Falle des § 275 Abs. 2 InsO auch der Sachwalter als dessen gesetzlicher Vertreter – die Fortführung früherer bzw. die Eröffnung neuer Schuldnerkonten mit der Bank vereinbaren kann. Im Übrigen kann auf die Ausführungen in Kapitel C.II. verwiesen werden.

2.2. *Auswirkungen auf einzelne Zahlungsdienste am Beispiel der Überweisung*

(i) Sofern der Bank ein wirksam erteilter Überweisungsauftrag noch vor Verfahrenseröffnung zugeht, § 675n Abs. 1 S. 1 BGB, ist dieser auch nach Verfahrenseröffnung noch auszuführen, § 675o BGB i.V.m. § 116 S. 3 InsO. Die Bank kann die Ausführung eines ordnungsgemäß erteilten Überweisungsauftrags nur in dem Fall verweigern, dass das Konto, auch unter Berücksichtigung einer atypischerweise noch bestehenden Kreditlinie, keine hinreichende Deckung aufweist.[747]

Vgl. hierzu bereits Kap. B.II.3. (ii); Zur a.A. (für ein Wahlrecht des Verwalters) vgl. etwa Kießling, NZI 2006, 440 ff., 441 m.w.N.

746 Obermüller, InsR i.d. Bankpraxis, Rn. 2.112; Müller-Christmann und Kalomiris in Langenbucher/Bliesener/ Spindler, BankRKom, 1. Kap., Rn. 213 m.w.N. sowie 9. Kap., Rn. 5.; Vortmann in Mohrbutter/Ringstmeier, HdB InsVw, Kap. 27, Rn. 31; Obermüller/Kuder in Gottwald, InsRHdB, § 98, Rn. 5 f.

747 Kalomiris in Langenbucher/Bliesener/Spindler, BankRKom, 9. Kap., Rn. 13.; Mayen in Schimansky/Bunte/Lwowski, BankRHdB, § 50, Rn. 48 m.w.N; Krit. Obermüller, InsR i.d. Bankpraxis, Rn. 3.46 ff.

Andernfalls bleibt der Bank, will sie die Überweisung – was regelmäßig auch im Interesse des Insolvenzverwalters liegt – nicht ausführen, grundsätzlich nur, den Insolvenzverwalter unverzüglich – denn gem. § 675s Abs. 1 i.V.m. § 675n Abs. 1 BGB ist der Überweisungsauftrag innerhalb bestimmter, enger Fristen auszuführen – zu kontaktieren, damit dieser mit Zustimmung der Bank, § 675p Abs. 4 BGB, den Überweisungsauftrag widerruft.[748] Jedoch sind Zahlungsaufträge nach dem gesetzlichen Leitbild zum Schutz der Beteiligten – insbesondere des Zahlungsdienstleisters, aber auch des Zahlungsempfängers – nach Zugang des Zahlungsauftrages beim Zahlungsdienstleister grundsätzlich unwiderruflich, § 675p Abs. 1 BGB. Für den Überweisungsauftrag sieht das Gesetz als einzige Ausnahme vor, dass sich Zahler und Zahlungsdienstleister einigen, dass der Überweisungsauftrag – obschon die Weisung der Bank bereits zugegangen und damit gem. §§ 675n, 675o und 675s BGB fristgemäß auszuführen wäre[749] – nicht erfüllt werden soll, § 675p Abs. 4 S. 1 BGB. Je nach Verfahrensart und Verfahrensstadium ist diese Einigung zwischen der Bank und dem (vorläufigen) Insolvenzverwalter, dem kassenführenden (vorläufigen) Sachwalter oder dem Schuldner herzustellen.

Führt die Bank den noch vor Verfahrenseröffnung wirksam gewordenen Überweisungsauftrag dagegen aus – wozu sie grundsätzlich nicht nur berechtigt, sondern wegen § 675o BGB auch verpflichtet ist – erwirbt sie in Höhe des Überweisungsbetrags einen Aufwendungsersatzanspruch nach § 675c Abs. 1 i.V.m. § 670 BGB, der wegen § 116 S. 3 InsO eine Masseforderung darstellt. Wirksam erteilte Zahlungsaufträge aus der Zeit vor Verfahrenseröffnung bestehen regelmäßig mit Wirkung für und gegen die Insolvenzmasse fort, § 116 S. 3 InsO.[750]

(ii) Ist der Bank dagegen ein vom Schuldner – auch in Ansehung der Anordnungen des Insolvenzgerichts wirksam erteilter – Überweisungsauftrag erst nach Eröffnung des Insolvenzverfahrens zugegangen, § 675n Abs. 1 BGB, darf die Bank den Überweisungsauftrag nicht mehr ausführen: der Schuldner war in dem Zeitpunkt, in dem der Überweisungsauftrag mit Zugang bei der Bank wirksam geworden wäre, infolge des Übergangs der Verwaltungs- und

748 Vgl. auch Obermüller, InsR i.d. Bankpraxis, Rn. 3.49, 3.42.

749 Anders dagegen im Fall einer Terminüberweisung, vgl. § 675p Abs. 3 BGB.

750 Mayen in Schimansky/Bunte/Lwowski, BankRHdB, § 50, Rn. 48 m.w.N; Für eine differenziertere Betrachtung nach u.a. Bearbeitungsstadium bei der Bank Obermüller, InsR i.d. Bankpraxis, Rn. 3.46 ff.

Verfügungsbefugnis auf den Insolvenzverwalter, § 80 Abs. 1 InsO, nicht mehr berechtigt, über das Konto zu verfügen und damit den Überweisungsauftrag zu erteilen. Der Überweisungsauftrag ist im Zeitpunkt seines Zugangs bei der Bank, § 675n Abs. 1 BGB, nicht wirksam, § 81 Abs. 1 S. 1 InsO.

Führt die Bank die Überweisung gleichwohl aus, liegt ein Fall der nicht autorisierten Zahlung gem. § 675u BGB vor. Die Bank hat dann – sollte nicht der Insolvenzverwalter die Zahlung genehmigen – dem Konto den Zahlbetrag wiedergutzubringen und ist darauf beschränkt, den Überweisungsbetrag beim Zahlungsempfänger zu kondizieren. Nur in dem jedoch höchst seltenen Fall, dass die Bank unverschuldet keine Kenntnis von der Verfahrenseröffnung hat und die Überweisung zugleich zulasten eines kreditorischen Kontos ausgeführt wurde, soll die Bank – trotz § 675u BGB – in Höhe des Überweisungsbetrages gem. § 82 S. 1 BGB von ihrer Pflicht, das Kontoguthaben an den Insolvenzverwalter auszuzahlen, frei werden, sofern zusätzlich auch im Valutaverhältnis – also im Verhältnis zwischen Insolvenzmasse und Zahlungsempfänger – in dieser Höhe Erfüllung eingetreten ist.[751]

Befand sich das Konto dagegen zum Zeitpunkt der Ausführung der Überweisung im Soll, ist umstritten, ob die Bank, die von der Verfahrenseröffnung unverschuldet keine Kenntnis hat, einen Aufwendungsersatzanspruch aus der Ausführung des Überweisungsauftrags erwirbt (der dann aber nur eine einfache Insolvenzforderung darstellt) oder sich die Bank wegen § 675u BGB an den Zahlungsempfänger wenden und den Überweisungsbetrag bei diesem kondizieren muss.[752]

Die besseren Argumente streiten in Ansehung der klaren gesetzlichen Regelung zur nicht autorisierten Zahlung wohl für die letztgenannte Ansicht. Allerdings dürfte es in der Praxis kaum Anwendungsfälle gegeben: dies nämlich setzt voraus, dass die Bank (was selten ist) die Verfahrenseröffnung nicht kennt. Denn andernfalls würde sie bei einem debitorischen Konto den Überweisungsauftrag schon mangels Deckung (denn etwaige Kreditlinien wären längst gekündigt) nicht ausführen.

Sofern dagegen der Insolvenzverwalter nach Verfahrenseröffnung selbst einen ordnungsgemäßen Überweisungsauftrag erteilt, ist dieser nach den allgemeinen Grundsätzen zu behandeln und entsprechend gem. §§ 675o, 675n, 675s BGB i.V.m. den Bedingungen für den Überweisungsverkehr

751 Kalomiris in Langenbucher/Bliesener/Spindler, BankRKom, 9. Kap., Rn. 17 m.w.N.; Vgl. hierzu auch Mayen in Schimansky/Bunte/Lwowski, BankRHdB, § 50, Rn. 50, der ohne Unterscheidung zwischen kreditorisch und debitorisch geführtem Konto auf § 115 Abs. 3 InsO als insofern *lex specialis* zu § 675j BGB abhebt.

752 Kalomiris in Langenbucher/Bliesener/Spindler, BankRKom, 9. Kap., Rn. 17 m.w.N.

auszuführen. Der entsprechende Aufwendungsersatzanspruch der Bank stellt ggfs. eine Masseverbindlichkeit nach § 55 Abs. 2 InsO dar.

(iii) Bei Eigenverwaltung ist der Schuldner gem. § 270 Abs. 1 InsO grundsätzlich berechtigt, frei über sein Vermögen und damit auch seine Konten zu verfügen. Er kann, vgl. hierzu bereits Kapitel C.I.2 und C.I.3.1 (iii) insbesondere rechtswirksam Zahlungsaufträge erteilen, welche die Bank wegen § 675o Abs. 2 BGB auch im Falle eines Ansichziehens der Kassenführung durch den Sachwalter ausführen muss. Der Gesetzgeber wollte gerade nur eine Beschränkung im Innenverhältnis, nicht aber einen partiellen Verlust der Rechtsmacht erreichen. Daneben ist der Sachwalter als gesetzlicher Vertreter des Schuldners berechtigt, über dessen Konten zu verfügen, insbesondere also Überweisungsaufträge zu erteilen.

(iv) Trotz des Erlöschens des Zahlungsdiensterahmenvertrags ist die Bank im Interesse des früheren Kontoinhabers berechtigt – nicht aber verpflichtet –, auch weiterhin Zahlungen für diesen entgegen zu nehmen. Die entsprechenden Zahlungseingänge hat die Bank dabei nach § 667 BGB an den früheren Kontoinhaber bzw. den Insolvenzverwalter herauszugeben, da sie zu einer Verrechnung der Zahlungseingänge mit einem ggfs. bestehenden Schuldsaldo (ebenso wie zu einer Aufrechnung) wegen § 96 Abs. 1 Nr. 1 InsO nicht mehr berechtigt ist.[753] Anders liegt es nur dann, wenn der Bank die der Zahlung zugrunde liegende Forderung abgetreten war. In diesen Fällen kommt allerdings ggfs. eine Anfechtung entweder der Vereinbarung der Zession oder unter dem Gesichtspunkt der sog. Werthaltigmachung der zedierten Forderung in Betracht, § 130 bzw. § 133 InsO.[754]

Bei Zahlungseingängen vor Verfahrenseröffnung steht § 96 Abs. 1 Nr. 1 InsO einer Ver- bzw. Aufrechnung dagegen nicht entgegen; dies auch dann nicht, wenn das Insolvenzgericht Sicherungsmaßnahmen nach § 21 Abs. 2 S. 1 Nr. 2 InsO

---

753 BGH, Urteil vom 05.12.2006, XI ZR 21/06, WM 2007, 348 ff.; Kalomiris in Langenbucher/Bliesener/Spindler, BankRKom, 9. Kap., Rn. 2; Vgl. auch Schwintowski, BankR, § 8, Rn. 121; Außerhalb des Anwendungsbereichs von § 96 InsO ist die Rechtslage umstritten, die besseren Argumente sprechen jedoch für die Zulässigkeit einer Verrechnung bzw. zumindest einer Aufrechnung unter den Voraussetzungen der §§ 387 ff. BGB, vgl. hierzu Heresthal in Langenbucher/Bliesener/Spindler, BankRKom, 2. Kap., Rn. 12; Palandt-Sprau, BGB, § 675h, Rn. 2.

754 Vgl. hierzu etwa Obermüller, InsR i.d. Bankpraxis, Rn. 3.156 ff.

angeordnet hat.[755] Allerdings kann der Insolvenzverwalter dann ggfs. die Unwirksamkeit der Ver- bzw. Aufrechnung nach § 96 Abs. 1 Nr. 3 i.V.m. §§ 130 ff. InsO geltend machen, was aber nicht Gegenstand dieser Untersuchung ist.

Dabei genügt grundsätzlich die bloße Weiternutzung des Kontos nach Verfahrenseröffnung für den (konkludenten) Abschluss eines neuen Zahlungsdiensterahmenvertrags.[756]

Für die konkludente Vereinbarung eines neuen Zahlungsdiensterahmenvertrags kann es nicht genügen, wenn die kontoführende Bank lediglich weiterhin Zahlungen für den Schuldner entgegen nimmt. Hierzu ist sie, wie vorstehend dargestellt, ohnehin berechtigt. Verbucht sie die Zahlungseingänge in Kenntnis der Verfahrenseröffnung aber auf dem bisherigen Konto des Schuldners, ist hierin das Angebot auf Abschluss eines neuen Zahlungsdiensterahmenvertrags zu sehen, das aber noch der Annahme bedarf. Dabei wird man davon ausgehen dürfen, dass die Bank konkludent auf den Zugang der Annahmeerklärung verzichtet, § 151 BGB, soweit diese nicht ohnehin einem aktiven Fortnutzen des Kontos entnommen werden kann.

II. Kontopfändung

Nachfolgend soll untersucht werden, welche insolvenzspezifischen Besonderheiten bei der Pfändung von Schuldnerkonten bestehen. Um Wiederholungen zu vermeiden, ist dabei zunächst auf die Darstellung der rechtlichen Grundlagen der Kontopfändung in Kapitel A.II.7.1. zu verweisen. Dort wurde u.a. herausgearbeitet, welche Rechte, insbesondere Forderungen des Kontoinhabers gegen die Bank, der Pfändung unterliegen und welche Rechtswirkungen eine Kontopfändung nach der herrschenden (gemischt) öffentlich-privatrechtlichen Theorie entfaltet. Dabei wurde bereits dargestellt, dass der dem Drittschuldner erfolgreich zugestellte Pfändungs- und Überweisungsbeschluss nicht nur zur Entstehung eines Pfändungspfandrechts, sondern auch zur öffentlich-rechtlichen Beschlagnahme des Kontos bzw. der darauf abgebildeten Forderungen *qua* Hoheitsakt, der sog. Verstrickung, führt. Diese ist – neben dem Pfändungspfandrecht – der Grund dafür, dass die kontoführende Bank die betroffenen Konten bis zur Aufhebung des Pfändungs- und Überweisungsbeschlusses gesperrt halten muss, vgl. § 829 Abs. 1 S. 1 ZPO.

---

755 Uhlenbruck-Sinz, InsO, § 96 Rn. 16; Kalomiris in Langenbucher/Bliesener/Spindler, BankRKom, 9. Kap., Rn. 7.m.w.N.

756 Obermüller, InsR i.d. Bankpraxis, Rn. 2.116; Vortmann in Mohrbutter/Ringstmeier, HdB InsVw, Kap. 27, Rn. 46; Obermüller/Kuder in Gottwald, InsRHdB, § 98, Rn. 19; Vgl. hierzu bereits Kap. B.II.3. (ii).

Nachfolgend geht es ergänzend um die insolvenzrechtlichen Besonderheiten bei einer gegen den Schuldner ausgebrachten Kontopfändung, namentlich die Folgen eines Beschlusses nach § 21 Abs. 2 S. 1 Nr. 3 InsO, des Vollstreckungsverbots im eröffneten Verfahren gem. § 89 Abs. 1 InsO sowie um die Wirkungen der ein- bzw. dreimonatigen[757] Rückschlagsperre des § 88 InsO. Da die Rechtslage dabei insgesamt als geklärt angesehen werden kann, erfolgt die Darstellung vor dem Hintergrund der Zielsetzung dieser Arbeit in der gebotenen Kürze.

1. Anordnung eines Vollstreckungsverbots gem. § 21 Abs. 2 S. 1 Nr. 3 InsO

Ausgangspunkt ist zunächst die Feststellung, dass es sich bei einem Schuldnerkonto um ein Eigenkonto handelt, mithin ein Konto auf Namen und für Rechnung des Insolvenzschuldners. Es gehört damit unmittelbar zum Schuldnervermögen und ist deshalb – anders als das offene Treuhandkonto – mitunter fortwährend von Zugriffsversuchen der Insolvenzgläubiger betroffen.[758] Denn die Anordnung des vorläufigen Insolvenzverfahrens als solches lässt die Zulässigkeit von Einzelvollstreckungsmaßnahmen in das Vermögen des Insolvenzschuldners unberührt.[759]

Ein anderes gilt nur dann, wenn das Insolvenzgericht nach § 21 Abs. 2 S. 1 Nr. 3 InsO Vollstreckungsmaßnahmen gegen den Schuldner untersagt und ggfs. bereits ausgebrachte Zwangsvollstreckungen einstweilig einstellt. Letztere bleiben allerdings zunächst gleichwohl wirksam, so dass sie für den Vollstreckungsgläubiger – insbesondere für den Fall, dass das Insolvenzverfahren nicht eröffnet wird und daher eine Insolvenzanfechtung unterbleibt – rangwahrende Wirkung haben.[760]

757 Die dreimonatige Rückschlagsperre, die nur im Verbraucherinsolvenzverfahren gilt, ist mit dem Gesetz zur Verkürzung des Restschuldbefreiungsverfahrens und zur Stärkung der Gläubigerrechte vom 15.07.2013, BGBl. I 2013, S. 2379, mit Wirkung seit dem 01.07.2014 in § 88 Abs. 2 InsO statt wie bisher in § 312 Abs. 1 S. 3 InsO geregelt.

758 Dementsprechend kommen eine Kontopfändung durch die Gläubiger des (vorläufigen) Insolvenzverwalters oder Sachwalters persönlich nicht in Betracht, da das Konto allein dem Vermögen des Insolvenzschuldners zugeordnet ist und deshalb ein Titel gegen diesen erforderlich wäre.

759 Uhlenbruck-Vallender, InsO, § 21, Rn. 26 m.w.N.; Vgl. auch MüKoInsO-Haarmeyer, § 21, Rn 71 ff.

760 Uhlenbruck-Vallender, InsO, § 21, Rn. 26. m.w.N., 27. Vgl. auch Obermüller, InsR i.d. Bankpraxis, Rn. 2.62.

Bereits durchgeführte Vollstreckungsmaßnahmen kann das Gericht nicht beseitigen.[761]

Sinn und Zweck der Anordnung nach § 21 Abs. 2 S. 1 Nr. 3 InsO sind die Sicherung und der Erhalt des schuldnerischen Vermögens und damit der künftigen Insolvenzmasse. Andernfalls müssten durch Zwangsvollstreckungsmaßnahmen erreichte Absonderungsrechte nach Verfahrenseröffnung im Wege der Insolvenzanfechtung erst aufwändig beseitigt werden. Daher kommt ein Beschluss nach § 21 Abs. 2 S. 1 Nr. 3 InsO auch bei vorläufiger Eigenverwaltung in Betracht, da § 270a InsO nur bestimmte Sicherungsmaßnahmen – und dies auch nur für den Regelfall – ausschließt. Dasselbe gilt bei gleichzeitiger Anordnung eines Schutzschirmverfahrens, § 270b InsO.[762]

§ 21 Abs. 2 S. 1 Nr. 3 InsO gilt – letztlich aufgrund eines Vertuns des Gesetzgebers[763] – allerdings nur für bewegliche Gegenstände, damit aber auch für Forderungen und folglich die Kontopfändung. Untersagt das Gericht die Zwangsvollstreckung allgemein – oder auch nur bestimmte Vollstreckungsmaßnahmen[764] –, führt dies zu einer Vorverlagerung der Wirkungen des Vollstreckungsverbots des § 89 InsO in das Eröffnungsverfahren, so dass gleichwohl ausgebrachte Vollstreckungsmaßnahmen unwirksam sind und kein Pfändungspfandrecht entsteht.[765] Nach der herrschenden (gemischt) öffentlich-privatrechtlichen Theorie kommt es wegen der Rechtswirkungen des dem Drittschuldner zugestellten Pfändungs- und Überweisungsbeschlusses aber dennoch zur staatlichen Beschlagnahme des Kontos bzw. der darauf abgebildeten Forderungen, so dass die Bank – obschon kein Pfändungspfandrecht entstanden ist – dieses grundsätzlich gesperrt halten muss.[766] Der Vollstreckungsschuldner – und damit je nach den Anordnungen des Insolvenzgerichts im Übrigen der vorläufige Insolvenzverwalter – muss sich (außer im Fall des § 843 ZPO) erst mit der

761 Uhlenbruck-Vallender, InsO, § 21, Rn. 26 f. m.w.N.; Vgl. detailliert MüKoInsO-Haarmeyer, § 21, Rn. 75.

762 Uhlenbruck-Zipperer, InsO, § 270b, Rn. 64; Vgl. auch MüKoInsO-Kern, § 270a, Rn. 48 f.; Im Schutzschirmverfahren kann der Schuldner die ganz oder teilweise Einstellung der Einzelzwangsvollstreckung beantragen, § 270b Abs. 2 S. 3 InsO.

763 Uhlenbruck-Vallender, InsO, § 21, Rn. 26, 30 ff. m.w.N.

764 Uhlenbruck-Vallender, InsO, § 21, Rn. 27 m.w.N.; MüKoInsO-Haarmeyer, § 21, Rn 72.

765 MüKoInsO-Haarmeyer, § 21, Rn. 75; Uhlenbruck-Vallender, InsO, § 21, Rn. 26a f. m.w.N.

766 Vgl. MüKoInsO-Haarmeyer, § 21, Rn. 75 sowie Uhlenbruck-Vallender, InsO, § 21, Rn. 26a f. m.w.N.; Vgl. zu den Rechtsfolgen einer Kontopfändung, insbesondere der Verstrickung, bereits Kap. A.II.7.1.

Erinnerung, § 766 Abs. 1 ZPO, gegen die Zwangsvollstreckung wenden, um die öffentlich-rechtliche Verstrickung und damit die für die Verfahrensdurchführung regelmäßig hinderliche Kontosperre zu beseitigen.[767] Im Falle vorläufiger Eigenverwaltung obliegt dies dem Eigenwalter. Sachlich zuständig ist das Insolvenzgericht.[768]

Vor dem Hintergrund des § 766 ZPO wird ein verständiger Vollstreckungsgläubiger im Falle der Anordnung eines vorläufigen Vollstreckungsverbots eine Freigabeerklärung gem. § 843 ZPO abgeben bzw. die Aufhebung des Pfändungs- und Überweisungsbeschlusses erwirken und so die öffentlich-rechtliche Beschlagnahme des Kontos beseitigen, so dass die Möglichkeit einer Erinnerung in der Praxis vergleichsweise selten virulent wird.[769]

2. Vollstreckungsverbot nach Verfahrenseröffnung, § 89 Abs. 1 InsO

Gem. § 89 Abs. 1 InsO bewirkt die Verfahrenseröffnung – auch im Falle der Eigenverwaltung[770] –, dass für die gesamte Dauer des Insolvenzverfahrens Einzelzwangsvollstreckungsmaßnahmen der Insolvenzgläubiger in das Vermögen des Schuldners unzulässig sind. Dies gilt sowohl für die Insolvenzmasse als auch das sonstige Vermögen.[771] Dabei ist nicht nur der Beginn, sondern auch die Fortsetzung noch vor Verfahrenseröffnung begonnener Vollstreckungsmaßnahmen unzulässig. Hat die Zwangsvollstreckung allerdings bereits zu einer dinglichen Sicherung des Vollstreckungsgläubigers, mithin insbesondere einem Pfändungspfandrecht, geführt, greift § 89 Abs. 1 InsO grundsätzlich nicht mehr, da dann bereits ein insolvenzfestes Absonderungsrecht, § 50 Abs. 1 InsO, entstanden ist, das nur im Wege der Insolvenzanfechtung oder durch die Rückschlagsperre des § 88 InsO beseitigt werden kann.[772]

Das Vollstreckungsverbot des § 89 Abs. 1 ist von Amts wegen zu beachten. D.h., erhält das zuständige Vollstreckungsorgan Kenntnis von der Verfahrenseröffnung, so ist der Antrag des Vollstreckungsgläubigers auf Vornahme der Vollstreckungshandlung abzulehnen und bereits begonnene Maßnahmen

767 MüKoInsO-Haarmeyer, § 21, Rn. 75; Uhlenbruck-Vallender, InsO, § 21, Rn. 27 m.w.N.; Obermüller, InsR i.d. Bankpraxis, Rn. 2.62. Zur Auszahlung an den Vollstreckungsgläubiger vgl. ebenda, Rn. 2.63.

768 MüKoInsO-Haarmeyer, § 21, Rn. 75; Uhlenbruck-Vallender, InsO, § 21, Rn. 27 a.E. m.w.N.

769 So auch Zuleger in Cranshaw/Paulus/Michel, BankenKomInsR, vor § 80, Rn. 6.

770 Uhlenbruck-Zipperer, InsO, § 270, Rn. 35.

771 Uhlenbruck-Mock, InsO, § 89, Rn. 5.

772 MüKoInsO-Breuer, § 89, Rn. 24 ff.; Uhlenbruck-Mock, InsO, § 89, Rn. 25.

sind einzustellen.[773] Ein Verstoß gegen § 89 Abs. 1 InsO führt allerdings – ebenso wie im Falle des § 21 Abs. 2 S. 1 Nr. 3 InsO, mit dem die Wirkungen des § 89 Abs. 1 InsO in das Eröffnungsverfahren vorgezogen werden – nur dazu, dass kein Pfändungspfandrecht entsteht. Es verbleibt aber bei der öffentlich-rechtlichen Verstrickung.[774] Auch in diesem Fall muss also der Insolvenzverwalter bzw. bei Eigenverwaltung der Schuldner selbst[775] ggfs. erst die hoheitliche Beschlagnahme mittels Erinnerung, § 766 ZPO, beseitigen,[776] wobei gem. § 89 Abs. 3 InsO grundsätzlich das Insolvenzgericht zuständig ist. Solange die Verstrickung besteht, ist die kontoführende Bank grundsätzlich verpflichtet, das Konto gesperrt zu halten, was im Vergleich zum offenen Treuhandkonto einen erheblichen Nachteil für die Verfahrensdurchführung, insbesondere bei Fortführung, darstellt.

Kommt der Insolvenzverwalter bzw. Eigenwalter mit der Erinnerung indes zu spät, steht dem Vollstreckungsgläubiger – denn ein Pfändungspfandrecht ist gerade nicht entstanden – kein Rechtsgrund zur Seite, so dass der Insolvenzverwalter bzw. Eigenwalter den an ihn etwaig ausgekehrten Betrag jedenfalls gem. § 812 Abs. 1 S. 1 2. Alt. BGB kondizieren kann.[777]

3. Rückschlagsperre gem. § 88 InsO

Hintergrund der Regelung ist – wie auch bei § 89 und § 21 Abs. 2 S. 1 Nr. 3 InsO – der Grundsatz der Gläubigergleichbehandlung. Dabei soll die Rückschlagsperre – im Zusammenspiel mit der Insolvenzanfechtung – im kritischen Zeitraum von einem bzw. im Falle eines Verbraucherinsolvenzverfahrens, § 88 Abs. 2 InsO, drei Monaten vor Antragsstellung bis einschließlich während des Eröffnungsverfahrens entstandene[778] Sicherungsrechte der nicht absonderungsberechtigten[779] Insolvenzgläubiger nachträglich wieder beseitigen. § 88 InsO ergänzt insofern

773 MüKoInsO-Breuer, § 89, Rn. 59 m.w.N; Uhlenbruck-Mock, InsO, § 89, Rn. 44 m.w.N.

774 MüKoInsO-Breuer, § 89, Rn. 62 f.; Uhlenbruck-Mock, InsO, § 89, Rn. 40 m.w.N.

775 Vgl. Uhlenbruck-Zipperer sowie Mock, InsO, § 270, Rn. 35 sowie § 89, Rn. 3.

776 MüKoInsO-Breuer, § 89, Rn. 67; Uhlenbruck-Mock, InsO, § 89, Rn. 54 m.w.N.

777 MüKoInsO-Breuer, § 89, Rn. 64; Uhlenbruck-Mock, InsO, § 89, Rn. 43.

778 Zum Zeitpunkt der Erlangung der Sicherheit bzw. zur Fristberechnung vgl. etwa MüKoInsO-Breuer, § 88, Rn. 28 sowie Uhlenbruck-Mock, InsO, § 88, Rn. 27 ff.

779 § 88 InsO führt lediglich dazu, dass Sicherungen, die innerhalb der Ein- bzw. Dreimonatsfrist erlangt worden sind, mit Verfahrenseröffnung unwirksam werden. Zeitlich früher erlangte Aus- und Absonderungsrechte sind hiervon – vorbehaltlich einer Anordnung gem. § 21 Abs. 2 Nr. 3 InsO – grdsl. nicht betroffen, so dass eine Vollstreckung regelmäßig zulässig ist, Uhlenbruck-Mock, InsO, § 88, Rn. 7 m.w.N.

die vorgenannten Regelungen, die zunächst das Entstehen eines dinglichen Sicherungsrechts, insbesondere eines Pfändungspfandrechts, verhindern sollen.

§ 88 InsO betrifft jedoch nur Sicherungsrechte, nicht aber eine bereits eingetretene Zwangsbefriedigung des Vollstreckungsgläubigers. Wann eine Befriedigung und wann nur ein Sicherungsrecht vorliegt, richtet sich dabei nach dem Einzelfall und ist nicht wirtschaftlich, sondern allein nach Art und Inhalt des Titels zu beurteilen.[780] Ist die Forderung des Vollstreckungsgläubigers, wegen der er die Zwangsvollstreckung betreibt, eine Forderung auf Zahlung von Geld, tritt Befriedigung beispielshalber mit der Ablieferung gepfändeten Bargelds gem. § 815 Abs. 1 ZPO ein, da erst dann der Eigentumsübergang auf den Vollstreckungsgläubiger stattfindet.[781]

Für die Kontopfändung bedeutet dies, dass erst mit Auskehr des Kontoguthabens, nicht aber bereits mit der Überweisung der gepfändeten Guthabenforderung an den Vollstreckungsgläubiger zur Einziehung, § 835 Abs. 1 1. Alt. ZPO, Befriedigung eintritt, da das Pfändungspfandrecht ebenso wie die Überweisung weder zum Übergang der Forderungsinhaberschaft noch zu der geschuldeten Zahlung führen. Befriedigung ist nur im Falle einer Überweisung an Zahlung statt gegeben, § 835 Abs. 1 2. Alt., 2 ZPO.

Dabei genießt die Rückschlagsperre im Vergleich zur Insolvenzanfechtung den Vorzug, dass ihre Rechtsfolge, die Unwirksamkeit der Vollstreckungshandlung, *ipso iure* eintritt, mithin insbesondere ohne dass der Insolvenzverwalter oder Sachwalter, vgl. § 280 InsO, erst nach §§ 129 ff. InsO anfechten muss. Das Eingreifen der Rückschlagsperre schließt als *lex specialis* vielmehr eine Insolvenzanfechtung aus.[782] Insofern stellt § 88 InsO eine „Verdinglichung der Anfechtungsfolgen" dar und gehört somit systematisch zum Insolvenzanfechtungsrecht.[783] § 88 InsO findet dabei – ebenso wie §§ 89, 21 Abs. 2 S. 1 Nr. 3 InsO und §§ 129 ff. InsO, vgl. § 280 InsO – auch bei Eigenverwaltung Anwendung,[784] so dass unabhängig von der Verfahrensart alle Sicherungsrechte *ipso iure* absolut unwirksam[785] sind, die im letzten bzw. in den letzten drei Monaten vor Antragstellung im Wege der Zwangsvollstreckung erlangt wurden. Anders als bei § 89 InsO ist jedoch ausschließlich die Insolvenzmasse geschützt.[786]

---

780 MüKoInsO-Breuer, § 88, Rn. 18 sowie Uhlenbruck-Mock, InsO, § 88, Rn. 16, 14.

781 MüKoInsO-Breuer, § 88, Rn. 18 ; Vgl. auch Uhlenbruck-Mock, InsO, § 88, Rn. 16, 24.

782 Vgl. zum Ganzen Uhlenbruck-Mock, InsO, § 88, Rn. 2, 41 ff.

783 Uhlenbruck-Mock, InsO, § 88, Rn. 1 m.w.N.

784 Uhlenbruck-Zipperer, InsO, § 270, Rn. 35.

785 MüKoInsO-Breuer, § 88, Rn. 32 f.; Uhlenbruck-Mock, InsO, § 88, Rn. 41 ff.

786 Statt vieler Uhlenbruck-Mock, InsO, § 88, Rn. 10 m.w.N.

Die Unwirksamkeit erfasst im Falle der Forderungspfändung nicht nur die Pfändung, sondern auch die Überweisung der Forderung an den Vollstreckungsgläubiger.[787] Dabei bedingt die Unwirksamkeit auch bei § 88 InsO jedoch lediglich, dass das Pfändungspfandrecht, nicht aber auch die öffentlich-rechtliche Beschlagnahme, mithin die Verstrickung entfällt. Daher ist auch hier eine Aufhebung des Pfändungs- und Überweisungsbeschlusses, die regelmäßig von Amts wegen erfolgt, erforderlich.[788] Dies setzt voraus, dass der Insolvenzverwalter bzw. der eigenverwaltende Schuldner die Aufhebung beim Vollstreckungsgericht entsprechend anregt. Folgt das Vollstreckungsgericht dem nicht, muss der Insolvenzverwalter mit der Erinnerung, § 766 InsO, gegen den Pfändungs- und Überweisungsbeschluss vorgehen, ehe die Bank die Kontosperre aufheben kann.[789] Zudem tritt die Unwirksamkeit erst mit Verfahrenseröffnung ein.

Die Details sind umstritten: zum einen ist unklar, ob § 88 InsO tatsächlich die Verstrickung unberührt lässt (was aber gesetzessystematisch zutreffend erscheint und als h.M. gelten darf), zum anderen wird teilweise vertreten, dass eine Aufhebung des Pfändungs- und Überweisungsbeschlusses von Amts wegen nicht mit dem Verfahrensgang der ZPO vereinbar sei. Dabei ist die Aufhebung des Pfändungs- und Überweisungsbeschlusses auch vor dem Hintergrund des § 836 Abs. 2 ZPO erforderlich, damit der Drittschuldner, der die Verfahrenseröffnung u.U. nicht kennt, nicht gutgläubig an den Vollstreckungsgläubiger leisten und dergestalt mit Wirkung auch gegenüber dem Kontoinhaber von seiner Leistungspflicht frei werden kann. In diesem Fall müsste der Insolvenzverwalter bzw. Eigenwalter vom Vollstreckungsgläubiger – denn das Pfändungspfandrecht ist infolge Verfahrenseröffnung erloschen und dieser damit rechtsgrundlos bereichert – das Erlangte im Wege der Nichtleistungskondiktion herausverlangen.[790]

III. Fehlüberweisungen

Zur bereicherungsrechtlichen Ausgangslage kann zunächst auf die Darstellungen in Kapitel D.II.1. verwiesen werden. Neben der Unterscheidung zwischen autorisierten und nicht autorisierten Zahlungen – denn danach bestimmt sich die Person des Bereicherungsgläubigers – kommt bei Fehlüberweisungen auf ein Schuldnerkonto, bei welchen nicht der (vorläufige) Insolvenzverwalter bzw.

787 Uhlenbruck-Mock, InsO, § 88, Rn. 49 f.; Vgl. auch MüKoInsO-Breuer, § 89, Rn. 32.
788 Obermüller, InsR i.d. Bankpraxis, Rn. 2.56 sowie 2.180; MüKoInsO-Breuer, § 88, Rn. 32 m.w.N.
789 Vgl. zum Ganzen MüKoInsO-Breuer, § 88, Rn. 39 f. sowie Uhlenbruck-Mock, InsO, § 88, Rn. 60 m.w.N. mit jedoch unterschiedlicher Auffassung zur sachlichen Zuständigkeit (Uhlenbruck nunmehr Insolvenzgericht).
790 Uhlenbruck-Mock, InsO, § 88, Rn. 50 m.w.N.

Sachwalter persönlich, sondern die (spätere) Insolvenzmasse Bereicherungsschuldner ist, dem Zeitpunkt der Gutschrift[791] entscheidende Bedeutung zu:

1. Vor Verfahrenseröffnung

Vor Eröffnung des Insolvenzverfahrens ist die kontoführende Bank unabhängig davon, ob und ggfs. welche verfügungsbeschränkenden Sicherungsmaßnahmen das Insolvenzgericht angeordnet hat, gem. § 675t BGB unverändert verpflichtet, eingehende Zahlungen dem Konto des Schuldners gutzuschreiben. Weder der Kontovertrag noch die Kontokorrentabrede werden durch die Anordnung des vorläufigen Insolvenzverfahrens tangiert.[792] Kommt es mithin zu einer Fehlüberweisung auf ein als Schuldnerkonto geführtes Verfahrenskonto, hat die Bank den Zahlbetrag unverändert gutzuschreiben. Da die Zahlung jedoch rechtsgrundlos erfolgte, hat entweder der Zahler oder dessen Bank, vgl. Kapitel D.II.1., regelmäßig einen bereicherungsrechtlichen Herausgabeanspruch gegen den Kontoinhaber, mithin den Insolvenzschuldner, § 812 Abs. 1 S. 1 1. Alt. bzw. 2. Alt BGB.

Kommt es sodann zur Verfahrenseröffnung, bedeutet dies für den Bereicherungsgläubiger, dass er allein eine einfache Insolvenzforderung, § 38 InsO, geltend machen und nur in Höhe einer etwaigen Quote Befriedigung erlangen kann. Kommt es nicht zur Verfahrenseröffnung, hat er grundsätzlich Anspruch auf vollständige Befriedigung, der jedoch gleichwohl nicht werthaltig sein kann, insbesondere wenn das Insolvenzverfahren mangels Masse nicht eröffnet wird.

2. Nach Verfahrenseröffnung

Zunächst ist festzustellen, dass mit Verfahrenseröffnung regelmäßig sowohl der Zahlungsdiensterahmenvertrag, §§ 116 S. 1, 115 Abs. 1 InsO, als auch die Kontokorrentabrede, § 91 InsO, bereits erloschen sind, sofern nicht der (vorläufige) Insolvenzverwalter das fragliche Konto selbst eröffnet hat, da §§ 116, 115 Abs. 1 InsO eine Rechtshandlung des Schuldners selbst voraussetzen,[793] bzw. nach Verfahrenseröffnung (konkludent) fortgeführt hat.[794] Allerdings ist die Bank – vorbehaltlich einer entgegenstehenden Weisung – auch nach Beendigung der Geschäftsbeziehung noch berechtigt, Zahlungen zugunsten des

791 Kuder, ZInsO 2009, 584 ff., 587.

792 Kuder, ZInsO 2009, 584 ff., 587.; Obermüller, InsR i.d. Bankpraxis, Rn. 2.6, 2.15 f., 2.90 ff.

793 So zumindest für den Fall des §§ 21 Abs. 2 Nr. 2 1. Alt, 22 Abs. 1 InsO etwa auch Uhlenbruck-Sinz, InsO, § 116, Rn. 6 m.w.N.

794 Vgl. hierzu Kap. B.II.3 (ii).

früheren Kontoinhabers für dessen Rechnung entgegen zu nehmen.[795] Sie kann diese lediglich nicht mehr in das (beendete) Kontokorrent einstellen, sondern muss den Zahlbetrag – sofern ihr die der Zahlung zugrundeliegende Forderung nicht im Rahmen einer Globalzession (unanfechtbar) abgetreten ist – herausgeben, § 667 BGB.[796]

Zahlungen, die während des eröffneten Verfahrens auf ein Konto des Schuldners gelangen (oder von der Bank sonst für diesen entgegengenommen werden), fließen dabei stets in das Vermögen des Schuldners als (früheren) Inhaber des Kontos und damit in die Insolvenzmasse. Die Bank nimmt die Zahlung ausschließlich für Rechnung des Insolvenzschuldners entgegen. Der bereicherungsrechtliche Herausgabeanspruch richtet sich entsprechend allein gegen die Insolvenzmasse und stellt deshalb eine Masseverbindlichkeit i.S.d. §§ 55 Abs. 1 Nr. 3, 53 InsO dar, die gem. § 309 InsO grundsätzlich vorrangig zu befriedigen ist. Dies gilt unabhängig davon, ob der Zahler oder dessen Bank Inhaber des Anspruchs nach § 812 Abs. 1 S. 1 BGB ist.

3. Berufung auf Entreicherung gem. § 818 Abs. 3 BGB

Hier ergeben sich keine insolvenzspezifischen Besonderheiten, so dass vor dem Hintergrund der Zielsetzung dieser Untersuchung auf eine über die Ausführungen in Kapitel D.II.4. hinausgehende Darstellung verzichtet wird.

4. Haftung des Insolvenzverwalters bzw. Sachwalters persönlich

Weiter stellt sich die Frage nach einer persönlichen Haftung des Insolvenzverwalters bzw. Sachwalters, sollte die verbliebene Insolvenzmasse in einem Fall des § 55 Abs. 1 Nr. 3 InsO nicht zur (vollständigen) Erfüllung des Bereicherungsanspruchs ausreichen. Einzig denkbare Anspruchsgrundlage ist § 60 Abs. 1 InsO, da es für § 61 InsO an einer gewillkürten Masseverbindlichkeit fehlt.[797] Voraussetzung ist die Verletzung einer insolvenzspezifischen Pflicht des Insolvenzverwalters bzw. Sachwalters. Der Insolvenzverwalter ist grundsätzlich verpflichtet, die Zahlungseingänge daraufhin zu überprüfen, ob und in welcher Höhe der

795 Kuder, ZInsO 2009, 584 ff., 587 f.; BGH, Urteil vom 05.12.2006, XI ZR 21/06, WM 2007, 348 ff.; Vgl. hierzu bereits Kap. E.I.2.2 (iv).

796 BGH, Urteil vom 05.12.2006, XI ZR 21/06, WM 2007, 348 ff; BGH, Urteil vom 26.06.2008, IX ZR 47/05, ZInsO 2008, 803 ff.

797 Kuder, ZInsO 2009, 584 ff., 588 m.w.N.; Vgl. auch Uhlenbruck-Sinz, InsO, § 61, Rn. 6.

Schuldner einen Anspruch auf die konkrete Zahlung hat.[798] Dasselbe gilt für den kassenführenden Sachwalter, da es sich bei der Kontrolle des Zahlungsverkehrs um einen wesentlichen Bestandteil seiner Pflichten gem. §§ 274 Abs. 2, 275 Abs. 2 InsO handelt.[799]

Fraglich ist allerdings, ob der Verstoß des Insolvenzverwalters bzw. Sachwalters gegen seine Überwachungs- und Prüfpflichten für den Schaden des Inhabers des bereicherungsrechtlichen Herausgabeanspruchs – denn dieser kann infolge Masseinsuffizienz in der diskutierten Konstellation ganz oder teilweise nicht erfüllt werden – kausal ist. Dagegen ließe sich einwenden, dass für die mit der Gutschrift des Überweisungsbetrags zunächst eingetretene Mehrung der Insolvenzmasse – und damit die maßgebliche Bereicherung – nicht eine Rechtshandlung des Insolvenzverwalters bzw. Sachwalters, sondern des Bereicherungsgläubigers ursächlich ist. Dessen Schaden geht auf seinen eigenen Fehler zurück. Nach einer Ansicht ist schon deshalb ein Schadenersatzanspruch nach § 60 InsO ausgeschlossen.[800] Allerdings ist damit nur erklärt, welche Rechtshandlung für die Bereicherung ursächlich war. Der dem Bereicherungsgläubiger entstandene Schaden geht dagegen – je nach Einzelfall – auch auf eine etwaige Pflichtverletzung des Insolvenzverwalters bzw. Sachwalters zurück. Denn nur wenn dieser die Fehlüberweisung pflichtwidrig nicht erkennt, da er den Zahlungsverkehr nicht hinreichend überwacht, und das Erlangte deshalb arglos verbraucht, kann er den Anspruch nicht gem. § 55 Abs. 1 Nr. 3 InsO erfüllen.

5. Haftung der kontoführenden Bank

Ein Schadenersatzanspruch gegen die Bank des Zahlungsempfängers scheidet bereits mangels einer entsprechenden Pflicht, welche die Bank verletzten könnte, aus. Die allein als Zahlstelle fungierende Bank des Insolvenzschuldners ist grundsätzlich weder im Verhältnis zum Zahlenden noch zu dessen Bank verpflichtet, die am Überweisungsvorgang beteiligten Personen von der Tatsache der Insolvenzeröffnung in Kenntnis zu setzen.[801] Dasselbe gilt für die Anordnung eines vorläufigen Insolvenzverfahrens:

---

798 Obermüller, InsR i.d. Bankpraxis, Rn. 3.129 unter Hinweis auf OLG Celle vom 06.08.191, 16 U 203/80, ZIP 1981, 1003 ff.; Kuder, ZInsO 2009, 584 ff., 588 mit Hinweis auf a.A. Büchel/Günther, ZInsO 2008, 547.

799 Uhlenbruck-Zipperer, InsO, § 274, Rn. 8 f.

800 Kuder, ZInsO 2009, 584 ff., 588 m.w.N.; So wohl auch Zuleger in Cranshaw/Paulus/Michel, BankenKomInsR, vor § 80, Rn. 7.

801 Vgl. hierzu bereits Kap. E.I.1.2. sowie auch Vortmann, Aufklärungs- und Beratungspflichten der Banken, Rn. 446 ff. und Kuder, ZInsO 2009, 584 ff., 588.

Die am Überweisungsverkehr beteiligten Banken treffen grundsätzlich keine Warn- und Schutzpflichten gegenüber dem Überweisenden oder dem Zahlungsempfänger. Die Bank wird allein zum Zwecke eines technisch einwandfreien Zahlungsverkehrs tätig und hat sich nach der Rechtsprechung des BGH schon deshalb nicht um die Interessen ihrer Kunden zu kümmern. Sie muss sich vielmehr streng innerhalb der Grenzen des ihr erteilten formalen Auftrags halten[802] und hat dabei insbesondere das mit ihren Kunden vertraglich vereinbarte Bankgeheimnis, Nummer 2 (1) AGB-Banken bzw. Nummer 1 (1) AGB-Sparkassen, zu beachten. Zugleich besteht regelmäßig auch kein Wissensvorsprung der Bank, da sowohl die Tatsache der Insolvenzeröffnung als auch die Anordnung von Verfügungsbeschränkungen gem. § 21 Abs. 2 Nr. 2 InsO öffentlich bekannt gemacht werden, § 30 Abs. 1 InsO sowie § 23 Abs. 1 InsO. Wird kein vorläufiger Insolvenzverwalter bestellt oder trifft das Gericht keine weitergehenden Anordnungen, liegt die Bekanntmachung jedenfalls im pflichtgemäßen Ermessen des Insolvenzgerichts.[803] Unter anderem ein Wissensvorsprung wäre indes – über die bereits in Kapitel Kap. E.I.1.2. darstellten Anforderungen hinaus – Voraussetzung für eine etwaige, auf Treu und Glauben gestützte Warn- bzw. Rückfragepflicht der Bank.[804]

Soweit die Bank aus der Geschäftsbeziehung zu ihrem Kunden indes tatsächlich einen Wissensvorsprung erlangt, ist sie aufgrund des mit diesem vertraglich vereinbarten Bankgeheimnisses rechtlich gleichwohl gehindert, ihr Wissen Dritten mitzuteilen. Dies gilt nur dann nicht, wenn zu dem Wissensvorsprung der Bank eine besondere Schutzbedürftigkeit des Kunden trifft, die eine ausnahmsweise Durchbrechung des Bankgeheimnisses rechtfertigt.[805]

IV. Wechsel in der Person des (vorläufigen) Insolvenzverwalters oder Sachwalters

Im Falle eines Schuldnerkontos hat eine Änderung in der Person des (vorläufigen) Insolvenzverwalters bzw. Sachwalters regelmäßig keine tiefgreifenden Folgen. Da es sich bei einem Schuldnerkonto um ein Eigenkonto handelt, findet allenfalls

---

802 St. Rspr., vgl. etwa BGH, Urteil vom 22.06.2004, XI ZR 90/03, ZIP 2004, 1742 ff., 1743 m.w.N.; Vgl. auch Kuder, ZInsO 2009, 584 ff., 588.

803 Vgl. etwa Uhlenbruck-Vallender, § 23, Rn. 2.

804 Kuder, ZInsO 2009, 584 ff., 588 m.w.N.; So auch BGH, Urteil vom 22.06.2004, XI ZR 90/03, ZIP 2004, 1742 ff., 1743, 1744, der noch auf die ältere Rspr. aus der Zeit vor dem neuen Zahlungsverkehrsrechts hinweist.

805 Vgl. hierzu Weber/Hoffmann in Hellner/Steuer, BuB, Rn. 1/41 ff., 54 ff. sowie auch Kap. D.III.1 (ii).

ein Wechsel in der Verfügungsbefugnis statt.[806] Wird ein neuer (vorläufiger) Insolvenzverwalter bestellt, richten sich dessen Befugnisse nach dem Verfahrensstadium bzw. den Anordnungen des Insolvenzgerichts. Der bisherige (vorläufige) Insolvenzverwalter ist abberufen und kann nicht mehr *qua* Amtes für den Schuldner handeln und somit nicht mehr über das Konto verfügen oder Auskunft verlangen.

Im Falle des (vorläufigen) Sachwalters dagegen ist neben der Bestellung durch das Insolvenzgericht ein Ansichziehen der Kassenführung durch einseitige Erklärung gegenüber dem Schuldner erforderlich, wenn dieser – im Außenverhältnis allerdings nur neben dem Schuldner – über die Konten des Schuldners als dessen gesetzlicher Vertreter verfügen können möchte.[807] Der abberufene (vorläufige) Sachwalter ist durch den entsprechenden Beschluss des Insolvenzgerichts zugleich auch seiner Rechtsstellung als gesetzlicher Vertreter des Schuldners im Rahmen von § 275 Abs. 2 InsO enthoben und damit nicht mehr verfügungsberechtigt.

Im Übrigen kann auf die Ausführungen in Kapitel B. und C. zur Rechtsstellung des (vorläufigen) Insolvenzverwalters und dessen Befugnisse im Rahmen der Kontoführung sowie die entsprechenden Ausführungen zum (vorläufigen) Sachwalter verwiesen werden. Besonderheiten ergeben sich insofern nicht, da das Konto allein zum Vermögen des Schuldners gehört. Daher ist auch dieser Forderungsinhaber bzw. Geheimnisherr und der (vorläufige) Insolvenzverwalter bzw. Sachwalter[808] ist – je nach dessen Rechtsstellung im konkreten Verfahren – berechtigt, die dem Schuldner als Kontoinhaber zustehenden (Auskunfts-) Ansprüche geltend zu machen. Außerhalb dieser Befugnisse ist allerdings auch hier ein Handeln des Schuldners selbst bzw. eine entsprechende Befreiung vom Bankgeheimnis erforderlich.[809]

---

806 So auch Kuder, ZInsO 2009, 584 ff., 585.

807 Vgl. zum Ganzen Kap. C.I.2.

808 Dies jedoch nur soweit die Auskunft zur Kassenführung, etwa zum Forderungseinzug gegenüber der kontoführenden Bank, erforderlich ist. Hilfsgeschäfte liegen grundsätzlich allein beim Schuldner, vgl. Fn. 559.

809 Der (vorläufige) Insolvenzverwalter bzw. Sachwalter muss sich andernfalls an den Schuldner wenden, der ihm infolge der Anordnungen des Insolvenzgerichts regelmäßig zur Auskunft verpflichtet ist. Vgl. zur Auskunftserteilung gegenüber dem (vorläufigen) Insolvenzverwalter etwa Obermüller, InsR i.d. Bankpraxis, Rn. 2.355 ff. sowie 2.366 ff.

V. Begriff des Sonderkontos

Der Begriff des Sonderkontos ist keineswegs neu und wurde in Rechtsprechung und Literatur schon vor dem in Kapitel D.II.2.2. besprochenen Urteil des BGH vom 18.12.2008, IX ZR 192/07,[810] verwendet.[811] Erst aber dadurch, dass der BGH das Sonderkonto *en passant* dem offenen Treuhand- bzw. Anderkonto als Alternative zur Verwaltung der (späteren) Insolvenzmasse gegenüberstellte und dabei hervor hob, dass in diesem Fall die Insolvenzmasse, nicht aber die beklagte Treuhänderin persönlich, Schuldnerin des streitgegenständlichen Herausgabeanspruchs gewesen wäre, geriet das Sonderkonto in den allgemeinen Fokus. Die durch dieses Urteil ausgelöste Verunsicherung hält bis heute an, insbesondere da der BGH sich nicht näher zur Rechtsnatur eines solchen Sonderkontos äußerte. Dies gibt Anlass, den Begriff des Sonderkontos näher zu untersuchen:

(i) Ganz allgemein liegt es nahe, unter einem Sonderkonto ein Konto zu fassen, das einem bestimmten, besonderen Zweck dient und auf welchem ausschließlich Mittel für diesen Zweck verwaltet und entgegengenommen werden.[812] Dies allein sagt aber noch nichts über die Rechtsnatur eines solchen Kontos aus, da sowohl auf einem Eigen- als auch auf einem Treuhandkonto Mittel für einen solchen Zweck vorgehalten werden können.[813] Entsprechend wird der Begriff Sonderkonto denn auch völlig uneinheitlich und sowohl zur Kennzeichnung eines Schuldner- als auch eines offenen Treuhand- bzw. Anderkontos gebraucht.[814]

Zumeist wird in der insolvenzrechtlichen Literatur unter einem Sonderkonto jedoch ein Schuldnerkonto verstanden und dabei häufig nur ein solches, das erst nach Anordnung des vorläufigen Insolvenzverfahrens eröffnet wurde und über welches allein der (vorläufige) Insolvenzverwalter verfügungsberechtigt ist (was notwendigerweise entweder die Verfahrenseröffnung

---

810 BGH, Urteil vom 18.12.2008, IX ZR 192/07, ZIP 2009, 531 ff., eingehend besprochen in Kap. D.II.2.2.

811 Vgl. beispielshalber Büttner, ZInsO 2012, 2309 ff., 2313 ff.; Schulte-Kaubrügger, ZIP 2011, 1400 ff., 1402 oder Kießling, NZI 2006, 440 ff., 401.

812 So auch Stahlschmidt, NZI 2011, 272 ff., 275.

813 So auch Stahlschmidt, NZI 2011, 272 ff., 275 sowie Schwintowski, BankR, § 6, Rn. 33; Vgl. auch Kießling, NZI 2006, 440 ff., 441.

814 Vgl. die Darstellung der „babylonischen Sprachverwirrung" bei Büttner, ZInsO 2012, 2309 ff., 2313 ff. sowie auch Schulte-Kaubrügger, ZIP 2011, 1400 ff., 1402; Schwintowski, BankR, § 6, Rn. 33; Obermüller, InsR i.d. Bankpraxis, Rn. 2.43 und Zuleger in Cranshaw/Paulus/Michel, BankenKomInsR, vor § 80, Rn. 3 ff.

oder eine entsprechende Anordnung des Insolvenzgerichts voraussetzt).[815] Entsprechend wäre auch das nach Verfahrenseröffnung fortgeführte Schuldnerkonto als Sonderkonto in diesem Sinne zu verstehen, da gem. §§ 116 S. 1, 115 Abs. 1 InsO der bestehende Zahlungsdiensterahmenvertrag sowie aufgrund der Sperrwirkung des § 91 InsO[816] auch die Kontokorrentabrede als antizipierte Verfügungsvereinbarung[817] mit Verfahrenseröffnung regelmäßig erlöschen und in diesen Fällen ein zumindest konkludent geschlossener, neuer Vertrag zwischen Bank und Insolvenzverwalter vorliegt.[818]

(ii) Soweit der BGH den Begriff des Sonderkontos verwendet, lässt er die entscheidende Frage, wie ein solches bankrechtlich ausgestaltet sein könnte, offen.[819] Zum Teil wird gemutmaßt,[820] der BGH habe die mündelsichere Anlage in Betreuungsfällen oder die Anlage von Nachlassgeldern, etwa bei einer Nachlasspflegschaft, vor Augen gehabt, als er den Begriff des Sonderkontos in seinem Urteil vom 18.12.2008, IX ZR 192/07,[821] fallen ließ. In diesen Fällen wird regelmäßig ein Eigenkonto eröffnet, das dann jedoch mit einem Sperrvermerk versehen wird, der Verfügungen nur durch den jeweiligen Amtsträger zulässt.[822]

Auf das (vorläufige) Insolvenzverfahren lässt sich dies jedoch nicht übertragen:

- Wenn nämlich der (vorläufige) Insolvenzverwalter aufgrund der Anordnungen des Insolvenzgerichts bzw. infolge Verfahrenseröffnung bereits berechtigt ist, über die Konten des Schuldners zu verfügen, bedarf es

815 Schulte-Kaubrügger, ZIP 2011, 1400 ff., 1402.

816 BGH, Urteil vom 04.05.1979, I ZR 127/77, WM 1979, 719 ff., 720; Kuder, ZInsO 2009, 584 ff., 584 f. m.w.N.

817 Zum Begriff vgl. Müller-Christmann in Langenbucher/Bliesener/Spindler, BankRKom, 1. Kap., Rn. 204 m.w.N.

818 So auch Schulte-Kaubrügger, ZIP 2011, 1400 ff., 1402 sowie Zuleger in Cranshaw/Paulus/Michel, BankenKomInsR, vor § 80, Rn. 3 f.; Vgl. bereits Kap. E.I.2.

819 Vgl. BGH, Urteil vom 18.12.2008, IX ZR 192/07, ZIP 2009, 531 ff., eingehend besprochen in Kap. D.II.2.2.

820 So etwa Ries, Anmerkung zu BGH, Urteil vom 12.05.2011, IX ZR 133/10, NZI 2011, 587 ff., 588, eingehend besprochen in Kap. D.IV., sowie Kroth, Anmerkung zu eben demselben, FD-InsR 2011, 319562.

821 BGH, Urteil vom 18.12.2008, IX ZR 192/07, ZIP 2009, 531 ff., eingehend besprochen in Kap. D.II.2.2.

822 Ries, Anmerkung zu BGH, Urteil vom 12.05.2011, IX ZR 133/10, NZI 2011, 587 ff., 588, eingehend besprochen in Kap. D.IV.

eines solchen Sperrvermerkes schon gar nicht. Der (vorläufige) Insolvenzverwalter ist in diesem Fall ohnehin berechtigt, unter Ausschluss des Schuldners über die betreffenden Konten zu verfügen, so dass im Ergebnis jedes Schuldnerkonto ein Sonderkonto darstellen würde.

- Soweit dagegen der schwache vorläufige Insolvenzverwalter – ebenso der (vorläufige) Sachwalter, selbst wenn dieser die Kassenführung gem. § 275 Abs. 2 InsO an sich gezogen hat[823] – nicht unter Ausschluss des Schuldners verfügungsberechtigt ist, kann weder er noch gar die kontoführende Bank dem Schuldner Verfügungen über das Konto verweigern. Die Verfügungsbefugnis des Schuldners ist unmittelbare Folge dessen, dass nach dem gesetzlichen Leitbild der schwache vorläufige Insolvenzverwalter den Schuldner ohne eine entsprechende Anordnung des Insolvenzgerichts nicht von der Verwaltungs- und Verfügungsbefugnis über sein Vermögen ausschließt.[824] Dasselbe gilt für den (vorläufigen) Sachwalter.[825]

Die Bank könnte infolge dessen gar keinen solchen Sperrvermerk setzen, selbst wenn der (vorläufige) Insolvenzverwalter bzw. Sachwalter dies von ihr verlangen würde. Sie vermerkt und beachtet lediglich die Tatsache der Anordnung des (vorläufigen) Insolvenzverfahrens sowie die Bestellung eines (vorläufigen) Insolvenzverwalters bzw. Sachwalters und dessen konkrete Befugnisse, wie sie sich aus dem Gesetz bzw. den Anordnungen des Insolvenzgerichts ergeben. Darüber hinaus sind weder der (vorläufige) Insolvenzverwalter bzw. Sachwalter noch die Bank berechtigt, den Schuldner in seiner Verfügungsberechtigung einzuschränken.

Gleichwohl scheint – auch vor dem Hintergrund der in dem Urteil vom 18.12.2008, IX ZR 192/07, beschriebenen Rechtsfolge, nämlich dass im Falle einer Fehlüberweisung auf ein Sonderkonto nicht der (vorläufige) Insolvenzverwalter bzw. Sachwalter persönlich, sondern die Insolvenzmasse Schuldnerin des bereicherungsrechtlichen Herausgabeanspruchs ist, auch der BGH unter einem Sonderkonto ein Eigenkonto auf Namen und für Rechnung des Insolvenzschuldners zu verstehen.

823 Vgl. hierzu Kap. C.I.2.

824 Vgl. hierzu bereits Kap. B.II.2.2.

825 Vgl. hierzu bereits Kap. C.I.2.

Unabhängig davon ist, auch nach der Rechtsprechung des BGH,[826] die Nutzung von offenen Treuhand- bzw. Anderkonten als Verfahrenskonten – entsprechende Befugnis vorausgesetzt – zulässige und bewährte Praxis, wobei dem offenen Treuhandkonto i.d.R. der Vorzug gebührt.[827]

(iii) In der Praxis wird derjenige, der ein Sonderkonto eröffnen will, feststellen, dass die Banken das Sonderkonto rechtlich nicht als eigene Kontoform anbieten können. Es handelt sich stets entweder um ein Eigen-, mithin ein Schuldnerkonto, oder um ein offenes Treuhandkonto, ggfs. in dessen Spezialform des Anderkontos. Daher ist etwa der Hinweis, der (vorläufige) Insolvenzverwalter bzw. Sachwalter möge bei Kontoeröffnung auf ein Sonderkonto bestehen, unbehelflich. Dasselbe gilt aus den bereits in Kapitel A.II.2.1.3. dargestellten Gründen auch für ein Ermächtigungstreuhandkonto. Bei diesem handelt es sich – ebenso wie nach dem überwiegenden Verständnis in Literatur (und wohl auch der Rechtsprechung des BGH) bei einem Sonderkonto – um ein Schuldnerkonto, über welches der (vorläufige) Insolvenzverwalter bzw. Sachwalter in Abhängigkeit von seiner Rechtsstellung im konkreten Verfahren – ggfs. auch aufgrund einer rechtsgeschäftlich erteilten Kontovollmacht – verfügen kann.

---

826 Vgl. zuletzt etwa BGH, Urteil vom 26.03.2015, IX ZR 302/13, ZIP 2015, 1179 ff. (besprochen in Kap. D.II.2.3.)

827 Im Vergleich zum Schuldnerkonto vgl. etwa Kap. B.I.2.4. sowie im Vergleich zum Anderkonto vgl. Kap. A.II.2.1.4. sowie Kap. B.II.7.

F. Ergebnis und Ausblick

Soweit ersichtlich widmet sich diese Arbeit erstmals, insbesondere unter Würdigung sowohl der insolvenz- als auch der bankrechtlichen Hintergründe, umfassend der Kontoführung durch den (vorläufigen) Insolvenzverwalter bzw. Sachwalter in den verschiedenen Stadien und Ausprägungen des Insolvenzverfahrens. Zu Anfang steht dabei die Frage, welche Kontoformen dem (vorläufigen) Insolvenzverwalter bzw. Sachwalter überhaupt als Verfahrenskonto zu Gebote stehen und wie sich diese voneinander unterscheiden: dies ist einerseits das sog. Schuldnerkonto als Eigenkonto auf Namen und für Rechnung des Insolvenzschuldners und andererseits das offene Treuhandkonto, ggfs. in seiner besonderen Ausprägung als Anderkonto. Der (vorläufige) Insolvenzverwalter bzw. Sachwalter als Kontoinhaber fungiert dabei persönlich als (gewillkürter) Vollrechtstreuhänder, während die (spätere) Insolvenzmasse als Treugeberin hinsichtlich des Kontoguthabens lediglich wirtschaftlich, nicht aber auch rechtlich Berechtigte ist.

(i) Welche Konten der (vorläufige) Insolvenzverwalter nutzen kann, richtet sich nach dessen Rechtsstellung im jeweiligen Verfahren. So ist der schwache vorläufige Insolvenzverwalter sowohl von der Eröffnung und Nutzung von Schuldner- als auch von Treuhandkonten ausgeschlossen, da ihm die hierfür erforderlichen Befugnisse fehlen. Er bedarf einer entsprechenden Einzelermächtigung durch das Insolvenzgericht, die ihm die erforderliche Rechtsmacht verleiht. Im Falle des Schuldnerkontos genügt etwa ein Gerichtsbeschluss, der den schwachen vorläufigen Insolvenzverwalter ermächtigt, über bestehende Konten des Schuldners zu verfügen und erforderlichenfalls neue Schuldnerkonten zu eröffnen. Die Nutzung von Treuhandkonten dagegen setzt voraus, dass das Insolvenzgericht den Verwalter zumindest zum Forderungseinzug auf ein Treuhand- bzw. Anderkonto ermächtigt oder ihm sonst die Einrichtung eines Treuhandkontos zur Verwaltung von Geldmitteln der (späteren) Insolvenzmasse gestattet. Nach Verfahrenseröffnung stehen dem Insolvenzverwalter infolge des vollständigen Übergangs der Verwaltungs- und Verfügungsbefugnis, § 80 InsO, beide Kontoformen zur Verfügung. Dasselbe gilt für den seltenen Fall des starken vorläufigen Insolvenzverwalters, § 22 Abs. 1 S. 1 InsO.

In der Praxis, insbesondere während des vorläufigen Insolvenzverfahrens, hat sich eine Kombination aus der Fortnutzung bestehender Schuldnerkonten und der Einrichtung eines oder mehrerer offener Treuhandkonten als

Verfahrenskonten etabliert. Hintergrund ist, dass das Guthaben auf einem Treuhandkonto rechtlich aus dem Vermögen des Treugebers, mithin der (späteren) Insolvenzmasse, ausgeschieden ist und dem Treugeber nur noch ein schuldrechtlicher Herausgabeanspruch gegen den Treuhänder, namentlich den Inhaber des Treuhandkontos, § 667 BGB, zusteht. Dies führt dazu, dass das Guthaben auf einem Treuhandkonto Zwangszugriffsversuchen der Insolvenzgläubiger entzogen ist. Zugleich ermöglicht dies eine gewisse Separierung von Geldmitteln, was insbesondere bei Eingehung neuer Verbindlichkeiten, etwa bei Betriebsfortführung, von zentraler Bedeutung ist. Das zumindest vorübergehende Beibehalten der den Vertragspartnern des Schuldners bekannten Bankverbindung dagegen ist erforderlich, um bis zu einer vollständigen Reorganisation des Zahlungsverkehrs, insbesondere deren Umsetzung bei den Drittschuldnern, weiterhin Zahlungen entgegennehmen zu können.

Grundlage des Treuhandkontos ist ein Treuhandverhältnis zwischen dem Kontoinhaber als Treuhänder und dem sog. wirtschaftlich Berechtigten als Treugeber. Die Begründung dieses gewillkürten Treuhandverhältnisses, welches neben das – je nach dessen Rechtsstellung – *qua* Amtes bestehende gesetzliche Treuhandverhältnis zwischen dem (vorläufigen) Insolvenzverwalter als Amtstreuhänder und der (späteren) Insolvenzmasse tritt, erfolgt durch den (vorläufigen) Insolvenzverwalter als Amtswalter und Treugeber und demselben persönlich als Treuhänder. Entsprechende Befugnis vorausgesetzt – insbesondere beinhaltet die Einzelermächtigung zur Nutzung von Treuhandkonten als Verfahrenskonten auch die Begründung des hierfür erforderlichen Treuhandverhältnisses – stellt dies weder ein unzulässiges Insichgeschäft, § 181 BGB, noch etwa eine Untreuehandlung i.S.d. § 266 StGB dar. Dies gilt sowohl für die Vereinbarung des Treuhandverhältnisses als auch die folgende Übertragung von Vermögenswerten der (späteren) Insolvenzmasse auf das Treuhandkonto.

Die praktische Notwendigkeit der Einrichtung von offenen Treuhandkonten als Verfahrenskonten hat ihren primären Grund in dem Umstand, dass auch insolvenzrechtlich unzulässige bzw. unwirksame Zwangszugriffsversuche der Insolvenzgläubiger, § 22 Abs. 1 S. 2 Nr. 3, § 89 Abs. 1 InsO bzw. § 88 InsO, auf die Konten des Schuldners zur öffentlich-rechtlichen Beschlagnahme des Kontos bzw. der Forderung gegen die kontoführende Bank führen und die Bank infolge der somit gleichwohl bestehenden Verstrickung die Konten des Schuldners gesperrt halten muss. Der (vorläufige) Insolvenzverwalter muss daher entweder den Pfändungsgläubiger zur Rücknahme der Pfändung veranlassen, § 843 ZPO, oder aber die Verstrickung im Wege der Erinnerung, § 766 ZPO, beseitigen, um über die schuldnerischen Konten wieder verfügen zu können. Je nach Häufigkeit der Pfändungsversuche kann dies *de facto* zu einer dauerhaften Kontosperre führen.

Den aus der Rechtsnatur des Treuhandkontos resultierenden Vorteilen steht gegenüber, dass auf diese eingehende Fehlüberweisungen nicht in die Insolvenzmasse, sondern rechtlich in das Vermögen des Kontoinhabers als Vollrechtstreuhänder fallen. Dieser ist somit persönlich Schuldner des bereicherungsrechtlichen Herausgabeanspruchs, wobei sich der (vorläufige) Insolvenzverwalter in seiner Eigenschaft als gewillkürter Treuhänder nicht auf eine etwaige Masseinsuffizienz berufen kann. Er haftet insofern persönlich und ist auf die Geltendmachung von Aufwendungsersatzansprüchen im Innenverhältnis zum Treugeber, also der (späteren) Insolvenzmasse, beschränkt. Daher ist der Insolvenzverwalter, insbesondere bei größeren Beträgen und gegen Verfahrensende, gehalten, die Zahlungseingänge auf deren Berechtigung hin zu prüfen, bevor er diese für die Zwecke des Insolvenzverfahrens verbraucht.

Eine weitere Folge der fiduziarischen Vollrechtsinhaberschaft ist, dass bei einem Wechsel in der Person des (vorläufigen) Insolvenzverwalters der Nachfolger im Amt weder unmittelbar auf als Treuhandkonten geführte Verfahrenskonten zugreifen noch von der kontoführenden Bank Auskunft verlangen kann. Der neue Verwalter, ebenso ein Sonderinsolvenzverwalter, muss sich vielmehr an den ehemaligen Insolvenzverwalter – im Falle des Versterbens an die Erben – halten und von diesem Herausgabe des Treuguts, Rechnungslegung und ggfs. weitergehende Auskünfte verlangen. Grundlage ist auch hier das zwischen der (späteren) Insolvenzmasse als Treugeber und dem früheren Insolvenzverwalter persönlich begründete Treuhandverhältnis, welches mit dessen Ausscheiden aus seinem Amt jedenfalls kündbar ist.

(ii) Anders als beim (vorläufigen) Insolvenzverwalter hängt die Frage, welche Kontoformen der (vorläufige) Sachwalter als Verfahrenskonten nutzen kann, weder vom Verfahrensstadium noch den Anordnungen des Insolvenzgerichts ab. Entscheidend ist vielmehr, ob der (vorläufige) Sachwalter die Kassenführung an sich zieht, § 275 Abs. 2 InsO, und welche Vereinbarungen er ggfs. mit dem eigenverwaltenden Schuldner treffen kann: das Ansichziehen der Kassenführung, was durch einseitige Erklärung gegenüber dem Schuldner erfolgt, ermöglicht es dem (vorläufigen) Sachwalter, über bestehende Schuldnerkonten zu verfügen, nicht jedoch, neue Konten – gleich welcher Art – als Verfahrenskonten einzurichten. Hervorzuheben ist dabei, dass der Eigenwalter – trotz Übernahme der Kassenführung durch den (vorläufigen) Sachwalter – im Außenverhältnis unverändert in der Lage ist, über seine Konten zu verfügen, also insbesondere auch Abhebungen und Überweisungen zu tätigen. Allein im Innenverhältnis zum (vorläufigen) Sachwalter ist er hierzu nicht mehr berechtigt, die kontoführende Bank indes muss seine Aufträge, vgl. § 675o Abs. 2 BGB, unverändert ausführen, will sie nicht gegen ihre Pflichten aus dem zugrundeliegenden Zahlungsdiensterahmenvertrag, §§ 675c ff. BGB, verstoßen. Der (vorläufige) Sachwalter kann den Schuldner mithin nicht von der Verfügungsberechtigung über dessen Konten ausschließen. Nur dann, wenn das Insolvenzgericht einen die Kontoführung erfassenden Zustimmungsvorbehalt, § 277 InsO, anordnet, kann der eigenverwaltende Schuldner nicht mehr verfügen, ohne dass der (vorläufige) Sachwalter mitwirkt.

Für die Einrichtung offener Treuhand- bzw. Anderkonten als Verfahrenskonten ist der (vorläufige) Sachwalter, trotz Ansichziehens der Kassenführung, auf die Mitwirkung des Schuldners angewiesen. Da die Verwaltungs- und Verfügungsbefugnis hinsichtlich des schuldnerischen Vermögens zu keinem Zeitpunkt auf den (vorläufigen) Sachwalter übergeht, muss er den für die Nutzung eines Treuhandkontos als Verfahrenskonto erforderlichen Treuhandvertrag mit dem Schuldner selbst schließen und kann diesen dabei grundsätzlich auch nicht vertreten, § 181 BGB. Ohnehin ist der kassenführende (vorläufige) Sachwalter nicht zum Abschluss von Hilfsgeschäften berechtigt, worunter bereits die Eröffnung neuer Schuldnerkoten fällt.

Die für den (vorläufigen) Insolvenzverwalter beschriebenen Ergebnisse zu bedeutsamen Einzelfragen, wie etwa den Folgen von auf Verfahrenskonten eingehenden Fehlüberweisungen, Kontopfändungen und von Abberufung oder Tod, gelten – unter Beachtung der besonderen Rechtsstellung des (vorläufigen) Sachwalters wie auch des Eigenwalters – ebenso für den Fall der (vorläufigen) Eigenverwaltung.

(iii) Infolge der in dieser Untersuchung eingehend analysierten neueren Judikatur des BGH darf das *Gros* der insolvenzrechtlichen Literatur zur Nutzung von offenen Treuhand- bzw. Anderkonten als Verfahrenskonten als überholt gelten. Vor diesem Hintergrund wurde weitestgehend darauf verzichtet, erkennbar noch von der Vorstellung, dass ein Verfahrenskonto stets Massebestandteil sei oder zumindest ein besonderer insolvenzrechtlicher Einschlag Platz greife, bestimmte Ansichten einzeln zu widerlegen. Im Ergebnis ist stets die Rechtsstellung des (vorläufigen) Insolvenzverwalters bzw. Sachwalters im konkreten Verfahren sowie, im Falle eines Treuhandkontos, die trennscharfe Unterscheidung zwischen gewillkürtem und gesetzlichem Treuhandverhältnis Ausgangspunkt für die Beantwortung der im Zusammenhang mit der Kontoführung in der Insolvenz einschlägigen Rechtsfragen. Nur so können die handelnden Personen – der (vorläufige) Insolvenzverwalter bzw. Sachwalter, der (eigenverwaltende) Schuldner, aber auch das Insolvenzgericht, die Mitglieder des (vorläufigen) Gläubigerausschusses oder ein etwaiger Sonderinsolvenzverwalter, sowie die kontoführende Bank – jederzeit erkennen, welche Möglichkeiten der Kontoführung dem (vorläufigen) Insolvenzverwalter bzw. Sachwalter konkret zur Verfügung stehen, ob dieser sich im Rahmen seiner Befugnisse bewegt sowie, ob und ggfs. welche flankierenden Anordnungen des Insolvenzgerichts, Vereinbarungen mit dem (eigenverwaltenden) Schuldner oder Erklärungen der Beteiligten im Einzelfall erforderlich sind, um rechtssicher handeln zu können. Daneben kommt der (bank-)rechtlichen Unterscheidung von Schuldner- und Treuhandkonto und damit der rechtlichen Zuordnung des Kontoguthabens, mithin der Forderung gegen die kontoführende Bank, entscheidende Bedeutung für die Beantwortung der verschiedenen Folgefragen, wie etwa der nach den Auswirkungen von ggfs. unzulässigen bzw. unwirksamen Kontopfändungen, eingehenden Fehlüberweisungen oder eines Wechsels in der Person des (vorläufigen) Insolvenzverwalters bzw. Sachwalters, zu.

Insbesondere für den Fall der (vorläufigen) Eigenverwaltung sowie des schwachen vorläufigen Insolvenzverwalters wird der Diskurs um die richtige Kontoform auch in Zukunft vielschichtig sein. Sowohl für das Schuldner- als auch für das offene Treuhandkonto streiten verschiedene rein tatsächliche wie rechtliche Argumente. In der Praxis wird sich daher wohl auch künftig in der überwiegenden Zahl der Insolvenzverfahren zumindest vorübergehend eine Kombination aus der Fortführung bestehender Schuldnerkonten und gleichzeitiger Einrichtung offener Treuhandkonten als Verfahrenskonten durchsetzen. Insbesondere vor dem Hintergrund fortwährender Zugriffsversuche der Insolvenzgläubiger, aber auch zur Implementierung eines effektiven *cash managements* und damit zur Haftungsvermeidung, vor allem bei Fortführung, aber auch generell bei Verfahren einer gewissen Größenordnung, sind Verfahrenstreuhandkonten regelmäßig unverzichtbar. Dabei kommt das offene Treuhandkonto am ehesten dem nahe, was der Rechtsanwender von einem Sonderkonto erwartet: eine rechtliche wie tatsächliche Separierung der darauf befindlichen Geldmittel vom sonstigen Vermögen des Schuldners.

Literaturverzeichnis

Ahrens, Gesetzliche Regelung des so genannten Monatsanfangsproblems beim Pfändungsschutzkonto, NZI 2011, 183 f. (zit. „Ahrens, NZI 2001, 183 f.")

Bähr/Smid, Die Rechtsprechung des BGH zur neuen Insolvenzordnung 1999–2006, Schriften zum deutschen, europäischen und internationalen Insolvenzrecht, Band 6, 2006 (zit. „Bähr/Smid, Rspr. d. BGH zur neuen InsO")

Bamberger/Roth, Kommentar zum Bürgerlichen Gesetzbuch, Band 1, 3. Auflage, 2012 (zit. „Bamberger/Roth, BGB")

Baumbach/Hopt, Handelsgesetzbuch, 36. Auflage, 2014 (zit. „Baumbach/Hopt, HGB")

Baumbach/Lauterbach/Albers/Hartmann, Zivilprozessordnung, 71. Auflage, 2013 (zit. „Baumbach/Lauterbach/Albers/Hartmann, ZPO")

Beck/Depré, Praxis der Insolvenz, 2. Auflage, 2010 (zit. „Beck/Depré, InsOPraxis")

Bittmann, Insolvenzstrafrecht, Handbuch für die Praxis, 2004 (zit. „Bittmann, InsStR")

Bley/Mohrbutter, Großkommentar Vergleichsordnung, 4. Auflage, 1979 (zit. „Bley/Mohrbutter, VglO")

Bork, Zur Anwendung des § 181 BGB bei der Einrichtung eines Doppeltreuhandkontos, NZI 2005, 530 ff. (zit. „Bork, NZI 2005, 530 ff.")

Braun, Insolvenzordnung, 6. Auflage, 2014 (zit. „Braun, InsO")

Breutigam/Blersch/Goetsch, Insolvenzrecht, Kommentierung der Insolvenzordnung mit Antragsmustern für die Rechtspraxis, Band II, Stand: Januar 2002 (zit. „Breutigam/Blersch/Goetsch, InsO")

Bunte, AGB-Banken AGB-Sparkassen Sonderbedingungen, 4. Auflage, 2015 (zit. „Bunte, AGB-Banken")

Büttner, Von der schwierigen Suche nach dem richtigen Konto oder babylonische Sprachverwirrung beim Verwalterkonto, ZInsO 2012, 2309 ff. (zit. „Büttner, ZInsO 2012, 2309 ff.")

Canaris, Bankvertragsrecht, Erster Teil, 3. Auflage, 1988 (zit. „Canaris, Bankvertragsrecht, Erster Teil")

Canaris, Urteilsanmerkung zu BGH, Urteil vom 01.07.1993, IX ZR 251/92, WM 1993, 1524 ff., WuB I C3 – 1.94, (zit. „Canaris, WuB I C3 – 1.94")

Casse, 5 Jahre P-Konto – Streitpunkte und offene Fragen, ZInsO 2015, 1033 ff. (zit. „Casse, ZInsO 2015, 1033 ff.")

Cranshaw, Urteilsanmerkung zu BGH, Urteil vom 26.06.2014, IX ZR 162/13, NZI 2014, 757 ff., jurisPR-InsR 16/2014 (zit. „Cranshaw, jurisPR-InsR 16/2014“)

Cranshaw/Paulus/Michel, Bankenkommentar zum Insolvenzrecht, 2. Auflage, 2012 (zit. „Cranshaw/Paulus/Michel, BankenKomInsR“)

Ehlers, Die besondere Verantwortlichkeit des (vorläufigen) Sachwalters, ZInsO 2015, 1417 ff. (zit. „Ehlers, ZInsO 2015, 1417 ff.“)

Einsele, Der Erstattungsanspruch des Zahlers, WM 2015, 1125 ff. (zit. „Einsele, WM 2015, 1125 ff.“)

Fandrich/Karper, Münchner Anwaltshandbuch Bank- und Kapitalmarktrecht, 1. Auflage, 2012 (zit. „Fandrich/Karper, Mü. AnwaltsHdB Bank- und KapMarktR“)

Fischer, Strafgesetzbuch und Nebengesetze, 63. Auflage, 2016 (zit. „Fischer, StGB“)

Frind, Treuhandkontenmodell: Zur Betriebsfortführung unnötig!, ZInsO 2003, 778 ff. (zit. „Frind, ZInsO 2003, 778 ff.“)

Frind, Treuhandkonto – geeignete Umgehung der „Einzelermächtigung“? Bericht über praktische Erfahrungen mit dem Treuhandkonten- oder Treuhandmodell – zugleich Erwiderung auf Bork, Marotzke und Werres, ZInsO, 2005, 1296 ff. (zit. „Frind, ZInsO 2005, 1296 ff.“)

Ganter, Die Rechtsprechung des BGH zu Treuhandkonten in der Insolvenz des Treuhänders, ZInsO 2004, 1217 ff. (zit. „Ganter, ZInsO 2004, 1217 ff.“)

Gaul/Schilken/Becker-Eberhardt, Zwangsvollstreckungsrecht, 12. Auflage, 2010 (zit. „Gaul/Schilken/Becker-Eberhardt, ZVS“)

Gottwald, Insolvenzrechtshandbuch, 4. Auflage, 2010 (zit. „Gottwald, InsRHdB“)

Graf/Jäger/Wittig, Wirtschafts- und Steuerstrafrecht Kommentar, 2011 (zit. „Graf/Jäger/Wittig, WirtschaftsStR“)

Graf-Schlicker, Insolvenzordnung, 4. Auflage, 2014 (zit. „Graf-Schlicker, InsO“)

Haarmeyer/Wutzke/Förster, Insolvenzordnung, 2. Auflage, 2012 (zit. „Haarmeyer/Wutzke/Förster, InsO“)

Hellner/Steuer, Bankrecht und Bankpraxis, Band 1, Stand: 119. Lieferung, 12/2015 (zit. „Hellner/Steuer, BuB“)

Hess, Insolvenzrecht, 2. Auflage, 2013 (zit. „Hess, InsR“)

Hofmann, Die Eigenverwaltung in der Insolvenz, Schriften zum Verfahrensrecht, Band 12, 2005 (zit. „Hofmann, Eigenverwaltung“)

Jaeger, Insolvenzordnung, Band 1, 2003 (zit. „Jaeger, InsO“)

Joecks/Mühbach, Münchener Kommentar zum Strafgesetzbuch, Band 3, 2012, sowie Band 4, 2006 (zit. „MüKoStGB“)

Kießling, Die Kontenführung im Insolvenzverfahren, vor allem durch Rechtsanwälte“, NZI 2006, 440 ff. (zit. „Kießling, NZI 2006, 440 ff.“)

Kirchhof/Stürner/Eidenmüller, Münchener Kommentar zur Insolvenzordnung, 3. Auflage, 2014 (zit. „MüKoInsO“)

Kreft, Insolvenzordnung, 7. Auflage, 2014 (zit. „Kreft, InsO“)

Krepold/Fischbeck, Bankrecht, 1. Auflage, 2009 (zit. „Krepold/Fischbeck, BankR“)

Kropf, Abkehr vom Veranlasserprinzip seitens des BGH beim bereicherungsrechtlichen Ausgleich im Überweisungsverkehr, WM 2016, 67 ff. (zit. „Kropf, WM 2016, 67 ff.“)

Kroth, Urteilsanmerkung zu BGH, Urteil vom 12.05.2011, IX ZR 133/10, WM 2011, 1178 ff., FD-InsR 2011, 319562 (beck online) (zit. „Kroth, FD-InsR 2011, 319562“)

Kuder, Kontoführung im Insolvenzverfahren, ZInsO 2009, 584 ff. (zit. „Kuder, ZInsO 2009, 584 ff.“)

Kümpel/Wittig, Bank- und Kapitalmarktrecht, 4. Auflage, 2011 (zit. „Kümpel/Wittig, Bank- und KapMarktR“)

Langenbucher/Bliesener/Spindler, Bankrechtskommentar, 1. Auflage 2013 (zit. „Langenbucher/Bliesener/Spindler, BankRKom“)

Leonhardt/Smid/Zeuner, Insolvenzordnung, 3. Auflage, 2010 (zit. „Leonhardt/Smid/Zeuner, InsO“)

Meyer-Goßner/Schmitt, Strafprozessordnung, 58. Auflage, 2015 (zit. „Meyer-Goßner/Schmitt, StPO“)

Mohrbutter/Ringstmeier, Handbuch Insolvenzverwaltung, 9. Auflage, 2015 (zit. „Mohrbutter/Ringstmeier, HdB InsVw“)

Momsen/Grützner, Wirtschaftsstrafrecht, Handbuch für die Unternehmens- und Anwaltspraxis, 1. Auflage, 2013 (zit. „Momsen/Grützner, Wirtschaftsstrafrecht“)

Musielak/Voit, Zivilprozessordnung, 12. Auflage, 2015 (zit. „Musielak/Voit, ZPO“)

Nerlich/Kreplin, Münchener Anwaltshandbuch Insolvenz und Sanierung, 2012 (zit. „Nerlich/Kreplin, Mü AnwaltsHdB Insolvenz“)

Nicht, Rechnungslegungspflicht des schwachen vorläufigen Insolvenzverwalters mit Einziehungsermächtigung bei Nichteröffnung des Insolvenzverfahrens, NZI, 2013, 924 ff. (zit. „Nicht, NZI, 2013, 924 ff.“)

Obermüller, Insolvenzrecht in der Bankpraxis, 8. Auflage, 2011 (zit. „Obermüller, InsR i.d. Bankpraxis“)

Obermüller/Hess, Eine systematische Darstellung des neuen Insolvenzrechts, 4. Auflage, 2003 (zit. „Obermüller/Hess, Neues InsR“)

Palandt, Bürgerliches Gesetzbuch, 75. Auflage, 2016 (zit. „Palandt, BGB“)

Pape/Graeber, Handbuch der Insolvenzverwalterhaftung, 2009 (zit. „Pape/Graeber, Insolvenzverwalterhaftung“)

Pape/Uhlenbruck/Voigt-Salus, Insolvenzrecht, NJW Praxis, Band 67, 2. Auflage, 2010 (zit. „Pape/Uhlenbruck/Voigt-Salus, InsR“)

Paulus, Überlegungen zur Kontoführung eines Insolvenzverwalters – Aus Anlass des Urteils des BGH vom 20.9.2007 = WM 2007, 2299 –, WM 2008, 474 ff. (zit. „Paulus, WM 2008, 474 ff.“)

Prütting/Gehrlein, ZPO, 4. Auflage, 2012 (zit. „Prütting/Gehrlein, ZPO“)

Prütting/Wegen/Weinreich, BGB, 6. Auflage, 2011 (zit. „Prütting/Wegen/Weinreich, BGB“)

Rechel, Die Aufsicht des Insolvenzgerichts über den Insolvenzverwalter, Schriften zum deutschen, europäischen und internationalen Insolvenzrecht, Band 15, 2009 (zit. „Rechel, Aufsicht des Insolvenzgerichts“)

Rechel, Die Nachfolge in der Insolvenzverwaltung – Rechtstatsachen und rechtstatsächliche Fragen der Fortführung des Insolvenzverfahrens nach Entlassung eines ungetreuen Insolvenzverwalters, ZInsO 2012, 1641 ff. (zit. „Rechel, ZInsO 2012, 1641 ff.“)

Ries, Urteilsanmerkung zu BGH, Urteil vom 12.05.2011, IX ZR 133/10, WM 2011, 1178 ff., NZI 2011, 587 ff. (zit. „Ries, Anmerkung zu BGH, Urteil vom 12.05.2011, IX ZR 133/10, NZI 2011, 587 ff.“)

Runkel, Anwaltshandbuch Insolvenzrecht, 2. Auflage, 2008 (zit. „Runkel, AnwaltsHdB InsR“)

Säcker/Rixecker/Oetker, Münchener Kommentar zum Bürgerlichen Gesetzbuch, Band 1, 7. Auflage, 2015, Band 4, 6. Auflage, 2012, sowie Band 5, 7. Auflage, 2015 (zit. „MüKoBGB“)

Schimansky/Bunte/Lwowski, Bankrechtshandbuch, 4. Auflage, 2011 (zit. „Schimansky/Bunte/Lwowski, BankRHdB“)

A. Schmidt, Hamburger Kommentar zur Insolvenzordnung, 5. Auflage, 2015 (zit. „A. Schmidt, InsO“)

K. Schmidt, Insolvenzordnung, 18. Auflage, 2013 (zit. „K. Schmidt, InsO“)

K. Schmidt, Münchener Kommentar zum Handelsgesetzbuch, 3. Auflage, 2013 (zit. „MüKoHGB“)

Schönke/Schröder, Strafgesetzbuch, 29. Auflage, 2014 (zit. „Schönke/Schröder, StGB“)

Schulte-Kaubrügger, Kontoeinrichtung durch den (vorläufigen) Insolvenzverwalter: Sonderkonto oder Anderkonto?, ZIP 2011, 1400 ff. (zit. „Schulte-Kaubrügger, ZIP 2011, 1400 ff.“)

Schwintowski, Bankrecht, 4. Auflage, 2014 (zit. „Schwintowski, BankR“)

Smid, Bankenhaftung aus der Führung von offenen Treuhandkonten und Anderkonten bei treuwidrigen Verfügungen des Insolvenzverwalters, ZIP 2006, 1973 ff. (zit. „Smid, ZIP 2006, 1973 ff.“)

Smid, Praxishandbuch Insolvenzrecht, 6. Auflage, 2012 (zit. „Smid, PraxisHdB InsR“)

Soergel, Bürgerliches Gesetzbuch mit Einführungsgesetz und Nebengesetzen, Band 2, 13. Auflage, 1999 sowie Band 10, 13. Auflage, 2011 (zit. „Soergel, BGB“)

Stahlschmidt, Die Schwierigkeiten eines (Ander-)kontos, NZI 2011, 272 ff. (zit. „Stahlschmidt, NZI 2011, 272 ff.“)

Staudinger, Kommentar zum Bürgerlichen Gesetzbuch, §§ 657–704, Buch 2, 2006 (zit. „Staudinger, BGB“)

Stöber, Forderungspfändung, 16. Auflage, 2013 (zit. „Stöber, Forderungspfändung“)

Sudergat, Kontopfändung und P-Konto, 3. Auflage, 2013 (zit. „Sudergat, Kontopfändung“)

Tiedemann/Wesiack, Pflichten der Kreditinstitute bei Treuhandkonten – Sonderkonten und Anderkonten unter besonderer Berücksichtigung der Insolvenzrechtspraxis, Sladek/Heffner/ Graf Brockdorff, Insolvenzrecht – Aktuelle Schwerpunkte aus Gläubigersicht, 1. Auflage 2008, S. 305 ff. (zit. „Tiedemann/Wesiack, Pflichten bei Treuhandkonten“)

Uhlenbruck, Insolvenzordnung, 14. Auflage, 2015 (zit. „Uhlenbruck, InsO“)

Wagner, Urteilsanmerkung zu BGH, Urteil vom 26.06.2014, IX ZR 162/13, NZI 2014, 757 ff., NZI 2014, 760 f. (zit. „Wagner, NZI 2014, 760 f.“)

Wimmer, Frankfurter Kommentar zur Insolvenzordnung, 7. Auflage, 2013 (zit. „Wimmer, InsO“)

Zöller, Zivilprozessordnung, 30. Auflage, 2015 (zit. „Zöller, ZPO“)

Vortmann, Aufklärungs- und Beratungspflichten der Banken, 10. Auflage, 2013 (zit. „Vortmann, Aufklärungs- und Beratungspflichten der Banken“)

Vortmann, Schadenersatzpflicht der kontoführenden Bank wegen pflichtwidriger Verwendung von Fremdgeldern, BKR 2007, 449 ff. (zit. „Vortmann, BKR 2007, 449 ff.“)

Schriftenreihe des Centrum für Deutsches und Europäisches Insolvenzrecht Kiel

Herausgegeben von Stefan Smid, Silke Wehdeking und Mark Zeuner

Band 1 Stefan Smid (Hrsg.): Fragen des Deutschen und Europäischen Insolvenzrechts 10. Kieler Insolvenzsymposium. 2015.

Band 2 Sebastian Wilhelm Deichgräber: Gesellschaftsrechtliche Sitzverlegungen und haftungsrechtliche Begründungen internationaler insolvenzrechtlicher Zuständigkeiten. Zugleich ein Beitrag zur Verwendung in der Judikatur. 2012.

Band 3 Malte Engeler: Die zweigliedrige Personengesellschaft in der Insolvenz. 2012.

Band 4 Sebastian Müller: Verhandlungsgesteuerte Sanierung durch den prepackaged plan. Das Planinitiativrecht des Schuldners aus § 218 Abs. 1 S. 2 InsO als Ausgangspunkt steuer- und planbarer Gestaltungsprozesse. 2013.

Band 5 Christoph Pabst: Materielle Insolvenz – Die retrograde Ermittlung der Zahlungsunfähigkeit. 2013.

Band 6 Torsten Martini: Die Anfechtbarkeit der Zahlung der Vergütung des vorläufigen Insolvenzverwalters im Zweitverfahren. 2014.

Band 7 Stefan Smid: Zivilgerichtliche Verfahren. Grundlagen des Zivilprozesses und der Freiwilligen Gerichtsbarkeit. Ein Studienbuch. 2014.

Band 8 Philipp Schlenkhoff: Insolvenzgründe, Prognose und Antragspflicht. 2014.

Band 9 Alexander Bluhm: Die Anwendbarkeit und Auswirkungen der EU-Dienstleistungsrichtlinie auf Auswahl und Bestellung des Insolvenzverwalters. 2015.

Band 10 Karsten Andresen: Die objektiven Kriterien der Zahlungsunfähigkeit nach der Rechtsprechung des BGH und dem IDW. 2014.

Band 11 Rebecca Wolff: Stimmrechte im Insolvenzverfahren. 2014.

Band 12 Johannes Knop: Amtshaftungsansprüche bei insolvenzgerichtlichen Pflichtverletzungen. 2015.

Band 13 Nina Rohrberg-Braun: Die unselbständige Stiftung in der Insolvenz. 2016.

Band 14 Sven Kirchner: Die Verjährung von Masseverbindlichkeiten. Spannungslagen zwischen Rechtsverfolgung der Massegläubiger und ordnungsgemäßer Masseverwaltung. 2016.

Band 15 Thomas Kamm: Kontoführung in der Insolvenz. Schuldner- und Treuhandkonto im Vergleich. 2017.

www.peterlang.com